Christoph Cornelißen (Hg.)
Wissenschaft im Aufbruch

KLARTEXT
▼ Wissenschaft

Mitteilungen der
Gesellschaft für Kieler Stadtgeschichte
herausgegeben von Jürgen Jensen

Band 88

Christoph Cornelißen (Hg.)
unter Mitarbeit von Arvid von Bassi und Birte Meinschien

Wissenschaft im Aufbruch

Beiträge zur Wiederbegründung der Kieler Universität nach 1945

Titelbild: Richtfest der Mensa und des Hebbel-Hörsaals an der Olshausenstraße,
Juni 1953 [Stadtarchiv Kiel, 2.3 Magnussen]

Wir danken für eine finanzielle Förderung
durch das Präsidium der Christian-Albrechts-Universität zu Kiel

1. Auflage März 2014
Satz und Gestaltung: Heike Amthor | Klartext Verlag
Umschlaggestaltung: Volker Pecher, Essen
Druck und Bindung: Multiprint GmbH, Bulgarien
© Klartext Verlag, Essen
ISBN 978-3-8375-1390-5

www.klartext-verlag.de

Bibliografische Information der Deutschen Bibliothek
Die Deutsche Bibliothek verzeichnet diese Publikation in der
Deutschen Nationalbibliografie; detaillierte bibliografische
Daten sind im Internet über http://www.dnb.de abrufbar.

Inhalt

Vorwort

Obwohl Studien zur Universitätsgeschichte eine weit zurückreichende Tradition aufweisen, sind von ihnen bislang nur selten Impulse für eine kritische Erforschung der Vergangenheit von Universitäten und Akademien in der Zeit seit 1945 ausgegangen. Dieses Resultat erklärt sich zum einen mit der Tatsache, dass die Universitätsgeschichte als ein Spezialgebiet der historischen Forschung über einen langen Zeitraum nur ein Nischendasein fristete. In den Augen vieler Beobachter handelte es sich eher um ein Feld für den aufopferungsvollen Antiquar. Zum anderen wurde die akademische Selbstgenügsamkeit, ja die zuweilen sogar vorherrschende Geschichtsvergessenheit, meistens nur durch Jubiläen durchbrochen, die dann regelmäßig zur Publikation von Festschriften, Matrikelverzeichnissen oder auch Katalogen führten.[1] Es liegt jedoch in der Natur dieser Gattung, dass sie eine monumentalistische Geschichtsschreibung begünstigte, die vor allem die Erfolgsgeschichte in den Mittelpunkt ihrer Betrachtungen rückte. Folglich traten die kritische Auseinandersetzung mit universitären Ordnungen, den Curricula und den hiermit verbundenen Bildungszielen sowie ihre Verknüpfung mit der jeweiligen Bildungspolitik in den Hintergrund. Mehr noch, die Geschichte der Institution Universität sowie der an ihr betriebenen Wissensproduktion wurde regelmäßig kaum oder gar nicht in den Kontext der weiteren Kultur-, Politik- und Sozialgeschichte eingebettet, so dass der Wandel von universitären Ordnungen und auch des universitären Alltags fast ausschließlich als eine Geschichte »von innen« geschrieben wurde. Im deutschen Fall kommt hinzu, dass die schon vor 1945 bestehenden Universitäten oftmals erst relativ spät einer kritischen Aufarbeitung ihrer Vergangenheit im »Dritten Reich« den Weg ebneten. Außerdem entfaltete die Geschichte der deutschen Teilung negative Rückwirkungen, weil dadurch die Universitätsgeschichte in die politischen Auseinandersetzungen im Kalten Krieg hineingeriet.[2]

Inzwischen aber hat sich die Lage grundlegend geändert. So erfährt die Universitätsgeschichte seit den 1990er Jahren ein gesteigertes Forschungsinteresse, was unter anderem auf die rapiden Veränderungen der Hochschullandschaft im gleichen Zeitraum zurückzuführen sein dürfte. Darüber hinaus wurden nun an

---

[1] Siehe dazu im Überblick *Sylvia Paletschek*, Stand und Perspektiven der neueren Universitätsgeschichte, in: NTM. Zeitschrift für Geschichte der Wissenschaften, Technik und Medizin 19 (2011), S. 169–189; *Jürgen Reulecke / Volker Roelcke* (Hg.): Wissenschaften im 20. Jahrhundert. Universitäten in der modernen Wissensgesellschaft, Stuttgart 2008; *Michael Grüttner* et al. (Hg.), Gebrochene Wissenschaftskulturen. Universität und Politik im 20. Jahrhundert, Göttingen 2010.

[2] Vgl. dazu exemplarisch *Tobias Kaiser / Heinz Mestrup*, Die Universität in der Zeit der Sowjetischen Besatzungszone und der DDR, in: Senatskommission zur Aufarbeitung der Jenaer Universitätsgeschichte im 20. Jahrhundert (Hg.), Traditionen – Umbrüche – Wandlungen. Die Universität Jena 1850–1995, Köln 2009, S. 588–699.

vielen Universitäten erstmals eigene Archive aufgebaut und mit professionellen
Archivaren besetzt. Zwar reichen die Anfänge dieser Entwicklung bis in die
1960er Jahre zurück, aber erst in den 1980er Jahren und nochmals stärker im
nachfolgenden Jahrzehnt haben sich die Rahmenbedingungen auf diesem Gebiet
erheblich verbessert. Weiteres kommt hinzu, denn schon seit den 1970er Jahren
gelangte ein grundlegend veränderter Duktus in die Festschriftenliteratur, der
insgesamt den Übergang zu einer ausgereiften Traditionskritik markiert. Zwar
ist aus der Rückschau leicht zu erkennen, dass die damit einhergehende, zuweilen sogar überbordende Ideologiekritik langfristig keinen guten Gradmesser für
eine abgewogene Kultur- und Sozialgeschichte der tertiären Bildungsanstalten
abgab. Sie kann jedoch teilweise als das Echo einer Defizitgeschichte verstanden
werden, die den langen Schatten des »Dritten Reiches« zunächst ausgewichen
war. Mittlerweile haben jedoch zahlreiche grundlegende Studien unsere Kenntnis der Entwicklung der deutschen Hochschulen dieser Jahre auf eine neue Stufe
gestellt.[3]

Die Geschichte der Universitäten in der Zeit seit 1945 ist ebenfalls erst spät
in das Visier der Forschung geraten. Die erneuten Verzögerungen hängen unter
anderem mit der Tatsache zusammen, dass in den meisten Fällen wichtige Quel-
lenbestände noch nicht zugänglich waren oder sind beziehungsweise diese überhaupt erst mühselig rekonstruiert werden müssen. Darüber hinaus bildeten die
generationellen und engen persönlichen Beziehungsgeflechte ganz offensichtlich ein Hindernis für eine unbefangene Erforschung der »eigenen« Institution.
Noch weitere Faktoren kamen jedoch hinzu, welche die systematische Erforschung der jüngsten Zeitgeschichte erschwerten. Dazu zählt an vorderster Stelle
die Expansion der älteren Hochschulen hin zu den »Massenuniversitäten«
unserer Tage, welche nicht nur unter quantitativen, sondern vor allem auch quali-
tativen Aspekten das Gesicht der modernen Universität grundlegend verändert
hat. Damit ging eine sukzessive Abkehr von der »Ordinarienuniversität« einher,
was sowohl für die Machtverhältnisse an den Hochschulen als auch die Kultur

---

[3]   *Thomas Becker* (Hg.), Zwischen Diktatur und Neubeginn. Die Universität Bonn im »Drit-
ten Reich« und in der Nachkriegszeit, Göttingen 2008; *Elisabeth Kraus* (Hg.), Die
Universität München im Dritten Reich, 2 Bde., München 2006 / 2008; *Joachim Hendel*
(Bearb.), Wege der Wissenschaft im Nationalsozialismus. Dokumente zur Universität
Jena, 1933–1945, Stuttgart 2007; *Leo Haupts*, Die Universität zu Köln im Übergang vom
Nationalsozialismus zur Bundesrepublik, Köln 2007; *Wolfgang U. Eckart / Volker Sellin
/ Eike Wolgast* (Hg.), Die Universität Heidelberg im Nationalsozialismus, Heidelberg
2006; *Anne Chr. Nagel* (Hg.), Die Marburger Philipps-Universität im Nationalsozi-
alismus. Dokumente zu ihrer Geschichte, Stuttgart 2009; *Rüdiger vom Bruch / Christoph
Jahr* (Hg.), Die Berliner Universität in der NS-Zeit, 2 Bde., Stuttgart 2005; *Uwe Hoßfeld*
et al. (Hg.), »Kämpferische Wissenschaft«. Studien zur Universität Jena im Nationalsozialismus, Köln / Weimar / Wien 2003. Für Kiel siehe *Christoph Cornelißen / Carsten
Mish* (Hg.), Wissenschaft an der Grenze. Die Universität Kiel im Nationalsozialismus, 2.
Aufl., Essen 2010.

des wechselseitigen Austauschs entscheidende Konsequenzen nach sich zog.[4] Obwohl die Anfänge der inneren Reformen bis in die späten 1960er Jahre zurückreichen, hat sich der Umbau in den nachfolgenden Jahrzehnten nochmals erheblich beschleunigt und somit die Universitäten in Baustellen verwandelt, die kaum mehr allein über eine institutionengeschichtliche Perspektive in den Griff zu bekommen sind.

Es vermag daher kaum zu verwundern, dass neuere Ansätze zum Themenfeld die stärkere Integration der Universitäts- und Wissenschaftsgeschichte einfordern.[5] Verschiedene Autorinnen und Autoren gehen noch weiter und plädieren dafür, die Universitäts- und Wissenschaftsgeschichte als einen integralen Bestandteil der Gesellschaftsentwicklung zu begreifen. Hierbei handelt es sich jedoch um eine sehr weit reichende Forderung, die bislang nicht zuletzt deswegen noch nicht erfüllt worden ist, weil die dafür notwendigen Bausteine tatsächlich fehlen. Sowohl für die Jahrzehnte des Wiederaufbaus und der Neugründung der deutschen Universitäten als auch für ihre Entwicklung im Zeichen der wirtschaftlichen und sozialen Krisen seit den 1970er Jahren gibt es bisher kaum Studien, welche den Umbau der »Ordinarienuniversität« zur »Massenuniversität« sowie die damit einhergehenden Begleiterscheinungen eingehend unter die Lupe nehmen.[6]

Eine solche Lagebeschreibung trifft ebenfalls auf die Christian-Albrechts-Universität zu, deren Geschichte in der zweiten Nachkriegszeit bislang noch kaum als ein lohnender Forschungsgegenstand identifiziert worden ist. Vor diesem Hintergrund zielt der hier vorgelegte Band darauf ab, für ausgewählte Gruppen und Fächer eine erste Orientierung für den Zeitraum seit 1945 anzubieten. Er enthält kürzere Beiträge zur allgemeinen Kieler Universitätsgeschichte, zu ausgewählten Fächern in den Geistes- und Sozialwissenschaften sowie eine kritische Auseinandersetzung mit wenigen Persönlichkeiten, die neben vielen anderen das akademische Leben an der Kieler Förde seit 1945 nachhaltig geprägt haben. Die ursprüngliche Idee des Herausgebers war es, eine deutlich breiter angelegte Sammlung von systematischen, disziplinären und auch personengeschichtlichen Studien zusammenzuführen, um dadurch der Erforschung der zweiten Nachkriegszeit an der Christiana Albertina wesentliche Impulse zu verleihen. An der Umsetzung dieses Vorhabens hat ihn einerseits der Ruf auf einen Lehrstuhl an die Goethe-Universität in Frankfurt am Main gehindert, andererseits aber ebenfalls eine eher reservierte Resonanz von Angehörigen der an

---

[4] Siehe aber *Anne Rohstock*, Von der »Ordinarienuniversität« zur »Revolutionszentrale«? Hochschulreform und Hochschulrevolte in Bayern und Hessen, 1957–1976, München 2010.

[5] *Margit Szöllösi-Janze*, Wissensgesellschaft. Ein neues Konzept zur Erschließung der deutsch-deutschen Zeitgeschichte?, in: Hans G. Hockerts (Hg.), Koordinaten deutscher Geschichte in der Epoche des Ost-West-Konflikts, München 2004, S. 277–305.

[6] Zur Goethe-Universität siehe jetzt *Notker Hammerstein*, Die Johann Wolfgang Goethe-Universität Frankfurt am Main. Bd. III: Ihre Geschichte in den Präsidentenberichten 1972–2013, Göttingen 2014.

der Kieler Universität beheimateten Fachgruppen und Fächer. In mancher Hinsicht erscheint vielerorts das Verständnis der eigenen Zeit-Geschichtlichkeit bislang noch nicht hinreichend entwickelt. Hier besteht ein erheblicher Korrekturbedarf, und es steht zu hoffen, dass in der Zukunft der wissenschaftliche Anspruch auf die laufende Selbstreflexion über die eigenen Grundlagen das Studium der Wissenschafts- und Universitätsgeschichte einschließen wird.

Mehrere Fragen drängen sich diesem Zusammenhang geradezu auf. So wissen wir bis heute viel zu wenig über das Alltagsleben der Studierenden sowie ihre weltanschauliche, soziale und geschlechtsspezifische Sozialisation. Eine gründliche Erforschung dieses Sachverhaltes könnte ihr konkretes Studienverhalten begreifbar machen, das auch nach den Bologna-Reformen in einem offensichtlichen Widerspruch zu den Zielen der staatlichen Bildungspolitik steht. Darüber hinaus bietet es sich an, die institutionellen und sozialen Strukturen vor Ort oder genaugenommen in der Region, die meist das Hauptrekrutierungsreservoir moderner Pendleruniversitäten abgibt, mit dem Wandel an der Universität zu verkoppeln. Weiterhin erscheint es lohnenswert herauszuarbeiten, in welchem Maße die von außen, das heißt vom Staat oder von gesellschaftlichen Gruppen, an die akademischen Disziplinen herangetragenen Fragen in den letzten Jahrzehnten die Forschungsperspektiven sowie die Curricula verändert haben. In Zeiten zunehmend knapper Kassen drängen sich jedoch ebenso Fragen nach der wachsenden Bedeutung drittmittelfinanzierter Forschungsvorhaben und deren Rückwirkung auf Forschungsprofile sowie wissenschaftliche Diskurse und den universitären Alltag auf. Im gleichen Zusammenhang verdient das Beziehungsgeflecht zwischen wissenschaftlicher Forschung und Lehre und der Öffentlichkeit ein eingehendes Studium.[7] Die Universitäten sollten aber auch als wirtschaftliche Unternehmungen betrachtet werden, zumal sie vor allem in wirtschaftlich strukturschwachen Gebieten eine wichtige Rolle als Arbeitgeber sowohl in akademischen als auch in außerakademischen Berufsfeldern einnehmen. Außerdem treten die Universitäten immer wieder auch als Dienstleister in Erscheinung. Zuletzt sollte darüber nicht eine kritische Reflexion des Produktionskontextes Universitätsjubiläum übersehen werden, wurde es doch immer wieder zum Anlass von Selbstdeutungen und Identitätsstiftung auserkoren.[8] Die bekannten Festveranstaltungen und Festschriften zum 275-jährigen sowie zum 300-jährigen Jubiläum der CAU bieten dazu reichhaltiges Material.[9]

---

[7]   *Sybilla Nikolow / Arne Schirrmacher* (Hg.), Wissenschaft und Öffentlichkeit als Ressourcen füreinander. Studien zur Wissenschaftsgeschichte im 20. Jahrhundert, Frankfurt a. M. 2007.

[8]   Vgl. *Notker Hammerstein*, Jubiläumsschrift und Alltagsarbeit. Tendenzen bildungsgeschichtlicher Literatur, in: Historische Zeitschrift 236 (1983), S. 601–633.

[9]   *Wissenschaftliche Akademie des NSD-Dozentenbundes der Christian-Albrechts-Universität* (Hg.), Festschrift zum 275jährigen Bestehen der Christian-Albrechts-Universität Kiel, Leipzig 1940; *Karl Jordan*, Die Christian-Albrechts-Universität Kiel: 1665–1965, Neumünster 1965.

An anderen deutschen Universitäten hat man inzwischen das kritische Potenzial einer solchen Reflexion der eigenen Geschichte und der über eine lange Dauer gepflegten akademischen Festkultur erkannt.[10] Besonders wertvoll erscheint in diesem Zusammenhang die Einsicht, dass die in unzähligen akademischen Festreden betonte Verpflichtung auf das Erbe Wilhelm von Humboldts sich von den tatsächlichen Verhältnissen an den Hochschulen immer weiter entfernte und somit letztlich eher ein Mythos beschworen wurde.[11]

Abb. 1: 300 Jahre CAU. Umzug der Professoren zur Nikolaikirche 1965

[Stadtarchiv Kiel, 2.3 Magnussen]

Wenn es den nachfolgend abgedruckten Beiträgen gelänge, weiterführende Arbeiten zu dem oben skizzierten Fragenkatalog anzustoßen, hätten sie ihren Zweck erfüllt. Wir danken der Gesellschaft für Kieler Stadtgeschichte, dass sie den Band in ihre Schriftreihe aufgenommen hat. Darüber hinaus danken wir dem früheren Präsidenten der CAU, Professor Dr. Gerhard Fouquet, sowie seinem Nachfolger im Amt, Professor Dr. Lutz Kipp, für die großzügige Förderung dieses Bandes. An seiner Vorbereitung haben die Hilfskräfte am Lehrstuhl für Neueste Geschichte der Goethe-Universität, besonders Carla Reitter und Svenja Haneberg, einen wesentlichen Anteil genommen. Dafür sprechen wir ihnen hiermit unseren Dank aus.

Frankfurt a. M., im November 2014   Christoph Cornelißen

---

10   Hierfür exemplarisch *Heinz-Elmar Tenorth / Rüdiger vom Bruch* (Hg.), Geschichte der Universität Unter den Linden 1810–2010, 6 Bde., Berlin 2010 / 2012.
11   Vgl. *Dieter Langewiesche*, Humboldt als Leitbild? Die deutsche Universität in den Berliner Rektoratsreden seit dem 19. Jahrhundert, in: Jahrbuch für Universitätsgeschichte 14 (2011), S. 15–37.

Christoph Cornelißen

Zur Wiedereröffnung der Christian-Albrechts-Universität im Jahr 1945 – einige Momentaufnahmen

Dass die Christian-Albrechts-Universität schon am 27. November 1945 nach einer nur rund halbjährigen Unterbrechung ihren Lehr- und Forschungsbetrieb erneut aufnehmen konnte, war zeitweilig mehr als fraglich gewesen.[1] Denn angesichts der massiven Zerstörungen im Kieler Stadtgebiet sowie der fast vollständigen Zertrümmerung sämtlicher Universitätsgebäude schien ein Neubeginn an alter Stelle unmöglich geworden zu sein. Manche Zeitgenossen, darunter auch der Kieler Landeshistoriker Otto Scheel, plädierten aus diesem Grund, aber auch um eine »bis in die Tiefen des deutschen Universitätswesens reichende innere Erneuerung« erreichen zu können, noch mehrere Monate später dafür, die Pläne zur Fortführung der Christiana Albertina in Kiel zu begraben und stattdessen in Schleswig einen Neuanfang vorzunehmen.[2] Solche und ähnlich lautende Vorstellungen blieben jedoch allein schon deswegen chancenlos, weil bereits Mitte 1945 die britische Besatzungsmacht die Genehmigung zur Wiederaufnahme des Lehrbetriebs in Kiel erteilt hatte und bis zu diesem Zeitpunkt alle dafür notwendigen Maßnahmen ergriffen worden waren. In der historischen Rückschau wirkt

---

[1] Der folgende Beitrag basiert auf einem am 31. Oktober 2005 gehaltenen Vortrag. Der Redetext findet sich abgedruckt unter: *Christoph Cornelißen*, Aus den Trümmern – die Kieler Universität im Jahr 1945, in: Christiana Albertina 62 (2006), S. 33–45. Der Beitrag wurde später mit zusätzlichen Materialien zur Neugründung der CAU angereichert und publiziert unter: *Christoph Cornelißen*, Zur Wiedereröffnung der Christian-Albrechts-Universität im Jahr 1945 – Einige Momentaufnahmen, in: Gerhard Fouquet et al. (Hg.), Von Menschen, Ländern, Meeren. Festschrift für Thomas Riis zum 65. Geburtstag, Tönning 2006, S. 125–141. Er wurde jetzt nochmals aktualisiert und durch neueste Literatur ergänzt. Vgl. ebenfalls *Kurt Jürgensen,* Die Wiedereröffnung der Christian-Albrechts-Universität zu Kiel am 27. November 1945 in der Electroacustic (ELAC), in: Christiana Albertina N.F. 33 (1991), S. 545–567, sowie *ders.,* Die Christian-Albrechts-Universität nach 1945, in: Imke Meyer (Red.), Aus der Geschichte lernen? Universität und Land vor und nach 1945. Eine Ringvorlesung der Christian-Albrechts-Universität zu Kiel und des Schleswig-Holsteinischen Landtages im Winter-semester 1994/95, Kiel 1995, S. 183–202. Ferner *Hans-Werner Prahl,* Last der Vergangenheit. Schwieriger Neubeginn und manche Kontinuität, in: Ders. / Hans-Christian Petersen / Sönke Zankel (Hg.), Uni-For-mierung des Geistes. Universität Kiel und der Nationalsozialismus, Bd. 2, Kiel 2007, S. 201–221; *Thomas Winkelmann*, Von der »Alten« zur »Neuen« Universität. Ein Beitrag zur Kieler Universitätsgeschichte, in: Top. Berichte der Gesellschaft für Volkskunde in Schleswig-Holstein 16 (2006), S. 4–23.

[2] LASH, Nl. Otto Scheel, Abt. 399.67, Nr. 6, Denkschrift zur Standortfrage der Christian-Albrechts-Universität vom 1.7.1946, 23 Seiten.

überraschend, wie rasch die Dinge sich zugunsten einer Wiedereröffnung der Christian-Albrechts-Universität entwickelt hatten.[3]

Nachdem die Genehmigung der britischen Besatzungsverwaltung erteilt worden war, kamen am 27. November 1945 Lehrende, Studierende und Verwalter, aber auch Vertreter der Militärregierung, der Provinzialverwaltung und der Stadt Kiel in der »Neuen Universität« am Westring zusammen, um feierlich – begleitet von den Klängen der Jupiter-Symphonie von Wolfgang Amadeus Mozart – den Neubeginn akademischer Lehre und Forschung an traditionsreicher Stätte auszurufen. In bewegenden und zugleich aufschlussreichen Worten wandte sich der erste, noch von der britischen Militärregierung ernannte Rektor der Christian-Albrechts-Universität, der Professor für Psychiatrie und Neurologie Hans Gerhard Creutzfeldt, an die Festversammlung:

»Wie ein Schiffbrüchiger, der wieder ans Land gelangt und festen Boden unter den Füßen fühlt, so erfüllt einen jeden von uns ein Gefühl zutiefst, das ist das der Dankbarkeit«.

Über 28 Dezennien, so führte der erste Nachkriegsrektor weiterhin aus, habe die schleswig-holsteinische Landesuniversität »treulich in Forschung und Lehre zu wirken sich gemüht«. Erst die Wirren des Zweiten Weltkriegs hätten sie dann gezwungen, die zerstörten Stätten zu verlassen. Jetzt aber, so Creutzfeldt im November 1945, gebe es neue Hoffnung, neues Leben und neues Planen. Und er versprach, man werde sich nun in Ehrfurcht erneut in die »Kette der Wahrheitssucher« einreihen, die von den Vorgängergenerationen aufgebaut und hinterlassen worden sei.[4]

Die von Pathos getragene Rede Creutzfeldts stellte zugleich eine Bilanz und ein Programm dar, bei dem eines sehr deutlich ins Auge fällt. Es war das dezidierte Bemühen um eine Wiedereinbindung in einen weit zurückreichenden akademischen Traditionsstrang, der den »Schiffbrüchigen« von 1945 auch moralisch wieder Halt verschaffen sollte. Aus diesem Grund sind Creutzfeldts Ausführungen nicht nur aufschlussreich für das, was er sagte, sondern auch für all

---

[3] Die entsprechenden Unterlagen wurden in der Zwischenzeit an das LASH abgegeben und werden dort in den Bestand der Universität eingegliedert. Unverzeichnete Akten des Rektorats der CAU, Akte 265, Schreiben des »nominatet [sic] Rektor« Hans Gerhard Creutzfeldt an »Sehr geehrter Herr Kollege« vom 19.7.1945. Demnach war die Wiederaufnahme des Lehrbetriebs an der Universität zunächst in der Theologischen und Medizinischen Fakultät bereits zu diesem Zeitpunkt beschlossene Sache. Für alle anderen Fakultäten sollte Creutzfeldt Lehrpläne aufstellen lassen.

[4] LASH, Unverzeichnete Akten des Rektorats der CAU, Rede von Rektor Hans Gerhard Creutzfeldt vom 27.11.1945. Zu Hans Gerhard Creutzfeldt: *Karl-Werner Ratschko*, Ernst Holzlöhner, Hans Gerhard Creutzfeldt und Enno Freerksen. Drei Kieler Medizinprofessoren im »Dritten Reich«, in: Christoph Cornelißen / Carsten Mish (Hg.), Wissenschaft an der Grenze. Die Universität Kiel im Nationalsozialismus, 2. Aufl., Essen 2010, S. 135–150.

das, was er ausdrücklich nicht sagte oder benannte. Entweder weil seinen Zuhörern die entsprechenden Probleme ohnehin bekannt waren, oder weil es nicht
opportun erschien, Dinge vor den anwesenden Vertretern der britischen Besatzungsmacht zu benennen, die dem Redner und manchem seiner Kollegen politisch und moralisch auf der Seele lagen. Manches aber wurde offensichtlich auch
deswegen verschwiegen, weil man es verdrängen wollte. Kennzeichnend ist hierfür das Ende der Rede mit dem nivellierenden Gedenken an alle Opfer aus den
»letzten Völkerkriegen«. Dass viele dieser Menschen einer verbrecherischen
Expansionspolitik zum Opfer gefallen waren, wollte und konnte Creutzfeldt im
November 1945 nicht öffentlich sagen. Das Gleiche gilt übrigens für die Reden
der Gründungsrektoren bei der Wiedereröffnung auch an anderen westdeutschen
Universitäten.[5]

Angesichts der hier nur angedeuteten Leerstellen und des Nicht-Gesagten
werden hiernach mit wenigen Strichen die Ursachen und Umstände des vollständigen Zusammenbruchs an der Kieler Universität im Jahr 1945 nachgezeichnet, um im Anschluss daran die Neuordnungspläne der britischen Besatzungsmacht und ihrer deutschen Mitstreiter vorzustellen. Weiterhin erlauben wir uns
einen Blick auf den weiteren Weg von Lehrenden und Studierenden in die Zukunft, die, ungeachtet der zunächst düsteren Aussichten, für viele unerwartet
günstige Aufstiegsmöglichkeiten mit sich brachte und die Christian-Albrechts-
Universität insgesamt auf eine neue Entwicklungsstufe hob.

1. Die Zerstörung der Christian-Albrechts-Universität

Die materielle und geistige Trümmerlandschaft in Kiel im Jahr 1945 war in erster
Linie die Konsequenz der zerstörerischen Wirkung der nationalsozialistischen
Herrschaft und des Zweiten Weltkriegs. Trümmer waren es in der Tat, vor allem
in der nordwestlichen Zone des untergegangenen Deutschen Reiches, für die die
britische Besatzungsmacht endgültig seit dem 5. Juni 1945 mit der Berliner
Deklaration der alliierten Siegermächte die Verantwortung übernommen hatte.
In diesem Zusammenhang wurde einmal gesagt, dass 1945 die Amerikaner die
schöne Landschaft, die Franzosen den Wein und die Briten eben die Ruinen
übernommen hätten. Insbesondere für Kiel und für die Christian-Albrechts-Universität trifft diese Beschreibung den zeitgenössischen Sachverhalt recht genau.
Denn die Stadt Kiel war im Luftkrieg weitgehend zerstört worden. Rund 70 Prozent des Gebäude- und Wohnungsbestandes gingen verloren. Kiel wies damit
einen Zerstörungsgrad auf, wie er sonst nur in wenigen Städten und Gemeinden
des Deutschen Reiches gemessen worden ist. Ähnlich dramatisch fiel die Zerstörung universitärer Gebäude aus. Mehr als 60 Prozent der universitären Anlagen,

---

[5]   Vgl. dazu *Eike Wolgast*, Die Wahrnehmung des Dritten Reiches in der unmittelbaren
      Nachkriegszeit 1945/46, Heidelberg 2001.

die über sieben Jahrzehnte aufgebaut worden waren, lagen nach den Luftangriffen vom Dezember 1943 sowie Januar und Mai 1944 danieder. Ebenso gewichtig wogen die Verluste der Universitätsbibliothek, die rund ein Drittel ihres Bestandes in den Flammen des Bombenkrieges verloren hatte.

Im Grunde aber war die Universität Kiel nicht erst mit den Angriffen alliierter Bomber untergegangen. Das gilt in einem engeren und einem weiteren Sinne. Denn, erstens, war ein Großteil der Institute und Seminare schon vor Kriegsende an insgesamt 18 Ausweichorte in der Provinz Schleswig-Holstein ausgelagert worden. Begonnen hatte man damit seit 1942/43. Im Zuge der Auslagerung wanderten beispielsweise ein Großteil der Kliniken und später das Rektorat nach Schleswig und die Bibliothek für Weltwirtschaft fand eine neue Heimstatt im Ratzeburger Dom. Obwohl Rektor Andreas Predöhl noch im September 1944 festhielt, dass »schon aus moralischen Gründen« die Universität ihren Standort in Kiel nicht voreilig verlassen dürfe, hatte sich bereits seit Mitte des Jahres unerbittlich gezeigt: Ein ordnungsgemäßes Studium in Kiel war tatsächlich nicht mehr möglich. Im Wintersemester 1944/45 blieben deswegen nur noch die Medizinstudenten in Kiel; im Übrigen ruhten die Vorlesungen. Ohnehin hatte man während des Krieges angesichts der drastisch gefallenen Studierendenzahlen nur mühsam Versuche der nationalsozialistischen Berliner Hochschulpolitik abwehren können, die Universität auf Dauer zu schließen.

Was aber, zweitens, auf dem Weg der inneren Auszehrung noch weit schwerer wog, war: Viele Angehörige der Universität, sowohl unter den Dozenten als

Abb. 2: Das Portal nach der Zerstörung im Zweiten Weltkrieg
[Dieter Olsen]

auch den Studierenden, hatten sich seit der »Machtergreifung« der Nationalsozialisten an der Selbstzerstörung der besten Traditionen deutscher und internationaler Wissenschaft aktiv beteiligt. »Kiel als Vorkämpferin des deutschen Volks-
tums und eines deutschen, politisch ausgerichteten Wissens«, das war in
Kurzform das Programm der nationalsozialistisch ausgerichteten »Grenzlanduniversität«, das der Mediziner Hanns Löhr vollmundig noch 1941 in seiner Er-
öffnungsrede anlässlich seiner Übernahme des Rektorats in die Öffentlichkeit
getragen hatte. Schon seit 1934, so ergänzte Löhr stolz, sei von gleicher Stelle
aus wiederholt verkündet worden, dass

»die deutsche Wissenschaft ein Produkt ureigenster germanischer ›Rassen-
forschung‹ darstellt, demnach politisch ist im reinsten Sinne des Wortes«.[6]

Abb. 3: Aufmarsch des NSDStB vor dem Hauptgebäude der CAU, Juni 1938
[Ferdinand Urbahns]

Welche Konsequenzen sich daraus für Forschung und Lehre ergaben, zeigen
unter anderem die seit 1938 neu aufgelegten »Kieler Blätter«. Auch die Jubilä-
umsreden aus Anlass des 275-jährigen Bestehens der Christian-Albrechts-Universität im Jahr 1940 verdeutlichen, wie weit die Durchdringung mit nationalso-
zialistischem Gedankengut in allen Fakultäten und Disziplinen bis zu diesem
Zeitpunkt bereits vorangeschritten war. Namentlich die Rechtswissenschaften

[6]   LASH, Abt. 47, Nr. 2045, Rede des neu ernannten Rektors Prof. Dr. med. Hanns Löhr.

erhoben den Anspruch, eine »Stoßtruppfakultät« abzugeben.[7] Gewiss, zwischen Anspruch und Realität klaffte auch im Nationalsozialismus eine Lücke, und keineswegs die gesamte Professorenschaft beteiligte sich an dem Vorhaben einer vollpolitisierten nationalsozialistischen Universität. Dennoch bildete die durchaus willfährige Übernahme rassistischer Ideologeme in Forschung und Lehre sowie die aktive Umsetzung der nationalsozialistischen Hochschulpolitik eines der trübsten Kapitel in der Geschichte der Kieler Universität.

Obwohl an dieser Stelle nur wenige Einzelheiten angeführt werden können, darf der zumindest kursorische Hinweis auf die Opfer der Vertreibungen und der sogenannten »Entpflichtungen« in diesem Zusammenhang nicht fehlen. Denn nicht zuletzt unter dem Druck fanatisierter Studenten hatte die Kieler Universitätsführung schon seit dem Sommersemester 1933 den Umbau des Lehrkörpers zielstrebig vorangetrieben. Als Rektor Paul Ritterbusch 1940 Bilanz zog, wertete er die Beseitigung »aller rassefremden und politisch untragbaren Elemente« sowie die Berufung »neuer, junger Kräfte« ausdrücklich als einen Erfolg der neuen Universitätsführung.[8]

Ersten Erhebungen des Rektorats aus dem Jahr 1946 zufolge waren unter der Herrschaft des nationalsozialistischen Regimes 21 Dozenten zwangsweise aus dem Dienst entfernt worden.[9] Aus später durchgeführten Untersuchungen wissen wir, dass bis 1945 insgesamt 48 Mitglieder des Kieler Lehrkörpers vertrieben worden sind, unter Einschluss aller Zwangsversetzungen und Wegberufungen.[10] Mit der Vertreibung rund eines Fünftels der Lehrenden lag Kiel im Mittelfeld der deutschen Universitäten, wobei zuletzt jedoch nicht die Zahlen wirklich entscheidend sind, sondern jedes Einzelschicksal! Wer darüber mehr erfahren möchte, der kann aus der spröden Sprache der Wiedergutmachungsakten, von

---

[7] Vgl. *Jörn Eckert*, »Hinter den Kulissen«. Die Kieler Rechtswissenschaftliche Fakultät im Nationalsozialismus, in: Christiana Albertina 58 (2004), S. 18–32; *Christina Wiener*, Kieler Fakultät und »Kieler Schule«. Die Rechtslehrer an der Rechts- und Staatswissenschaftlichen Fakultät zu Kiel in der Zeit des Nationalsozialismus und ihre Entnazifizierung (=Kieler rechtswissenschaftliche Abhandlungen N.F., Bd. 67), Baden-Baden 2013; *Rudolf Meyer-Pritzl*, Die Kieler Rechts- und Staatswissenschaften. Eine »Stoßtruppfakultät« in: Cornelißen / Mish, Wissenschaft an der Grenze, S. 151–173.

[8] *Paul Ritterbusch*, Die Entwicklung der Universität Kiel seit 1933, in: Wissenschaftliche Akademie des NSD-Dozentenbundes der Christian-Albrechts-Universität (Hg.), Festschrift zum 275jährigen Bestehen der Christian-Albrechts-Universität Kiel, Leipzig 1940, S. 447–466, hier S. 453.

[9] LASH, Unverzeichnete Akten des Rektorats der CAU, Akte 248, Schreiben von Rektor Hans Gerhard Creutzfeldt an die britische Besatzungsverwaltung vom 8.2.1946.

[10] Siehe dazu *Ralph Uhlig* (Hg.), Vertriebene Wissenschaftler der Christian-Albrechts-Universität zu Kiel (CAU) nach 1933. Zur Geschichte der CAU im Nationalsozialismus. Eine Dokumentation (=Kieler Werkstücke. Reihe A: Beiträge zur schleswig-holsteinischen und skandinavischen Geschichte, Bd. 2), Frankfurt a. M. et al. 1991.

denen bis zum November 2005 noch Nachweise im Keller des Rektorats lagerten, die schweren und oft traurig stimmenden Schicksalswege der ins Exil Getriebenen nachvollziehen.[11]

Worauf es hierbei ankommt: Als die Gebäude der Kieler Universität zusammenstürzten, hatten viele Lehrende und Studierende sich bereits seit Längerem aus der Kette der »Wahrheitssuchenden« herausgelöst und der Politik eines menschenverachtenden Regimes verschrieben. In diesem Sinne existierte tatsächlich am Ende des Krieges keine Institution mehr, die den Namen Universität Kiel verdiente. Sinnbildlich hierfür können wir die abgeschlagenen Köpfe der Statuen am Ende der Freitreppe des Hauptgebäudes begreifen. Ebenso nachdenklich stimmt, dass Paul Ritterbusch, vormals Rektor der Kieler Universität und danach an führender Stelle im Kultusministerium in Berlin tätig, seinem Leben auf der Flucht vor den Russen in der Nähe von Wittenberge ein Ende setzte.[12]

2. Die britische Besatzungsmacht und die Wiedereröffnung der Universität

Dass man die Häupter der zerstörten Statuen vor dem Hauptgebäude nach Kriegsende achtlos beseitigte, hinterlässt erneut ein ambivalentes Gefühl. In der unmittelbaren Nachkriegszeit aber waren zunächst nicht länger deutsche Kräfte, sondern die neuen Machthaber, das heißt in erster Linie die britische Besatzungsverwaltung, am Zuge. Eines steht in diesem Zusammenhang fest: Ohne die baldige Bereitschaft führender Offiziere aus der britischen Bildungsverwaltung zum raschen Wiederaufbau der deutschen Universitäten hätte es in Kiel und auch andernorts kaum einen Neubeginn gegeben.[13] Immerhin befanden sich sechs alte Universitäten und drei Technische Hochschulen in der britischen Zone, unter denen Münster und Kiel die schwersten Beschädigungen aufwiesen. Wie so vieles andere, was grundsätzlich im August 1945 im Potsdamer Abkommen festgelegt worden war, darunter die vollständige Beseitigung von Nationalsozialismus und Militarismus, hing am Ende auch in der Hochschulpolitik viel von der konkreten Umsetzung vor Ort ab. Verantwortlich hierfür zeichnete in der britischen Zone der Leiter der Erziehungsabteilung, Donald C. Riddy, von Beruf

---

[11]   LASH, Unverzeichnete Akten des Rektorats der CAU, Akte 229, mit Angaben zu Julius Landmann, Hans Philipp Neisser, Karl-Heinrich Rengstorf, Heinrich Freiherr Rausch von Traubenberg, Hans Oswald Rosenberg, Walther Schücking, Julius Stenzel, Selma Wallach, Konrad Zweig. Siehe auch die Unterlagen in der Akte 230, mit Angaben unter anderem zu Heinrich Roeniger, Richard Kroner, Felix Jacoby und Rudolf Höber.

[12]   LASH, Unverzeichnete Akten des Rektorats der CAU, Akte 256, Schreiben an den Senator für Bildungswesen in Bremen vom 7.10.1953.

[13]   Zur Bildungspolitik in der britischen Besatzungszone vgl. *David Phillips* (Hg.), German Universities after the Surrender. British Occupation Policy and the Control of Higher Education, Oxford 1983, sowie *Manfred Heinemann* (Hg.) / *David Phillips* (Bearb.), Hochschuloffiziere und Wiederaufbau des Hochschulwesens in Westdeutschland 1945–1952. Teil 1: Die britische Zone, Hildesheim 1990.

Sprachwissenschaftler und Schulinspektor im britischen Kultusministerium. Aus seiner Feder stammt eine auch für die Kieler Universitätsgeschichte wichtige Denkschrift vom 22. Juni 1945. Darin hielt Riddy ausdrücklich fest, dass der Nationalsozialismus in den Köpfen nur dann zu überwinden sei, wenn der akademische Unterricht erneuert werde. Überhaupt stand nicht der bestrafende Aspekt für die britische Bildungspolitik im Vordergrund, sondern das Ziel einer Demokratisierung: Obwohl kein Weg an einer raschen Wiedereröffnung der akademischen Institutionen vorbeigehe, hieß es in der Denkschrift Riddys freilich ebenso, sollten unter dem Druck der Verhältnisse nicht sämtliche Strukturen des überkommenen Universitätswesens unbesehen übernommen werden.[14]

Genau das war jedoch tatsächlich der Fall, wofür eine Reihe von Gründen angeführt werden kann. Zunächst einmal muss man die schwierige Lage der britischen Besatzungsmacht und die zahlreichen Herausforderungen berücksichtigen, denen sie gleichzeitig gerecht werden musste. Vor allem die Nahrungsversorgung der Bevölkerung, die durch den enormen Zustrom von Flüchtlingen und Vertriebenen immer weiter anschwoll, stellte ein Problem ersten Ranges dar. Daneben sah sich die britische Militärmacht unter dem Zwang, die Kontrolle beziehungsweise den Wiederaufbau administrativer Dienstleistungen bewerkstelligen zu müssen, um im Anschluss daran die vorsichtige Wiederbelebung des politischen Lebens in Gang zu bringen. Insgesamt darf es daher kaum verwundern, dass die Bildungsreform von den britischen Besatzungsbehörden nur als zweitrangige Frage eingestuft wurde. Schon Anfang 1947 wurde die Hauptverantwortung für den Wiederaufbau des Bildungswesens allein in deutsche Hände gelegt.

Die konkrete Entscheidung zur Wiedereröffnung der Christian-Albrechts-Universität war jedoch bereits früher gefallen. Sie verdankte sich unter anderem der Überlegung britischer Besatzungsoffiziere, wonach die anhaltende Schließung der Universitäten in der britischen Zone politisch gefährliche Unruheherde heraufbeschwören könnte. Vor diesem Hintergrund gewährte der für Kiel zuständige Education-Officer Wilcox bereits Mitte Juli 1945 die Wiederaufnahme des Lehrbetriebs. Wie Creutzfeldt im gleichen Monat berichtete, hatte er sich ebenfalls rasch mit den britischen Behörden über die Rückführung der Universität von Schleswig nach Kiel geeinigt, wobei hier gleich eingefügt werden kann: Gerade dieser Punkt barg in den nachfolgenden Monaten noch erheblichen Konfliktstoff in sich, wurden doch damit schon lange schwelende Streitfragen im Raum Schleswig-Holstein berührt. Wilcox knüpfte jedoch die endgültige Bewilligung zur Wiedereröffnung der Universität an einige Voraussetzungen. Gefordert waren Angaben zu den Räumlichkeiten, in denen der Lehrbetrieb überhaupt aufgenommen werden konnte. Außerdem sollten Listen mit den Namen der in Frage kommenden Dozenten sowie den Themen der geplanten Vorlesun-

---

[14] Hier zit. nach *Jürgensen*, Die Christian-Albrechts-Universität nach 1945, S. 186.

gen zur Genehmigung vorgelegt werden. Weiterhin erwarteten die Briten Angaben über die schätzungsweise zu erwartende Studentenzahl, und ebenfalls wünschten sie eine Auflistung der notwendigen Lehrbücher.

Alle hier angesprochenen Fragen hielten die britische Bildungsverwaltung und die deutschen Akteure in Kiel – sowohl auf Seiten der Provinzial- und Stadtverwaltung als auch in den Reihen der sich neu konstituierenden Universität – in den Monaten bis zum 27. November 1945, dem Tag der offiziellen Wiedereröffnung, in Atem. Angesichts der besonders drängenden räumlichen Probleme konzentrierte sich die Aufmerksamkeit der Planer für den Wiederaufbau zunächst vor allem auf die Ortsfrage. In der Rückschau kann man es nur als ein großes Glück für die Universität werten, dass die Gebäude der Elektroacustic KG (kurz ELAC), in der bis Kriegsende Güter für die Ausrüstung von Flugzeugen und Schiffen hergestellt worden waren, die Bombardierungen Kiels relativ unversehrt überstanden hatten. Nachdem auf energische Einwände von deutscher Seite hin die britische Militärmacht davon abgehalten werden konnte, die Gebäude zu sprengen, kam schon bald die Idee auf – vor allem Dank der Anregungen des Geologen Karl Gripp und des Werksleiters der ELAC, Heinrich Hecht – in den Räumen der Unternehmung den Aufbau der »Neuen Universität«, wie sie bald genannt wurde, zu beginnen. Angesichts der dramatischen Kriegszerstörungen im Stadtbereich bot die ELAC sogar günstige Voraussetzungen: Dazu zählten die hohe Belastungsfähigkeit der Decken, der leichte Zugriff auf bezahlbaren Strom, Gas und Wasser sowie hochwertige technische Anlagen, was gerade für den Ausbau der naturwissenschaftlichen Institute wichtig war. Daneben verfügte die ELAC über weitere, wenn auch einfache Vorzüge: Hier gab es so etwas wie Tische und Schemel.

Da jedoch zunächst noch Umbauten in der ELAC vorgenommen werden mussten und die Bereitstellung von ausreichendem Wohnraum für die Studierenden schwerwiegende Probleme aufwarf, verfiel man im Sommer 1945 auf die Idee, vier im Kieler Hafen liegende Schiffe für Vorlesungs- und Unterbringungszwecke zu nutzen. Die Vorlesungen begannen also – was ja erneut symbolischen Wert beanspruchen darf – auf schwankendem Boden. Zusätzlich boten die Schiffe rund 1.000 Studierenden eine erste Unterkunft.[15] Aber die zeitlich nur begrenzt von den Alliierten freigegebenen Schiffe und ihr vorzeitiger Abzug machten die »schwimmende Universität« letztlich zu einer kurzen Episode. Im Vergleich zu den hohen Heizungskosten und den bedrängten Verhältnissen auf den Schiffen bot der bereits Anfang 1946 umgebaute Teil des ELAC-Geländes deutlich bessere Möglichkeiten. In diesem Zusammenhang sticht ein Bericht des britischen Offiziers James Mark vom 10. Januar 1946 ins Auge. Darin zeigt er sich sehr beeindruckt von den Aufbauarbeiten in Kiel. Die Kieler Universität werde,

---

[15] Dass die Verhältnisse an Bord alles andere als angenehm waren, verdeutlicht der Bericht einer Delegation der britischen Association of University Teachers: Die Universitäten in der britischen Zone Deutschlands, in: Beilage zur Monatsschrift »Die Sammlung« 3 (1948), H. 2, S. 6.

heißt es an dieser Stelle sogar, bald zu den am besten ausgestatteten Universitäten in der britischen Zone gehören. Ähnliches geht aus einem Schreiben von Prorektor Erich Burck vom Juli 1946 hervor. So gebe es an der Universität Kiel, ist hier nachzulesen, ausgezeichnete Arbeitsmöglichkeiten für mindestens 3.000 Studenten.

Abb. 4: Eines der ehemaligen Fabrikgebäude der Hagenuk
[Stadtarchiv Kiel, 2.3 Magnussen]

Abb. 5: Blick auf die ELAC-Bauten mit Neuer Mensa um 1955

[Astrid Hansen / Nils Meyer (Hg.), Universität als Denkmal. Der Campus der Christian-Albrechts-Universität zu Kiel, Kiel 2011, S. 22]

Dass alle Institute der Geisteswissenschaften unter Einschluss der Juristen in modernen, hellen Gebäuden vereint seien, wäre für eine zerstörte Stadt wahrlich eine Seltenheit und ohne jede Parallele unter den anderen Universitäten.[16]

Bei der Lektüre der Akten kann man sich freilich nicht des Eindrucks erwehren, dass insbesondere die Professoren und darunter vor allem die Vertreter der zunächst nur nominierten Universitätsleitung in den Verhandlungen mit der britischen Besatzungsmacht auch deswegen wiederholt Orts- und Raumfragen thematisierten, weil so die schwierigen moralischen und politischen Fragen, darunter insbesondere die »Säuberung« des Lehrkörpers, in den Hintergrund rückten. Wir berühren hiermit das schwierige Kapitel der Entnazifizierung der Lehrenden, aber auch der politischen Überprüfung der neu immatrikulierten Studenten. Auf diesem Gebiet behielt sich die Besatzungsmacht zunächst die letzte Entscheidungsgewalt vor: Nur wer die Genehmigung der Militärregierung erhielt, war berechtigt, Forschung und Lehre an der Universität auszuüben beziehungsweise ein Studium aufzunehmen.

Die Aktenlage zu dieser Frage ist jedoch unübersichtlich, und auch die bisherigen wissenschaftlichen Arbeiten über die politische Säuberung des wissenschaftlichen und nichtwissenschaftlichen Personals an der Christian-Albrechts-Universität vermitteln nur wenig zuverlässige Informationen. Über die Tätigkeit des Entnazifizierungs-Komitees, über das die Senatsprotokolle vom März 1946 nur festhalten, die Herren des Ausschusses hätten Unterstützung durch jüngere Mitglieder erhalten, ist bislang kaum etwas Näheres bekannt geworden. Wenn man jedoch die Listen der nur bruchstückhaft überlieferten Entlassungsschreiben mit den Personalverzeichnissen der Universität seit 1945 abgleicht, so wird ein Tatbestand offensichtlich: Es handelt sich um die weit reichende Kontinuität des wissenschaftlichen Personals über die Wende des Jahres 1945 hinweg, vor allem in der Professorenschaft. Spätestens seit den frühen 1950er Jahren wurden die vorher ausgesprochenen Suspendierungen wieder rückgängig gemacht, meistens aber schon zuvor.[17] Selbstverständlich beschränkte sich dieser Vorgang nicht auf Kiel, aber er trat gerade hier sehr deutlich zutage. Mehr oder minder lakonisch heißt dazu ein Bericht Karl Jordans aus dem Jahr 1948:

---

[16] LASH, Unverzeichnete Akten des Rektorats, Ordner Nr. 254, Schreiben von Prorektor Burck an Prof. Heuer, Münster vom 25.4.1946. Vgl. jetzt zur Baugeschichte: *Anna Minta / Jörg Matthis*, Die architektonische Entwicklung der Universität Kiel nach 1945. Vom umgenutzten Industriequartier zum modernen Universitätsforum, in: Klaus Gereon Beuckers (Hg.), Architektur für Forschung und Lehre. Universität als Bauaufgabe, Kiel 2010, S. 355–386.

[17] Vgl. dazu beispielsweise LASH, Unverzeichnete Akten des Rektorats, Ordner Nr. 264, Schreiben des Universitätskurators an das Arbeitsamt Kiel vom 6.12.1945. Fast alle hier als »entlassen« angeführten Professoren kehrten wenige Jahre später in ihre alten Positionen zurück. Das ergab ein Abgleich mit den Daten in Kürschners Deutschem Gelehrtenkalender.

»Neben [der] raschen Klärung der Raumfrage war es für den Wiederaufbau des Lehrbetriebs nicht weniger wichtig, dass sich die Mitglieder des Lehrkörpers, die bei Kriegsende zum größten Teil im Wehrdienst standen, sehr bald wiederzusammenfanden. Die Lücken, die im Lehrkörper durch Todesfälle [...] und nach dem Kriege durch Emeritierungen und durch Entlassungen entstanden, konnten im allgemeinen sehr schnell geschlossen werden, zumal der größte Teil der zunächst entlassenen Professoren und Dozenten rehabilitiert wurde«.[18]

Abb. 6: Blick auf die ELAC-Bauten
[Bildstelle der Kieler Universität]

Man sollte diese Vorgänge nachträglich nicht pauschal moralisieren. Denn im Einzelfall hatte die erzwungene Quarantäne durchaus zu Neuorientierungen geführt, und wir wissen heute – nach den Umbrüchen des Jahres 1989/90 – dass sich auch spätere Gesellschaften, gerade in Ostmitteleuropa, mit dem Neuaufbau akademischer Institutionen nach langen Jahren einer Diktatur schwer getan haben. Immerhin aber hatte die britische Entnazifizierungspolitik von vornherein die Möglichkeit in Betracht gezogen, dass der Einzelne sich von einem früheren Anhänger des Nationalsozialismus zum Demokraten wandeln könne.

   Gleichwohl machen Vorhaltungen der alliierten Besatzungsoffiziere auf einer Hochschulrektorenkonferenz vom Frühjahr 1946 gegenüber dem Kieler Rektor Hans Gerhard Creutzfeldt sehr deutlich, dass die hiesige Universität sich alles andere als energisch um eine Wiedereingliederung vertriebener Emigranten

---

[18]   Bericht der Universität Kiel, in: Studium Generale 1 (1948), H. 4, S. 249.

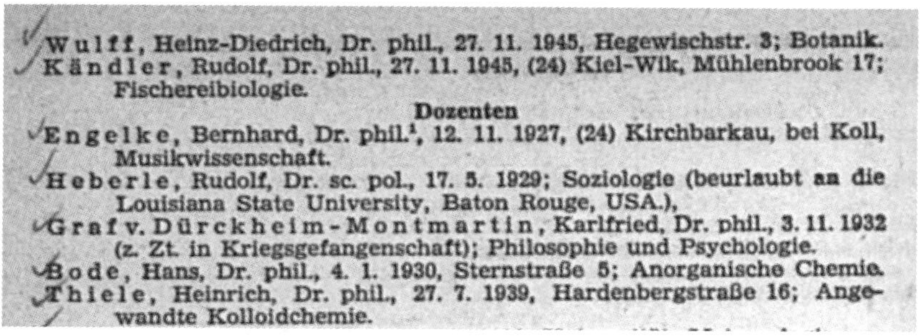

W u l f f , Heinz-Diedrich, Dr. phil., 27. 11. 1945, Hegewischstr. 3; Botanik.
K ä n d l e r , Rudolf, Dr. phil., 27. 11. 1945, (24) Kiel-Wik, Mühlenbrook 17;
    Fischereibiologie.

Dozenten

E n g e l k e , Bernhard, Dr. phil.¹, 12. 11. 1927, (24) Kirchbarkau, bei Koll,
    Musikwissenschaft.
H e b e r l e , Rudolf, Dr. sc. pol., 17. 5. 1929; Soziologie (beurlaubt an die
    Louisiana State University, Baton Rouge, USA.),
G r a f v. D ü r c k h e i m - M o n t m a r t i n , Karlfried, Dr. phil., 3. 11. 1932
    (z. Zt. in Kriegsgefangenschaft); Philosophie und Psychologie.
B o d e , Hans, Dr. phil., 4. 1. 1930, Sternstraße 5; Anorganische Chemie.
T h i e l e , Heinrich, Dr. phil., 27. 7. 1939, Hardenbergstraße 16; Ange-
    wandte Kolloidchemie.

*Abb. 7: Der emigrierte Rudolf Heberle erscheint im Vorlesungsverzeichnis als
beurlaubt*

[Personal- und Vorlesungsverzeichnis Sommersemester 1946, http://www.uni-kiel.de/journals/]

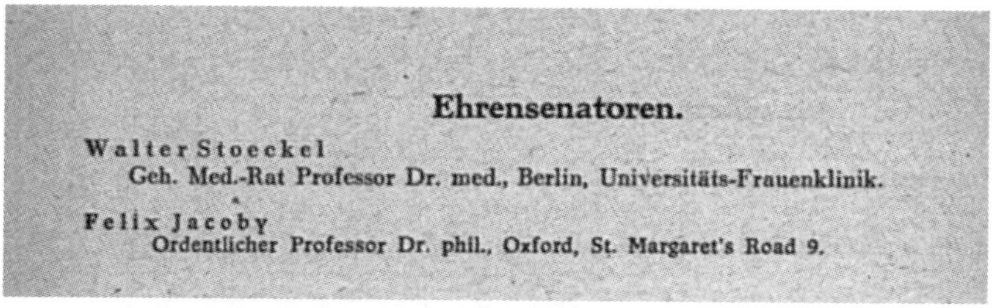

Ehrensenatoren.

W a l t e r S t o e c k e l
    Geh. Med.-Rat Professor Dr. med., Berlin, Universitäts-Frauenklinik.

F e l i x J a c o b y
    Ordentlicher Professor Dr. phil., Oxford, St. Margaret's Road 9.

Abb. 8: Der von der Kieler Universität vertriebene Felix Jacoby als Ehrensenator

[Personal- und Vorlesungsverzeichnis Sommersemester 1948, http://www.uni-kiel.de/journals/]

kümmerte. Wie wir einem Brief Creutzfelds an den Dekan der Philosophischen
Fakultät, Albrecht Unsöld, entnehmen können, »warf man Kiel [...] den Mangel
an ›gutem Willem‹ vor.« Er habe, so Creutzfeldt, große Mühe gehabt, »die
schwierige Situation gerade unserer Universität darzulegen«. Seine Hinweise auf
die vielfach unbekannten Leute, die »nie ordinariabel gewesen sind und auf die
verhältnismäßig geringe Zahl von betreffenden Ordinarien« hätten ihm in dieser
Richtung nicht viel geholfen.[19] Auch die weitere Korrespondenz in Einzel- und
Mehrfachangelegenheiten hinterlässt ein mehr als zwiespältiges Bild.[20] Letztlich

[19] LASH, Unverzeichnete Akten des Rektorats der CAU, Akte 257, Schreiben von Rektor
    Hans Gerhard Creutzfeldt an Albrecht Unsöld vom 10.3.1946.
[20] LASH, Unverzeichnete Akten des Rektorats der CAU, Akte 248, Vorläufige Liste mit
    »Emigranten (Kiel)« sowie ebd., Schreiben des Dekans der Rechts- und Staatswissen-
    schaftlichen Fakultät an den Rektor vom 18.3.1945, und Schreiben des Rektorats an die
    Westdeutsche Rektorenkonferenz vom 25.10.1950. Demzufolge wurde an verschiedene
    Herren aus der Philosophischen Fakultät ein Schreiben zur Rückkehr nach Kiel gerichtet.
    Abraham Adolf Fraenkel und Otto Klemperer wünschten nicht zurückzukehren. Richard
    Kroner haben sich trotz langer Verhandlungen nicht zur Rückkehr entschließen können;
    von Dozent Willy Peller liege keine Adresse vor.

blieben, das zeigen auch die Ausführungen von Creutzfeldt bei seiner Immatri-kulationsrede im Januar 1946, große Teile der Kieler Professoren nach dem Zweiten Weltkrieg einem Denken in überkommenen politischen Kategorien ver-haftet. Das führte zum einen zur Ausblendung einer kritischen Auseinanderset-zung mit dem Nationalsozialismus. Zum anderen hielten sie geradezu verkrampft am Bild einer unpolitischen Universität fest, obwohl sie selbst gleich nach Kriegsende tatsächlich mit dem Politisieren fortfuhren. Creutzfeldt jedenfalls verpflichtete die Kieler Studenten schon im Januar 1946 »auf die Treue zu Vater-land und Volk« und entpuppte sich damit doch nur erneut als Anhänger der Idee vom nationalen Wächteramt der Professoren.[21] Der Anspruch auf eine umfas-sende geistige und sittliche Erneuerung, wie ihn der erste gewählte Oberpräsi-dent Theodor Steltzer am 27. November 1945 im Rahmen der Eröffnungsfeier eingefordert hatte, wurde so zunächst kaum umgesetzt.[22] Vielmehr erscholl, wie auch aus anderen gesellschaftlichen Kreisen, bald vermehrt der Ruf, den der Musikwissenschaftler Friedrich Blume schon Mitte 1946 formuliert hatte. Danach müsse Deutschland damit rechnen können, nach einer »Sonderzeit« bald wieder gleichberechtigt zu werden: »Deutscher Geist und deutscher Fleiß« ver-dienten, »wieder eingesetzt zu werden statt ungenutzt daniederzuliegen«, meinte Blume. Im Ausland mussten solche Stimmen zwangsläufig Kritik auf sich zieh-en: So hieß es bereits 1946 in einem Bericht aus der britischen Bildungsver-waltung:

> »Im großen und ganzen neigt der deutsche Universitätslehrkörper nicht zu links eingestellten politischen Ansichten. Viele Personen sind in der Ver-gangenheit neutral und politisch nicht sehr interessiert gewesen.«

Es könne daher lange dauern, bis die Universitäten aus ihrer eigenen geistigen Zurückgezogenheit heräusträten.[23]

3. Zum Wiederaufbau der Kieler Universität

Seit dem November 1945 gab es an der CAU durchaus einen Aufbruch und auch Fortschritt. Aus den Jahresberichten der Rektoren bis in die 1950er Jahre ergibt sich sogar eine ausgeprägte Gegenwarts- und Zukunftsorientierung. Beklagt wurden darin zum einen die Schwierigkeiten der Gegenwart, und zum anderen

---

[21]　LASH, Abt. 47, Nr. 4154, Rede von Rektor Hans Gerhard Creutzfeldt bei der Immatriku-lations-Feier vom 30.1.1946.

[22]　*Theodor Steltzer*, Ansprache zur Wiedereröffnung der Christian-Albrechts-Universität zu Kiel, 27. November 1945, in: Kurt Jürgensen (Hg.), Theodor Steltzer. Reden, Anspra-chen, Gedanken 1945–1947. Grundlegende Ausführungen des letzten Oberpräsidenten und ersten Ministerpräsidenten Schleswig-Holsteins, Neumünster 1986, S. 9–42.

[23]　LASH, Abt. 47, Nr. 4447, »Universitäts-Erziehung in der Britischen Zone«, S. 6.

stellten die Rektoren Visionen für die Zukunft auf, während sie gleichzeitig über die Vergangenheit schwiegen. Ebenso auffallend ist, wie rasch sich ein Gefühl von *business as usual* einstellte. Nachdem bereits zum Sommersemester 1946 die Umbauten in der ELAC weit vorangeschritten waren und alle geisteswissenschaftlichen Institute in der neuen Universität untergebracht werden konnten, setzte auf dem alten Universitätsgelände der Wiederaufbau der teilweise erheblich beschädigten Kliniken ein. Zwar provozierte der Kohlenmangel im Winter 1946/47 erneut einen Einbruch in den Lehrveranstaltungen, aber schon im Sommersemester zuvor hatte die Universitätsbibliothek erstmals ihre Pforten für zumindest 150 Leser öffnen können. Bis Anfang der 1950er Jahre konnten rund 300.000 Bände den Nutzern zugänglich gemacht werden. Dass auch die Baugeräusche in der ELAC zu diesem Zeitpunkt abflauten, verdeutlicht endgültig: Die »Neue Universität« hatte ihre erste Aufbauphase abgeschlossen.[24]

Ohne jeden Zweifel hatte die erste Studentengeneration einen gewichtigen Anteil am raschen Wiederaufbau der Universität. Wesentlich auf ihren Anstoß ging zurück, dass sie bei Aufräumungs- und Enttrümmerungsarbeiten eingesetzt wurden. Was ursprünglich als eine freiwillige Maßnahme begonnen hatte, erhielt jedoch bald verpflichtenden Charakter, um sogenannte »Drückeberger« nicht zu bevorzugen. Jeder Student war danach mit mindestens dreißig Arbeitsstunden pro Semester beteiligt. Auch noch im Sommersemester 1947 erfolgte ein vom Senat beschlossener ehrenamtlicher Enttrümmerungsdienst der Studenten und Dozenten. Wenn der Rektoratsbericht dieser Phase zutrifft, wirkten

> »sämtliche Studenten mit Ausnahme der Kriegsbeschädigten und der Examenssemester in Erkenntnis der Notwendigkeit mit, ihren Teil zur Heilung der durch den Krieg geschlagenen Wunden beizutragen, um auf dem weit über die Stadt verstreuten Universitätsgelände Ordnung und Sauberkeit wiederherzustellen«.

Überhaupt verfügen wir über zahlreiche Hinweise, die von dem »ungewöhnlichen Fleiß der Studierenden«, ihrer Ernsthaftigkeit und von nur geringen Verstößen gegen die »Pflichten eines akademischen Bürgers« in dieser Phase berichten. Das Gesagte verweist insgesamt auf eine allgemeine Aufbruchsstimmung sowie das Gefühl einer Gemeinsamkeit von Lehrenden und Studierenden, die der Sondersituation der geteilten Kriegs- und Nachkriegserfahrungen zuzurechnen ist. So berichtet der Historiker Klaus Friedland in seinen Erinnerungen von einer nachgerade legendären Gemeinschaft von Lehrenden und Lernenden.[25] Dennoch sollten uns derartige Einschätzungen nicht die Wiederbelebung stark paternalistisch geprägter Autoritätsmuster übersehen lassen.

---

[24] Vgl. dazu die Rektoratsberichte in LASH, Abt. 47, Nr. 4218.
[25] *Klaus Friedland*, Wie es eigentlich gewesen, in: Hartmut Lehmann / Otto Gerhard Oexle (Hg.), Erinnerungsstücke. Wege in die Vergangenheit. Rudolf Vierhaus zum 75. Geburtstag gewidmet, Wien 1997, S. 89–100. Vgl. ebenfalls *Florian Woda*, Universitäre Lehre

Auffallend ist weiterhin, wie viele Berichte sich aus den ersten Semestern mit der sozialen Lage der Studenten und ihren Zukunftsaussichten beschäftigten. Ein Grund hierfür war die anfängliche Sorge der britischen Kontrolloffiziere, dass die meist gedienten und kriegserfahrenen Studenten, die ja alle im Nationalsozialismus aufgewachsen waren, eine politisch potenziell gefährliche Gruppe abgeben könnten. Es war daher auch alles andere als ein Zufall, dass die Aufmerksamkeit der britischen Militärregierung stark auf die Universität Kiel gerichtet war, weil hier ein überproportional starkes Kontingent ehemaliger Berufsoffiziere der Wehrmacht immatrikuliert worden war. Noch mehr aber waren es soziale Fragen, die ab dem Wintersemester 1945/46 eine genaue Beobachtung studentischer Verhältnisse nahelegten, sodass wir heute viel mehr über diese Generation wissen als über die heutigen Studierenden. Selbst der Frisörbesuch wurde für das Jahr 1948 gezählt: Von 3.030 Studenten gingen, so die Statistiker, knapp 500 ständig zum Haarschneider, knapp jeweils 700 kamen selten oder gelegentlich, aber knapp 1.300 erschienen nie.[26]

Wichtiger jedoch als solche Luxusausgaben waren selbstverständlich zwischen 1945 und 1950 die sogenannten »Brot-und-Butter«-Fragen. Anfangs war es tatsächlich für viele Studierende nicht einfach, überhaupt geregelte Mahlzeiten zu ergattern. Aber doch gelang es dem Studentenwerk in Kiel recht bald, durch die geschickte Kombination von Hoover-Schulspeisungen mit Lebensmittelspenden des Schwedischen Roten Kreuzes und von anderen Stellen, der Mehrzahl der Studenten wenigstens täglich eine sättigende und dabei billige Mahlzeit zur Verfügung zu stellen. Trotzdem wiesen auch Ende 1947 nur 175 von rund 3.000 Studierenden ein Normalgewicht auf; immerhin 16 Prozent waren bis zu rund einem Fünftel des durchschnittlichen Körpergewichts untergewichtig. Den Messungen zufolge kamen die Damen übrigens hierbei etwas besser weg.

Wenn man sodann die sozialen Schwierigkeiten vieler Studenten nach der Währungsumstellung auf die D-Mark 1948 ins Auge nimmt, ist nicht zu übersehen, wie düster die Professoren, aber auch die Studierenden selbst ihre Zukunftsaussichten zu dieser Zeit einschätzten. »Studenten im Daseinskampf« lautet etwa ein einschlägiger Bericht in den Kieler Nachrichten aus dieser Zeit.[27] Hierbei schlug zu Buche, dass die Zahl der Ostflüchtlinge an der Universität Kiel besonders hoch ausfiel. Der Anteil wirtschaftlich schlecht gestellter Studenten nehme ständig zu, wird weiterhin berichtet. 80 bis 90 Prozent müssten ständig als Werksstudenten arbeiten und manche Diplomarbeit und Dissertation habe nur

---

nach der Stunde Null. Das Kieler Eingangssemester ab dem November 1945, in: Prahl / Zankel / Petersen, Uni-Formierung des Geistes, Bd. 2, S. 188–200.

[26] LASH, Abt. 47, Nr. 4154, Ergebnis der statistischen Auswertung […] für das Wintersemester 1947/48. Vgl. auch *Wilhelm Hahn*, Die Kieler Studierenden im Wintersemester 1949/50 nach sozialer Herkunft und Berufsziel, in: Statistische Monatshefte für Schleswig-Holstein 2 (1950), S. 373–377.

[27] Kieler Nachrichten, 2.12.1947.

im Bett geschrieben werden können. Auf die Delegierten der britischen Association of University Teachers, die Ende 1946 Kiel und andere Universitäten in der britischen Zone inspizierten, wirkte insgesamt problematisch, dass fast überhaupt keine Lehrbücher und kaum irgendwelches Papier für Kolleghefte, Zeichnungen und Vervielfältigungen vorhanden waren. Die Studierenden müssten sich daher ganz auf das in den Vorlesungen Vorgetragene verlassen, was sie kaum zu selbständigem und kritischem Denken führen könne. Darüber hinaus habe die Einführung eines »Dies universitatis« mit Vorlesungen allgemeinbildender Art für Angehörige aller Fakultäten kaum die gewünschten Ergebnisse erbracht, handele es sich doch vornehmlich um isolierte Einzelvorträge über eine Mannigfaltigkeit von Themen.[28]

Dennoch geben diese Berichte kein vollständiges Bild des studentischen Lebens dieser Jahre wieder. Denn zum einen wissen die Nachlebenden, dass mit dem säkularen ökonomischen Aufschwung ab Anfang der 1950er Jahre den Angehörigen dieser Generation soziale Chancen in einem Ausmaß eröffnet wurden, wie es sie vorher und nachher nie wieder gegeben hat. Zum anderen verweisen auch sehr viel konkretere Angaben auf eine Renormalisierung der Kieler Verhältnisse schon vor 1949/50, waren doch bis zu diesem Zeitpunkt bereits siebzehn Studentenverbindungen neu begründet worden. Kritischen Stimmen in der Zeitschrift »Kieler Student« zufolge, wurde in den Verbindungen erneut »nach traditionellem Ritus gesungen, getrunken und gedacht«. Der Kieler Soziologe Gerhard Mackenroth befürchtete daher schon Ende der 1940er Jahre, dass sich dahinter nur ein verkrampftes Festhalten an bürgerlichen Wertehierarchien äußere. Blickt man sodann in die weiteren Ausgaben der Studentenzeitschriften aus der ersten Hälfte der 1950er Jahre, so ist von den Trümmern eigentlich keine Rede mehr. Dazu passt eine Äußerung von Rektor Heinrich Rendtorff aus seinem Jahresbericht von 1948/49. Nachdem die Studentenschaft »im Zeichen eines Fleißes« gestanden habe, den frühere Generationen in dieser Selbstverständlichkeit nicht gekannt hätten, sei jetzt wieder eine Lockerung des »tierischen Ernstes« zu beobachten, der wirklich wissenschaftlicher Arbeit nicht ungefährlich sei.[29] Er formulierte damit eine Diagnose, die auch in späteren Zeiten ihre Berechtigung behielt.

Wie aber stand es um die Dozenten? Blicken wir hierzu abschließend auf einen einzigen Fall, und zwar den des Landeshistorikers Otto Scheel. In mancher Hinsicht kann er als symptomatisch für die ausbleibende Bereitschaft vieler Hochschullehrer an der CAU verstanden werden, sich nach dem Zweiten Weltkrieg mit ihrem Fehlverhalten in den Jahren des Nationalsozialismus kritisch auseinanderzusetzen. Scheel war 1924 – mehr oder minder konkurrenzlos – auf den landeshistorischen Lehrstuhl nachgerückt, obwohl er im Zuge der Auseinandersetzungen um den Verbleib Nordschleswigs im Deutschen Reich im Jahr

---

[28]   Die Universitäten in der britischen Zone Deutschlands, S. 6, 26.
[29]   LASH, 47, Nr. 4155, Bericht von Rektor Heinrich Rendtorff über das Rektoratsjahr vom
       5.3.1949–4.3.1950, S. 2.

1920 als ein alles andere denn besonnener Akademiker, ja vielmehr als »wortgewaltiger Redner« auf deutscher Seite aufgefallen war. Zwar veränderte er nach der Übernahme der Professur seine ursprünglich rigorose Position in der Nordschleswig-Frage zu einer gemäßigteren, aber sowohl seine wissenschaftspolitischen Aktivitäten in den 1920er Jahren als auch seine Forschungsarbeiten zur Wikingersiedlung Haithabu ließen sich nach der Machtergreifung der Nationalsozialisten problemlos in den nationalsozialistischen Germanenkult einfügen.[30] Nicht nur ideologisch und historiographisch, sondern auch in wissenschaftsorganisatorischer Hinsicht beteiligte er sich seit den 1930er Jahren außerdem engagiert an der Entwicklung und praktischen Umsetzung des neuen »volkshistorischen« Paradigmas. Für seine Leistungen wurde Scheel vom Gauleiter Lohse die Leitung des neu gegründeten Instituts für Volks- und Landesforschung übertragen, das seinem Auftrag gemäß für die volkstümliche Verbreitung einer Rassen- und Nordlandideologie gedacht war. 1941 übernahm er zusätzlich die Präsidentschaft des Deutschen Wissenschaftlichen Instituts in Kopenhagen, was die Beziehungen zwischen schleswig-holsteinischen Landesgeschichtlern und dänischen Historikern schwer belastete.[31]

Insbesondere in wissenschaftsorganisatorischer Hinsicht, hier vor allem im Zusammenhang mit der Nordostdeutschen Forschungsgemeinschaft,[32] und auch in methodischer Hinsicht beanspruchte Scheel eine führende Position in der neueren Landesgeschichtsschreibung. Ein Ausdruck hierfür waren seine Ausführungen zum Verhältnis von allgemeiner Geschichte und Landesgeschichte aus dem Jahr 1933. Demnach sollte eine interdisziplinär verstandene Volksforschung die Revision volksfremder Einflüsse und moderner Überlagerungen des eigentlichen Volkslebens vorantreiben.[33] Was sich an dieser Stelle noch primär den allgemeinen Diskussionen um die Volks- und Landesgeschichte aus den 1920er Jahren verdankte, erhielt jedoch spätestens im Schrifttum Scheels während des Zweiten Weltkriegs einen dezidiert propagandistischen Anstrich. So verstieg er sich 1940 anlässlich des 275-jährigen Jubiläums der Christiana Albertina zu einer klaren Ergebenheitsadresse an die nationalsozialistische Führung:

---

[30] Vgl. *Manfred Jessen-Klingenberg*, Schleswig-Holsteins Geschichtsschreibung und das Nationalitätenproblem in Schleswig von 1864 bis 1940, in: Westfälische Forschungen 46 (1996), S. 210–231.

[31] Vgl. *Manfred Jakubowski-Tiessen*, Kulturpolitik im besetzten Land. Das Deutsche Wissenschaftliche Institut in Kopenhagen 1941 bis 1945, in: Zeitschrift für Geschichtswissenschaft 42 (1994), S, 129–138.

[32] Vgl. hierzu vor allem *Michael Fahlbusch*, Wissenschaft im Dienst der nationalsozialistischen Politik? Die »Volksdeutschen Forschungsgemeinschaften« von 1931–1945, Baden-Baden 1999, S. 225–227.

[33] *Otto Scheel*, Allgemeine Geschichte, in: Deutsche Hefte zur Volks- und Kulturbodenforschung 19 (1933), S. 113–125, hier S. 124. Vgl. dazu *Willi Oberkrome*, Volksgeschichte. Methodische Innovation und völkische Ideologisierung in der deutschen Geschichtswissenschaft 1918–1945, Göttingen 1995, S. 82.

»Vor den Pforten der Christiana-Albertina liegt eine volkliche Wirklichkeit, in der die mächtigen deutschen Glocken klingen, aber von den Glocken des Nordens begleitet werden, und wo, wenn es tönt und klingt, die Welt empor- steigt, der wir, die volklich Geschiedenen und im eigenen volklichen Lebens- kreis Bleibenden, doch alle angehören, Germanien. «[34]

Dass ab dem Mai 1945 derartige Gedanken keine Konjunktur mehr hatten, wuss- te Scheel nur allzu gut. Ungeachtet seiner persönlichen Belastungen aber glaubte er sich bereits im Juni 1945 dazu befugt, Vorschläge für die Neubesetzung des Lehrstuhls für Landesgeschichte an den Oberpräsidenten der Provinz zu schi- cken. Mit kaum gemindertem Selbstbewusstsein bedauerte Scheel, dass

»eine Verbindung der Forschungsgebiete, wie ich sie besaß, und eine ent- sprechende Kenntnis des Nordens [...] in der jüngeren Generation [...] nicht mehr vorhanden«

seien. Ohnehin aber gebiete die »Katastrophe Deutschlands« neue Erwägungen über die Aufgabe dieser Professur. Wenn sie für die Universität Kiel mit ihren besonderen Aufgaben weiterhin für nötig erachtet werde, so müsse ihr auch ein der Katastrophe entsprechender Lehrauftrag gegeben werden:

»Die neuen Aufgaben, die auf die Führung des europäischen Kontinents und die Sicherung der abendländischen Kultur durch England hinweisen, müss- ten auch in dieser dem Norden besonders zugewandten Professur einen Ausdruck finden. Ihr bloß eine schleswig-holsteinsche spezialistische Auf- gabe zu stellen, würde ich für unangemessen halten.«[35]

Geradezu ins Auge sticht in dem Anliegen Scheels der von den Zeitläufen unge- brochene Anspruch des ehemaligen Lehrstuhlinhabers, Kontinuität walten zu lassen. Zwar nahm er es unter dem Vorzeichen der alliierten Besatzungsmacht billigend in Kauf, dass nun ein Bündnis mit den Engländern unausweichlich sei. Gleichzeitig aber sprach er den Deutschen weiter eine führende Rolle in dem schon von den Nationalsozialisten ausgerufenen Kampf des Abendlandes gegen den Bolschewismus zu.[36]
    Hier ist nicht der Raum, um das Schrifttum Scheels aus den abschließenden Lebensjahren bis zu seinem Tod 1954 angemessen zu berücksichtigen. Kaum aber kann man sich heute noch vorbehaltlos dem älteren Urteil Alexander

---

[34] *Otto Scheel*, Die Landesuniversität Kiel. Ein geschichtlicher Überblick, in: Wissenschaft-
      liche Akademie des NSD-Dozentenbundes, Festschrift zum 275jährigen Bestehen der
      Christian-Albrechts-Universität, S. 1–29, hier S. 29.
[35] LASH, Abt. 47, Nr. 6996, Schreiben von Otto Scheel an den Oberpräsidenten vom
      28.6.1945.
[36] Hierzu hat Carsten Mish eine Biographie vorgelegt, die demnächst in Druck geht.

Scharffs anschließen, wonach Scheel nach dem Zweiten Weltkrieg eine grundlegende Revision seiner vormaligen Standpunkte vorgenommen habe.[37] Dafür bieten weder die hier abschließend zitierte Eingabe vom Juni 1945 noch die Schriften des Historikers zwischen 1945 und 1954 eine hinreichende Grundlage. Nicht nur aus diesem Grund, sondern auch wegen der an vielen anderen Stellen hervortretenden Kontinuitäten in der schleswig-holsteinischen Landesgeschichtsschreibung über die Schwelle des Jahres 1945 hinaus ist die Beschäftigung mit ihrem Weg in die neue Zeit ein überfälliges Desiderat der universitäts- und wissenschaftsgeschichtlichen Forschung.

---

[37] *Alexander Scharff*, Prof. Dr. D. Otto Scheel, in: Zeitschrift der Gesellschaft für Schleswig-Holsteinische Geschichte 80 (1956), S. 11–16, hier S. 15.

Wilhelm Knelangen / Tine Stein

Auf dem Weg zum vollen universitären Bürgerrecht – Die Politikwissenschaft an der Christian-Albrechts-Universität zu Kiel

1. Einleitung

Die Politikwissenschaft als akademische Disziplin mit eigenen Lehrstühlen, Curricula, Studiengängen und der Produktion von wissenschaftlichem Nachwuchs mit Promotionen und Habilitationen zählt zu den ganz jungen Fächern.[1] In Westdeutschland hat sich das Fach erst im Zuge von *reeducation* und Demokratieerziehung nach dem Zweiten Weltkrieg konstituiert, und es erfuhr eine Expansion, als sich seit Anfang der 1960er Jahre ein Bedarf an Sozialkundelehrerinnen und -lehrern ergab. Vergleicht man das runde Dutzend Lehrstühle, das Anfang der 1950er Jahre eingerichtet wurde, darunter einer auch an der Christian-Albrechts-Universität (CAU), mit den heute knapp 350 Professuren, den vielen hundert Kolleginnen und Kollegen im akademischen Mittelbau und den etwa 30.000 Studierenden, die in eigenen Studiengängen zu einem akademischen Abschluss in der Politikwissenschaft geführt werden, verteilt an fast allen Universitätsstandorten in der Bundesrepublik, so spricht dies für einen außergewöhnlichen Erfolg einer jungen Universitätsdisziplin, die sich im Fächerkanon zwar spät, aber dann umso nachhaltiger etabliert hat.[2]

---

[1] Dieser Aufsatz ist eine für den Zweck dieser Publikation wesentlich überarbeitete und gekürzte Fassung unseres einleitenden Beitrags *Wilhelm Knelangen / Tine Stein*, Die wissenschaftliche Beschäftigung mit Politik an der Christian-Albrechts-Universität zu Kiel – ein junges Fach mit langer Tradition, in: Dies. (Hg.), Kontinuität und Kontroverse. Politikwissenschaft in Kiel, Essen 2013, S. 11–59. Die im Folgenden vorgestellten Ergebnisse eines Lehrforschungsprojekts und weiterer Einzelforschungen sind ausführlich in den jeweiligen Aufsätzen der dort versammelten Autorinnen und Autoren nachzulesen; auf diese wird hier im Einzelnen in den Fußnoten verwiesen.

[2] Vgl. *Cord Arendes*, Politikwissenschaft in Deutschland. Standorte, Studiengänge und Professorenschaft 1949–1999, Wiesbaden 2005; vgl. auch *Birte Meinschien*, Michael Freund. Wissenschaft und Politik (1945–1965) (=Kieler Werkstücke. Reihe H: Beiträge zur Neueren und Neuesten Geschichte, Bd. 2), Frankfurt a. M. at al. 2012, Anhang S. 199–210 mit einer tabellarischen Übersicht der 23 bis 1959 bestallten Professoren mit Kurzbiographie. Das Statistische Bundesamt weist heute 347 Professuren aus (vgl. *Statistisches Bundesamt*, Personal an Hochschulen – Fachserie 11 Reihe 4.4 – 2011, Wiesbaden 2011, S. 184. Die genaue Zahl der Studierenden lautet ausweislich des Statistischen Bundesamts: 29.449 (vgl. *Statistisches Bundesamt*, Studierende an Hochschulen – Fachserie 11 Reihe 4.1 – Wintersemester 2011/2012, Wiesbaden 2012, S. 123).

Tatsächlich ist diese Disziplin aber kein so junger *Shooting Star*, wie auf den ersten Blick zu vermuten. Denn die wissenschaftliche Beschäftigung mit Politik hatte ihren Platz an den Universitäten, seitdem es diese Einrichtungen als Stätten der Gelehrsamkeit und Ausbildung im europäischen Geistesleben gibt. Wenn man nicht nach einem eigenständigen Fach unter dem Namen Politikwissenschaft fragt, dann wird in Umrissen eine Politikwissenschaft *avant la lettre* deutlich. Dies zeigt sich, wenn die politikbezogenen Inhalte der Lehrveranstaltungen in den Blick genommen werden: Gab es Professoren, die etwa die Politik des Aristoteles oder andere Klassiker des politischen Denkens gelesen oder Regierungssysteme miteinander verglichen haben? Zudem ist die Forschungsarbeit relevant: Gab es bei den Professoren eine systematische und methodischen Regeln folgende Betrachtung von Politik? Richtet man diese und weitere Fragen an die Geschichte der CAU, dann lässt sich anhand der Universität im Norden nahezu exemplarisch die Entwicklungsgeschichte der Politikwissenschaft in Deutschland aufzeigen – als ein zwar junges Fach unter diesem Namen, das aber gleichwohl von seinem Gegenstand her bereits eine lange Tradition auch an der Kieler Universität hat.[3]

Diese Geschichte der Politikwissenschaft *avant la lettre* soll im Folgenden in einem ersten Schritt nachgezeichnet werden. Es kann gezeigt werden, dass die Hinweise, die in Wilhelm Bleeks umfassender Fachgeschichte auf Kieler Gelehrte gegeben werden,[4] sehr zutreffend sind: Die wissenschaftliche Beschäftigung mit Politik gehörte bereits seit Gründung der CAU 1665 zur Lehr- und Forschungspraxis.[5] In einem zweiten Schritt wird dann die Geschichte der Kieler

---

[3] Siehe zu dieser These schon *Carl Joachim Friedrich*, Grundsätzliches zur Geschichte der Wissenschaft von der Politik, in: Zeitschrift für Politik 1 (1954), S. 325–336; *Wilhelm Hennis*, Politik und praktische Philosophie. Eine Studie zur Rekonstruktion der politischen Wissenschaft, Neuwied / Berlin 1963; *Hans Maier*, Die ältere deutsche Staats- und Verwaltungslehre (Polizeiwissenschaft). Ein Beitrag zur Geschichte der politischen Wissenschaft in Deutschland, Neuwied / Berlin 1966 (2. Aufl. 1980); *ders.*, Zur Lehrgeschichte der politischen Wissenschaft, in: Ders., Politische Wissenschaft in Deutschland. Aufsätze zur Lehrtradition und Bildungspraxis, München 1969, S. 15–51. Umfassend dann *Wilhelm Bleek*, Geschichte der Politikwissenschaft in Deutschland, München 2001; siehe auch *Wilhelm Bleek / Hans J. Lietzmann* (Hg.), Klassiker der Politikwissenschaft. Von Aristoteles bis David Easton, München 2005. Anderer Ansicht ist *Jürgen Hartmann*, Geschichte der Politikwissenschaft. Grundzüge der Fachentwicklung in den USA und in Europa, Opladen 2003, der von der »Legende von der alten Wissenschaft« (S. 18) spricht und die Ansicht vertritt, die Politikwissenschaft sei »ein Produkt der jüngeren Moderne« (S. 20).

[4] Vgl. *Bleek*, Geschichte der Politikwissenschaft, passim, wo unter anderem Friedrich Christoph Dahlmann, Heinrich von Treitschke, Lorenz von Stein, Ferdinand Tönnies und Hermann Heller behandelt werden – allesamt Gelehrte, die eine kürzere oder längere Zeit ihres Lebens auch in Kiel gewirkt haben.

[5] In diesem Text sprechen wir generell von Politikwissenschaft, wenn wir die moderne akademische Disziplin meinen. An der CAU Kiel hatte dieses Fach nach 1945 leicht abweichende Bezeichnungen: Michael Freund wurde auf eine Professur für Wissenschaft und Geschichte der Politik berufen, das Seminar wurde ebenso bezeichnet. Seit der Einführung der Institutsstruktur hieß es dann Institut für Politische Wissenschaft. Auch das

Politikwissenschaft nach 1945 skizziert, also seit der Einrichtung des Lehrstuhls
für die »Wissenschaft und Geschichte der Politik« 1951 bis zur heutigen Situation und dabei gezeigt, dass das »volle Bürgerrecht an der Universität«, das der
erste Lehrstuhlinhaber Michael Freund für das Fach einforderte, heute nicht
mehr bestritten wird – aber der Weg dorthin war steinig.

2. Die Geschichte der Politikwissenschaft an der CAU *avant la lettre*

Die wissenschaftliche Beschäftigung mit der Politik hat sich auf unterschiedliche
thematische Aspekte des Politischen gerichtet, dieses kann interessanterweise
nicht ausschließlich mit der wechselnden historischen Gestalt der politischen
Ordnung erklärt werden. Von der Entwicklung eines fachspezifischen und reflektierten politikwissenschaftlichen Methodenbewusstseins, das sich als ein
ausgesprochener Methodenpluralismus äußert, kann ohnehin erst im 20. Jahrhundert die Rede sein, parallel zur Etablierung als eigene Disziplin unter diesem
Namen.[6] Der Frage, ob die Lehrenden und Forschenden von der politischen Praxis eines noch personalen Herrschaftskonzeptes oder des neuzeitlichen Territo-
rialstaats mit sich entwickelnden spezifischen normativen Legitimationsanforde-
rungen umgeben sind, kommt durchaus eine große Bedeutung zu. Aber bedeutsam ist auch die Entwicklung in der Geistesgeschichte: Ideas Matter.

2.1. Von der Gründung der CAU bis zur Weimarer Republik

Im Hochmittelalter und der frühen Neuzeit wurde an den deutschen Universitäten die ältere Lehre der Politik in Form von Vorlesungen zu den politisch-philo-
sophischen Schriften des Aristoteles in der jeweils zeitgenössischen Rezeption
gelehrt – im 14. und 15. Jahrhundert im Einklang mit der christlichen Scholastik
und im 16. und 17. Jahrhundert in den reformatorischen Universitäten durch die
Rezeption Melanchthons. Dabei gehörte Politik zur Grundausbildung an der
Artistenfakultät, das heißt sie wurde nicht als Berufsstudium, sondern als
Vorbereitung auf den Magister gelehrt.[7] In dieser Phase erfolgte an den reformatorischen und zahlreich neu gegründeten protestantischen Universitäten die Einrichtung von Professuren, deren Vertreter Ethik und Politik zu lesen hatten

---

Studienfach hieß bis zur Einführung der BA/MA-Studiengänge »Politische Wissenschaft«. Nach der Gründung des Instituts für Sozialwissenschaften existiert das Fach
Politikwissenschaft innerhalb des Instituts.

6   Vgl. zur Methodenentwicklung *Bernhard Kittel*, Eine Disziplin auf der Suche nach Wis-
    senschaftlichkeit. Entwicklung und Stand der Methoden in der deutschen Politikwis-
    senschaft, in: Politische Vierteljahresschrift 50 (2009), S. 577–603.

7   *Bleek*, Geschichte der Politikwissenschaft, S. 45.

(*professio Ethices vel Politices*).[8] Zudem kam es auch in Deutschland zu einer Blüte moderner politischer Literatur.[9] Zu den 17 Professoren, die bei der Gründung der Christian-Albrechts-Universität den ersten Lehrkörper bildeten, gehörte auch Nikolaus Martini (1632–1713), Professor an der Philosophischen Fakultät, der die *Philosophia Civilis*, die politische Philosophie, vertrat.[10] Die CAU war damit schon in der Gründungsphase gewissermaßen ganz auf der Höhe der zeitgenössischen politiktheoretischen Auseinandersetzung, denn in den Vorlesungstiteln Martinis tauchten nicht nur Aristoteles, sondern auch die Namen der – damals (und auch heute noch) modernen – Theoretiker der Politik wie Hobbes, Machiavelli oder Bodin auf, freilich bei Martini in kritischer Rezeption. Bei den Nachfolgern Martinis, Christoph Heinrich Amthor (1677–1721) und Friedrich Gentzke (1679–1757), kann anhand der Vorlesungsverzeichnisse gezeigt werden, dass die Staatenkunde, die Analyse und Interpretation der geltenden Rechtsordnung, Fragen von Krieg und Frieden, eine Beschäftigung mit Ökonomie und eine Hinwendung zu einer stärker anwendungsorientierten Wissenschaft in den Vordergrund rückten.

Im 18. und 19. Jahrhundert emanzipierte sich dann die wissenschaftliche Beschäftigung mit Politik von der Philosophie und differenzierte sich in dem Fächerkanon der Policey- und Kameralwissenschaften aus. Hierin zeigt sich deutlich der Wandel der Staatsaufgaben und der staatlichen Organisation. Die Aufgabe des Staates, für die Wohlfahrt der Bevölkerung zu sorgen, wuchs in dem Maße, wie die intermediären Gewalten, die das Mittelalter bestimmten, an Bedeutung verloren.[11] Auf allen Ebenen entwickelten sich jetzt auch in Deutschland die für den neuzeitlichen Staat typischen reglementierenden Institutionen mit dem Aufbau eines Verwaltungsapparates, eines stehenden Heeres und eines staatlich verantworteten Bildungssystems. Dazu bedurfte es nicht nur der Finanzierung durch Steuern und Abgaben, sondern auch eines professionalisierten Stabes sowie neuer Wissensbestände. Die Kameralistik übernahm die Rolle einer Wirtschafts- und Verwaltungslehre, zunächst noch in eigens hierfür errichteten Fachakademien.[12] Im 18. Jahrhundert wurden dann mehr und mehr Professuren an den Universitäten eingerichtet, die den Namen »Oeconomische, Policey- und

---

[8] Eine Aufstellung findet sich bei *Horst Denzer*, Moralphilosophie und Naturrecht bei Samuel Pufendorf. Eine geistes- und wissenschaftsgeschichtliche Untersuchung zur Geburt des Naturrechts aus der Praktischen Philosophie, München 1972, S. 300–307. Siehe auch *Michael Philipp*, Die frühneuzeitliche Politikwissenschaft im 16. und 17. Jahrhundert, in: Wilhelm Bleek / Hans. J. Lietzmann (Hg.), Schulen der deutschen Politikwissenschaft, Opladen 1999, S. 61–78. Einige Professuren erhielten sogar eine ausschließliche Denomination für Politik – etwa 1580 in Leipzig.

[9] *Philipp*, Frühneuzeitliche Politikwissenschaft, S. 62–66.

[10] Vgl. hierzu und zum Folgenden *Wilhelm Knelangen / Marco Lück*, Die Anfänge einer »Lehre der Politik« an der CAU (1665–1757), in: Knelangen / Stein, Kontinuität und Kontroverse, S. 95–110.

[11] Vgl. hierzu und zum Folgenden *Bleek*, Geschichte der Politikwissenschaft, S. 66 f.

[12] Vgl. *Maier*, Zur Lehrgeschichte, S. 41.

Cameralwissenschaft«[13] und – ab Mitte des 18. Jahrhunderts zusammenfassend –
Staatswissenschaften (auch Staatswirtschaftslehre) trugen.[14] Zu diesem Fächer-
zusammenhang gehörte auch die Statistik beziehungsweise die Staatenkunde als
eine Lehre der historisch-empirischen Beschreibung der Zustände (*status*) in den
Staaten der Erde.[15]

Abb. 9: Christoph Heinrich Amthor

[Schleswig-Holsteinische Landesbibliothek
(Kupferstich von Martin Bernigeroth)]

Erst im ausgehenden 18. Jahrhundert und damit vergleichsweise spät kann an der
Christiana Albertina das Lehrangebot der an anderen Universitäten schon früher
institutionalisierten Kameral- und später dann Staatswissenschaften nachgewie-
sen werden.[16] Mit der Eingliederung in den dänischen Gesamtstaat und dem

---

13   Vgl. ebd., S. 42 und umfassend *ders.*, Staats- und Verwaltungslehre.
14   Vgl. *Bleek*, Geschichte der Politikwissenschaft, S. 78. War dagegen nur die Lehre der
     Politik im engeren Sinne gemeint, wurde von Staatswissenschaft im Singular gesprochen.
     Das hing auch mit dem in dieser Zeit aufkommenden Staatsbegriff zusammen, vgl. ebd.,
     S. 81.
15   Vgl. *Bleek*, Geschichte der Politikwissenschaft, S. 77 f.
16   Dazu *Wilhelm Knelangen*, Lehre und Forschung für das »Wohlsein einzelner und aller«.
     Die alten Kieler Staatswissenschaften an der Wende vom 18. zum 19. Jahrhundert, in:
     Knelangen / Stein, Kontinuität und Kontroverse, S. 111–126.

steten Bedarf an Beamten, die in den Staats- oder Kirchendienst der Herzogtümer Schleswig und Holstein eintreten wollten und für die es verpflichtend wurde, mindestens zwei Jahre ihres Studiums in Kiel verbracht zu haben, um in den Staatsdienst der Herzogtümer eintreten zu können, stabilisierte sich die Lage der kleinen Universität, und es finden sich im Lehrprogramm Vorlesungen zur Policeywissenschaft (in wechselnder Schreibweise), zur Kameralistik, zur Geschichte, zur »Politik« – sowohl mit dem Akzent einer vergleichenden Lehre der Staatsverfassungen als auch einer der klassischen normativen Lehre – und dann auch zum neuen Fach Statistik.

Die Staatswissenschaften erhielten einen Profilierungsschub durch August Christian Heinrich Niemann, der seit 1787 für rund vier Jahrzehnte Professor in Kiel war. Er hatte ein Interesse daran, die Staatswissenschaften von der gewissermaßen betriebswirtschaftlich orientierten Kameralistik abzugrenzen und den Charakter als philosophische Wissenschaft mit dem Zweck des Wohlseins aller herauszustellen. Mit dieser normativen Grundorientierung betrieb Niemann Ökonomie, Statistik, Forstwirtschaft, Polizei- und Finanzwissenschaft und so fort – Fächer, für die an anderen Universitäten ein halbes Dutzend Professoren bestellt waren.

An der Wende zum 19. Jahrhundert kam es unter dem Eindruck des aufstrebenden Bürgertums und der Herausbildung einer bürgerlichen Gesellschaft und der politischen wie philosophischen Kritik am Absolutismus zu einer Krise der

Abb. 10: August C. H. Niemann

[Schleswig-Holsteinische Landesbibliothek]

Staatswissenschaften beziehungsweise der Kameral- und Policeywissenschaft.[17]
Die Phase zwischen dem Wiener Kongress und der letztlich gescheiterten deutschen Revolution von 1848/49 war für das wissenschaftliche wie auch das politische Profil der Christiana Albertina von großer Bedeutung. Ob es um die Forderung nach einer freiheitlichen Verfassung ging, die Auseinandersetzung über die
staatsrechtliche Zugehörigkeit der Herzogtümer Schleswig und Holstein (und
damit der Grenzen Deutschlands) oder die Forderung nach der deutschen Einheit
– in der »Schleswig-Holstein-Frage« bündelten sich die zentralen politischen
Streitthemen des Vormärz. Professoren und Studenten der Kieler Universität
spielten in der aufgeheizten Debatte dieser Jahre eine wichtige Rolle und erziel-
ten mit ihren Argumenten und Thesen vielfach eine überregionale Wirkung. Das
gilt insbesondere für zwei Gelehrte: Niels Nicolaus Falck (1784–1850), der einer
der Wortführer unter den Kieler Professoren war, die sich für eine Verfassung
für Schleswig-Holstein einsetzten, wurde im Jahr 1814 als Professor für deutsches und schleswig-holsteinisches Recht an die CAU berufen.[18] Der 1812 nach
Kiel berufene Friedrich Christoph Dahlmann (1785–1860) ist das wohl beste
Beispiel für eine Generation von Historikern, die aus der Gegenwart ihre historischen Fragestellungen und aus der Geschichte den Maßstab für die Beurteilung
der aktuellen Politik gewonnen haben. Das mehrfach aufgelegte Lehrbuch über
die »Politik«, das maßgeblich zu Dahlmanns Ruf als »Klassiker der Politikwissenschaft« beigetragen hat,[19] ist zwar während seiner Göttinger Professur
1835 erstmals erschienen. Aber in Kiel prägte sich Dahlmanns politisches Verständnis der Geschichte aus, und hier wurde sein lebenslanges Engagement für
den Verfassungsstaat und die Untrennbarkeit Schleswig-Holsteins begründet,
hier wurde er zu einem Politiklehrer.[20] Wie sich aus einer studentischen Vorle-
sungsmitschrift rekonstruieren lässt, trug er seinen Hörern bereits in Kiel zentrale
Argumente und Thesen vor, die sich später in seinem Lehrbuch wiederfinden.[21]
    Der Lehrplan der Gymnasien sah im 19. Jahrhundert kein eigenes Fach
Staatslehre oder Politik vor. Für die Lehre der Politik blieb somit keine Orientie-

---

[17] Vgl. *Maier*, Zur Lehrgeschichte, S. 48.
[18] Vgl. hierzu und zum Folgenden *Utz Schliesky*, Niels Nicolaus Falck (1784–1850). Die
      Versöhnung von Politik und Recht, in: Knelangen / Stein, Kontinuität und Kontroverse,
      S. 127–147.
[19] *Wilhelm Bleek*, Friedrich Christoph Dahlmann (1785–1860), in: Ders. / Hans J. Lietzmann
      (Hg.), Klassiker der Politikwissenschaft, München 2005, S. 81–94.
[20] Siehe hierzu *Wilhelm Bleek*, Friedrich Christoph Dahlmann, Schleswig-Holstein und die
      Entstehung der deutschen Nationalbewegung, in: Knelangen / Stein, Kontinuität und Kon-
      troverse, S. 149–162.
[21] Die Mitschrift ist im Rahmen des Projektes zur Geschichte der Politikwissenschaft
      erstmals transkribiert und damit einem breiteren Leserkreis zugänglich gemacht worden.
      Die Transkription besorgte Marco Lück (geb. Schulz). Der Text ist abgedruckt in *Utz
      Schliesky / Wilhelm Knelangen* (Hg.), Friedrich Christoph Dahlmann (1785–1860), Hu-
      sum 2012, S. 106–140.

rung auf ein bestimmtes Berufsbild, sondern sie wurde Teil der Allgemeinbil-
dung – in den Augen der preußischen Bildungsreformer machte dies die Politik
nicht weniger wichtig. Tatsächlich war die systematische Durchdringung der
staatlichen, rechtlichen, ökonomischen, historischen, sogar auch schon der gesellschaftlichen Grundlagen der Politik ja auch ein integraler Bestandteil vieler
Vorlesungen – wie nicht nur in dem Wirken Dahlmanns ersichtlich wird, sondern
auch in dem Bemühen eines Lorenz von Stein (1815–1890), die Fächer in einer
Gesamtschau zusammenzuführen und dabei eine normative und empirische
Herangehensweise zu integrieren. Stein, der als Vordenker des deutschen Sozial-
staats und früher Vertreter einer modernen Verwaltungswissenschaft gilt, war
seit 1846 als außerordentlicher Professor der Staatswissenschaften und des
öffentlichen Rechts in Kiel tätig. Hier entstand die dreibändige »Geschichte der
sozialen Bewegung in Frankreich von 1789 bis auf unsere Tage«, in der Stein
die Auswirkungen der französischen Revolution auf das politische Denken und
die gesellschaftliche Entwicklung analysierte. Weil er für die Eingliederung
Schleswig-Holsteins in einen deutschen Verfassungsstaat eintrat, wurde Stein
1852 von der dänischen Regierung entlassen.[22]

Eine Fortsetzung der Steinschen Ideen des sozialen Königtums findet sich im
Werk Wilhelm Hasbachs (1849–1920), der von 1893 bis zu seiner Emeritierung
1906 der erste Professor in Kiel mit einer Denomination für Wirtschaftliche
Staatswissenschaften war.[23] In den beiden Monographien zur modernen Demokratie (1912) und zur parlamentarischen Kabinettsregierung (1919) analysiert
Hasbach die politischen Institutionen und ihre Stellung zueinander in den verschiedenen Demokratien seiner Zeit, geht dabei auf die jeweilige historische Entwicklung ein und vergleicht die Systeme. So unzureichend in empirischer und
normativer Hinsicht sein Plädoyer für eine konstitutionelle Monarchie aus heuti-
ger Sicht erscheinen mag – unbestritten sind die Hasbachschen Arbeiten das Um-
fassendste, was im deutschen Sprachraum in der Zeit des Kaiserreichs überhaupt
zur Demokratie geschrieben wurde.

Die Kieler Staatswissenschaften gaben nach der Wende zum 20. Jahrhundert
ein Dach für die sich ausdifferenzierenden sozialwissenschaftlichen Einzeldis-
ziplinen ab. Komplettiert wird das Bild mit dem berühmten Kieler Soziologen
Ferdinand Tönnies (1855–1936), der von 1909 bis 1916 an der CAU eine Professur für Staatswissenschaften innehatte, später einen besoldeten Lehrauftrag,

---

[22]   Zu Lorenz von Stein nicht nur als Staatswissenschaftler sondern auch als politischer
       Philosoph, der an Hegel anknüpft, siehe *Joachim Krause*, Lorenz von Stein als politik-
       wissenschaftlicher Theoretiker und politischer Philosoph, in: Knelangen / Stein, Konti-
       nuität und Kontroverse, S. 181–208.
[23]   Siehe hierzu und zum Folgenden *Christian Patz*, Wilhelm Hasbach – Politikwissenschaft-
       ler *avant la lettre?*, in: Knelangen / Stein, Kontinuität und Kontroverse, S. 211–230.

bevor ihm dieser 1933 mit der »Machtergreifung« der Nationalsozialisten entzogen wurde.[24] Tönnies legte jenseits seiner soziologischen Werke auch zu Fragen der Politik und Verfassung seiner Zeit wichtige Untersuchungen vor. Sein Demokratiemodell, mit einem starken Verfassungsgericht, besonderen Mechanismen der Responsivität zwischen Wählern und Gewählten und der Anerkennung einer inklusiven und transparenten Struktur der öffentlichen Meinung wie auch sein Engagement für die Arbeiterbewegung zeigen, dass Tönnies in der Tradition jener Kieler Gelehrten steht, die nicht nur politisch zu denken vermochten, sondern sich zudem mit ihren Ideen in die politische Praxis einbrachten.

In den 1920er Jahren bildete Tönnies an der CAU eine Reihe von Nachwuchswissenschaftlerinnen und Nachwuchswissenschaftlern aus, die diesem integrativen Ansatz von Praxis und Politik, von normativer Begründung und kritischer empirischer Analyse der Gesellschaft und des Staates verpflichtet waren. Ihre Arbeiten entstanden als Dissertationen im Institut für Weltwirtschaft und Seeverkehr (IfW), an dem Tönnies lehrte und Doktoranden der Staatswissenschaften betreute.[25] Hier kann ein im Narrativ der Herkunftserzählung der bundesdeutschen Politikwissenschaft bislang nicht vorkommender Traditionsstrang freigelegt werden: Denn für die Weimarer Republik verdient nicht nur die Deutsche Hochschule für Politik in Berlin (DHfP) als herausragende Ausbildungs- und Forschungsstätte zur wissenschaftlichen Beschäftigung mit Politik genannt zu werden, an der bis zu der »Machtergreifung« der Nationalsozialisten zahlreiche liberale, sozialdemokratische und konservative Dozenten lehrten,[26] sondern auch das IfW in Kiel. Außerhalb dieser außeruniversitären Institute gelang es der Politikwissenschaft freilich weiterhin nicht, sich als Fach zu etablieren.

Die Kieler Universität verfügte in diesen bewegten Zeiten der Weimarer Republik noch über weitere Gelehrte, die sich der Arbeiterbewegung und der politischen Bildung des Volkes verpflichtet fühlten und die nicht nur wissen-

---

[24] Siehe hierzu und zum Folgenden *Carsten Schlüter-Knauer*, Theorie, Empirie, Demokratie. Impulse von Ferdinand Tönnies für die Politische Wissenschaft, in: Knelangen / Stein, Kontinuität und Kontroverse, S. 257–291. Siehe zur Biographie *Uwe Carstens*, Ferdinand Tönnies. Friese und Weltbürger. Eine Biografie, Norderstedt 2005.

[25] Vgl. hierzu und zum Folgenden *Sebastian Klauke / Alexander Wierzock*, Das Institut für Weltwirtschaft und Seeverkehr als Wegbereiter einer Politikwissenschaft aus Kiel?, in: Knelangen / Stein, Kontinuität und Kontroverse, S. 293–323.

[26] *Steven Korenblat*, A School for the Republic? Cosmopolitans and Their Enemies at the Deutsche Hochschule für Politik, 1920–1933, in: Central European History 39 (2006), S. 394–430. Vgl. zu den sogenannten Auslandswissenschaften, in die auch die DHfP von den Nationalsozialisten umstrukturiert wurde *Gideon Botsch*, »Politische Wissenschaft« im Zweiten Weltkrieg. Die »Deutschen Auslandswissenschaften« im Einsatz 1940–1945, Paderborn 2006 und vgl. *Hubertus Buchstein*, Wissenschaft von der Politik, Auslandswissenschaft, Political Science, Politologie. Die Berliner Tradition der Politikwissenschaft von der Weimarer Republik bis zur Bundesrepublik, in: Wilhelm Bleek / Hans J. Lietzmann (Hg.), Schulen in der deutschen Politikwissenschaft, Opladen 1999, S. 183–212.

schaftlich ausgewiesen waren, sondern sich auch gesellschaftspolitisch engagierten – die beiden Rechtswissenschaftler Gustav Radbruch (1878–1949) und Hermann Heller (1891–1933). Während sich bei Radbruch ein Bezug zur Politikwissenschaft nur thematisch hinsichtlich der Überlappung von zwei jeweiligen Teilgebieten der beiden Fächer herstellen lässt, nämlich der Rechtsphilosophie mit der Politischen Theorie und Ideengeschichte, stellt sich dies für Heller ganz anders dar: An sein Konzept einer »Staatslehre als politischer Wissenschaft« knüpften die Gründungsväter der Politikwissenschaft in der Bundesrepublik Deutschland an.[27] 1919 habilitierte sich Heller an der Juristischen Fakultät und erhielt die Venia Legendi für Rechtsphilosophie, Staatslehre und Staatsrecht. Es spricht für die beiden Rechtswissenschaftler Radbruch und Heller, dass sie sich während des Kapp-Putsches unter großem persönlichem Risiko auch als Bürger für die Aufrechterhaltung der Demokratie einsetzten, indem sie die Kieler Reichswerft gemeinsam mit den streikenden Arbeitern verteidigten und dann bei Verhandlungen für einen Waffenstillstand unterstützen wollten.[28]

2.2. »Politische« Wissenschaft im Nationalsozialismus

Mit der »Gleichschaltung« der Universität im Nationalsozialismus, die von großen Teilen des Lehrkörpers und insbesondere von den aus der Rechtswissenschaftlichen Fakultät stammenden Rektoren nach 1933 aktiv betrieben wurde,[29] bestand keinerlei Chance mehr, die herrschaftskritische und auch sozialemanzipatorische Forschungs- und Lehrtradition eines Dahlmann, eines Tönnies, eines Radbruchs oder eines Hellers fortzuführen. Die »Grenzlanduniversität« hatte sich im Gegenteil besonders bei der Auftragsforschung, die am Institut für Weltwirtschaft betrieben wurde und die als »Großraum«-Forschung im Rahmen der sogenannten Auslandswissenschaften auch im Sinne einer Radikalisierung der Kieler Akademiker für den Kriegseinsatz relevant war,[30] exponiert.

Dass sich der Anspruch der nationalsozialistischen Wissenschaftspolitik auf eine »politische Wissenschaft« besonders in jenen Fächern niederschlug, die sich

[27] Vgl. hierzu und zum Folgenden *Michael Holldorf*, Akademische und politische Weichenstellungen in »schmerzvoller Gegenwart«. Hermann Heller in Kiel, in: Knelangen / Stein, Kontinuität und Kontroverse, S. 231–255.

[28] Heller und Radbruch versuchten für die in Generalstreik getretenen Arbeiter, die die Reichswerft in Kiel besetzt hielten, einen Waffenstillstand zu verhandeln, wurden aber von den Putschisten einige Tage gefangen genommen. Der Vollstreckung des schon gegen sie verhängten Todesurteils entgingen sie nur durch die Niederschlagung des Putsches.

[29] Siehe dazu die Beiträge in *Hans-Werner Prahl* (Hg.), Uni-Formierung des Geistes. Die Universität Kiel im Nationalsozialismus, Bd. 1, Brodersdorf 1995; Bd. 2, Kiel 2007 und in *Christoph Cornelißen / Carsten Mish* (Hg.), Wissenschaft an der Grenze. Die Universität Kiel im Nationalsozialismus, 1. Aufl., Essen 2009.

[30] *Christoph Cornelißen*, Die Universität Kiel im »Dritten Reich«, in: Ders. / Mish, Wissenschaft an der Grenze, S. 11–29, hier S. 26.

mit der Politik, dem Staat und der Gesellschaft beschäftigen, kann nicht verwundern. Innerhalb der Kieler Rechts- und Staatswissenschaftlichen Fakultät waren es insbesondere die juristischen Professoren, die ihre Einrichtung in eine dem nationalsozialistischen Ideal besonders entsprechende »Stoßtruppfakultät« umwandeln wollten.[31] In diesem Rahmen wurde 1935 der überzeugte Nationalsozialist Paul Ritterbusch auf die Professur für Verfassungs-, Verwaltungs- und Völkerrecht berufen, die der liberale Völkerrechtler Walther Schücking bis zu seiner Vertreibung aus dem Amt im Jahr 1933 innegehabt hatte. Ritterbusch wurde 1937 zum Rektor der CAU bestimmt und führte ab 1940 im Berliner Reichswissenschaftsministerium die sogenannte »Aktion Ritterbusch«, die sich als Plan für einen »Kriegseinsatz der Geisteswissenschaften« verstand.[32] Interessant ist, dass Ritterbusch das von Schücking geprägte Institut für Internationales Recht im Jahr 1937 in »Institut für Politik und Internationales Recht« umbenannte.[33] Ein Blick auf den Aufbau des Instituts, aber auch auf das Lehrangebot vermittelt den Eindruck, dass die Umbenennung durchaus als programmatisches Statement zu verstehen war. Ritterbusch gliederte das Institut in vier Abteilungen um, von denen neben den Abteilungen »Völkerrecht« und »Internationales Privatrecht« mit der »Politik (Staatslehre)« und der »Politischen Auslandskunde« zwei Abteilungen bestanden, bei denen die Beschäftigung mit der Politik offenbar von großer Bedeutung war. Ebenso finden sich parallel zur völkerrechtlichen Lehre regelmäßig Veranstaltungen zu Fragen der politischen Theorie und Staatslehre, zur Regierungsformenlehre und zur Weltpolitik.[34] Nimmt man die Publikationen Ritterbuschs zum Maßstab, die erkennbar und explizit der nationalsozialistischen Ideologie folgen, dann dürfte die Arbeit des Instituts für Politik und Internationales Recht allenfalls in einem formalen Sinne einer »Politikwissenschaft« zuzurechnen sein.[35] Es bedarf allerdings weiterer Forschungen, die auch die am Institut entstandenen Dissertationen einbeziehen, um hier zu einem abgesicherten Urteil zu kommen. Offenkundig scheint indes zu sein, dass der besondere

---

[31] Siehe dazu im Überblick *Rudolf Meyer-Pritzl*, Die Kieler Rechts- und Staatswissenschaften. Eine »Stoßtruppfakultät«, in: Cornelißen / Mish, Wissenschaft an der Grenze, S. 151–173.

[32] Vgl. *Frank-Rutger Hausmann*, Deutsche Geisteswissenschaft im Zweiten Weltkrieg. Die »Aktion Ritterbusch« (1940–1945), 3. Aufl., Heidelberg 2007.

[33] Die Hinweise zur Frage der wissenschaftlichen Beschäftigung mit der Politik am Institut für Politik und Internationales Recht verdanken wir einer Seminararbeit von Elena Pieper.

[34] Ritterbusch selbst kündigte beispielsweise die Themen »Staat und Gesellschaft in der politischen Theorie des Zweiten Reiches« (WiSe 1937/38), »Der Vielparteienstaat in Weimar« (SoSe 1938) und »Englisches Staatsdenken seit Ausgang des Mittelalters« (WiSe 1939/40) an. In »Ständigen Arbeitsgemeinschaften des Institutes für Politik« bot er für fortgeschrittene Studierende unter anderem »Gemeinsames Lesen und Besprechen politischer Denker (Bodinus, Althusius, Hobbes)« (SoSe 1937) und »Laufende Beobachtung der ausländischen Presse auf Vorgänge der Politik, des ausländischen öffentlichen Rechts und Völkerrechts« (WiSe 1937/38) an.

[35] *Paul Ritterbusch*, Demokratie und Diktatur. Über Wesen und Wirklichkeit des westeuropäischen Parteienstaates, Berlin 1939.

Fokus des Kieler Völkerrechts auf die Politik eng mit der Person Ritterbusch verbunden war. Nach seinem Weggang nach Berlin wurde 1942/43 der alte Name des Instituts wiederhergestellt – eines Instituts, das heute den Namen Walther Schückings trägt.[36]

In der Fachgeschichtsschreibung der Politikwissenschaft besteht eine Kontroverse, inwiefern die hier und an anderen Universitäten geleistete Auftragsforschung für die nationalsozialistischen Herrschaftsinteressen wie auch die institutionelle Verortung in der sogenannten Auslandswissenschaft sowie deren personelle Repräsentation als Politikwissenschaft zu bezeichnen ist.[37] Auch wenn man keine disziplinären Vorläufer der Politikwissenschaft aus der Zeit des »Dritten Reiches« erkennen mag, muss dies nicht zugleich bedeuten, dass der Politikwissenschaft anders als ihren Schwesterdisziplinen Geschichte, Soziologie, Nationalökonomie und Rechtswissenschaften gewissermaßen die Gnade der späten Geburt zukommt, nämlich dann nicht, wenn es personelle Kontinuitäten gab. In Bezug auf einige Vertreter der Gründergeneration der bundesrepublikanischen Politikwissenschaft hat sich eine Debatte über ihre Vorgeschichte im Nationalsozialismus entzündet, die nicht mit den Stichworten der inneren Emigration, des Exils[38] oder des Widerstands, sondern die mit – zumindest phasenweiser – Sympathie gegenüber der Ideologie und/oder mit opportunistischem Verhalten beschrieben wird.[39] Seit kurzem wird zu der Gruppe umstrittener

---

[36] Vgl. *Ursula E. Heinz*, 75 Jahre Institut für Internationales Recht. Kiel 1914–1989, Kiel 1989.

[37] Vgl. zur These, dass es eine Politikwissenschaft im NS-Staat gegeben habe, *Johannes Weyer*, Politikwissenschaft im Faschismus (1933–1945). Die vergessenen zwölf Jahre, in: Politische Vierteljahresschrift 26 (1985), S. 423–437. Zur Kritik an dieser These unter anderem *Gerhard Göhler / Hubertus Buchstein*, In der Kontinuität einer »braunen« Politikwissenschaft? Empirische Befunde und Forschungsdesiderate, in: Politische Vierteljahresschrift 27 (1986), S. 330–440.

[38] Vgl. hierzu insbesondere die Studie von *Alfons Söllner*, Deutsche Politikwissenschaftler in der Emigration. Studien zu ihrer Akkulturation und Wirkungsgeschichte, mit einer Bibliographie, Opladen 1996.

[39] Dazu insbesondere *Rainer Eisfeld*, Ausgebürgert und doch angebräunt. Deutsche Politikwissenschaft 1920–1945, Baden-Baden 1991, 2. überarb. Aufl. 2013 und *ders.*, Theodor Eschenburg. Übrigens vergaß er noch zu erwähnen ... Eine Studie zum Kontinuitätsproblem in der Politikwissenschaft, in: Zeitschrift für Geschichtswissenschaft 59 (2011), S. 27–44. Die Mitwirkung Eschenburgs an dem Arisierungsgeschehen im Fall Fischbein, die Eisfeld recherchiert hat, ist in einer weiteren Studie bestätigt worden, die als Gutachten durch den Vorstand der Fachvereinigung DVPW in Auftrag gegeben worden ist und jetzt auch gedruckt vorliegt, siehe *Hannah Bethke*, Theodor Eschenburg in der NS-Zeit. Gutachten im Auftrag von Vorstand und Beirat der DVPW (3. September 2012), in: Hubertus Buchstein (Hg.), Die Versprechen der Demokratie. 25. Wissenschaftlicher Kongress der Deutschen Vereinigung für Politische Wissenschaft, Baden-Baden 2013, S. 527–567. In diesem Band finden sich auch weitere Beiträge zur Eschenburg-Kontroverse. Über die Frage ist 2012/13 eine heftige Diskussion entbrannt. Die DVPW lobt alle drei Jahre einen Preis für das Lebenswerk eines/r Politikwissenschaftlers/in aus, der bis 2013 den Namen Theodor Eschenburgs trug (Theodor-Eschenburg-Preis der Deutschen Vereinigung für Politische Wissenschaft). Der letzte Preisträger Claus Offe bot in seiner Rede zur Annahme des Preises bei der Verleihung auf dem Politologentag 2012 in Tübingen eine

Gründerväter auch Michael Freund gezählt, 1951 auf die Professur für die Wissenschaft und Geschichte der Politik an der CAU Kiel berufen.[40]

3. Politikwissenschaft an der CAU Kiel nach dem Zweiten Weltkrieg

Die Schlüsselfigur bei der Einrichtung und der Besetzung der Professur für die »Wissenschaft und Geschichte der Politik« mit Michael Freund im Jahr 1951 war Andreas Gayk, Oberbürgermeister in Kiel, SPD-Vorsitzender in Schleswig-Holstein, Landtagsabgeordneter und auch Mitglied des Parlamentarischen Rates. Gayk hatte Freund von Beginn an als Aspiranten für die Professur im Sinn – Freund sollte ihm zugleich als politischer Berater und publizistisch in Kiel zur Seite stehen.[41] Freund und Gayk kannten sich aus der gemeinsamen Tätigkeit für die sozialdemokratische Zeitschrift »Blick in die Zeit«, in der von 1933–1935 Ausschnitte aus der ausländischen Presse gleichsam als Kommentare zur deutschen Presse zusammengestellt waren, womit die nationalsozialistische Zensur umgangen und Widerstand gegen die Gleichschaltung der Öffentlichkeit geleistet wurde.

3.1. Der Beginn: Michael Freund auf der Professur von der Wissenschaft und Geschichte der Politik

Die Universität machte sich das Anliegen des Oberbürgermeisters zu eigen und erklärte aus Anlass der Verleihung der Ehrenbürgerwürde der Stadt Kiel an Max Planck – der Ende des 19. Jahrhunderts an der CAU Professor für Theoretische Physik gewesen war –, dass an der Universität ein Lehrstuhl für Politik geschaffen werden solle.

---

kritische Auseinandersetzung mit Eschenburg, in der er insbesondere aufgrund der nicht vorhandenen Aufarbeitung durch Eschenburg selbst dessen Vorbildfunktion für die Politikwissenschaft in Zweifel zog. Die Rede und der Fortgang der Kontroverse sind dokumentiert auf www.dvpw.de.

[40] Zu Michael Freund siehe die Beiträge von *Norbert Gansel*, Politische Praxis und Politische Wissenschaft. Persönliche Anmerkungen; *Birte Meinschien*, Historie und Macht. Die Kieler Politikwissenschaft unter Michael Freund; *Philipp Eulenberger*, Publizieren um jeden Preis? Michael Freunds *ungeschriebenes* Buch »Der falsche Sieg«; *Catharina J. Nies*, Die Revolutionskritik Michael Freunds und der Faschismusvorwurf der 68er – alle in: Knelangen / Stein: Kontinuität und Kontroverse, S. 67–92, 327–368, 369–389, 391–424. Zur Rolle in der nationalsozialistischen Zeit siehe auch *Wilhelm Knelangen / Birte Meinschien*, »Ich wäre gerne in Ruhe gelassen worden...« Michael Freund im Nationalsozialismus, in: Politische Vierteljahresschrift 55 (2014), S. 321–355.

[41] Das zeigt Norbert Gansel in Auswertung des Briefwechsels zwischen Freund und Gayk, vgl. *Gansel*, Persönliche Anmerkungen.

Zu den Irrungen und Wirrungen bis zur Aushändigung der Berufungsurkunde am 2. Juni 1951 an Michael Freund zum planmäßigen außerordentlichen Professor für die Wissenschaft und Geschichte der Politik, angesiedelt an der Rechts- und Staatswissenschaftlichen Fakultät, gehörte auch das noch in Südbaden durchgeführte Entnazifizierungsverfahren.[42] Als ehemaliges Mitglied der sozialdemokratischen Partei und tätig für den 1935 verbotenen »Blick in die Zeit« erwiesen sich Freunds Beschäftigungssituation wie auch seine akademische Karriere über die Jahre des nationalsozialistischen Regimes hinweg als prekär. Auf diese Bedrängnis reagierte er mit einigen Anpassungen in seinem Verhalten. Bereits seit 1934 Mitglied der Reichsschrifttumskammer, legte er in einem Brief an die Parteiamtliche Prüfungsstelle zum Schutz des nationalsozialistischen Schrifttums vom 31. März 1936 dar, dass sein Bruch mit der SPD schon vor der »nationalsozialistischen Revolution« erfolgt sei und dass er im Grunde bereits mit seiner Monographie über Sorel seine »geistigen Zugangsmöglichkeiten zum Nationalsozialismus«[43] bewiesen habe. 1940 trat er der NSDAP bei. In publizistischer Hinsicht problematisch ist die vermutlich 1941 oder 1942 zusammengestellte Anthologie mit Texten Sorels, erst 1944 erschienen, für die sich nicht mehr zweifelsfrei klären lässt, welche Aussagen der Zensur zuzuschreiben sind und welche bereits Freund in seinem Manuskript vorgesehen hatte.[44] Jedenfalls war diese Schrift mit dem Titel »Der falsche Sieg« mit einer Einleitung versehen, in der Freund Sorel zum ideologischen Ahnherren des Nationalsozialismus stilisiert und es den Anschein hat, als ob er sich diese Aussagen inhaltlich zu eigen macht. »Der falsche Sieg« war ihm offensichtlich selbst so peinlich, dass er sie in seinen Veröffentlichungslisten in der Nachkriegszeit nicht aufführte.

Obwohl Freund auch in einigen anderen Berufungsverfahren gelistet war und er sich zudem bei der Gründung des Fachverbands einbrachte, war er in der jungen Disziplin nicht sonderlich integriert. So hatte er keine Verbindung zu einer der aufkommenden Schulen, denn sowohl das szientistische Verständnis, welches *more geometrico* den Gegenstand Politik wie eine Naturwissenschaft erfassen wollte, wie auch das explizit normative Verständnis waren ihm fremd.[45]

---

[42] Siehe hierzu ausführlich und auch zu Freunds akademischem und politischem Lebenslauf die minutiöse Studie von *Meinschien*, Michael Freund, S. 59, vor allem Fußnote 290 zum neuerlichen Entnazifizierungsverfahren in der amerikanischen Zone, wo die Spruchkammer Forchheim ihn zunächst als Mitläufer einstufte und ihm 250 RM Bußzahlung auferlegte. Während er den »Sühnebeitrag« leistete, legte er gegen die Einstufung als Mitläufer erfolgreich Widerspruch ein.

[43] UAF B3/474, 53–55, Abschrift eines Schreiben Freunds an die Parteiamtliche Prüfungsstelle zum Schutz des nationalsozialistischen Schrifttums [Berlin] zu Hd. Herrn Hederich, 31.03.1936.

[44] Ausführlich hierzu *Eulenberger*, Publizieren um jeden Preis?

[45] Dargelegt etwa in »Politik«. Beitrag im Handwörterbuch der Sozialwissenschaften, Bd. 8, Stuttgart 1964, nachgedr. in *Michael Freund*, Die Politik der Freiheit. Gesammelte Aufsätze zur Wissenschaft und Geschichte der Politik, hg. v. Walter Bernhardt, Bremen 1970, S. 11–39.

Als Historiker blieb er skeptisch bis ablehnend gegenüber der Möglichkeit eines grundständigen Studiums der Politik, wie er ausgerechnet in seiner Antrittsvorlesung deutlich machte.[46] In den zwei Jahrzehnten seiner akademischen Tätigkeit an der CAU veröffentlichte Freund neben einer ideengeschichtlichen Anthologie zum Liberalismus vor allem historische Studien zur deutschen Geschichte und Dokumentensammlungen. Einer breiteren Öffentlichkeit trat er als Publizist mit regelmäßigen Kommentaren zum Tagesgeschehen im Rundfunk, in der »Frankfurter Allgemeinen Zeitung«, der »Zeit« und der »Welt« gegenüber.

Abb. 11: Michael Freund
[Schleswig-Holsteinische Landesbibliothek]

Seine Mitgliedschaft in der NSDAP – die wenig bis gar nichts bezüglich der Frage einer inneren Übereinstimmung aussagt – war nicht allgemein bekannt. Es wird diskutiert, ob diese – wie auch die Verheimlichung des »Falschen Siegs« – als Erklärung dafür herangezogen werden kann, dass der studentische Protest der Kieler »68er« sich so gezielt auf Michael Freund richtete.[47] Im Frühsommer 1969 kam es zu einer von der Mehrheit der Studentenschaft nicht legitimierten und natürlich ohnehin illegalen Besetzung des Seminars für Wissenschaft und

---

[46] »Wer Politik studieren will, der soll zunächst etwas Ordentliches lernen.« *Michael Freund*, Ist eine Wissenschaft von der Politik möglich?, in: ebd., S. 40–50, hier S. 47 (erstm. 1952).
[47] Dazu *Catharina J. Nies*, Revolutionskritik Michael Freunds.

Geschichte der Politik, in dessen Zuge die Besetzer in Freunds persönlichen Unterlagen ein Exemplar der Sorel-Anthologie von 1944 fanden, von dessen Existenz sie bis dato keine Kenntnis hatten. Die Besetzer, die der radikalen studentischen Linken zuzurechnen waren, fühlten sich damit in Hinblick auf Freund ebenso in ihren Vorurteilen bestätigt – nämlich hier einen leibhaftigen Vertreter der für sie überall dräuenden faschistischen Herrschaftsideologie dingfest gemacht zu haben –, wie umgekehrt Freund den studentischen Protest in sein spezifisches Verständnis einer der grundlegenden Bewegungen moderner Politik einordnete: nämlich in das Muster von Revolution und Gewalt.

In den zwei Jahrzehnten seines Wirkens an der Universität Kiel schuf Michael Freund keine akademische Schule. Während seiner Zeit als Professor habilitierten sich Heinz Josef Varain[48] und Wilfried Röhrich in Politikwissenschaft, setzten jedoch andere inhaltliche Schwerpunkte als Freund. Auffällig ist der enge personelle Bezug zur Landespolitik. Von Freunds Assistenten, Hilfskräften, Doktoranden und Studierenden sind einige in die Landes- und Bundespolitik gegangen: Jochen Steffen war lange Zeit der Fraktionsvorsitzende der SPD im Landtag, Gerhard Stoltenberg (CDU) wurde Ministerpräsident des Landes, ebenso wie später Uwe Barschel (CDU). In den Landtag wurden Richard Bünemann (SPD) und in den Bundestag Bernhard Bußmann (SPD) und Uwe Hans Looft (CDU) gewählt, Christa Randzio-Plath (SPD) in die Hamburger Bürgerschaft und das Europäische Parlament. Der Sozialdemokrat Norbert Gansel war über mehrere Legislaturperioden Kiels direkt gewählter Bundestagsabgeordneter, bevor er dann Oberbürgermeister wurde. Angesichts von Freunds Absage an ein Verständnis der Politikwissenschaft als einer Kunstwissenschaft, die eben nicht, so wie die Medizin Ärzte oder die Theologie Geistliche ausbildet, Politiker ausbilden kann, ist diese Reihe an Personen bemerkenswert.

Die Berufungsliste zur Besetzung der Nachfolge von Michael Freund erscheint im Rückblick fast wie ein Spiegel der Schulen und auch der politisch-weltanschaulichen Spannbreite der deutschen Politikwissenschaft Anfang der siebziger Jahre: Auf Platz 1 stand Wolf-Dieter Narr und auf Platz 2 waren pari passu Werner Kaltefleiter und Reinhard Kühnl.[49]

---

[48] In den sechziger Jahren hatte Heinz Josef Varain im Zuge der Recherche für seine Habilitationsschrift (erschienen als: Parteien und Verbände. Eine Studie über ihren Aufbau, ihre Verflechtung und ihr Wirken in Schleswig-Holstein 1945–1958, Köln / Opladen 1964) – ausgerechnet auf Vermittlung seines Assistenten-Kollegen Stoltenberg, der mittlerweile CDU-Bundestags-Abgeordneter war – in der Landesgeschäftsstelle der CDU Akten eingesehen und ausgewertet, die eine sehr strategische Personalpolitik der Partei gegenüber öffentlichen Ämtern in Verwaltung, Schulen und anderen öffentlichen Einrichtungen offenbarte. Die Protektion von CDU-Parteimitgliedern bewegte sich am Rande der Legalität. Die Veröffentlichung Varains löste einen Skandal mit bundesweiter Rezeption aus. Siehe den Bericht: Ämterpatronage: Minen im Archiv, in: Der Spiegel 37 (1962), S. 33–34.

[49] Siehe hierzu und zum folgenden *Katia H. Backhaus*, Zwei Professoren, zwei Ansätze. Die Kieler Politikwissenschaft auf dem Weg zum Pluralismus (1971–1998), in: Knelangen /

3.2. Konsolidierung und Konflikt in den 1970er bis zu den 1990er Jahren

Während Kühnl für ein marxistisches Verständnis der Politikwissenschaft in der Tradition Wolfgang Abendroths stand und seine akademische Karriere dann auch in Marburg absolvierte, verband Wolf-Dieter Narr, in Konstanz als einer der ersten Fachvertreter im Fach selbst habilitiert, den herrschaftskritischen Anspruch eines emanzipatorischen Wissenschaftsverständnisses der Kritischen Theorie Frankfurter Herkunft mit den Methoden der modernen Sozialwissenschaften.[50]

Demgegenüber vertrat Werner Kaltefleiter (1937–1998), der an der Universität Köln bei Ferdinand A. Hermens promoviert worden war und sich dort mit einer Arbeit über »Die Funktionen des Staatsoberhauptes in parlamentarischen Demokratien« (1970) habilitiert hatte, einen empirisch-analytischen Ansatz, der auf das Ausfindigmachen von Gesetzmäßigkeiten abzielt. In methodischer Hinsicht und auch mit Blick auf seine bis dahin gezeigten thematischen Schwerpunkte war Kaltefleiter damit das Gegenteil des Geisteswissenschaftlers Freund

Abb. 12: Werner Kaltefleiter
[Privatfoto]

Stein, Kontinuität und Kontroverse, S. 427–474.
[50] Siehe hierfür beispielhaft den Aufsatz von *Wolf-Dieter Narr*, Logik der Politikwissenschaft – eine propädeutische Skizze, in: Gisela Kress / Dieter Senghaas (Hg.), Politikwissenschaft. Eine Einführung in ihre Probleme, Frankfurt a. M. 1972, S. 13–36.

– weder Historiker noch Ideenhistoriker, sondern ein genuiner Sozialwissenschaftler. Bereits zum Zeitpunkt seiner von dem zweiten Platz aus durch Ministerpräsident Stoltenberg erfolgten Berufung[51] war Kaltefleiter an der Etablierung der empirischen Wahlforschung in Deutschland beteiligt und besaß als Leiter des Sozialforschungsinstituts der Konrad-Adenauer-Stiftung auch schon in einer politiknahen Öffentlichkeit Bekanntheit. Von 1975 bis 1981 war Kaltefleiter Vizepräsident der Christian-Albrechts-Universität, aufgrund seiner hochschulpolitischen Ansichten zog er den studentischen Protest linker Gruppen auf sich. 1980 bewarb er sich um ein Bundestagsmandat im Wahlkreis Rendsburg-Eckernförde, konnte sich aber gegen Heide Simonis nicht durchsetzen. In den 1980er Jahren konzentrierte er sich als engagierter Verfechter einer auf Abschreckung basierenden Verteidigung auf die Sicherheitspolitik, organisierte zu dieser Thematik hochkarätig besetzte Sommerakademien und gründete das Institut für Sicherheitspolitik in Kiel.

Die ganze Entwicklung der Politikwissenschaft in Kiel nach dem Tode Freunds während drei ereignisreicher Jahrzehnte ist wesentlich auch als eine Konfliktgeschichte zu verstehen. Prägend war zunächst der Streit um die Einrichtung einer zweiten Professur gewesen, die mit Wilfried Röhrich besetzt wurde. Wilfried Röhrich (*1936) war 1964 bei Carlo Schmid in Frankfurt am Main mit einer Arbeit über Spinozas »Staat der Freiheit« promoviert worden, kam als Assistent zu Freund und hatte sich 1970 an der CAU mit einer Monographie über Robert Michels' Weg vom Sozialismus zum Faschismus habilitiert. Das Dekanat der Wirtschafts- und Sozialwissenschaftlichen Fakultät setzte 1973 einen damals üblichen Prozess in Gang, in dessen Rahmen Habilitierten auf der Basis eines Gutachterverfahrens eine Professur an der eigenen Hochschule ermöglicht wurde. Das Verfahren verzögerte sich jedoch über Jahre, und Röhrich wurde erst mit Hilfe eines Rechtsbeistands 1979 zum planmäßigen Professor ernannt. Röhrich blieb der CAU bis zu seinem Ausscheiden im Jahr 2001 treu. Ursprünglich aus der politischen Theorie und Ideengeschichte kommend, richtete sich sein Augenmerk zusehends auf die vergleichende Demokratie- und Elitenforschung sowie vor allem auf die Probleme der internationalen Beziehungen und die Entwicklungstendenzen der neuen Weltpolitik. Ende der achtziger Jahre gründete er mit anderen die Pax-Professoren-Gruppe an der CAU, engagierte sich in der Friedensforschung und organisierte prominent besetzte Ringvorlesungen.

Die beiden Professoren hatten vor allem in den siebziger und achtziger Jahren mit einem im Vergleich zu den übrigen Studierendenzahlen an der CAU

---

[51] Backhaus erwähnt in ihrem Beitrag Aussagen von Zeitzeugen, wonach in dieser Zeit niemand in Schleswig-Holstein eine herausgehobene Stelle einnehmen konnte, der nicht in das strategische Kalkül der CDU passte. Insofern führte Stoltenberg das fort, was nach der Untersuchung seines ehemaligen Assistenten-Kollegen Varain in den 1960er Jahren das Markenzeichen der Personalpolitik der CDU gewesen war.

überproportional hohen Anstieg an Studierenden zu kämpfen. Bereits zum Wintersemester 1974/75 war mit der Einführung des Hauptfachstudiums die Zahl der in Politikwissenschaft insgesamt eingeschriebenen Studierenden auf rund 190 angestiegen (davon 80 im Hauptfach). Ende der siebziger Jahre kam der Lehramtsstudiengang Wirtschaft/Politik hinzu, und zum Wintersemester 1986/87 hatte sich die Gesamtzahl auf 410 Studierende nahezu verdoppelt, um dann in den neunziger Jahren zwischen 500 bis 600 Studierenden zu schwanken. Das Lehrangebot wurde neben den beiden Professoren auch durch einige Lehrende auf Mittelbaustellen, darunter eine Akademische Rätin, bestritten und zudem durch einen regelmäßigen Gastprofessor, Edward Keynes, der eine Professur für Politikwissenschaft an der Penn State University innehatte, erweitert. Keynes wurde zum festen Bestandteil des akademischen Personals in Kiel, vertrat nach dem Tode Kaltefleiters über mehrere Semester hinweg die Professur und hält dem Institut die Treue, seit 1998 auch als Honorarprofessor.[52]

Die Spannung zwischen den beiden Professoren erwuchs vor allem aus einer unterschiedlichen methodischen und wissenschaftstheoretischen Positionierung. Während sich Röhrich aus Frankfurt kommend dem kritisch-dialektischen Ansatz zuordnete, stand Kaltefleiter in der Tradition der Köln-Mannheimer Schule für den empirisch-analytischen Ansatz. Kaltefleiter forcierte diese unterschiedlichen Positionen zu einer weithin sichtbaren Trennung von zwei Bereichen innerhalb des Instituts für Politische Wissenschaft. Für die Studierenden stellte es sich so dar, dass das Lehrveranstaltungsprogramm nicht nach den fachüblichen Teilgebieten der Politischen Theorie, der Analyse politischer Systeme und der Internationalen Beziehungen gegliedert war, sondern nach diesen beiden Richtungen der Professoren. Zeitzeugen berichten, dass die unterschiedlichen wissenschaftstheoretischen Positionen sich mit weltanschaulichen überlagerten: Die eher konservativen Studierenden gingen zumeist zu Kaltefleiter und die eher linken beziehungsweise sozialdemokratisch orientierten zu Röhrich. Während aber zunächst noch von einer Koexistenz die Rede sein konnte, brach Kaltefleiter diese 1993 auf, indem er erklärte, dass bei Röhrich erlangte Leistungsnachweise von ihm nicht mehr für das Examen anerkannt werden würden und einige Monate später, dass er jene Studierenden beruflich besonders fördern würde, die nur bei ihm gehört hätten.[53] Röhrich und auch Keynes betonten hingegen, weiterhin alle Scheine anzuerkennen. Kaltefleiter plädierte in der Folge sogar für eine Teilung des Instituts, da der von ihm vertretene empirisch-analytische Ansatz mit dem historisch-dialektischen von Röhrich unvereinbar sei.

---

[52] Das Präsidium der CAU ehrte Professor Edward Keynes Ph.D. »in Würdigung und Anerkennung seiner großen Verdienste, die er sich durch seine langjährige, mit Verantwortungsbewusstsein und persönlichem Einsatz wahrgenommene Lehrtätigkeit am Institut für Politikwissenschaft und am Institut für Sozialwissenschaften erworben hat«, im Juni 2010 mit der Goldenen Universitätsnadel.

[53] Siehe »Hahnenkampf«, in: Die Zeit, 25.2.1994 oder »Ein Scheinproblem«, in: Süddeutsche Zeitung, 6.8.1994.

Diese unter großer öffentlich-medialer Aufmerksamkeit entstandene Eskalation kam dem Institut denkbar ungelegen, da die späten neunziger Jahre an der CAU von Einsparvorgaben der Landesregierung und Reformen der Universitätsstruktur geprägt waren. Der Konvent der Wirtschafts- und Sozialwissenschaftlichen Fakultät, an der die Politikwissenschaft institutionell verankert war, beschloss im Dezember 1997, eine der beiden politikwissenschaftlichen Professuren zu streichen, den Hauptfachstudiengang (Magister) einzustellen und das Fach mit der verbleibenden Professur auf eine akademische Zulieferfunktion für die ökonomischen Diplomstudiengänge zu beschränken. Diese Linie wurde zunächst von Senat und Rektorat der CAU bestätigt. Damit wäre die Politikwissenschaft auf die Rolle eines die »eigentlichen« Studienfächer lediglich ergänzenden Faches zurückgeworfen worden, die, wie hier gezeigt worden ist, für die Lehre der Politik an der CAU über Jahrhunderte kennzeichnend gewesen ist, seit den siebziger Jahren aber überwunden geglaubt war. Allerdings war auch unter Freund schon die Promotion möglich. Die jahrelangen Streitigkeiten innerhalb des Instituts, die in den neunziger Jahren auch auf der Bühne der Fakultät ausgefochten worden waren, beförderten ohne Zweifel die Bereitschaft, das Fach derart zu beschneiden. Der Tod Werner Kaltefleiters im März 1998 verschärfte die Existenzkrise des Faches noch einmal, da die Vakanz der Professur wie eine Einladung zur Umsetzung der Kürzungspläne wahrgenommen werden musste. Doch standen der Strategie von Rektorat und Mehrheit in der Fakultät nicht nur der Protest der verbliebenen Lehrenden im Fach Politikwissenschaft und der Studierenden sowie die konstante studentische Nachfrage nach einem politologischen Magisterhauptfach entgegen. Die Aussicht, dass in einer Landeshauptstadt die Politikwissenschaft allenfalls noch in einer Rumpfstatur vertreten sein würde, wurde besonders im politischen Raum mit Sorge betrachtet. Nach einer längeren Phase der Sedisvakanz, die sich auch in einem deutlichen Rückgang der Studierendenzahlen niederschlug, gelang im Jahr 2000 der Durchbruch, als sich der Senat der CAU mit Unterstützung der Landesregierung für eine Neuausschreibung des Lehrstuhls für Politikwissenschaft aussprach. Zum Wintersemester 2001/02 wurde Joachim Krause auf die Professur berufen. Nach einer Übergangsphase, in der die zweite Professur nach der Pensionierung von Willfried Röhrich durch Ulrich Matthée verwaltet worden war, sollte auch diese Stelle wieder ausgeschrieben werden.

Im März 2003 schlug dann die sogenannte Erichsen-Kommission – sie war im Februar 2002 von der Landesregierung und der Landesrektorenkonferenz eingerichtet worden, um Empfehlungen für die inhaltliche und strukturelle Entwicklung des schleswig-holsteinischen Hochschulsystems zu geben – vor, die Institute für Soziologie und Politische Wissenschaft zusammenzuführen und zudem einen neuen Bachelor- und Masterstudiengang »Public Administration« mit dezidiert internationalem Schwerpunkt einzurichten.[54] Während die Planung der Studiengänge sich in andere Richtungen entwickelte, wurde die Gründung des Instituts für Sozialwissenschaften, das auch die Katastrophenforschung, die Gender Research Group und das Schleswig-Holsteinische Institut für Friedenswissenschaften (SCHIFF) umfasste, im Jahr 2006 umgesetzt. Das Institut wurde als gemeinsame Einrichtung der Philosophischen und der Wirtschafts- und Sozialwissenschaftlichen Fakultät gegründet, wobei die Professuren und das wissenschaftliche Personal jeweils einer der beiden Fakultäten zugeordnet sind. Das bisher letzte Kapitel der wechselvollen »Strukturgeschichte« der Kieler Politikwissenschaft wurde parallel zur Gründungsphase des neuen Instituts aufgeschlagen. Weil es bei der Wiederbesetzung der Röhrich-Professur innerhalb der Wirtschafts- und Sozialwissenschaftlichen Fakultät zu grundlegenden Auseinandersetzungen gekommen war und ein Verfahren scheiterte, entschied sich das Rektorat der CAU dafür, für die künftige Gestaltung der Kieler Politikwissenschaft externen Sachverstand einzuholen. Am Ende eines Evaluierungsprozesses stand die Empfehlung, neben den Professuren für Internationale Beziehungen (Krause) und Wirtschaft/Politik und ihre Didaktik (heute Lutter) zwei weitere Professuren für Vergleichende Politikwissenschaft (heute Martin) und für Politische Theorie und Ideengeschichte (heute Stein) vorzusehen.

Damit verfügt die Kieler Politikwissenschaft heute über die traditionelle Ausstattung von drei Kernprofessuren für die Teilgebiete Vergleichende Politikwissenschaft, Internationale Beziehungen und Politische Theorie und Ideengeschichte. Im Vergleich mit anderen Universitätsstandorten gehört es zwar zur Gruppe der kleineren politikwissenschaftlichen Institute, aber wenn man berücksichtigt, dass zum Ende der neunziger Jahre die Reduktion auf eine Professur mit reiner Dienstleistungsfunktion für die Wirtschaftswissenschaften drohte, kann die Versorgung der drei klassischen Denominationen geradezu als ein Quantensprung gelten. Hinzu kommen eine weitere Professur »Internationale Politische Soziologie«[55] (Nabers) als Brückenprofessur zur Soziologie und die oben erwähnte Didaktik-Professur für das Unterrichtsfach Wirtschaft/Politik.

---

[54] Vgl. Zur Entwicklung der Hochschulen in Schleswig-Holstein. Empfehlungen der von der Landesrektorenkonferenz und der Ministerin für Bildung, Wissenschaft, Forschung und Kultur eingesetzten Expertenkommission. Kiel 2003, S. 132 f.

[55] Die heute so bezeichnete Abteilung Internationale Politische Soziologie ist aus der Arbeitsstelle Friedens- und Konfliktforschung hervorgegangen – ursprünglich mit Hilfe der Landesregierung Engholm als Schleswig-Holsteinisches Institut für Friedenswissenschaften (SCHIFF) ins Leben gerufen und später in die CAU eingegliedert, um nicht nur ein wissenschaftliches, sondern auch politisches Gegengewicht zum Institut für Sicherheitspolitik zu bilden, das Werner Kaltefleiter gegründet hatte.

4. Fazit

Für die Christiana Albertina können die Linien, die für die Entwicklung des Fachs in Deutschland insgesamt gezogen werden, bestätigt werden: Angefangen von der älteren Lehre der Politik in der aristotelischen Tradition, wie sie an der CAU durch Nikolaus Martini verkörpert wurde, über die kameralwissenschaftliche, auf Praxis hin orientierte Ausrichtung und empirische Staatenkunde eines Gentzke und Heintze, bis hin zu den »Politiklehrern« der liberalen und konstitutionellen Bewegung, deren bedeutendster Vertreter, Friedrich Dahlmann, große Teile seines wichtigsten Buches über Politik in Kiel schrieb. Sein Weggefährte, der Rechtswissenschaftler Niels Nicolaus Falck, vertrat einen historischen Verfassungsbegriff und plädierte für eine »Versöhnung« zwischen Rechts- und Politikwissenschaft. Auch die anregenden Entwürfe der Staatsrechtslehre und Verwaltungswissenschaft des 19. Jahrhunderts, die sich als integrative Wissenschaft verstanden, kennen in Kiel mit Lorenz von Stein einen ihrer Ahnen. Wilhelm Hasbach entwickelte aus der Perspektive der historischen Schule der Nationalökonomie einen vergleichend-politikwissenschaftlichen (und auch kritischen) Zugang zur Analyse der parlamentarischen Demokratie. Von ebenso großer Bedeutung ist das Erbe Hermann Hellers, habilitiert in Kiel, für die Neubegründung einer Politikwissenschaft, in der normative und ideenhistorische mit typologisierenden und empirischen Beobachtungen eine fruchtbare Verbindung eingehen.

Ferner kommt der Kieler Fachgeschichtsschreibung auch eine über diesen universitären Standort hinausweisende Bedeutung zu.[56] Weitgehend nicht zur Kenntnis genommen wurde bislang, dass das Kieler Institut für Weltwirtschaft in den zwanziger Jahren mit einer Vielzahl an sozialwissenschaftlichen Studien hervorgetreten ist, die durch Ferdinand Tönnies angeregt wurden, der eben nicht nur für die Soziologie eine begründende Rolle eingenommen hat. Diese Erkenntnis erweitert die bisherige Fachgeschichtsschreibung: Neben der Deutschen Hochschule für Politik in Berlin, die bei aller Anerkennung der Forschungstätigkeit ihrer Dozentinnen und Dozenten ihren Schwerpunkt doch in der Lehre fand, sollten zukünftig gerade in Bezug auf sozialwissenschaftliche Forschung in der Weimarer Republik die Arbeiten untersucht werden, die von den Mitarbeiterinnen und Mitarbeitern beziehungsweise den affiliierten Doktorandinnen und Doktoranden des Instituts für Weltwirtschaft und Seeverkehr geleistet worden sind.

---

[56] In den vergangenen Jahren sind zu einzelnen Persönlichkeiten und Standorten Arbeiten entstanden, siehe etwa *Wolfgang Hecker* et al. (Hg.), Politik und Wissenschaft. 50 Jahre Politikwissenschaft in Marburg, 2 Bde., Münster 2001/03; *Thies Marsen*, Zwischen Reeducation und politischer Philosophie. Der Aufbau der politischen Wissenschaft in München nach 1945, München 2001; *Ulrike Quadbeck*, Karl Dietrich Bracher und die Anfänge der Bonner Politikwissenschaft, Baden-Baden 2008; *Arno Mohr / Dieter Nohlen* (Hg.), Politikwissenschaft in Heidelberg. 50 Jahre Institut für Politische Wissenschaft, Heidelberg 2008.

Eine Korrektur in der Fachgeschichtsschreibung verlangt auch das dominante Narrativ der unbefleckten Gründergeneration. Michael Freund, einer der Gründerväter der Politikwissenschaft, mit Denomination für die Wissenschaft und Geschichte der Politik, der an der CAU als einer der ersten Professoren Seminare zur wissenschaftlichen Analyse und Kritik des nationalsozialistischen Herrschaftssystems angeboten hatte, stilisierte sich in der Nachkriegszeit zwar keinesfalls zu einem Heros des Widerstands. Aber er fand auch nicht zu einem reflektierten und selbstkritischen Ton bezüglich seines eigenen ambivalenten Verhaltens im Nationalsozialismus, für das es gute und vielleicht auch weniger gute Gründe gegeben haben mag. Dabei kam ihm wie ebenso Theodor Eschenburg in Tübingen, die beide in den fünfziger und sechziger Jahren aufgrund ihrer bundesweiten publizistischen Tätigkeit überregional bekannt waren, als Demokratielehrer im neuen Staat doch eine besondere Verantwortung in der Ausbildung der jungen Eliten zu, die eben nicht nur intellektueller, sondern auch ethischer Natur war.

Für die weitere bundesrepublikanische Zeit kann festgehalten werden, dass in Kiel der enge Bezug zur praktischen Politik, der die bewegten Zeiten im 19. Jahrhundert wie auch die Weimarer Republik auszeichnete, bestehen geblieben ist. Schon für die Einrichtung und Besetzung der ersten Professur gilt, dass sie ohne die engen politischen Verbindungen Michael Freunds zu Andreas Gayk vermutlich so nicht zustande gekommen wäre. Bis in die Gegenwart gingen aus dem Kieler Institut zahlreiche Landes- und Bundestagsabgeordnete hervor, und auch in den Mitarbeiterstäben der Parlamente, der Parteien, Verbände und der Medien in Kiel, Berlin und andernorts finden sich zahlreiche Menschen, die die wissenschaftliche Grundlage ihre Karriere in der Kieler Politikwissenschaft erworben haben. Bemerkenswert ist zugleich die umgekehrte Bewegung – die Rettung der Politikwissenschaft unter Einflussnahme der Landespolitik gegen einen Teil der Universität, der des Fachs und seiner »Politizität« in der Öffentlichkeit überdrüssig geworden war. Heute kann es hinsichtlich der Durchsetzung des Mindeststandards in Bezug auf die Denominationen der Professuren, einer erfreulichen Entwicklung der Forschungsaktivitäten und angesichts des Voll-Angebots in stark nachgefragten Studiengängen – Bachelor, Master, Lehramt – wohl keinen Anlass mehr für die Sorge geben, dass die Existenzberechtigung dieses Fachs bestritten wird. Insofern findet heute das eine Umsetzung, was Michael Freund bereits 1950 als zentrale Lebensbedingung für die Politikwissenschaft so formulierte: »Die Wissenschaft von der Politik kann allerdings ihre Aufgabe nur dann erfüllen, wenn sie volles Bürgerrecht an der Universität hat.«[57]

---

[57] *Michael Freund*, Die Einordnung der Wissenschaft der Politik in den Arbeitsbereich der deutschen Universität, in: Politik der Freiheit, 1950, S. 55–61, hier S. 61.

Birte Meinschien

Michael Freund und der Aufbau der Kieler Politikwissenschaft – Forschung zu »einem zwielichtigen Raum«[1]

Die Institutionalisierung der Politikwissenschaft nach 1945 in Westdeutschland verlief keineswegs problemlos und ohne Widerstände: Erstens waren die Universitäten vielfach zerstört und litten unter Geldmangel, sodass nicht nur in München die erste Zeit der Politikwissenschaft unter dem Schlagwort »[k]ein Telefon und zu wenig Personal«[2] stand, zweitens – und dies war das ungleich schwerwiegendere Hindernis – begegnete man der »neuen« Wissenschaft von der Politik an den Universitäten keinesfalls unvoreingenommen. Gerade die ihrerseits durch das eigene Verhalten im Nationalsozialismus belasteten Geschichts- sowie die Rechts- und Staatswissenschaften sahen das Fach als Konkurrenz und warfen ihm vor, es sei »1. neumodisch, 2. undeutsch und 3. überflüssig«.[3]

Mit der Institutionalisierung des Faches 1948 durch die Vergabe eines Lehrauftrages an Michael Freund gehört Kiel im westdeutschen Vergleich zu den frühesten Gründungen der Politikwissenschaft nach 1945. In der weiteren Entwicklung stockte jedoch der Ausbau des Faches, das bis zur Emeritierung Freunds 1970 in Kiel nur mit einer Professur – jener Freunds – vertreten war, während an anderen Universitäten eine massive Expansion des Faches erfolgte.[4] Der erste Kieler Lehrstuhlinhaber für »Wissenschaft und Geschichte der Politik«, Michael Freund, wurde am 18. Januar 1902 in Weilheim in Oberbayern geboren. Er studierte in München Geschichte, Anglistik und Germanistik vom Sommersemester 1921 bis zum Wintersemester 1925/1926.[5]

[1]   *Michael Freund*, Seminar für Wissenschaft und Geschichte der Politik, in: Studentenschaft der Christian-Albrechts-Universität zu Kiel (Hg.), Hochschulführer für die Christian-Albrechts-Universität 1965, Kiel 1965, S. 158–159, hier S. 158.
[2]   *Thies Marsen*, Zwischen Reeducation und politischer Philosophie. Der Aufbau der politischen Wissenschaft in München nach 1945, München 2001, S. 164; zur Kieler Telefon-Problematik siehe LASH, Abt. 47, Nr. 3996, Schreiben von Michael Freund an den Kurator der Universität Kiel, August Wilhelm Fehling, vom 23.7.1953.
[3]   So *Alexander Rüstow*, Weshalb Wissenschaft von der Politik?, in: Zeitschrift für Politik N.F. 1 (1954), S. 131–138, hier S. 131. Rüstow war der erste Vorsitzende der »Vereinigung für die Wissenschaft von der Politik«, die 1951 gegründet wurde. Siehe zur Kritik an der Politikwissenschaft *Jürgen Hartmann*, Geschichte der Politikwissenschaft. Grundzüge der Fachentwicklung in den USA und in Europa, Opladen 2003, S. 137, hierzu auch das Kapitel »Politologie als Demokratiewissenschaft« in *Wilhelm Bleek*, Geschichte der Politikwissenschaft in Deutschland, München 2001, S. 265–307.
[4]   Vgl. hierzu die Zahlenangaben bei *Bleek*, Geschichte, S. 312 f. Zwischen 1960 und 1965 kam es zu einer Verdoppelung der Anzahl der politikwissenschaftlichen Professoren in der BRD, bis 1975 wuchs das Fach weiter stark.
[5]   Siehe zu Freund ausführlich *Birte Meinschien*, Michael Freund. Wissenschaft und Politik (1945–1965) (=Kieler Werkstücke. Reihe H: Beiträge zur Neueren und Neuesten Geschichte, Bd. 2), Frankfurt a. M. et al. 2012.

Abb. 13: Michael Freund (1902–1972)

[Wilfried Röhrich (Hg.), Macht und Ohnmacht
des Politischen. Festschrift zum 65. Geburtstag
von Michael Freund am 18. Januar 1967, Köln
1967, Frontispiz]

Im November 1925 wurde er mit einer Arbeit über »Die Idee der Toleranz im
England der Großen Revolution« bei Hermann Oncken promoviert, 1927 legte
er das Staatsexamen ab.[6] In der Folge ging Freund von Januar 1928 bis Dezember
1930 mit einem Stipendium der Notgemeinschaft der Deutschen Wissenschaft
zur Forschung nach Großbritannien und Frankreich. Nach seiner Rückkehr zog
er nach Berlin und arbeitete dort zunächst in der Bibliothek der in Berlin neu
gegründeten Deutschen Hochschule für Politik (DHfP) sowie bei verschiedenen
Verlagen und als Journalist, unter anderem beim *Blick in die Zeit*, einer opposi-
tionellen Wochenzeitung zu Beginn der nationalsozialistischen Herrschaft. Eine
1938 bei Gerhard Ritter in Freiburg erfolgte Habilitation mit Verleihung des Dr.
phil. habil. führte aufgrund des Einspruches des NS-Dozentenbundes nicht zur
Erteilung der Lehrbefugnis, sodass eine geplante Tätigkeit als Historiker an der
Universität Freiburg nicht möglich war.[7] Ab 1940 arbeitete Freund dienstver-
pflichtet in der Briefprüfung der Auslandsbriefprüfstelle. Sein Verhalten in der
Zeit des Nationalsozialismus ist schwer zu bewerten: Einerseits wurde er als

---

[6]   Vgl. LASH, Abt. 47, Nr. 6580, Dienstzeitennachweis von Michael Freund vom
      21.4.1958.
[7]   Siehe hierzu die Korrespondenz im Nachlass Gerhard Ritters: BArch, N 1166/309.

ehemaliges Mitglied der SPD und der Freien Sozialistischen Jugend in seinem beruflichen Fortkommen behindert, andererseits biederte er sich in einem gewissen Maße bei den Nationalsozialisten an und arbeitete dem Regime zu, unter anderem durch Publikationsprojekte.[8]

Nach Kriegsende wurde Freund Anfang 1946 in Freiburg die Venia Legendi für Neuere Geschichte aufgrund des Dr. phil. habil. von 1938 erteilt, Gerhard Ritter setzte sich in dieser Zeit maßgeblich für ihn ein.[9] Ab Mitte 1946 war Freund – auf Vermittlung Ritters – für *Die Gegenwart* in Freiburg tätig, und in der Folge war er auch für einen Posten an der Universität Freiburg im Gespräch. Hier gab es jedoch aufgrund zweier Aufsätze aus der Zeit des Nationalsozialismus zunächst Probleme bei der Vergabe eines Lehrauftrags für »Geschichte des Sozialismus«.[10] In dieser Situation erreichte Freund im Juli 1947 ein Brief des Kieler Oberbürgermeisters Andreas Gayk, den Freund bereits aus der Arbeit beim *Blick in die Zeit* kannte und den er Anfang Juli 1947 auf dem Parteitag der SPD in Nürnberg getroffen hatte. Gayk berichtete Freund, die Kieler Universität wolle einen »Lehrstuhl für Politik« und einen »Lehrauftrag für Friedenswissenschaft« schaffen, und er plane, Freund für den Lehrstuhl vorzuschlagen.[11] Auch eine Mitarbeit bei der SPD wurde diskutiert,[12] ebenfalls forciert durch Andreas Gayk.

1. Die Institutionalisierung der Kieler Politikwissenschaft nach 1945

In Kiel erfolgte nach Kriegsende rasch der Beschluss zur Institutionalisierung der Politikwissenschaft an der Christian-Albrechts-Universität. Die treibende Kraft war hier – wie auch anderenorts in den westlichen Besatzungszonen – die Sozialdemokratie, in Kiel in Person von Andreas Gayk. Der Kieler Oberbürgermeister kannte Freund aus den gemeinsamen Berliner Jahren und der Arbeit für

---

[8]   Hierzu im Detail: *Wilhelm Knelangen / Birte Meinschien*, Deutsche Nachkriegspolitologen in der nationalsozialistischen Diktatur: Michael Freund, in: Hubertus Buchstein (Hg.), Die Versprechen der Demokratie. Dokumentation des 25. Wissenschaftlichen Kongresses der DVPW, Baden-Baden 2013, S. 419–429 sowie *dies.*, »Ich wäre gern in Ruhe gelassen worden…«. Michael Freund im Nationalsozialismus, in: Politische Vierteljahresschrift 55 (2014), S. 321–355.

[9]   Vgl. UAF, B 3/474, 84, Schreiben des Dekans der Philosophischen Fakultät der Universität Freiburg [Friedrich Daniel Wilhelm Brie] an Michael Freund vom 23.2.1946.

[10]   Vgl. UAF, B 3/474, 89, Schreiben von Gerhard Ritter an Robert Heiss vom 20.9.1946. Siehe zu Freunds Kontakten zu Ritter in dieser Zeit BArch, N 1166/490 sowie BArch, N 1394/2. Ende 1945 schrieb Freund zudem: »Ich spiele mit dem Gedanken, in Göttingen mich an einer neuen Existenz zu versuchen.« Die dortige Bibliothek biete die besten Bestände zur englischen Geschichte. BArch, N 1394/3, Schreiben von Michael Freund an Hermann Curth vom 22.11.1945.

[11]   Hierzu BArch N 1394/8, Schreiben des Kieler Oberbürgermeisters Andreas Gayk an Michael Freund vom 12.7.1947.

[12]   Vgl. hierzu BArch, N 1394/5, Schreiben von Arno Hennig, Parteivorstand der SPD, an Michael Freund vom 22.4.1947 und 12.5.1947.

den *Blick in die Zeit*. Dieser Kontakt riss während des Krieges und in der Nachkriegszeit nicht ab. Beide trafen sich bereits im Frühsommer 1947, als Gayk zum Parteitag der SPD nach Nürnberg fuhr.[13] Nach diesem Zusammentreffen schrieb Freund im Juli 1947 an einen Freund, dass man ihm in Kiel »ein[en] Lehrstuhl über Politik und Friedenswissenschaft (an sich eine grässliche Angelegenheit: die Kranken, die beständig von der Gesundheit reden)« angeboten habe.[14] Gayk setzte sich auch über die Kieler »Gesellschaft der Freunde Coventrys« (deren Vorsitzender Gayk war) für eine Beschäftigung Freunds an der Universität ein.[15] Im September 1947 wurde die Einrichtung eines »Lehrstuhls für Politik« durch den Rektor der Kieler Universität, Hermann von Mangoldt, bekannt gegeben.[16] Freund hielt im Oktober 1947 einen Vortrag zu »Geist und Gestalt der englischen Demokratie« in Kiel,[17] doch sein Weg nach Kiel war nicht frei von Schwierigkeiten – nachdem 1947 der erwähnte Lehrstuhl im Gespräch war, wandelte sich die Situation, und im Frühjahr 1948 bot man Freund stattdessen zunächst nur ein Lehrauftrag an, denn – so Freund:

»[…] Kiel ist vorläufig zu einem Stalemate geworden. Kliquen und Kandidaturen heben sich vorläufig auf und so wird die Professur fürs erste verhindert: Das goldene Gleichgewicht der Kräfte und das do-nothing-Regime.«[18]

Schließlich erhielt er 1948 einen Lehrauftrag an der Universität und ab 1949 eine Diätendozentur für »Politik und Geschichte der Politik«.[19] Freund stand dem neuen Fach zunächst skeptisch gegenüber. Im Hinblick auf eine mögliche Tätigkeit an der Universität Kiel und bei der *Welt* in Hamburg schrieb er an deren Chefredakteur Rudolf Küstermeier, mit dem Freund seit den 1930er Jahren bekannt war:

---

[13]   Siehe hierzu die Korrespondenz in BArch, N 1394/8.
[14]   BArch, N 1394/5, Schreiben von Michael Freund an Alois Bäuerle vom 26.7.1947.
[15]   Siehe hierzu die Korrespondenz in BArch, N 1394/5 und N 1394/11.
[16]   Siehe hier die Niederschrift über die »Festsitzung der Stadtvertretung anläßlich der Herbstwoche ›Kiel im Aufbau‹« vom 16.9.1947, in deren Rahmen die Entscheidung verkündet wurde, in: *Gerd Müller* (Hg.), Festschriften zu Ehren von Professor Max Planck, Kiel 1997, S. 21–23, hier S. 23.
[17]   Vgl. BArch, N 1394/5, Schreiben von Michael Freund an Friedrich Wendel vom 2.10.1947.
[18]   BArch, N 1394/7, Schreiben von Michael Freund an Walter Pahl vom 24.3.1948. Siehe das Angebot in BArch, N 1394/7, Schreiben von Gerhard Dulckeit an Michael Freund vom 20.4.1948.
[19]   Siehe hierzu die Vorgänge in LASH, Abt. 47, Nr. 6580 und Abt. 811, Nr. 12198. Das Angebot des Lehrauftrags findet sich in LASH, Abt. 47, Nr. 6580, Entwurf eines Schreibens des Ministeriums für Volksbildung von Schleswig-Holstein an Michael Freund vom 6.4.1948; das Angebot der Diätendozentur ebd., Vermerk des Ministeriums für Volksbildung von Schleswig-Holstein vom 15.11.[?]1949 sowie LASH, Abt. 811, Nr. 12198, Vermerk der Abteilung Wissenschaft und Kunst, Kiel, zum »Lehrauftrag Dr. Freund« vom 27.09.1949 ferner ebd., Vermerk der Abteilung für Wissenschaft und Kunst im Ministerium für Volksbildung, August Wilhelm Fehling vom 6.10.1949.

»Natürlich wäre die Zusammenarbeit mit der ›Welt‹ am leichtesten herzu-
stellen, wenn irgend eine ähnliche Berufung – für englische Historie und für
die Kenntnis des englischen Lebens noch lieber als für die ehrgeizige ›Wissenschaft der Politik‹ wie in Kiel – in Hamburg zu erreichen wäre.«[20]

In der Folge war Freund – neben der Arbeit an der Christiana Albertina – für die
Welt in Hamburg tätig und betreute dort das Archiv.[21] Gayk hatte zudem Freund,
der über eine umfangreiche journalistische Erfahrung verfügte, für die *Schleswig-Holsteinische Volkszeitung* (VZ) gewonnen, deren Chefredakteur Gayk war.
De facto konnte Gayk jedoch diesem Posten aufgrund seiner politischen Arbeit
nicht die nötige Zeit widmen und suchte daher Ersatz.[22] Ab Herbst 1948, mit
Beginn seiner Tätigkeit an der Universität, arbeitete Freund parallel regelmäßig
für die *VZ*[23] und die *Welt*.

Zu dieser Zeit, so Freund, »[veranstalteten] [d]ie Universitäten Kiel und
Freiburg […] ein Tauziehen mit mir.«[24] Beide Universitäten – in Freiburg setzte
sich Ritter weiterhin besonders für Freund ein – boten Freund Diätendozenturen
sowie Extraordinariate an, schließlich entschied Freund sich im März 1951 für
Kiel.[25] Nach vergeblichen Anläufen 1953, 1954 und 1955 erhielt Freund 1956
ein Ordinariat für »Wissenschaft und Geschichte der Politik« in Kiel. Zudem
wurde er 1952 in Bonn und 1956 in München auf umfangreicheren Vorschlags-
listen für den jeweiligen politikwissenschaftlichen Lehrstuhl genannt.[26] In Freiburg standen Freund und Arnold Bergstraesser 1953 auf Platz 1 der Berufungsliste, zu Ritters Unmut wurde jedoch Bergstraesser berufen.[27] 1954 entschied
sich Freund gegen einen »Lehrstuhl für politische Wissenschaften« an der Hochschule für Arbeit, Politik und Wirtschaft in Wilhelmshaven.[28]

---

20 BArch, N 1394/5, Schreiben von Michael Freund an Rudolf Küstermeier vom 8.11.1947.
21 BArch, N 1394/6, Korrespondenz zwischen Michael Freund und Rudolf Küstermeier aus
dem Jahr 1948 zum Thema sowie die Korrespondenz in BArch, N 1394/15.
22 So schrieb Freund an Fritz Baade, ebenfalls SPD-Mitglied: »Ich habe es übrigens übernommen, an der ›Schleswig-Holsteinischen Volkszeitung‹ beratend und gestaltend mit-
zuwirken, um daraus ein Lebens- und fruchtbares Organ der sozialistischen Bewegung zu
machen.« BArch, N 1394/6, Schreiben von Michael Freund an Fritz Baade vom
22.6.1948.
23 Siehe hierzu BArch, N 1394/7, Schreiben von Michael Freund an Karl Ratz vom
27.6.1948. Anscheinend sollte Freund für seine Tätigkeit bei der VZ doppelt so viel Geld
wie an der Universität für den Lehrauftrag erhalten, so BArch, N 1394/8, Schreiben des
Kieler Oberbürgermeisters Andreas Gayk an Michael Freund vom 4.3.1948.
24 BArch, N 1394/10, Schreiben von Michael Freund an Otto Friedländer vom 16.12.1949.
25 Siehe für diesen Prozess die Akten in UAF, B 24/1426 und UAF, B 3/474 sowie LASH,
Abt. 811, Nr. 12198.
26 Vgl. *Ulrike Quadbeck*, Karl Dietrich Bracher und die Anfänge der Bonner Politikwissenschaft, Baden-Baden 2008, S. 87 und *Marsen*, Reeducation, S. 141.
27 Siehe hierzu die Vorgänge in UAF, B 3/337 und zu Ritters Meinung BArch, N 1394/2,
Schreiben von Gerhard Ritter an Michael Freund vom 28.12.1953.
28 Vgl. hierzu die Absage: BArch, N 1394/26, Schreiben von Michael Freund an Heinrich
Dahnke vom 29.3.1954.

Im Prozess der Berufung Freunds zeigt sich in der Frühphase der außerordentliche Einfluss Andreas Gayks, der die Kieler Universität nach 1945 »noch immer [für] ein[en] politischen Saustall« hielt[29] und mit einer »Entscheidung des Kabinetts oder der Fraktion« drohte, falls es weitere Schwierigkeiten bei der Stellenvergabe an Freund geben sollte.[30] Die Vergabe von Lehrauftrag und Dozentur an Freund fallen in die Phase – bis zur Wahl von 1950 –, in der die SPD die Landespolitik in Schleswig-Holstein dominierte und Gayk als ihr Fraktionsvorsitzender im Landtag und als Kieler Oberbürgermeister überaus einflussreich war. Freund schrieb 1951 sogar, dass »die sozialdemokratische Regierung [den Lehrstuhl] geschaffen« habe.[31] Die Institutionalisierung der Politikwissenschaft in Kiel erfolgte also, wie auch an anderen Orten in Westdeutschland, durch Einfluss von außen auf die Universität. Spielten an anderen Orten die Besatzungsmächte die zentrale Rolle, war es in Kiel die SPD. Der Kieler Fall ist auch ein Beispiel für die Tatsache, dass im Allgemeinen in sozialdemokratisch regierten Ländern die Institutionalisierung der Politikwissenschaft früher und rascher stattfand.[32]

Es wird ferner deutlich, dass eine gewisse Skepsis gegenüber dem neuen Fach an der Universität vorherrschte. Schon 1947 beschloss der Senat der Universität einstimmig:

»Der Senat der Christian-Albrechts-Universität hält Vorlesungen über staatsbürgerliche Fragen für erwünscht, legt aber Wert auf eine wissenschaftliche Gestaltung dieser Vorlesungen unter Vermeidung jeder Tendenz einer politischen Ausrichtung oder eines Zwanges.«[33]

Es lässt sich Furcht vor einer politisierten Universität ausmachen und so »hielten [die Kieler Professoren nach 1945] geradezu verkrampft am Bild einer unpolitischen Universität fest«[34]. Die Erfahrungen an der »Grenzlanduniversität«, zumal in der ehemaligen nationalsozialistischen »Stoßtruppfakultät« der Rechtswissenschaften, der Freunds Diätendozentur und später sein (Extra)Ordinariat

29 Vgl. BArch, N 1394/8, Schreiben von Andreas Gayk an Michael Freund vom 29.1.1946.
30 BArch, N 1394/8, Schreiben von Andreas Gayk an Michael Freund vom 4.3.1948.
31 BArch, N 1394/15, Schreiben von Michael Freund an Otto Friedländer vom 16.6.1951.
32 *Thomas Noetzel / Hans Karl Rupp*, Zur Generationenfolge in der westdeutschen Politikwissenschaft, in: Wilhelm Bleek / Hans J. Lietzmann (Hg.), Politikwissenschaft. Geschichte und Entwicklung in Deutschland und Europa, München / Wien 1996, S. 77–98, hier S. 83 und *Hans Kastendiek*, Political Development and Political Science in West Germany, in: International Political Science Review 8 (1987), S. 25–40, hier S. 34.
33 LASH, Abt. 47, Nr. 9589, Senatsprotokoll vom 28.10.1947.
34 *Christoph Cornelißen*, Der Neuanfang der Universität Kiel nach 1945, in: Klaus Gereon Beuckers (Hg.), Architektur für Forschung und Lehre. Universität als Bauaufgabe, Kiel 2010, S. 327–348, hier S. 340 f.

zugeordnet wurden, dienten als Warnung.[35] Daher verwundert es nicht, dass in den zahlreichen Gutachten, die im Zuge der Berufung Freunds angefertigt wurden, Freunds Objektivität und Wissenschaftlichkeit, sein »wissenschaftliches Gewicht« und seine Ablehnung eines »Zwangshörens« der Politikwissenschaft besonders hervorgehoben wurden.[36] So urteilten die Gutachter: »Seine Ansichten über den Betrieb der Politik als Wissenschaft sind sehr vorsichtig formuliert und daher wohl manchem geschäftigeren Vertreter des gleichen Faches unbequem.«[37] Auch die vier Jahre zwischen Extraordinariat und Ordinariat wurden als »Bewährung« verstanden, man war keineswegs daran interessiert, Freund direkt zum Ordinarius zu machen.[38] Vielmehr wollte man das neue Fach und seinen Vertreter, der zudem noch SPD-Mitglied war,[39] erst einer umfassenden Prüfung unterziehen.

2. Die Ausrichtung des Instituts in Lehre und Forschung

Gerade zu Beginn seiner Kieler Tätigkeit stammten Freunds Studierende aus allen Semestern und verschiedenen Studiengängen,[40] da man Politikwissenschaft noch nicht als eigenständiges Fach studieren, sondern lediglich darin promovieren konnte. Dies ist nicht ungewöhnlich, sondern vielmehr typisch für die Situation an den westdeutschen Universitäten vor der Einführung des Magisterabschlusses.[41] Das Fach Politikwissenschaft leistete einen Beitrag zum Studium

---

[35] *Rudolf Meyer-Pritzl*, Die Kieler Rechts- und Staatswissenschaften. Eine »Stoßtruppfakultät«, in: Christoph Cornelißen / Carsten Mish (Hg.), Wissenschaft an der Grenze. Die Universität Kiel im Nationalsozialismus, Essen 2009, S. 151–173.

[36] LASH, Abt. 811, Nr. 12198, Stellungnahme der Rechts- und Staatswissenschaftlichen Fakultät (unterzeichnet von Gerhard Mackenroth) zu Michael Freund [1951]; weitere Beispiele ebd.

[37] Ebd.

[38] Ebd., Entwurf, Vermerk des Kultusministeriums von Schleswig-Holstein vom 20.12.1955 und Vermerk des Ministeriums für Volksbildung von Schleswig-Holstein, August Wilhelm Fehling, vom 15.3.1951.

[39] Vgl. ebd., Vermerk des Ministeriums für Volksbildung von Schleswig-Holstein, August Wilhelm Fehling, vom 15.3.1951: »Dr. Freund ist politisch zur Linken zu rechnen, zeigte aber in seiner wissenschaftlichen und menschlichen Haltung stets Unabhängigkeit.« Nach dem Zweiten Weltkrieg trat Freund erneut in die SPD ein, spätestens 1949 war er wieder Mitglied, dies zeigt ein Schreiben zu Beitragszahlungen: BArch N 1394/7, Schreiben der SPD Forchheim an Michael Freund vom 1.2.1949. Bereits vorher war er jedoch für die SPD tätig. So hielt er etwa Anfang 1948 einen Vortrag zum Thema »Weltpolitische Fragen der Gegenwart« im Ortsverein in Wanderup, Kreis Schleswig. Hierzu: Ebd., Schreiben der SPD, Bezirk Schleswig-Holstein, an Michael Freund vom 10.1.1948. 1959 trat Freund aus der SPD aufgrund einer Kontroverse um den Deutschland-Plan aus. Das Austrittsschreiben findet sich in BArch N 1394/35, Schreiben von Michael Freund an die Bezirksleitung der SPD Kiel vom 23.3.1959.

[40] Vgl. BArch, N 1394/7, Schreiben von Gerhard Dulckeit an Michael Freund vom 26.5.1948.

[41] *Bleek*, Geschichte, S. 305.

Generale und der politischen Bildung und war kein eigenständiger Studiengang.[42] Freund verfügte jedoch über das Promotionsrecht in der Staatswissenschaftlichen und der Philosophischen Fakultät und konnte zum Dr. phil., Dr. jur.
und Dr. rer. pol. promovieren. Hier musste die Dissertation dann einen Bezug
zum jeweiligen Fachgebiet, einem Fach der Philosophischen Fakultät – in der
Regel der Geschichtswissenschaft –, der Rechtswissenschaft oder der Nationalökonomie haben:

»[…] es soll eine normale Prüfung mit den normalen Anforderungen erfolgen, wobei nur mein Fach das Hauptfach ist […]. Das alles entspricht meinen
eigenen Intensionen [sic], weil ich nicht glaube, daß ›Politische Wissenschaft‹ ohne eine ›Grundwissenschaft‹ betrieben werden könnte. Bei der Philosophischen Fakultät gibt es allerdings eine ›Lex Freund‹: es kann bei der
Promotion mit dem Hauptfach ›Wissenschaft und Geschichte der Politik‹
Geschichte nicht mehr als Nebenfach genommen werden, weil die Philosophische Fakultät seinerzeit – nicht zu Unrecht – argwöhnte, daß bei mir als
dem Historiker von Hause aus die Zeitgeschichte in der Prüfung eine gewisse
Rolle spielen würde, so daß der Kandidat dann praktisch überhaupt nur noch
in Geschichte geprüft würde.
Für die Habilitation bestehen keine Regelungen. Ich habe einige Habili-
tanden anstehen, ohne daß sich bisher Schwierigkeiten erhoben hätten.«[43]

Neben der Promotion in »Wissenschaft und Geschichte der Politik« wurde das
Fach ab Ende der 1950er zunehmend für die Lehrerausbildung bedeutsam.
Freund war ab 1957 Mitglied des Wissenschaftlichen Prüfungsamtes für das
Lehramt an höheren Schulen in Schleswig-Holstein im Zuge der bundesweiten
Einführung des Faches Sozialkunde.[44]

Freund, der sich eigentlich gegen eine staatsbürgerliche Ausbildungsfunk-
tion des Faches, »Zwangshören«[45] und »Mammutvorlesungen«[46] aussprach, betrieb in Kiel in der Realität dann doch politische Bildung. So bot er bereits in
seinem ersten Semester eine Vorlesung mit dem Titel »Ideen und Wirklichkeit
der Politik des 20. Jahrhunderts (Einführung in die Politik)« und »Übungen zur

---

[42] Ebd.
[43] BArch, N 1394/34, Schreiben von Michael Freund an Helmuth Plessner vom 19.12.1958;
      hierzu auch BArch, N 1394/18, Schreiben von Michael Freund an den Dekan der Rechts-
      und Staatswissenschaftlichen Fakultät der Universität Kiel, Horst Schröder, vom
      16.7.1952.
[44] *Bleek*, Geschichte, S. 315–325.
[45] LASH, Abt. 811, Nr. 12198, Vermerk des Ministeriums für Volksbildung von Schleswig-
      Holstein, August Wilhelm Fehling, vom 15.3.1951.
[46] *Michael Freund*, Die Forschungsaufgaben der Wissenschaft von der Politik, in: Hes-
      sisches Ministerium für Erziehung und Volksbildung (Hg.), Über Lehre und Forschung
      der Wissenschaft von der Politik. Gesamtprotokoll der Konferenz von Königstein im Tau-
      nus vom 15. und 16. Juli 1950, Wiesbaden 1951, S. 90–104, hier S. 93.

Soziologie der politischen Strömungen Europas in der Gegenwart« an und bemerkte:[47]

»Ich lese nun hier meine ›Wissenschaft der Politik‹. Der Besuch der Vorlesung ist merkwürdig reichlich, wenn man das verständliche und beinahe begrüßenswerte Mißtrauen der Studenten gegen die augenblickliche Politik erwägt. Die Übung läßt einen allerdings in die Abgründe des Vakuums schauen, dessen Luftspiegelung deutsche Politik genannt wird.«[48]

An anderer Stelle schrieb Freund über seine Lehrveranstaltungen: »Die Zwiesprache mit dem Nichts ist eine einigermaßen anstrengende Angelegenheit.«[49] Die Studierenden der Nachkriegsjahre waren in der Tat vielfach unpolitisch oder konservativ eingestellt, eher mit der eigenen sozialen Lage – Stichworte sind hier Wohnungsnot und Geldmangel – beschäftigt und standen der Politik skeptisch gegenüber.[50] So verwundert es nicht, dass im bereits angesprochenen Beschluss des Senates aus dem Jahr 1947 der AStA-Vertreter »als Ansicht der Studentenschaft [äußerte], dass zwangsweise ›politische‹ Vorlesungen nicht gewünscht seien.«[51] Folglich bot Freund seine Lehrveranstaltungen zunächst *publice* und gratis an:

»Auf Grund der bisherigen Erfahrungen der deutschen Universitäten mit der Währungsreform habe ich einige Zweifel bekommen, ob die nun ökonomisch und in ihrem Daseinskampf überbeanspruchten Studenten eine honorarpflichtige Vorlesung ›Einführung in die Politik‹ ausreichend besuchen werden, die für sie lediglich ein geistiger Luxus ist.«[52]

---

[47] Vgl. für die Angaben zur Lehrveranstaltungen die Vorlesungsverzeichnisse der Universität Kiel aus den jeweiligen Semestern.

[48] BArch, N 1394/6, Schreiben von Michael Freund an Arnold Gehlen vom 23.11.1948.

[49] BArch, N 1394/7, Schreiben von Michael Freund an Karl Alexander von Müller vom 25.11.1949.

[50] Siehe hierzu *Hans-Werner Prahl*, Last der Vergangenheit. Schwieriger Neubeginn und manche Kontinuität, in: Ders. / Hans-Christian Petersen / Sönke Zankel (Hg.), Uni-Formierung des Geistes. Universität Kiel und der Nationalsozialismus, Bd. 2, Kiel 2007, S. 201–221, bes. S. 210; *Axel Schildt*, Im Kern gesund? Die deutschen Hochschulen nach 1945, in: Helmut König / Wolfgang Kuhlmann / Klaus Schwabe (Hg.), Vertuschte Vergangenheit. Der Fall Schwerte und die NS-Vergangenheit der deutschen Hochschulen, München 1997, S. 223–240 und *Florian Woda*, Universitäre Lehre nach der Stunde Null. Das Kieler Eingangssemester ab dem November 1945, in: Prahl / Petersen / Zankel, Uni-Formierung des Geistes, S. 188–200.

[51] LASH, Abt. 47, Nr. 9589, Senatsprotokoll vom 28.10.1947.

[52] BArch, N 1394/7, Schreiben von Michael Freund an Gerhard Dulckeit vom 28.6.1948.

Dennoch waren Freunds erste Lehrveranstaltungen in Kiel »gut besucht« und »stiessen auf ein lebendiges Interesse der Studenten«.[53] Freund betonte den wissenschaftlichen Charakter seiner Veranstaltungen, denn: »Das Verlangen nach Erkenntnis und Verstehen hat einen entscheidenden Vorrang bei den Studenten vor dem Willen zur politischen Betätigung und Stellungnahme.«[54] Neben der bereits diskutierten politischen Gleichgültigkeit oder Ablehnung der Politik durch die Studierenden war für Freund in seinen Lehrveranstaltungen ein weiteres Problem, dass

»[d]as faktische Wissen, das der Student in diesem Bereich mitbringt, [...] unwahrscheinlich gering [ist]. Im Seminar erlebt man immer die schrecklichsten Dinge hinsichtlich der Unwissenheit der Studenten über die jüngste Gegenwartsgeschichte und die Grundlagen der internationalen und nationalen Politik. Die Teilnehmer flüchten allzugern in die Meinung des Sentiments und des Philosophierens, weil die Tatsachen fremd sind.«[55]

Neben einführenden Lehrveranstaltungen zur Politikwissenschaft bot Freund im Sommersemester 1950 und in den beiden folgenden Semestern Übungen mit dem Titel »Politisches Leben der Gegenwart und Einführung in die politische Praxis« an. Im Rahmen dieser Übungen fand ein umfangreiches Exkursionsprogramm statt, vor Ort in Kiel besuchte man beispielsweise den Landtag und Andreas Gayk, bereiste die Grenzregion zu Dänemark, und 1950 sowie 1951 veranstaltete Freund auch Exkursionen mit seinen Studierenden nach Bonn. Hier wurden politische Akteure wie Kurt Schumacher, der Bundestagspräsident Ehlers, der Bundespräsident Heuss und verschiedene Ministerien besucht.[56] Ein Teil der Exkursion nach Bonn 1951 bestand in einem Aufenthalt in der Bundesschule des Deutschen Gewerkschaftsbundes (DGB) in Hattingen, denn Freund hielt es, so schrieb er an den DGB, »für die politische Erziehung und für die politische Erkenntnis entscheidend«, dass die Studierenden sich mit der Gewerkschaftsbewegung beschäftigten.[57] Und, so Freund »für viele war es eine neue Welt – einmal den Kontakt mit den sozialen Problemen und Wirklichkeiten in Deutschland [zu] erleb[en].«[58] Ähnlich kommentierte auch der Mitarbeiter der Bundesschule den Besuch der 42 Studierenden in seinem Bericht:

---

53 LASH, Abt. 47, Nr. 6580, Exposé von Michael Freund: Politik als Lehrgegenstand [1949], S. 1.
54 Ebd., S. 6: »Nach den bisherigen Erfahrungen besucht der deutsche Student die Vorlesungen über politische Gegenstände eher um einen Abstand zur Politik zu gewinnen. Er ist interessiert an dem politischen Geschehen, möchte aber über die Strudel der Tagespolitik emportauchen.«
55 Ebd., S. 4.
56 Siehe hierzu die Korrespondenz in BArch, N 1394/13–17 und zu den Besuchen der Studierenden bei Heuss, den Freund persönlich kannte, BArch, B 122/356.
57 AdsD, 5/DGAV000008, Schreiben von Michael Freund an Heinz Küppers vom 2.8.1951.
58 Ebd., Schreiben von Michael Freund an Heinz Küppers vom 4.12.1951.

»Man kann feststellen, daß die Studenten sehr aufgeschlossen waren und sich sehr interessiert um die gewerkschaftlichen Fragen und Probleme bemüht haben. Es kann aber nicht geleugnet werden, daß bei sehr vielen dieser Jungakademiker gewisse Vorurteile gegen die Gewerkschaftsbewegung festzustellen waren. Diese Vorurteile beruhen aber vor allem darauf, daß diese Studenten sich bisher überhaupt nicht oder nur sehr wenig mit gewerkschaftlichen Fragen und Problemen befaßt haben. Sie gaben unumwunden zu, daß es für sie zunächst darauf ankäme, Ihr [sic] Studium zu beenden, um möglichst schnell eine Lebensstellung einnehmen zu können.«[59]

Hier bestätigt sich Freunds Einschätzung, dass für die Studierenden an erster Stelle nicht die eigene politische Bildung stand, sondern vielmehr die eigene ökonomische Sicherheit und das Erreichen einer gesicherten beruflichen Stellung. Dieser Umstand und die fehlende Möglichkeit – abgesehen von der Promotion – Politikwissenschaft als Prüfungsfach zu wählen, waren die Gründe, dafür dass Freund in Kiel nur über einen kleinen Stamm »fest eingeschriebene[r] Mitglieder oder ständige[r] Besucher« des Instituts verfügte: Mitte der 1950er Jahre handelte es sich um durchschnittlich 20 Studenten.[60] Die große Mehrheit der Studierenden aus der Philosophischen Fakultät – hier wurde Freund ab dem Wintersemester 1951/52 im Bereich Geschichte und ab 1954 im Bereich Soziologie und Politik genannt – und der Staatswissenschaftlichen Fakultät hingegen besuchten wohl überwiegend nur einige Veranstaltungen bei Freund. So waren seine Lehrveranstaltungen vielfach Teil des Studium Generale – sie wurden in der Rubrik »Für Hörer aller Fakultäten« geführt – sowie im Bereich Rechtswissenschaft unter »Allgemeines« verzeichnet. Gerade die Vorlesungen hatten häufig einen einführenden Charakter und waren *publice*, also öffentlich, während die Seminare meist nicht-öffentlich, also *privat* oder *privatissime*, waren.

Inhaltlich lässt sich eine starke Schwerpunktsetzung im Bereich der Geschichte und Zeitgeschichte ausmachen, hier sind besonders Lehrveranstaltungen zu den Themengebieten Zweiter Weltkrieg und Nationalsozialismus, deutsche Geschichte im 20. Jahrhundert und »deutsche Frage« zu nennen. Die historische Orientierung an sich ist ein Merkmal der gesamten frühen westdeutschen Politikwissenschaft in der Phase der »Institutionalisierung als Demokratiebzw. Bildungswissenschaft«.[61] Hier dominierte die Auseinandersetzung mit der deutschen Zeitgeschichte, das heißt dem »Scheitern der Weimarer Republik«, dem Aufstieg und der Herrschaft der Nationalsozialisten sowie der Etablierung

---

[59] Ebd., Bericht von Werner Holzgreve vom 26.11.1951.
[60] BArch, N 1394/58 Schreiben von Heinz Josef Varain an den Verlag und Vertrieb Meilenstein, Limburg an der Lahn, vom 16.4.1958.
[61] *Cord Arendes*, Politikwissenschaft in Deutschland. Standorte, Studiengänge und Professorenschaft 1949–1999, Wiesbaden 2005, S. 89.

der DDR als konkurrierendem System.[62] Freund wandte sich schon sehr früh der
Beschäftigung mit dem Nationalsozialismus zu und schrieb, hierbei werde er
förmlich »von Arbeit aufgefressen«, denn: »Ich lese an der Universität über die
Geschichte des zweiten [sic] Weltkrieges. Da erscheinen täglich neue Bücher
und man muß wie hinter einem Sturzbach herrennen.«[63] Im Vergleich mit der
Lehre an den anderen westdeutschen Lehrstühlen für Politikwissenschaft lässt
sich hier in Kiel jedoch ein deutlich umfangreicheres Angebot an historisch angelegten Lehrveranstaltungen feststellen.[64] Zudem: Während im Bundesdurch-
schnitt die Bedeutung der Zeitgeschichte in Lehre und Forschung der Politikwissenschaft im Laufe der Zeit abnahm, blieb sie bei Freund gleichbleibend hoch.

Ein zweiter Schwerpunkt der Kieler Politikwissenschaft in der Nachkriegszeit war die Ideengeschichte, ein Thema, mit dem Freund sich bereits im Rahmen
seiner Doktorarbeit befasst hatte. Als dritter großer Bereich ist die Beschäftigung
mit politischen Systemen und Regierungslehre zu nennen; hier waren Staats- und
Regierungsformen sowie Staatsgeschichte im Allgemeinen zentrale Themen,
und Freund bot zahlreiche Lehrveranstaltungen zur »politischen, staatsrechtli-
chen und völkerrechtlichen Entwicklung Deutschlands« an. Dieses könnte
darauf zurückzuführen sein, dass aufgrund der engen Anbindung an das Juristische Seminar und seiner Mitgliedschaft in der Rechts- und Staatswissenschaftlichen Fakultät Freunds Hörer vielfach Jura-Studierende waren. Es finden sich
kaum Lehrveranstaltungen zur Bundesrepublik, zur internationalen Politik und
zu den Parteien. Gerade die ersten beiden Themen behandelte die Politikwissenschaft insgesamt kaum in ihrer Institutionalisierungsphase.[65] Macht, Revolution,
Kampf und Umsturz finden sich mehrfach als Themen von Freunds Lehrveranstaltungen, da dieser sich in seiner wissenschaftlichen Karriere fortlaufend intensiv mit dem Phänomen der Revolution in verschiedenen Epochen beschäftigte –
sein letztes Werk, eine große »Soziologie der Revolution«, konnte er allerdings
vor seinem Tod nicht mehr fertigstellen. Im Zuge des sich zuspitzenden Ost-
West-Konfliktes bot Freund ab Mitte der 1950er Jahre Lehrveranstaltungen zu
Sozialismus, Marxismus, Bolschewismus und Leninismus an, ab 1959 verfügte
die Universität jedoch über einen eigenen Lehrstuhl für »Ostkunde«, der diese
Themen abdeckte.

Gemeinsam mit den Kollegen Erdmann und Vittinghoff vom Historischen
Seminar sowie Bock, dem Professor für Anglistik, bot Freund verschiedene

---

[62] *Bleek*, Geschichte, S. 289 f.
[63] BArch, N 1394/10, Schreiben von Michael Freund an Alois Bäuerle vom 17.12.1949.
[64] Vgl. für die bundesdeutsche Situation *Arno Mohr*, Zur Situation und zur Entwicklung der
       politikwissenschaftlichen Lehre in der Bundesrepublik Deutschland (1950–1979/80), in:
       Politische Vierteljahresschrift 21 (1980), S. 205–211; als zeitgenössische Stimme mit
       einem Forschungsüberblick für die Jahre nach 1945 siehe *Otto Heinrich von der Gablentz*,
       Politische Forschung in Deutschland, in: Otto Stammer (Hg.), Politische Forschung. Bei-
       träge zum zehnjährigen Bestehen des Instituts für politische Wissenschaft, Köln / Opladen
       1960, S. 153–173.
[65] *Bleek*, Geschichte, S. 297 f., 326 f.

Lehrveranstaltungen an, mit weiteren Kollegen kooperierte er im Rahmen einer Ringvorlesung. Abgesehen von diesen gemeinsamen Lehrveranstaltungen lassen sich nur begrenzt Aussagen zu Freunds Kontakten innerhalb der Universität und seinem Verhältnis zu den anderen Professoren machen. Einerseits fand die erwähnte Kooperation innerhalb der Lehre statt und es lassen sich in der Korrespondenz Kontakte unter anderem zu den Historikern Otto Becker, Alfred Heuss und Karl Dietrich Erdmann ausmachen. Besonders letzterer scheint mit Freund in engerer Verbindung gestanden zu haben und verfasste 1955 ein sehr positives Gutachten zu Freund, in dem er diesen als einen der »profiliertesten Historiker in der politischen Wissenschaft« bezeichnete.[66] Andererseits jedoch kam es auch zu Konflikten, beispielsweise als Gerhard Wurzbacher, der Professor für Soziologie, in die Philosophische Fakultät aufgenommen werden sollte, Freund jedoch nicht – er äußerte den Vorwurf, »daß von irgend jemand eine sehr große kollegiale Illoyalität begangen wurde«.[67] Ein weiteres Konfliktfeld war der geplante Lehrstuhl für Ostkunde; hier beklagte sich Freund, dass zwar überall »Lehrstühle für Ostkunde« eingerichtet würden, doch

> »[…] vergißt man dabei recht häufig die Institute, die sich bisher die Erforschung des Marxismus (der ja primär zur deutschen und westeuropäischen Ideengeschichte gehört) und der politischen Entwicklung in der sowjetischen Besatzungszone zur Aufgabe gemacht haben, nämlich die Lehrstühle und Institute für Politische Wissenschaft. […]«.[68]

Angesichts dieser Konkurrenz beklagte sich Freund zugleich über die Unterfinanzierung seines Instituts. Auch ist nicht klar, wie sich die Tatsache, dass sowohl Freund als auch die Historiker Veranstaltungen zur Zeitgeschichte anboten, auf das Verhältnis zueinander auswirkte und ob es hier möglicherweise zu einem Konkurrenzdenken kam.

Nach der Betrachtung der Lehre und der Situation der Studierenden soll nun auf die Forschung am Institut eingegangen werden, denn diese – so führte Freund schon 1950 auf der Konferenz von Königstein an – sah er als die eigentliche Aufgabe des Faches:

> »Was ist nun die eigentliche Aufgabe einer Wissenschaft der Politik? Wir erziehen keinen Stand, wir können keinen erziehen und wollen keinen erziehen. Wir können nicht die staatsbürgerliche Erziehung aller Studierenden

---

[66] LASH, Abt. 811, Nr. 12198, Gutachten von Karl Dietrich Erdmann vom 14.3.1955. Siehe zu Erdmann den Beitrag von Arvid von Bassi in diesem Band.

[67] BArch, N 1394/37, Schreiben von Michael Freund an den Dekan der Rechts- und Staatswissenschaftlichen Fakultät der Universität Kiel, Gotthard Paulus, vom 6.5.1961.

[68] BArch, N 1394/32, Schreiben von Michael Freund an den Innenminister von Schleswig-Holstein, Edo Osterloh, vom 4.10.1958; mit ähnlichem Tenor: LASH, Abt. 47, Nr. 3996, Schreiben von Michael Freund an den Kurator der Universität Kiel, August Wilhelm Fehling vom 31.1.1961.

übernehmen. So bleibt im letzten Grunde für uns eben die Forschung. Es ist das Entscheidende, daß wir eine *Wissenschaft* einzeln vermitteln und bei jeder Wissenschaft ist der Kern ja die *Erkenntnis* und es sind nicht die Kenntnisse [...].«[69]

Das 1953 eingerichtete »Seminar für Wissenschaft und Geschichte der Politik«, dessen Direktor Freund war,[70] forschte in der Frühphase zu verschiedenen Themen: Bereits 1953 sollte das Seminar zur Bundestagswahl eine Wahlstudie erstellen und erhielt hierzu Gelder vom Innenministerium und vom Landtag Schleswig-Holsteins. Diese Studie fand aber wohl erst zur Gemeinde- und Kreistagswahl 1955 statt.[71] Ebenfalls im Jahr 1953 gewährte die Rockefeller Foundation einen »Betrag von 28.000 DM für die Erstellung einer politischen Anatomie von Schleswig-Holstein für 2 Jahre«, es ging um die »Durchführung einer Untersuchung über die politische Struktur Schleswig-Holsteins«.[72] Freund schwebte, wie das Exposé zeigt, ein wahrhaft umfangreiches Forschungsprojekt vor:

»Es soll die innere Schichtung der politischen Strömungen und Parteien in Schleswig-Holstein untersucht und dargestellt werden [...] dadurch [soll] das politische Bild Schleswig-Holsteins erarbeitet werden. [...] [E]in Atlas der schleswig-holsteinischen Wahlen würde der Beginn sein.«[73]

Neben die Erarbeitung eines umfassenden Atlasses sollten Befragungen treten –

»[d]abei ist nicht so sehr an die übliche, rein statistische Methode gedacht; es sollen daneben analytische Biographien einzelner repräsentativer und typischer Figuren (der führenden Persönlichkeiten, aber auch einfache Parteimitglieder) erarbeitet werden. [...Das] Endziel wäre, eine Art Linnésystem

---

[69] *Freund*, Forschungsaufgaben, S. 94 [Hervorhebung im Original].

[70] Vgl. LASH, Abt. 47, Nr. 3993, Vermerk des Kurators der Universität Kiel, August Wilhelm Fehling vom 18.2.1953 und vgl. LASH, Abt. 47, Nr. 3993, Schreiben des Kultusministers von Schleswig-Holstein, Paul Pagel, an Michael Freund, gezeichnet im Auftrage vom Kurator der Universität Kiel, August Wilhelm Fehling vom 20.2.1953.

[71] Vgl. LASH, Abt. 47, Nr. 3996, Schreiben von Michael Freund an den Kurator der Universität Kiel, August Wilhelm Fehling, vom 23.7.1953; der Vermerk zur Studie in LASH, Abt. 811, Nr. 12198 aus dem Kultusministerium datiert vom 4.7.1955. Die erschienene Studie stammt ebenfalls aus dem Jahr 1955 und bezieht sich auf die Gemeinde- und Kreistagswahlen: *Seminar für Wissenschaft und Geschichte der Politik an der Universität Kiel*, Bericht über die Ergebnisse der Wählerbefragung anläßlich der Gemeinde- und Kreistagswahlen in Schleswig-Holstein vom 24. April 1955, Kiel 1955.

[72] LASH, Abt. 47, Nr. 3994, Schreiben von Michael Freund an den Kurator der Universität Kiel, August Wilhelm Fehling, vom 18.2.1954; LASH, Abt. 47, Nr. 3996, Schreiben von Michael Freund an den Kurator der Universität Kiel, August Wilhelm Fehling, vom 26.10.1953; siehe hierzu auch die Korrespondenz in BArch, N 1394/26. Im Endeffekt handelte es sich um 28.800 DM, die von Dezember 1953 bis November 1955 gezahlt wurden.

[73] BArch, N 1394/26, Exposé von Michael Freund über das Forschungsprojekt »Politische Anatomie Schleswig-Holsteins« [ohne Datum, vermutlich 1953].

der politischen Haltungen der einzelnen Stände und Gruppen in Schleswig-Holstein aufzubauen und eine Kartei der politischen Haltungen, Gruppen, Parteien und Strömungen zu schaffen.«[74]

Der weitere Fortgang dieser Untersuchungen ist jedoch unklar, da sich aus den Akten lediglich rekonstruieren lässt, dass Freund bei der Foundation die bereits erwähnte Studie über die Gemeindewahlen einreichte.[75] Sachmittel und Bücherspenden erhielt das Institut durch die Hohe Kommission der USA für Deutschland, und Andreas Gayk hatte 1954 in seinem Testament bestimmt, dass dem Seminar ein Teil seiner Bibliothek zufallen solle.[76] Von der Universitätsbibliothek, welche die Bücher teilweise von der Stadtbibliothek erhalten hatte, übernahm das Seminar ferner etwa 3.000 Bücher aus der Zeit des Nationalsozialismus, denn, so Freund:

»Diese Bestände sind zweifelsohne [eine] Belastung für die Universitätsbibliothek, können aber unter den notwendigen Kautelen durchaus für die Erforschung der jüngsten Vergangenheit Deutschlands und der deutschen politischen Entwicklung nutzbar gemacht werden.«[77]

Nicht nur auf Landesebene in Schleswig-Holstein, sondern auch auf der Bundesebene wurde die politikwissenschaftliche Forschung vorangetrieben: Bereits kurz nach Gründung des Fachverbandes, der Deutschen Vereinigung für Politische Wissenschaft (DVPW),[78] wurden Vorschläge für Forschungsvorhaben geäußert, die im Wesentlichen auf Abendroth, Freund, Heffter, Leibholz, Sternberger und Weippert zurückgingen.[79] Dank der darauf folgenden Stipendienverträge des Forschungsausschusses der DVPW verfügte Freund über vier Stipendiaten

---

74 Ebd.
75 BArch, N 1394/34, Schreiben von Michael Freund an die Rockefeller Foundation vom 6.7.1956.
76 Vgl. LASH, Abt. 47, Nr. 3995, Schreiben von Michael Freund an den Kurator der Universität Kiel, August Wilhelm Fehling, vom 4.7.1955.
77 Ebd. An anderer Stelle heißt es: »Diese Bücher sind teils grundlegende Werke der nationalsozialistischen Ideologie, weiterhin Geschichts- und Übersichtsbände. Dazu kommen Bestände der nationalsozialistischen Propaganda- und Informationsliteratur. Dabei finden sich unter diesen Beständen manche schon heute selten gewordene Ausgaben. Dieser Ueberblick zeigt den Wert des Materials für unser Seminar besonders auf dem Gebiet des Dritten Reiches, aber auch für die Parteikämpfe aus der Zeit der Weimarer Republik.« So LASH, Abt. 47, Nr. 3996, Schreiben von Heinz Josef Varain an den Kurator der Universität Kiel, August Wilhelm Fehling, vom 9.8.1955.
78 Zunächst bis 1959: Deutsche Vereinigung für die Wissenschaft von der Politik.
79 *Arno Mohr*, Politikwissenschaft als Alternative. Stationen einer wissenschaftlichen Disziplin auf dem Wege zu ihrer Selbständigkeit in der Bundesrepublik Deutschland 1945–1965, Bochum 1988, S. 170 f.

und schlug weitere Projekte vor.[80] In der Folge wurde es jedoch für ihn zunehmend schwieriger, Drittmittel durch die DVPW zu akquirieren. Da die Gelder der Amerikaner nur noch spärlich flossen, konnte der Forschungsausschuss der DVPW kaum noch Projekte fördern.[81] Eine in Verbindung mit der von der Westdeutschen Rektorenkonferenz (WRK) geschaffenen Kommission für politische Bildung und Erziehung an den Universitäten und Hochschulen geplante und durch die Deutschen Forschungsgemeinschaft (DFG) finanzierte Studie zum »politische[n] Bewusstsei[n] der Studenten«, die in Frankfurt (Horkheimer/ Adorno), Freiburg (Bergstraesser) und Kiel (Freund) realisiert werden sollte, hatte mit Mittelkürzung zu kämpfen, sodass die Studie nur in Frankfurt und Freiburg durchgeführt wurde.[82]

Inhaltlich hatten die verschiedenen Forschungsarbeiten des Instituts häufig einen regionalen Bezug zu Schleswig-Holstein und stellten damit zugleich Grundlagenforschung dar. Auffällig ist zudem, dass sich mehrere Arbeiten mit Parteien und Wahlen beschäftigten – dies passt zum bundesdeutschen Trend in der frühen Politikwissenschaft, in der durch umfangreiche Arbeiten zum Wahlrecht und Wahlsystem die Basis für die spätere Wahlforschung geschaffen wurde.[83] Deutlich wird zudem, dass Freund sich aufgrund der – seiner Meinung nach – ungenügenden personellen und sachlichen Ausstattung des Instituts parallel um Zuwendungen von verschiedenen Seiten bemühte.

Neben diesen Arbeiten geben vor allem Freunds Publikationen selbst Hinweise auf die Forschungsgebiete. Freund, der 1951 seine Geschichte der englischen Revolution veröffentlicht hatte,[84] gab in den folgenden Jahren drei Dokumentenbände zum Zweiten Weltkrieg heraus, mit denen er an seine Dokumentenbände der 1930er Jahre anknüpfte.[85] Zeitgleich schrieb er zahlreiche Zeitungsartikel, vor allem für die *Gegenwart*, deren Mitherausgeber er war, aber

---

[80] Hierzu BArch, N 1394/14, Schreiben von Michael Freund an Arcadius R. L. Gurland vom 3.8.1951. In dem Schreiben schlug Freund weitere Projekte vor und führte die aktuellen Arbeiten an: »Die unzulässige Beeinflussung von Abgeordneten und Parteien anhand der Enqueten und Gesetzgebungsarbeiten des Bundestages« (Erwin Petrich); »Soziologie und Psychologie der Parteibürokratie (in Schleswig-Holstein)« (Joachim Steffen); »Die Entwicklung des Parteiwesens (in Schleswig-Holstein) im Hinblick auf die Möglichkeiten eines Zweiparteiensystems« (Ulrich Firnhaber); »Die Behandlung des Staatsfeindes in der Demokratie – anhand politischer Bewegungen und Prozesse in Schleswig-Holstein« (Horst Riedel); Petrich und Firnhaber erhielten jeweils für neun Monate ein Stipendium. Hierzu die Korrespondenz in BArch, N 1394/761. Freund hatte für Steffen und Riedel ein Stipendium für sechs Monate gefordert, für Firnhaber für acht Monate und für Petrich für neun Monate, so BArch, N 1394/16, Schreiben von Michael Freund an Otto Heinrich von der Gablentz vom 26.6.1951.
[81] Vgl. *Mohr*, Politikwissenschaft als Alternative, S. 171.
[82] Ebd., S. 202 f.
[83] Vgl. *Bleek*, Geschichte, S. 294.
[84] *Michael Freund*, Die große Revolution in England. Anatomie eines Umsturzes, Hamburg 1951.
[85] *Michael Freund* (Hg.), Geschichte des Zweiten Weltkrieges in Dokumenten. Band 1. Der Weg zum Kriege 1938–1939, Freiburg / München 1953; Band 2. An der Schwelle des

auch für andere Zeitungen wie *Die Zeit* und ab 1959 für die *FAZ*. Bis Ende 1950 arbeitete Freund zudem bei der *VZ*, bis es zum Konflikt mit dem neuen Chefredakteur kam. Er beschäftigte sich in diesen Arbeiten schwerpunktmäßig mit historischen, zeitgeschichtlichen und teilweise tagespolitischen Themen. Zugleich arbeitete Freund für Andreas Gayk und die SPD, beispielsweise durch die Formulierung von Wahlkampfzeitungen und des Wahlprogrammes für die Landtagswahl 1950. Es zeigt sich hier deutlich, dass für Freund die politikwissenschaftliche und historische Forschung und zugleich die praktische Tätigkeit als Journalist und Mitarbeiter der SPD Hand in Hand gingen.[86]

3. Das Institut, Mitarbeiter und Schüler Freunds

Aufgrund der erwähnten Zerstörung der Universität im Zweiten Weltkrieg war Freund zu Beginn seiner Kieler Tätigkeit im Institut für Weltwirtschaft untergebracht.[87] Er strebte nach seiner Berufung 1951 zweierlei besonders an: Eine enge Verbindung zur Philosophischen Fakultät und ein eigenes Institut.[88] Für die enge Anbindung an die Philosophische Fakultät und besonders an die Historiker ließen sich seiner Meinung nach verschiedene Gründe anführen: Erstens seine fachliche Nähe zur Geschichtswissenschaft, zweitens die Tatsache, dass gerade das Gebiet der westeuropäischen und hier vor allem die englische Geschichte in der Philosophischen Fakultät nicht ausreichend vertreten wäre und er hier als Kenner in der Lehre wichtige Arbeit leisten könne und so zugleich »dadurch dem Lehrstuhl für Politik, der noch zu sehr von fluktuierenden Interessen abhängig ist, konkrete und befestigende Stützen gegeben wäre[n]«.[89] Freund äußerte, dass dieses Ansinnen

> »der Ueberlegung und der Sorge [entspringt], daß nur durch den Appell an die fachlichen und konkreten Interessen der Studenten die Angelhaken des neuen Faches ausgeworfen werden können. Die Hauptaufgabe ist, einen (nicht sehr großen) Stamm von ernsthaft arbeitenden und forschenden Studenten für das neue Fach zu finden. Dazu muss man sich auf die Planken der überkommenen Wissenschaft begeben.«[90]

Krieges 1939, Freiburg / München 1955; Band 3. Der Ausbruch des Krieges 1939, Freiburg / München 1956.

86 Siehe hierzu ausführlich: *Meinschien*, Michael Freund, S. 127–139.
87 Vgl. BArch, N 1394/6, Schreiben von Michael Freund an Fritz Baade vom 22.6.1948.
88 Siehe hierzu die Korrespondenz in LASH, Abt. 811, Nr. 12198.
89 LASH, Abt. 811, Nr. 12198, Schreiben von Michael Freund an den Kurator der Universität Kiel, August Wilhelm Fehling, vom 18.6.1951.
90 Ebd., Schreiben von Michael Freund an den Kurator der Universität Kiel, August Wilhelm Fehling, vom 5.7.1951.

Wichtig war also eine Legitimation des Faches durch Anknüpfung an das Bekannte und an etablierte Fächer. Diese Strategie war in der frühen Phase der Politikwissenschaft, wie erwähnt, ein bundesweites Phänomen, bei dem das neue Fach sich besonders den Forschungen zur Zeitgeschichte zuwandte. Das eigene Institut sei, so Freund, wichtig, um als selbständige Institution gegenüber potentiellen Spendern (etwa für Bücher, Druckschriften, Stipendien) aufzutreten. Zudem behindere die »institutionelle Obdachlosigkeit eines neuen Faches seine Verankerung im Universitätsleben in starkem Maße« und trage auch nicht zur Hebung des Ansehens eines Faches bei, das im »formlosen Zustande« verharre.[91] Der Kurator der Universität, Fehling, bemühte sich um Klärung der Angelegenheiten in Freunds Sinne und teilte diesem mit:

> »Wie Sie vielleicht gehört haben, werden die Anliegen, die in der Anlage zur Berufungsverhandlung niedergelegt sind, von hier aus schon weiter verfolgt. In der Frage der näheren Verbindung mit der Philosophischen Fakultät wird voraussichtlich schon in nächster Zeit ein Ergebnis vorliegen, das freilich nicht ganz Ihren Wünschen entspricht, aber doch nach meiner Auffassung eine tragfähige Grundlage abgeben würde. Auch die institutionelle Seite ist in den letzten Tagen erneut eingehend erörtert worden. Die Lösung in dieser Richtung wird freilich nicht so schnell erreicht werden können, und zwar nicht wegen der noch ausstehenden Genehmigung des Haushalts, sondern auch darum, weil die Lösung der Raumfrage ganz besondere Schwierigkeiten macht.«[92]

Die Raum- und Geldfrage führte folglich dazu, dass erst 1953 ein Seminar mit Freund als Direktor errichtet werden konnte, als für dieses Platz in den Räumen der »Neuen Universität« am Westring gefunden worden war. Das Seminar wurde in enger Verbindung zum Juristischen Seminar eingerichtet, weil dieses die »Verwaltungsgeschäfte« der Politikwissenschaft mit übernahm und auch die »Abstimmung der Bücherbeschaffung« so gesichert werden sollte.[93] Die Diskussion um die Benennung des Seminars spiegelt das Dilemma der frühen Politikwissenschaft wider, versuchte man doch, den durch den Nationalsozialismus in Verruf geratenen Begriff »Politische Wissenschaft« zu umgehen und einen neuen Begriff zu finden:[94]

---

[91] Ebd., hierzu auch bereits in LASH, Abt. 47, Nr. 6580, Exposé von Michael Freund: Politik als Lehrgegenstand [1949], S. 6.
[92] BArch, N 1394/15, Schreiben vom Kurator der Universität Kiel, August Wilhelm Fehling an Michael Freund, vom 21.7.1951.
[93] LASH, Abt. 47, Nr. 3993, Vermerk des Kurators der Universität Kiel, August Wilhelm Fehling, vom 18.2.1953. Die eigene Mittelverwaltung erfolgte erst ab 1965. Siehe hierzu die Korrespondenz in ebd.
[94] Siehe hierzu *Gert von Eynern*, Politologie, in: Zeitschrift für Politik N.F. 1 (1954), S. 83–85 und *Bleek*, Geschichte, S. 300–302.

»Zu entscheiden wäre noch der Name des Seminars. Der Lehrstuhl von Professor Freund erhielt, um das Wort ›Politische Wissenschaft‹ zu vermeiden, im Einvernehmen mit der Fakultät die Bezeichnung ›Lehrstuhl für Wissenschaft und Geschichte der Politik‹. Ich würde es für das Zweckmäßigste halten, das Seminar in gleicher Weise zu benennen, nämlich ›Seminar für Wissenschaft und Geschichte der Politik‹. Gegen diese Bezeichnung spricht ihre Länge. Möglich wären z. B. auch ›Seminar für Gegenwartskunde‹ (jedoch nicht umfassend genug und zu weit entfernt von der Bezeichnung des Lehrstuhls) und ›Seminar für politische Wissenschaft‹. Falls einer dieser Bezeichnungen der Vorzug gegeben werden sollte, müßte wohl noch einmal mit der Fakultät Fühlung aufgenommen werden.«[95]

Freund selbst habe zunächst »eine kürzer[e] Bezeichnung« bevorzugt, dann allerdings nach längerem Nachdenken über die Frage sich für den Namen »›Seminar für Wissenschaft und Geschichte der Politik‹ ausgesprochen.«[96] Freunds Lehrstuhl war ein Kombinationslehrstuhl und damit keineswegs untypisch für die Gründervatergeneration der Politikwissenschaft, deren Lehrstühle allerdings meist – anders als im Falle Freunds – der Philosophischen Fakultät angeschlossen waren.[97] Die Einrichtung eines eigenständigen Seminars ist im Kontext der Fachgeschichte – wie die Berufung Freunds – als vergleichsweise früh einzustufen: Von den 18 Hochschulen mit Lehrstühlen für Politikwissenschaft besaßen noch im Jahr 1960 nur 13 eigenständige Institute beziehungsweise Seminare.[98]

Freund hatte zunächst keine Mitarbeiter und beantragte daher im Jahr nach der Einrichtung des Seminars eine Assistentenstelle. Als Begründung führte er an:

»Das Seminar ist auf die Dauer nicht in der Lage, seinen Aufgaben hinsichtlich Forschung und Lehre ohne einen Assistenten zu genügen. Der Aufbau des notwendigen Forschungsapparates begegnet bereits den grössten Schwierigkeiten. Eine Anzahl von wesentlichen wissenschaftlichen Planungen, die auch im Rahmen des Seminars in seiner bisherigen Ausgestaltung möglich wären, bleibt mangels jeglicher Hilfskräfte undurchführbar.«[99]

---

[95] LASH, Abt. 47, Nr. 3993, Vermerk des Kurators der Universität Kiel, August Wilhelm Fehling, vom 18.2.1953.
[96] Ebd.
[97] *Bleek*, Geschichte, S. 304.
[98] *Arno Mohr*, Die Durchsetzung der Politikwissenschaft an den deutschen Hochschulen und die Entwicklung der Deutschen Vereinigung für Politische Wissenschaft, in: Klaus von Beyme (Hg.), Politikwissenschaft in der Bundesrepublik Deutschland. Entwicklungsprobleme einer Disziplin, Opladen 1986, S. 62–77, hier S. 68.
[99] LASH, Abt. 47, Nr. 3994, Schreiben von Michael Freund an den Kurator der Universität Kiel, August Wilhelm Fehling, vom 18.2.1954. Der Dekan der Rechts- und Staatswissenschaftlichen Fakultät und der Rektor der Universität unterstützten Freunds Antrag.

Im Laufe der Zeit waren unter anderem Gerhard Stoltenberg, Jochen Steffen und Heinz Josef Varain, Richard Bünemann, Heino Kaack und Wilfried Röhrich Assistenten bei Freund.[100] Ferner verfügte Freund ab 1960 über eine, ab dem Wintersemester 1962/63 dann über zwei wissenschaftliche Hilfskräfte, die für das Institut und das Zeitungsarchiv tätig waren.[101] Zu seinen Mitarbeitern zählten hier unter anderem Walter Bernhardt, Bernhard Bußmann, Jürgen Lütt, Norbert Gansel, Heino Kaack und Hagen Schulze.[102] Auch eine, später zwei Schreibkräfte gehörten zum Institut. Neben den Mitarbeitern sind vor allem Freunds zahlreiche Doktoranden zu nennen, unter ihnen viele Juristen, die nach der Promotion keine wissenschaftliche Karriere anstrebten, aber auch Detlef Junker, Heino Kaack, Jürgen Lütt, Ulrich Matthée und Hagen Schulze, die sich in der Folge habilitierten – allerdings nicht bei Freund – und eine Professur erhielten. Bei Freund habilitierten sich Heinz Josef Varain und Wilfried Röhrich.[103] Neben Karrieren in der Wissenschaft wurden von einigen Schülern Freunds Karrieren in der Politik eingeschlagen, hier sind unter anderem Gerhard Stoltenberg und Uwe Barschel für die CDU und Jochen Steffen, Norbert Gansel, Richard Bünemann und Bernhard Bußmann für die SPD zu nennen.

Nachdem das Seminar für Wissenschaft und Geschichte der Politik seinen Platz zunächst in der Neuen Universität am Westring fand, zog es 1962 in das neu gebaute Universitätshochhaus um. Hier teilte sich das Seminar den achten Stock mit den Soziologen – eine deutliche Vergrößerung von vormals zwei auf nun sieben Räume.[104] Zum Institut gehörte ein sehr umfassendes Dokumentarchiv in Form einer Zeitungsausschnittsammlung. Hier zeigt sich eine Kontinuität in Freunds Arbeit: Hatte er doch bereits ein solches Archiv mitsamt Systematik in der Nachkriegszeit für die *Gegenwart* in Freiburg und die *Welt* in Hamburg erstellt und bereits vor dem Krieg ein ähnliches Projekt bei der Essener Verlagsanstalt betreut. Am Seminar für Wissenschaft und Geschichte der Politik in Kiel wurde die regionale und überregionale Presse ausgewertet und in zwei Sammlungen integriert, erstens in eine Sammlung zur »Gegenwartsgeschichte und Gegenwartspolitik« und zweitens in ein »Dokumentarium für die schleswig-holsteinische politische Entwicklung in den letzten 40 Jahren«. Daneben wurde

---

[100] Siehe hierzu die Angaben in den Vorlesungsverzeichnissen sowie in BArch, N 1394/761.
[101] Siehe hierzu die Angaben in den Vorlesungsverzeichnissen; in LASH, Abt. 47, Nr. 3994 und in BArch, N 1394/761.
[102] Siehe hierzu die Angaben in den Vorlesungsverzeichnissen.
[103] Die Festschrift zum 70. Geburtstag Freunds bietet ein Verzeichnis der bei ihm abgeschlossenen Dissertationen und Habilitationen: *Walter Bernhardt* (Hg.), Führung in der Politik. Festgabe für Michael Freund zum 70. Geburtstag am 18. Januar 1972 von seinen Schülern, Kiel 1972, S. 241–243.
[104] Siehe hierzu die Korrespondenz in LASH, Abt. 47, Nr. 3998.

»ein großer bibliographischer Apparat [geführt], der Bücher und Zeitschriften in einer sehr durchgegliederten Systematik zu einem wohl ziemlich einzigartigen Forschungsmittel zur Entwicklung der Gegenwart gestaltet«.[105]

Das Archiv wuchs jährlich um etwa 30.000 Ausschnitte.[106] Als Werner Kaltefleiter 1971 die Nachfolge Freunds antrat, war allein das »Zeitungsausschnitt-Welt-Archiv«, also das Archiv zur Gegenwartsgeschichte und Gegenwartspolitik, auf mehr als drei Millionen Ausschnitte angewachsen.[107]

4. Freunds Wissenschaftsverständnis und seine Rolle in der frühen Politikwissenschaft

Neben der Kieler Situation des Faches soll Freunds Einbindung in die frühe westdeutsche Politikwissenschaft thematisiert werden: In institutioneller Hinsicht lässt sich eine recht starke Einbindung Freunds gerade in der Gründungsphase des Faches ausmachen, unter anderem bei den Gründungskonferenzen und in verschiedenen Kommissionen sowie in der Gründung des Fachverbandes. In inhaltlich-thematischer Hinsicht hingegen war Freund nur begrenzt integriert, da er sich vor allem im Hinblick auf den Politikbegriff und die wenig normative Ausrichtung seiner Forschung sowie die bereits thematisierte überaus starke historische Ausrichtung von seinen Kollegen unterschied.

Freund nahm an den drei Konferenzen zur Institutionalisierung der Politikwissenschaft teil: Vom 10. bis 11. September 1949 in Waldleiningen (»Einführung der politischen Wissenschaften an den deutschen Universitäten und Hochschulen«), im März 1950 in Berlin und vom 15. bis 16. Juli 1950 in Königstein (»Über Lehre und Forschung der Wissenschaft von der Politik«). Nach der Konferenz von Waldleiningen wurde Freund Teil einer von der WRK eingesetzten Kommission zur Frage der Politikwissenschaft, der die WRK skeptisch gegenüberstand.[108] Während der Berliner Konferenz redigierte Freund gemeinsam mit Alfred Weber, Eugen Kogon, Wolfgang Abendroth und Arnold Bergstraesser die sogenannten »Feststellungen«, die grundlegend für die Politikwissenschaft in der

[105] LASH, Abt. 47, Nr. 3994, Schreiben von Michael Freund an den Kurator der Universität, August Wilhelm Fehling, vom 4.7.1955.

[106] Vgl. LASH, Abt. 47, Nr. 3996, Schreiben von Michael Freund an Dietrich Ranft vom 24.1.1963.

[107] Vgl. LASH, Abt. 47, Nr. 3996, Denkschrift von Werner Kaltefleiter vom 27.5.1971. Es existierten allerdings noch mehrere zehntausend nicht aufgearbeitete Zeitungsausschnitte aus den vierziger und fünfziger Jahren, die noch eingearbeitet werden sollten. 1973 dann wurde das Archiv in Kooperation mit dem Landtag auf Mikrofilm umgestellt. Siehe hierzu LASH, Abt. 47, Nr. 3994, Schreiben von Werner Kaltefleiter an den Kurator der Universität Kiel, Reinhold Janus, vom 5.3.1973.

[108] Vgl. *Bleek*, Geschichte, S. 266 und *Mohr*, Politikwissenschaft als Alternative, S. 106–110.

BRD wurden, da sie unter anderem eine erste Definition des Politikbegriffs ent-
hielten.[109] Hier erfolgte die endgültige Einführung des neuen Faches. Freund
hielt auf dieser Konferenz einen Vortrag zu den Forschungsaufgaben der Politikwissenschaft, in dem er ein umfangreiches Programm für das Fach entwarf.[110]
Ein Ergebnis der Konferenz war ferner die Gründung des Fachverbandes, der
DVPW. Auch hier war Freund beteiligt: sowohl als Teil eines Arbeitsausschus-
ses, der die Gründung vorbereitete, als auch als Mitglied des bei der Gründung
gewählten Beirates und des Forschungsausschusses.[111]

Auf der Berliner Konferenz 1950 wurde der der neuen Wissenschaft zugrunde liegende Politikbegriff definiert: Thema der Forschung sollte die »Gestaltung
des öffentlichen Lebens« sein; ferner wurde ausgeführt: »Diese Wissenschaft hat
insbesondere zu tun mit dem Erwerb, dem Gebrauch, dem Verbrauch der Macht,
mit der Gesittung und ihrem Verfall«.[112] Daher gebe es drei große Fragestellungen: »die Frage nach der Gestaltung, d. h. den Institutionen, die Frauge nach der
Macht, d. h. den Methoden, und die Frage nach der Gesittung, d. h. nach den
Maßstäben der Politik.«[113] Abgelehnt wurde hingegen von der Mehrheit eine
Deutung der Politik als »Freund – Feind-Verhältnis [sic]«.[114] Vielmehr wurde
ganz bewusst betont, »politische Wissenschaft hat also einen normativen Charakter.«[115] Denn sie muss »aus Gründen wissenschaftlicher Sauberkeit eine
menschliche und eine unmenschliche Politik unterscheiden.«[116] Freund hingegen
schloss sich nicht dieser Meinung an, sondern betonte bereits 1950:

> »Ich weiß nicht recht, was die ›Gesittung‹ auf dem Lehrstuhl einer Universi-
> tät soll, es sei denn als soziologische Analyse von Tatbeständen. Ich bin nun
> einmal für die ›bekenntnisfreie‹ Wissenschaft. Die Konfessionen, die Sie mit

---

[109] Vgl. *Mohr*, Politikwissenschaft als Alternative, S. 113 und die »Festellungen« und
Vorträge in *Alfred Weber / Eugen Kogon* (Hg.), Die Wissenschaft im Rahmen der politi-
schen Bildung. Vorträge, gehalten vom 16. bis 18. März 1950 in Berlin auf der Tagung
der Deutschen Hochschule für Politik, Berlin 1950. Für die anderen beiden Konferenzen
siehe *Hessisches Ministerium für Erziehung und Volksbildung* (Hg.), Die politischen
Wissenschaften an den deutschen Universitäten und Hochschulen. Gesamtprotokoll der
Konferenz von Waldleiningen vom 10. und 11. September 1949, Wiesbaden 1950 und
Hessisches Ministerium für Erziehung und Volksbildung (Hg.), Über Lehre und Forschung der Wissenschaft von der Politik. Gesamtprotokoll der Konferenz von Königstein
im Taunus vom 15. und 16. Juli 1950, Wiesbaden 1951.
[110] *Freund*, Forschungsaufgaben.
[111] Siehe hierzu die Korrespondenz in BArch, N 1394/17; BArch, N 1394/274 und BArch, N
1394/275 sowie *Mohr*, Politikwissenschaft als Alternative, S. 164–170.
[112] So die »Festellungen« in *Weber / Kogon*, Die Wissenschaft im Rahmen, S. 27 f.; hierzu
auch *von der Gablentz*, Politische Forschung, S. 154 f.
[113] Ebd., S. 155.
[114] Ebd. Hier ging es letztlich um eine Auseinandersetzung mit dem Politikbegriff von Carl
Schmitt.
[115] Ebd., S. 157.
[116] Ebd.

Ihrer Forderung einer normativen Wissenschaft von der Politik verlangen, gehören in Beichtstuhl, Kirche und öffentliche Versammlung.«[117]

In seiner Definition von Politik hob Freund besonders die Elemente von Macht und Kampf hervor, denn:

»Die Politik hat es zu tun mit der Gestaltung der Politeia und deren Umformung in Kampf und Widerstreit. Sie lebt auf der Schwelle zwischen heute und morgen. [...] Ihr hervorragendstes, [sic] wenn auch nicht einziges Mittel ist die Macht und zuweilen die politischste [sic] Form der Macht, nämlich die Gewalt, denn das Neue kommt in der Regel nicht wie das Gewohnte und Anerkannte ohne Zwang aus.«[118]

Wichtig sei jedoch so, Freund »die eigentliche Virtuosenleistung des sachlichen und unabhängigen Denkens«, zentral sei also eine Politikwissenschaft, »die den Studenten [hilft], den Kopf über das politische Getriebe zu heben und einen unabhängigen Standpunkt und Betrachtungsort oberhalb des politischen Tageskampfes zu finden« und damit die »Rationalisierung der Politik« zu erreichen.[119] Für Freund waren also besonders die Objektivität und Distanz der neuen Wissenschaft wichtig, man könne nicht – aufgrund der spezifischen Beschaffenheit des Gegenstandes Politik – »die Objektivität über Bord werfen, weil man gesehen hat, daß alles Erkennen existenziell gebunden und bedingt ist. Das ist Selbstmord aus Angst vor dem Tode.«[120] Keineswegs strebte Freund folglich nach einer normativ aufgeladenen und gar für alle Studenten obligatorischen Politikwissenschaft im Sinne einer verpflichtenden staatsbürgerlichen Erziehung.[121] Freund fürchtete bei einer verpflichtenden Ausbildung aller Studierenden in der Politikwissenschaft eine (erneute) Politisierung der Universität[122] und teilte hiermit die Furcht – wie eingangs erwähnt – zahlreicher Professoren. Bereits zu Beginn seiner Tätigkeit in Kiel schrieb Freund hierzu an den Rektor Rendtorff:

»[...] auf der Suche nach diesem geistigen Zuspruch, den man braucht, wenn man ein unbekanntes Meer befährt, möchte ich Ihnen gerne den Text meiner

---

[117] BArch, N 1394/12, Schreiben von Michael Freund an Dolf Sternberger vom 30.3.1950.
[118] *Michael Freund*, Wissenschaft der Politik. Ihre Einordnung in den Arbeitsbereich der deutschen Universität, in: Deutsche Universitätszeitung 5 (1950), S. 8–10, hier S. 9; an anderer Stelle: »Die Politik aber ist in ihrem Wesensgrund Kampf, Wille, Entscheidung, ein aktives Ringen darum, die Welt zu verändern.«, so *Michael Freund*, Ist eine Wissenschaft von der Politik möglich?, in: Geschichte in Wissenschaft und Unterricht 3 (1952), S. 129–137, hier S. 131. Letztere stellt Freunds Antrittsvorlesung aus dem Jahr 1951 dar.
[119] *Freund*, Wissenschaft der Politik, S. 9 f.
[120] *Freund*, Ist eine Wissenschaft, S. 134.
[121] Ebd.: »Es kann daher nicht Aufgabe einer Wissenschaft der Politik sein, staatsbürgerliches Wissen und politische Erkenntnis zu popularisieren.«; hier auch LASH, Abt. 47, Nr. 6580, Exposé von Michael Freund: Politik als Lehrgegenstand [1949], S. 2 f.
[122] Ebd., S. 8.

Antrittsvorlesung überreichen. Ich habe so ein Gefühl, daß Sie als Rektor wissen müßten, welche Experimente in denen Ihnen anvertrauten Räumen vorgenommen werden. [...] Wenn Sie den Versuch [...] lesen, werden Sie sehen, daß ich die politische Mission einer Wissenschaft der Politik mit einem fast selbstmörderischen Eifer geleugnet habe.«[123]

Keinesfalls solle die Politikwissenschaft zudem Politiker ausbilden oder ein politikwissenschaftliches Studium die notwendige Voraussetzung für eine Tätigkeit als Politiker sein.[124]

Freund widersprach also der Mehrheitsmeinung in der westdeutschen Politikwissenschaft, indem er sich gegen eine normativ-ethisch ausgerichtete Definition von Politik und Politikwissenschaft aussprach und stattdessen die wertfreie Wissenschaft hervorhob.[125] Nicht »Demokratiewissenschaft« und politische Bildung, sondern Forschung sei die zentrale Aufgabe der Politikwissenschaft.[126] Auch in anderer Hinsicht unterschied Freund sich von den Gründervätern: Während diese sich in der Regel bemühten, die Politikwissenschaft und ihre Erkenntnismöglichkeiten mit Alleinstellungsmerkmalen zu versehen und somit als eigenständiges Fach zu legitimieren, betonte Freund, dass die Politikwissenschaft stets auf anderen Fächern aufbaue: »Wer Politik studieren will, der soll zunächst etwas Ordentliches lernen.«[127] »Skeptisch stand er [...] den Erkenntnismöglichkeiten der eigenen Disziplin der Wissenschaft von der Politik gegenüber«, so ein Wegbegleiter.[128] Konsequent sprach sich Freund beispielsweise auch gegen den Titel des Diplom-Politologen, der in Berlin vergeben wurde, aus,[129] erst spät ließ er sich von den Berufschancen dieses Titels überzeugen.[130]

Bei Freund zeigte sich eine gewisse Skepsis nicht nur gegenüber dem Fach, sondern auch gegenüber dem Gegenstand, der Demokratie und ihren Möglichkeiten – wie auch andere Intellektuelle fürchtete er die »Massendemokratie«, der von konservativer Seite in den 1950er Jahren mit »Antimodernismus und autoritär-elitären Staatskonzeptionen« begegnet wurde.[131] Freund schrieb zur Demokratie 1959:

---

[123] BArch, N 1394/7, Schreiben von Michael Freund an den Rektor der Kieler Universität, Heinrich Rendtorff, vom 13.11.1948.

[124] *Freund*, Ist eine Wissenschaft, S. 130.

[125] *Bleek*, Geschichte, S. 302 f. und *Mohr*, Politikwissenschaft als Alternative, S. 264–267.

[126] *Freund*, Forschungsaufgaben, S. 91.

[127] *Freund*, Ist eine Wissenschaft, S. 135 und ebd.: »Sie [die Wissenschaft von der Politik] kann immer nur auf dem Untergrund irgendeiner der großen Wissenschaften unserer Universitas Literarum ruhen.«

[128] *Walter Bernhardt*, In memoriam Michael Freund, in: Christiana Albertina 15 (1973), S. 86–89, hier S. 87.

[129] Siehe hierzu LASH, Abt. 47, Nr. 4522 und BArch, N 1394/30, Schreiben von Michael Freund an Otto Heinrich von der Gablentz vom 7.3.1956.

[130] *Bernhardt*, In memoriam, S. 87.

[131] *Arnd Bauerkämper*, Demokratie als Verheißung oder Gefahr? Deutsche Politikwissenschaftler und amerikanische Modelle 1945 bis zur Mitte der sechziger Jahre, in: Ders. / Konrad H. Jarausch / Marcus M. Payk (Hg.), Demokratiewunder. Transatlantische Mittler

»Meine Einstellung zur Demokratie [...] ruht auf der Überzeugung, daß das liberale Zeitalter, dessen Größe ich uneingeschränkt bewundere, getragen war von einer dünnen Schicht des gebildeten Mittelstandes. An den ›Gott Demos‹ habe ich allerdings nie zu glauben vermocht. [...] Ich gestehe ganz offen, daß es mir oft kalt über den Rücken läuft, wenn ich all die Schneegänse vor mir sehe, die durch die Wahl mit über Deutschland und mein Schicksal entscheiden. Das Grunddogma der Demokratie ist eine Absurdität wie das Grunddogma der anderen Regierungsweisen auch, der Glaube nämlich, daß Leute, die nicht einmal ihr kleines privates Leben vernünftig einrichten können, fähig wären, über die großen Angelegenheiten der Welt ein Urteil zu fällen. [...] Der Mensch ist nicht zur Freiheit geschaffen und nicht zum Denken, was dasselbe ist. [...] Dem natürlichen Menschen ist die Freiheit etwas Unheimliches. Ganze Institutionen, wie Bürokratie und Militär, sind nur möglich und geben den Beteiligten gar innere Freude und Lust, weil die Menschen sich nicht entscheiden können. [...] Ich bin [...] nicht skeptisch gegen Freiheit im westlichen Sinne. Ich glaube nur nicht, daß sie sich mit Naturgesetzlichkeit immer weiter ausbreitet. Die Menschen [...] sind immer zum Gehorsam bereit. Die Freiheit ist ein großer seltener ungewöhnlicher, heiliger Augenblick der Geschichte.«[132]

Angesichts dieser Skepsis gegenüber der Demokratie verwundert es nicht, dass Freund die Politikwissenschaft nicht als Demokratiewissenschaft verstand. Nach der anfänglichen Phase der Institutionalisierung war Freund zu Beginn der 1950er Jahre in weiteren Kommissionen Mitglied, ebenso im Beirat des Instituts für Politische Wissenschaft (IfPW), das 1950 als Teil der FU Berlin gegründet worden war, und von 1951–1954, 1954–1956 und 1956–1958 Teil des Beirates der DVPW; 1958 wurde Freund nicht wieder in den Beirat gewählt.[133] Dies zeigt symptomatisch, dass Freund sich in den 1950er Jahren zunehmend weniger innerhalb der Politikwissenschaft engagierte. Die Schwierigkeiten, ab Mitte der 1950er Jahre Drittmittel zu akquirieren, wurden bereits angedeutet. Er nahm kaum an Kongressen teil, und im Zuge der nicht erfolgten Wiederwahl in den Beirat der DVPW 1958 und der Neuherausgabe der Zeitschrift für Politik (ZfP) kam es zu Konflikten mit anderen Fachvertretern. Freund arbeitete in dieser Zeit stark historisch – es erschien sein Werk »Die große Revolution in England. Ana-

---

und die kulturelle Öffnung Westdeutschlands 1945–1970, Göttingen 2005, S. 253–280, hier S. 264.

[132] BArch, N 1394/30, Schreiben von Michael Freund an Benno Reifenberg vom 21.3.1959, S. 4 f.

[133] Siehe im Detail *Meinschien*, Michael Freund, S. 92–96. Bezeichnend ist, dass Freund in einem frühen Forschungsüberblick über die westdeutsche Politikwissenschaft nicht genannt wird: *von der Gablentz*, Politische Forschung, und auch nicht in der Bibliographie des Bandes: *Otto Stammer* (Hg.), Politische Forschung. Beiträge zum zehnjährigen Bestehen des Instituts für politische Wissenschaft, Köln / Opladen 1960, S. 249–259.

tomie eines Umsturzes« (1951), drei Bände zur Geschichte des Zweiten Weltkriegs in Dokumenten (1953–1956) und unzählige meist historische oder politische Artikel in Zeitungen und Zeitschriften, zu Beginn vor allem in der *VZ*,
durchgängig in der *Gegenwart*, ab 1959 in der *FAZ* sowie Mitte der 1950er Jahre
in der *Zeit*. Freund verstand sich ferner auch weiterhin als Historiker und Politikwissenschaftler und verfügte über Kontakte in die Zunft der Historiker: Ab 1949
(bis zur Entscheidung 1951) war er gar als Generalsekretär des neu gegründeten
Deutschen Instituts für Geschichte der nationalsozialistischen Zeit, dem späteren
Institut für Zeitgeschichte, im Gespräch.[134] Auch in der Folge bestanden die Verbindungen Freunds zu den Historikern. In der Fischer-Kontroverse beteiligte
Freund sich engagiert auf Seiten der Kritiker Fischers.

5. Fazit: Zur Bedeutung der Kieler Politikwissenschaft in der Nachkriegszeit

In der Person Michael Freund lässt sich Typisches im Vergleich zu den anderen
Gründervätern des Faches Politikwissenschaft ausmachen, wie etwa eine Ausbildung in einer anderen Disziplin – in seinem Fall der Geschichtswissenschaft –,
eine keineswegs lineare Biographie bedingt durch den Nationalsozialismus und
sein öffentliches Engagement als Journalist und Publizist. Zugleich zeigen sich
auch Unterschiede, gerade im Hinblick auf die Ausrichtung in Lehre und Forschung und vor allem im Hinblick auf Definition, Selbstverständnis und Aufgabe
des neuen Faches.

Im Vergleich zur westdeutschen Entwicklung lässt sich ein früher Start der
Politikwissenschaft in Kiel bei schwierigen Ausgangsvoraussetzungen – kein
Geld und Personal – konstatieren, doch dieses war im Bundesvergleich nicht ungewöhnlich, auch an den anderen Standorten hatte das Fach zum Teil mit
erheblichen Widerständen zu kämpfen. In Kiel kam es in der Folge zwar nicht
zu einer Abkoppelung, aber doch zu einer Abweichung von der allgemeinen Entwicklung des Faches: Es erfolgte kein Ausbau in den 1960er Jahren wie an den
anderen Standorten, keine Schulenbildung durch Freund, keine Öffnung für und
Verwendung von neuen quantitativen Methoden und auch kaum Arbeit in den
neuen Forschungsfeldern, die die Politikwissenschaft sich nach der Phase als
»Demokratiewissenschaft« erschloss. Freund zog sich nach reger Beteiligung im
Gründungsprozess zunehmend aus der Zunft der westdeutschen Politikwissenschaftler zurück. Auch Konflikte mit Kollegen und Mitarbeitern und die stärkere
Fokussierung auf die Geschichtswissenschaft mögen zur besonderen Entwicklung der Politikwissenschaft in Kiel beigetragen haben. Zudem beanspruchen
seine journalistischen Arbeiten Freund zeitlich stark. Gleichwohl war er von großer Bedeutung für die Kieler Politikwissenschaft und ihren Aufbau in der

---

[134] *Meinschien*, Michael Freund, S. 101–103.

Nachkriegszeit, war er doch bis zu seiner Emeritierung der einzige Lehrstuhlinhaber für Politikwissenschaft in Kiel und Schleswig-Holstein und konnte so das Fach und seine Schüler in Kiel prägen. Auch sein Einfluss in der Lokalpolitik, vor allem durch seine enge Verbindung zu Andreas Gayk, in der bundesweiten Publizistik und seine umfangreiche Vortragstätigkeit, die weit über Schleswig-Holstein hinausreichte, verdeutlichen sein Gewicht, wenn auch nicht unbedingt in der Politikwissenschaft, so doch in den genannten Bereichen.

Mit Bezug auf die spezifische Situation der Christian-Albrechts-Universität wird deutlich, dass Freund sich der Schwierigkeiten gerade der ersten Studentenjahrgänge nach 1945 sehr bewusst war und durch seine Positionierung im Konflikt um die Frage der Politikwissenschaft als Demokratiewissenschaft durchaus Stellung bezog zur Frage der politischen Ausbildung der Studierenden und des Einflusses des Faches. Der langsame (Wieder)Aufbau der Christiana Albertina zeigt sich am Fach Politikwissenschaft beispielhaft mit den Facetten Raumnot, zögerliche Einrichtung des Instituts, langsamer Ausbau des Personals und Geldnot. Freund war jedoch – obschon er ein »neues« Fach vertrat – stets auch ein Vertreter der »alten Universität« in ihrer Restaurationsphase, mit klaren Vorstellungen über die Rolle der Ordinarien und einem Unverständnis für die Rebellion der Studenten 1968/69.

Angesichts der schwierigen Ausgangsbedingungen des Faches und der Universität verwundert es nicht, dass im Hochschulführer der Christian-Albrechts-Universität aus dem Jahr 1965 (anlässlich des dreihundertjährigen Bestehens der Universität) in der Reihe der Vorstellungen der Fächer in der Beschreibung des Seminars für Wissenschaft und Geschichte der Politik nicht ohne Stolz auf das Erreichte in Form von Seminarbibliothek und Archiven verwiesen wird. So findet sich beispielsweise zur Bibliothek der Kommentar: »Sie ist durch eine sehr durchgegliederte Sachkartei für die Benützung in einer für Deutschland wohl seltenen Weise erschlossen worden.«[135] Nachdem Freund noch wenige Jahre zuvor geklagt hatte »das Seminar ist […] buchmäßig in völlig unzureichender Weise ausgestattet«,[136] wurden nun die Erfolge betont. Der Beitrag zeigt symptomatisch, dass die Politikwissenschaft – wenn sie auch zahlenmäßig kein großes Fach war – nach der Emeritierung Freunds innerhalb der Universität etabliert war, sie wurde jedoch in den Konflikten der Nachfolger Freunds auf eine harte Probe gestellt – nach dem Konflikt zwischen Studenten und Dozentenschaft 1968/69 zog sich in der Folge die Konfliktlinie durch die Dozentenschaft.[137]

---

[135] *Freund*, Seminar, S. 159.
[136] LASH, Abt. 47, Nr. 3996, Schreiben von Michael Freund an den Kurator der Universität, August Wilhelm Fehling, vom 31.1.1961.
[137] Vgl. *Katia H. Backhaus*, Zwei Professoren, zwei Ansätze. Die Kieler Politikwissenschaft auf dem Weg zum Pluralismus (1971–1998), in: Wilhelm Knelangen / Tine Stein (Hg.), Kontinuität und Kontroverse. Die Geschichte der Politikwissenschaft an der Universität Kiel, Essen 2013, S. 427–474; *Catharina J. Nies*, Die Revolutionskritik Michael Freunds und der Faschismusvorwurf der 68er, in: Knelangen / Stein, Kontinuität und Kontroverse, S. 391–424 sowie den Beitrag von Wilhelm Knelangen und Tine Stein in diesem Band.

Klaus Gereon Beuckers

Das Kunsthistorische Institut der Christian-Albrechts-Universität zu Kiel zwischen Zweitem Weltkrieg und Neuausrichtung (1945–1974)

Die Entstehung des Kunsthistorischen Instituts und seine Entwicklung bis zu seiner eigenen Berufung 1959 hat der Kieler Ordinarius für Kunstgeschichte, Hans Tintelnot (1909–1970), kurz vor seinem krankheitsbedingten Rücktritt 1966 und seiner vorzeitigen Emeritierung für das groß angelegte Projekt der Geschichte der Christian-Albrechts-Universität in immer noch gültiger Weise nachgezeichnet.[1] Wenige Jahre vorher hatte er in der als Festschrift für seinen Vorgänger Richard Sedlmaier (1890–1963) ausgewiesenen Ausgabe der Zeitschrift »Nordelbingen« die Geschichte der Kieler Kunsthalle vorgestellt, die er als Inhaber des Lehrstuhls für Kunstgeschichte ebenso leitete.[2] Diese enge Verbindung von Institut und Kunsthalle kennzeichnet die Kieler Kunstgeschichte seit der Gründung des Instituts 1893 und sollte erst 1971 unter Tintelnots Nachfolger Erich Hubala (1920–1994) eine Entkopplung finden. Damit endete eine insbesondere in der Zeit nach dem Zweiten Weltkrieg sehr fruchtbare Allianz. Diese soll als zeitlicher Rahmen für diesen Beitrag genommen werden.

Kunsthistorische Lehre hatte es an der Kieler Universität auch schon vor der Berufung von Adelbert Matthaei (1859–1924) 1893 auf die zuerst noch außerordentliche und seit seinem Nachfolger Carl Neumann (1860–1934) ab 1904 ordentliche Professur für Kunstgeschichte gegeben und das künstlerische Leben an der Ostsee maßgeblich mitgeprägt. Die Vorgeschichte des Instituts hat Tintelnot

---

[1]   *Hans Tintelnot*, Kunstgeschichte, in: Karl Jordan (Hg.), Geschichte der Philosophischen Fakultät (=Geschichte der Christian-Albrechts-Universität 1665–1965, Bd. 5, Teil 1), Neumünster 1969, S. 163–187.

[2]   *Hans Tintelnot*, Die Kunsthalle zu Kiel. Zur Geschichte eines Museumsbaues, in: Nordelbingen. Beiträge zur Heimatforschung in Schleswig-Holstein, Hamburg und Lübeck 28/29 (1960), S. 223–242. Ein aktueller Überblick über die Geschichte der Kieler Kunsthalle fehlt bisher, jedoch werden zahlreiche Aspekte durch Beiträge zur Geschichte des Kunstvereins mit abgedeckt. Vgl. *Lilli Martius*, 125 Jahre Schleswig-Holsteinischer Kunstverein 1843–1968, Neumünster 1968; *Johann Schlick*, Der Schleswig-Holsteinische Kunstverein von 1843–1970, in: Hans-Werner Schmidt (Hg.), Das Jubiläum. Schleswig-Holsteinischer Kunstverein 1843–1993, Kiel 1993, S. 3–157. Zuletzt zusammenfassend auch *Maren Welsch*, Kunst und kulturelles Selbstverständnis. Der Schleswig-Holsteinische Kunstverein und bürgerliches Engagement, in: Anette Hüsch (Hg.), Gute Gesellschaft. Lotte Hegewisch und das Mäzenatentum von Georg Friedrich Kersting bis Gerhard Richter, Ausst.-Kat. Kunsthalle Kiel, München 2012, S. 35–43. Vgl. auch *Dirk Luckow*, Die Kieler Sammlung. Ein Stück Kunst-Kosmopolitismus im Norden Deutschlands, in: Dirk Luckow (Hg.), Die Kunsthalle zu Kiel. Die Sammlung, Köln 2007, S. 13–15.

1956 nicht zuletzt in Bezugnahme auf die Untersuchungen von Lilli (Elisabeth) Martius (1885–1976) ausgeführt.[3] Der neue Lehrstuhl hatte schon bald unter seinen Inhabern Carl Neumann, Georg Graf Vitzhum von Eckstädt (1880–1945) und Arthur Haseloff (1872–1955) überregionale Bedeutung erlangt, bevor die Zerstörung der Kieler Universität im Zweiten Weltkrieg den Fortbestand gefährdete. Vor allem dank der persönlichen Initiative von Personen wie Lilli Martius waren Institut und Kunsthalle jedoch erhalten geblieben, und es ist deshalb nicht verwunderlich, dass sich Tintelnot in seinen Ausführungen besonders auf Martius als die seinerzeit wohl besten Kennerin stützt. Ihre hohe Wertschätzung zeigte sich noch 1970, als sie mit 85 Jahren zur Honorarprofessorin der Christian-Albrechts-Universität ernannt wurde.[4]

Martius hat die Kunstgeschichte in Kiel über ein halbes Jahrhundert mitgeprägt. Seit ihrer 1929 abgeschlossenen Dissertation zur Ausmalung von S. Francesco in Assisi hatte sie am Institut insbesondere zu künstlerischen Techniken gelehrt und im Krieg noch rechtzeitig die Auslagerung der Institutsbibliothek betrieben.[5] Richard Sedlmaier, der 1939 auf den Lehrstuhl des bedeutenden und renommierten Kunsthistorikers Arthur Haseloff berufen worden war,[6] hatte hingegen nach der Zerstörung der Kunsthalle 1944 die Lehre eingestellt und sich nach München zurückgezogen. An seiner Stelle übernahm Martius seine Aufgaben in Institut und Kunsthalle, vertrat 1945 sogar die Professur. Als Sedlmaier zum Wintersemester 1945/46 wieder zurückkehrte, hatte sie die Weichen für einen Neuanfang längst gestellt. Sedlmaier ernannte sie dann 1947 trotz ihres relativ hohen Alters und des baldigen Ruhestandes (1951) zur Kustodin der

3   *Lilli Martius*, Die schleswig-holsteinische Malerei im 19. Jahrhundert (=Studien zur schleswig-holsteinischen Kunstgeschichte, Bd. 6), Neumünster 1956.

4   Vgl. Dr. Lilli Martius zur Honorarprofessorin ernannt, in: Nordelbingen. Beiträge zur Kunst- und Kulturgeschichte 39 (1970), S. 7.

5   *Lilli Martius*, Die Franziskuslegende in der Oberkirche von S. Francesco in Assisi und ihre Stellung in der kunstgeschichtlichen Forschung (=Kunstwissenschaftliche Studien, Bd. 10), München 1932. Zu ihrer Person vgl. *Brigitte Schubert-Riese*, Lotte Hegewisch, Lilli Martius, Gertrud Völcker. Drei Frauenbilder aus der Kieler Stadtgeschichte, in: Mitteilungen der Gesellschaft für Kieler Stadtgeschichte 73 (1987), S. 1–18, insb. S. 10–14; *Petra Hölscher / Maike Wiechmann*, Lilli Martius (1885–1976). Kunst – Theorie und Praxis, in: Hans-Dieter Nägelke (Red.), Kunstgeschichte in Kiel 1893–1993. 100 Jahre Kunsthistorisches Institut der Christian-Albrechts-Universität, Kiel 1994, S. 52–55.

6   Zu Arthur Haseloff (1872–1955) vgl. zuletzt mit weiterer Literatur *Peter Betthausen / Peter H. Feist / Christiane Fork*, Metzler Kunsthistoriker Lexikon. 210 Porträts deutschsprachiger Autoren aus vier Jahrhunderten, 2. Aufl., Stuttgart 2007, S. 165–162; *Heinrich Dilly*, Etudier et photographier. Arthur Haseloff, ein deutscher Mitarbeiter von André Michels »Histoire de l'art«, in: Roland Recht (Hg.), Histoire de l'histoire de l'art en France au XIXe siècle, Paris 2008, S. 379–390; *Ulrich Kuder*, Arthur Haseloff – »qui vexilla eruditionis germanicae protulit«, in: Christiana Albertina N.F. 69 (2009), S. 45–52. Eine ausführliche Würdigung seiner Rolle als Buchmalereiforscher befindet sich als Sammelband unter der Leitung von Ulrich Kuder in Druckvorbereitung; zu seinen Architekturforschungen vgl. *Uwe Albrecht / Annette Henning / Astrid Wehser* (Hg.), Arthur Haseloff und Martin Wackernagel. Mit Maultier und Kamera durch Unteritalien, Kiel 2005. Für das kollegiale Verhältnis von Haseloff und Sedlmaier spricht der Ton seiner Gratulation zu Haseloffs 70. Geburtstag; vgl. *Richard Sedlmaier*, Professor Dr. Arthur Haseloff zum 70. Geburtstag, in: Kieler Blätter 1943, S. 57–66 (mit Schriftenverzeichnis).

Kunsthalle, was faktisch deren Leitung bedeutete. Zuvor hatte er seine Assistenz im Institut mit Wolfgang J. Müller (1913–1993) besetzt, der kurz vor Sedlmaiers Berufung nach Kiel im Jahre 1939 noch in Rostock unter seiner Betreuung promoviert worden war. Mit Martius und Müller waren 1946/47 die beiden aktiven Kräfte der folgenden Jahre in Kunsthalle und Institut installiert; mit ihrer Einstellung beginnt die Nachkriegsgeschichte. Vor allem Müller, der sich 1950 in Kiel habilitierte und hier bis zu seinem Lebensende lehrte, wurde neben den wechselnden Lehrstuhlinhabern zur prägenden Persönlichkeit am Kunsthistorischen Institut.

1. Der Wiederaufbau des Kunsthistorischen Instituts

Der Wiederaufbau des Instituts nach dem Zweiten Weltkrieg fand nicht mehr in der zerstörten Kunsthalle, sondern in den neuen Universitätsgebäuden am Westring statt. Die 1909 eröffnete, weitgehend von dem Kieler Ordinarius Carl Neumann (1860–1934) betreute Kunsthallenbau hatte mit seinem Studienflügel und einem großen Vortragssaal, der auch für die damals neue Technik der Diaprojektoren tauglich war, beste Möglichkeiten für kunsthistorische Lehre geboten. Nach der Verlagerung der Universität an den Westring drohte eine Abkopplung des Institutes von den anderen Geisteswissenschaften, weshalb man – zusammen mit der Klassischen Archäologie – auf das Gelände der ehemaligen Rüstungsfabrik für Electroacustic (ELAC) zog, auf dem in den nächsten Jahren aus einer Industrieanlage ein blühender Universitätscampus entstand.[7] Sedlmaier, den ein Teil der Literatur als eher unpolitischen Menschen bezeichnet,[8] hatte nach seiner Berufung auf den Kieler Lehrstuhl im Wintersemester 1939/40 mit einer Vorlesung zum Thema »Der Anteil der Ostmark am Kunstschaffen der Deutschen« ganz im Sinne des gerade begonnen Krieges seine Offenheit für nationales Gedankengut gezeigt. Ab 1941 übernahm er zudem an der Seite von Wilhelm Pinder im Rahmen der »Aktion Ritterbusch«, die sich als »Arbeitsgemeinschaft für den Kriegseinsatz der Geisteswissenschaften« um eine wissenschaftliche Begründung einer »neue[n] geistige[n] Ordnung Europas« entsprechend der

---

[7]　Vgl. die verschiedenen Beiträge von Christoph Cornelißen, Nils Meyer, Anna Minta und Jörg Matthies in *Klaus Gereon Beuckers* (Hg.), Architektur für Forschung und Lehre. Universität als Bauaufgabe (=Kieler Kunsthistorische Schriften N.F., Bd. 11), Kiel 2010; *Astrid Hansen / Nils Meyer*, Universität als Denkmal. Der Campus der Christian-Albrechts-Universität zu Kiel (=Beiträge zur Denkmalpflege in Schleswig-Holstein, Bd. 1), Kiel 2011; vgl. demnächst auch *Klaus Gereron Beuckers*, Gebaute Bildungspolitik. Die architektonische Entwicklung der Christian-Albrechts-Universität, in: Oliver Auge (Hg.), Festschrift zum 350. Gründungsjubiläum der Christian-Albrechts-Universität zu Kiel, Kiel 2015 (im Druck).

[8]　*Maren Hasenpath*, Richard Sedlmaier (1890–1963). Kriegsjahre und Wiederaufbauphase, in: Nägelke, Kunstgeschichte in Kiel, S. 56–62, hier S. 58 f.: »Die Haltung Sedlmaiers gegenüber der faschistischen Diktatur und der Ideologie des Dritten Reiches scheint indifferent bis ablehnend gewesen zu sein. Die wenigen über ihn zugänglichen Informationen legen die Vermutung nahe, daß er ein eher unpolitischer Mensch war.«

Kriegsziele der Nationalsozialisten bemühte,[9] die Konzeption und Herausgabe einer nationalsozialistisch determinierten kunsthistorischen Reihe, worauf zuletzt Ulrich Kuder mit Nachdruck hingewiesen hat.[10] Von Hause aus kam er aus der Forschung zum süddeutschen Barock, hatte (zusammen mit Rudolf Pfister) 1923 über die Würzburger Residenz eine bahnbrechende und vorbildlich umfassende Untersuchung vorgelegt, in der er ganz seiner Prägung durch die formanalytische Schule Heinrich Wölfflins getreu arbeitete, dies jedoch durch umfangreiche Quellenstudien zu einer Monographie modernen Zuschnitts im historischen Kontext weiterentwickelte. Seit seiner Berufung nach Rostock 1927 hatte er sich die spätgotische Backsteinarchitektur erschlossen und hierzu auch vereinzelt publiziert sowie in den folgenden Jahren einige Abschlussarbeiten betreut, während in seiner Lehre beispielsweise die italienische Barockarchitektur eine große Rolle spielte.

In Sedlmaiers wenigen Veröffentlichungen nach dem Zweiten Weltkrieg spiegelt sich ein Themenwechsel hin zur damaligen Gegenwartskunst und der Moderne (Nolde, Munch, Barlach) sowie der Malerei des 19. Jahrhunderts (Hintze) wider. Das Gros seiner durchweg kurzen Publikationen galt jedoch der Kieler Kunsthalle und ihrer Sammlung.[11] Dort betrieb er eine Erweiterung der Bestände, insbesondere durch Künstler des 19. und beginnenden 20. Jahrhunderts, für die ihm Tintelnot bescheinigt, er habe »durchaus museale, ja, man darf vielleicht sagen, kaufmännisch-sammlerische Interessen« gehabt.[12] Vor allem aber verantwortete Sedlmaier die Koordination des Wiederaufbaus und Fortführung des Ausstellungsbetriebes. Dabei stand ihm Lilli Martius noch über ihre Pensionierung 1951 hinaus mit großem Engagement zur Seite, und 1958 konnte Sedlmaier im Jahr seiner Emeritierung die feierliche Eröffnung der neugestalteten Kunsthalle begehen und mit Martius zusammen einen Katalog der Gemälde vorlegen. Beim Wiederaufbau der Kunsthalle war es gelungen, die von Bomben zerstörten Partien insbesondere zur Förde und nach Süden zur Stadt durch eine gut in die Fassadengestaltungen der Jahrhundertwende eingepasste, aber dennoch ausgewogen moderne Formensprache zu ersetzen. Höhepunkt war das bis heute beeindruckende Treppenhaus.

[9]   Vgl. *Frank-Rutger Hausmann*, »Deutsche Geisteswissenschaft« im Zweiten Weltkrieg. Die »Aktion Ritterbusch« (1940–1945) (=Schriften zur Wissenschafts- und Universitätsgeschichte, Bd. 12), 3. Aufl., Heidelberg 2007 (OA 1998); *Christoph Cornelißen*, Die Universität Kiel im »Dritten Reich«, in: Ders. / Carsten Mish (Hg.), Wissenschaft an der Grenze. Die Universität Kiel im Nationalsozialismus (=Mitteilungen der Gesellschaft für Kieler Stadtgeschichte, Bd. 86), Essen 2009, S. 11–29, insb. S. 14 ff.

[10] *Ulrich Kuder*, Das Kunsthistorische Institut der Christian-Albrechts-Universität im Nationalsozialismus, in: ebd., S. 253–276, insb. S. 254 ff.

[11] Vgl. *Jan S. Kunstreich*, Bibliographie der wissenschaftlichen Veröffentlichungen Prof. Dr. Richard Sedlmaiers, in: Nordelbingen. Beiträge zur Heimatforschung in Schleswig-Holstein, Hamburg und Lübeck 28/29 (1960), S. 15–19.

[12] *Tintelnot*, Kunstgeschichte, S. 186.

2. Der Sedlmaier-Kreis

Sedlmaier konzentrierte seine Initiative nach dem Zweiten Weltkrieg auf die
Kunsthalle und stellte seine eigene kunsthistorische Forschung weitgehend ein.
Es ist bezeichnend, dass Hans Tintelnot in seiner Würdigung nur Sedlmaiers lan-
ge vor der Kieler Zeit entstandene Arbeit über die Würzburger Residenz erwähnt
und stattdessen seine Lehre als »differenzierender Formanalytiker« sowie seine
Schüler heraushebt.[13] Explizit nennt er die drei unter Sedlmaier Habilitierten
Wolfgang Kleiminger, Alfred Kamphausen und Wolfgang J. Müller, von denen
Kleiminger (geb. 1912) im Zweiten Weltkrieg gefallen war, während die beiden
anderen in Kiel zu prägenden Lehrenden avancierten.

Abb. 14: Richard Sedlmaier

[Bildarchiv des Kunsthistorischen Instituts der
Christian-Albrechts-Universität zu Kiel]

Aufschlussreich sind die Titel der Habilitationen »Figur und Raum. Zur Wesensbestimmung der deutschen Plastik des 13. Jahrhundert«, die aus Kleimingers
Freiburger Dissertation zur elsässischen Skulptur hervorgegangen war und post-
hum nach einer Überarbeitung durch Müller von Sedlmaier herausgegeben wurde,[14] sowie Kamphausens »Die Baudenkmäler der Deutschen Kolonisation in

---

[13]   Ebd., S. 185 und 187.
[14]   *Wolfgang Kleiminger*, Die Plastik im Elsaß 1260–1360 (=Forschungen zur Geschichte der
       Kunst am Oberrhein, Bd. 1), Freiburg im Breisgau 1939; *ders.*, Figur und Raum. Zur

Ostholstein und die Anfänge der norddeutschen Backsteinarchitektur«,[15] die beide nationale Untertöne aufweisen.

Kamphausen (1906–1982) war 1929 in Bonn über spätgotische Skulptur seiner niederrheinischen Heimat promoviert worden[16] und 1931 als Direktor des Dithmarscher Landesmuseums in Meldorf in den Norden gekommen. Hier widmete er sich sehr umtriebig der Volkskunde, zu der er Zeit seines Lebens auch umfassend publizierte, während er gleichzeitig am Kunsthistorischen Institut in den Kernbereichen der mittelalterlichen Kunst und zur regionalen Kunstgeschichte selbstbewusst lehrte. Der volkskundliche Zugang gepaart mit einer national geprägten Ausrichtung machte ihn anfällig für nationalsozialistische Ideologien, die er nach seinem Parteieintritt 1933 und in verschiedenen Funktionen, beispielsweise in Robert Leys »Reichsbund für Volkstum und Heimat« und der »NS-Kulturgemeinde« unter der Leitung von Alfred Rosenberg, auch aktiv vertrat. Äußerungen in diesem Geist finden sich in seinen Veröffentlichungen auch noch lange nach Kriegsende.[17] In seiner programmatischen Schrift zur norddeutschen Volkskunde schrieb Kamphausen 1934:

»Die hervorragende Stellung Schleswig-Holsteins innerhalb der nationalsozialistischen Bewegung dürfte abschließend genügend unsere Behauptung belegen, daß Schleswig-Holstein eine Führung innerhalb des deutschen Geschehens gewonnen hat, daß es der Führer zur Idee des Nordischen ist.«[18]

Das »Nordische« als einem »Deutschtum« angeblich besonders gemäße Wesensart motivierte seine Beschäftigung mit norddeutscher Kunst insbesondere des ausgehenden Mittelalters aber auch darüber hinaus. Als 1936 ernannter

---

Wesensbestimmung der deutschen Plastik des 13. Jahrhunderts (=Arbeiten des Kunsthistorischen Instituts der Universität Kiel, H. 1), Kiel 1948.

[15] *Alfred Kamphausen*, Die Baudenkmäler der deutschen Kolonisation in Ostholstein und die Anfänge der nordeuropäischen Backsteinarchitektur (=Studien zur schleswig-holsteinischen Kunstgeschichte, Bd. 3), Neumünster 1938.

[16] *Ders.*, Die niederrheinische Plastik im 16. Jahrhundert mit besonderer Berücksichtigung der Xantener Verhältnisse. Ein entwicklungsgeschichtlicher Versuch, Bonn 1929. Veröffentlicht während der Zeit Kamphausens am Historischen Museum Düsseldorf als: Die niederrheinische Plastik im 16. Jahrhundert und die Bildwerke des Xantener Domes. Ein entwicklungsgeschichtlicher Versuch (=Veröffentlichung des Vereins zur Erhaltung des Xantener Domes und des Städtischen Kunstmuseums Düsseldorf), Düsseldorf 1931.

[17] Einige Zitate bei *Christine Kratzke*, Alfred Kamphausen (1906–1982). »Heimat« und »Volkstum« – Kategorien der Kunstgeschichte?, in: Nägelke, Kunstgeschichte in Kiel, S. 74–78. Vgl. auch *Harm-Peer Zimmermann*, Vom Schlaf der Vernunft. Deutsche Volkskunde an der Kieler Universität 1933–1945, in: Hans-Werner Prahl (Hg.), Uni-Formierung des Geistes. Universität Kiel im Nationalsozialismus, Bd. 1, Kiel 1995, S. 171–274, insb. S. 251 f.; *Jens-Peter Biel*, Zur Rolle der Heimatmuseen in der nationalsozialistischen Kulturpolitik. Das Beispiel Dithmarscher Landesmuseum und sein Direktor Dr. Alfred Kamphausen 1931 bis 1945, in: Dithmarschen. Landeskunde, Kultur, Natur N.F. (2002), S. 79–88.

[18] *Alfred Kamphausen*, Volkstumspflege in Schleswig-Holstein. Grundsätzliches und Richtlinien, Kiel 1934. Zit. n. *Kratzke*, Alfred Kamphausen, S. 77. Vgl. auch *Biel*, Heimatmuseen, S. 83 f.

Staatlicher Museumspfleger in Schleswig-Holstein hatte Kamphausen wesentlichen Anteil an einer »Gleichschaltung« der norddeutschen Museen im Sinne des faschistischen Chauvinismus und dessen Rassenideologie. So forderte er,

> »daß die Museen ›mithelfen‹ sollten, bei dem großen Erziehungswerk, das einen ›artbewußten Menschen schaffen will.‹ Gegen ›allen Liberalismus‹ und ›Individualismus‹ und alle zivilisatorische ›Nivellierung‹ hätten sie jetzt anzutreten, um ›die Gemeinschaft der Rasse zu erhalten‹ bzw. wieder aufzubauen«.[19]

Nach der Kieler Habilitation mit der bereits 1938 erschienenen Arbeit wurde Kamphausen auf Betreiben des Kunsthistorischen Instituts 1946 zum Privatdozenten und 1953 zum außerplanmäßigen Professor ernannt. Er lehrte bis 1977 Kunstgeschichte und spielte in dieser Zeit eine einflussreiche Rolle im Institut.

Anders verhielt es sich mit Wolfgang J.(ohn) Müller (1913–1992), der zwar dem gleichen Kreis entstammte und zur gleichen Zeit in Kiel verankert wurde, aber etwas jünger war. Er war 1934 einer nur aus Studenten bestehenden SA-Formation beigetreten, was er in dem Rechtfertigungsschreiben zu seiner Entnazifizierung als »unerlässliche Voraussetzung« zur Fortsetzung seines Studiums in Rostock rechtfertigte.[20] Nach seiner dortigen, noch von Sedlmaier begutachteten Promotion 1939 trat Müller sofort aus der SA aus. Wenig später eingezogen, geriet er in Kriegsgefangenschaft, bevor Sedlmaier ihn im Herbst 1946 als Assistent nach Kiel holte.[21] Seine Dissertation zur insbesondere Lübecker Backsteinornamentik war nicht zuletzt durch die Studienjahre unter Wilhelm Pinder in München geprägt.[22] Nach dem Krieg sahen Müller und Sedlmaier von

[19]   *Zimmermann*, Vom Schlaf der Vernunft, S. 252 mit Zitaten Kamphausens aus Texten von 1934/35.
[20]   »Zusätzliche Erklärung: Ich erkläre an Eidesstatt, dass ich in der Zeit von März 1934 bis Juli 1939 zwangsweise einfaches Mitglied ohne Dienstgrad und Funktion einer nur aus Studenten bestehenden SA-Formation gewesen bin, da diese Mitgliedschaft die unerlässliche Voraussetzung dafür war, dass ich mein Studium an der Universität meiner Heimatstadt Rostock fortsetzen konnte. Meine gegnerische Einstellung zur ehem. NSDAP blieb hiervon unberührt, wie ich jederzeit durch Zeugen beweisen kann; diesen Zeugen bin ich seit 1934 bzw. 1936 bekannt: Herr Ludwig Reinhard, Lübeck [...], Frau Emmi Riekert geb. Starke, Stuttgart [...], Herr Jean André Vernet, [...] Paris. Sämtliche genannte Zeugen wurden aus rassischen und politischen Gründen von deutschen Behörden verfolgt. Meine gegnerische Einstellung zu nat. soz. Ideen kam auch in vielen persönlichen Unterhaltungen zum Ausdruck, die ich in den Jahren 1938 und 1939 mit einem englischen Staatsangehörigen, einem mir befreundeten Kunsthistoriker während seiner mehrfachen Besuche in Deutschland geführt habe: Mr. John D. Stammers [...], Purley/Surrey. [...]« Herrn Ulrich Kuder sei für die Überlassung einer Kopie des Schreibens herzlich gedankt.
[21]   Zur Person vgl. *Lars Olof Larsson*, Vorwort, in: Kunstsplitter. Beiträge zur nordeuropäischen Kunstgeschichte. Festschrift für Wolfgang J. Müller zum 70. Geburtstag, überreicht von Kollegen und Schülern, Husum 1984, S. 5–6 (dort auch ein Schriftenverzeichnis, S. 209–215); *Frank Büttner*, In memoriam Wolfgang J. Müller 28. November 1913–7. Juni 1992, in: Christiana Albertina N.F. 35 (1992), S. 499–506; *Frank Büttner*, Wolfgang J. Müller (1913–1992), in: Nägelke, Kunstgeschichte in Kiel, S. 69–73.
[22]   *Wolfgang J. Müller*, Mittelalterliche Backsteinornamentik in Mecklenburg 1200–1300, Rostock 1948.

ihrer Veröffentlichung ab, obwohl sie beispielsweise die Habilitation von Kleiminger stark überarbeitet 1948 im Druck vorlegten und Müller zahlreich publizierte. Vermutlich empfanden sie die Herangehensweise der Dissertation als überholt. In Kiel übernahm Müller die Wiederbegründung des Instituts, wofür Frank Büttner würdigende Worte fand:

> »Er kam in einer Situation, von deren Schwierigkeiten wir uns heute kaum noch eine rechte Vorstellung machen können. Mit einer Energie, die offensichtlich gar nicht zu bändigen war, wirkte er zusammen mit Lilli Martius, der Kustodin der Kunsthalle, für den Wiederaufbau des Kunsthistorischen Institutes.«[23]

Schon 1950 konnte Müller zudem seine Habilitationsschrift zur deutschen Stillebenmalerei vorlegen, mit der er aus dem thematischen Rahmen des Sedlmaier-Kreises etwas heraustrat.[24] Diese eröffnete ihm einen Zugang zur Malerei und Druckgrafik insbesondere des Barocks sowie der Emblematik, die ihn in vielen seiner Veröffentlichungen und vor allem der Lehre beschäftigten. Dahinter traten Themen der Skulptur und der spätgotischen Architektur, die seine Anfänge geprägt hatten, eher zurück und es ist ein starkes Interesse an der Kunst Norddeutschlands insbesondere im Barock und Klassizismus zu erkennen. Bis in das hohe Alter hat er zudem etliche Rezensionen verfasst und sich so an den Diskussionen des Faches aktiv beteiligt.

Methodisch ging Müller wie Sedlmaier und Kamphausen von dem einfühlsam charakterisierten Objekt aus. Strömungen wie die Strukturanalyse von Hans Sedlmayr oder der Ikonologiebegriff von Erwin Panofski und Aby Warburg, überhaupt eine stärker begrifflich und strukturell gebundene Analyse fanden kaum Niederschlag, die Ansätze einer Lesart des Objektes als visualisiertes Argument oder Stellungnahme im historischen oder gar sozialen Prozess lag ihnen fern. Vielmehr blieb eine stark hermeneutische, oft die Form in eine sprachgewaltige Beschreibung übersetzende Herangehensweise bestimmend, wie sie beispielsweise auch schon Wilhelm Pinder nicht zuletzt in seiner Reihe der »Blauen Bücher« popularisiert und gegen begriffliche Kategorisierungen abzugrenzen versucht hatte.[25] Im Gegensatz zu Sedlmaier interessierte sich Müller zunehmend

---

[23] *Büttner*, In memoriam Wolfgang J. Müller, S. 69.

[24] *Wolfgang J. Müller*, Der Maler Georg Flegel und die Anfänge des Stillebens (=Schriften des Historischen Museums Frankfurt am Main, H. 8), Frankfurt a. M. 1956.

[25] Vgl. allgemein *Lorenz Dittmann* (Hg.), Kategorien und Methoden der deutschen Kunstgeschichte 1900–1930, Wiesbaden 1985, darin insbesondere der Beitrag von *Lars Olof Larsson*, Nationalstil und Nationalraum in der Kunstgeschichte der zwanziger und dreißiger Jahre, S. 169–184; *Daniela Bohde*, Kulturhistorische und ikonographische Ansätze in der Kunstgeschichte, in: Ruth Heftrig / Olaf Peters / Barbara Schellewald (Hg.), Kunstgeschichte im Dritten Reich. Theorien, Methoden, Praktiken (=Schriften zur modernen Kunsthistoriographie, Bd. 1), Berlin 2008, S. 189–204. Das Kieler Institut findet keine Erwähnung in *Nikola Doll / Christian Fuhrmeister / Michael H. Sprenger* (Hg.), Kunstgeschichte im Nationalsozialismus. Beiträge zur Geschichte einer Wissenschaft zwischen 1930 und 1950, Weimar 2005.

mehr für die Bedeutungsinhalte insbesondere von Malerei und für ihre imma-
nente Programmatik, die er in ausgewogenen Beschreibungen präsentierte. Gemeinsam waren sowohl Sedlmaier, als auch Kamphausen und Müller die Konzentration auf das ästhetische, formale Erscheinungsbild von Kunst und die weit-
gehende Negation darüber hinausgehender Inhaltlichkeit oder Theoriebildungen.
Impulse für das Fach und seine Weiterentwicklung gingen in dieser Zeit von Kiel
nicht aus.

3. Das Wirken von Hans Tintelnot

Eine ganz andere kunsthistorische Prägung besaß Hans Tintelnot (1909–1970),
der 1959 aus Göttingen kommend den Lehrstuhl in Kiel übernahm.[26] Die Themen der beiden Qualifikationsschriften – die 1937 abgeschlossene Breslauer
Dissertation galt dem barocken Theater, die Habilitationsschrift von 1943 der
mittelalterlichen Architektur in Schlesien[27] – lassen noch entfernt Parallelen zu
den Interessengebieten Sedlmaiers erkennen, jedoch war die Herangehensweise
eine gänzlich andere. Tintelnot war durch die Wiener Schule geprägt und hatte
seine Dissertation zum Anlass genommen, das barocke Gesamtkunstwerk des
Theaters als künstlerisches Prinzip seiner Zeit und die Rolle des Künstlers als
Architekten, Bühnenbildner und Intendanten, als schöpferischen Akteur herauszuarbeiten und hatte damit für die Barockforschung eine »Pionierleistung«[28]
erbracht. Von der Theaterdekoration ausgehend erschloss er Fragen zu künstlerischen Raumstrategien des Barock und löste sich so in einem breiten kultur-
historischen Ansatz von einer stil- und formgebundenen, eher beschreibenden
Annäherung, wie sie Sedlmaier und sein Kreis vertrat. Hier schloss 1951 Tintelnots Buch zur barocken Wandmalerei nahtlos an.[29] Mit der Habilitationsschrift
bediente er die deutschnationalen Forderungen seines Lehrers Dagobert Frey
durch »entwicklungsgeschichtliche und formanalytische Sichtweisen mit dem
später umstrittenen kunstgeographischen Ansatz von Frey«[30], wobei seinen Ausführungen »nationaler Hochmut« wie bei Pinder bescheinigt worden ist.[31]

[26] Zur Person vgl. *Jens Martin Neumann*, Hans Tintelnot (1909–1970). Barock in Kiel, in:
      Nägelke, Kunstgeschichte in Kiel, S. 79–84; *Betthausen / Feist / Fork*, Metzler Kunst-
      historiker Lexikon, S. 444–446.
[27] *Hans Tintelnot*, Barocktheater und Barocke Kunst. Die Entwicklungsgeschichte der Fest-
      und Theater-Dekoration in ihrem Verhältnis zur bildenden Kunst, Berlin 1939; *ders.*, Die
      mittelalterliche Baukunst Schlesiens (=Quellen und Darstellungen zur schlesischen Ge-
      schichte, Bd. 1), Kitzingen 1951.
[28] *Betthausen / Feist / Fork*, Metzler Kunsthistoriker Lexikon, S. 444.
[29] *Hans Tintelnot*, Die barocke Freskomalerei in Deutschland. Ihre Entwicklung und euro-
      päische Wirkung, München 1951.
[30] *Neumann*, Tintelnot, S. 79.
[31] *Betthausen / Feist / Fork*, Metzler Kunsthistoriker Lexikon, S. 445.

Frey hatte sich seit seiner Berufung auf den Breslauer Lehrstuhl neben seiner Ausrichtung auf den österreichischen und den römischen Barock zunehmend dem norddeutschen und polnischen Spätmittelalter zugewandt. Nach der Besetzung Polens 1939 hatte er dann eine unrühmliche Rolle sowohl bei der Verschleppung polnischer Kulturgüter als auch bei der Umschreibung der Geschichte unter Tilgung jüdischer und slawischer Beiträge gespielt.[32] War Sedlmaier ein Mitläufer und Kamphausen ein ideenverwandter Opportunist, so war Frey ein nationalsozialistischer Täter, weshalb er 1945 seines Lehrstuhls enthoben wurde und abgesehen von einer Vertretungsprofessur 1951–1953 in Stuttgart in der Hochschullandschaft keinen Fuß mehr fassen konnte. Umso beachtlicher für den Charakter des Kieler Institutes ist es, dass Tintelnot kurz nach seinem Antritt 1959 Frey hierhin einladen und ihm in einem Kolloquium des Institutes am 17. November unbehelligt ein Forum bieten konnte. Freys Ausführungen zur Wiener Schule, die per Tonband mitgeschnitten wurden, verband Tintelnot 1962 mit einer sehr persönlichen Würdigung des Lehrers und einem Schriftenverzeichnis zu einer Kieler Gedenkschrift, wodurch das Kieler Institut gewissermaßen zum

Abb. 15: Hans Tintelnot

[Bildarchiv des Kunsthistorischen Instituts der
Christian-Albrechts-Universität zu Kiel]

---

[32] Vgl. *Beate Störtkuhl*, Paradigmen und Methoden der kunstgeschichtlichen »Ostforschung« und der »Fall« Dagobert Frey, in: Robert Born / Alena Janatková / Adam S. Labuda (Hg.), Die Kunsthistoriographien in Ostmitteleuropa und der nationale Diskurs (=Humboldt-Schriften zur Kunst- und Bildgeschichte, Bd. 1), Berlin 2004, S. 155–172; *Betthausen / Feist / Fork*, Metzler Kunsthistoriker Lexikon, S. 104–106.

Erinnerungsort für Frey wurde.[33] Tintelnot sprach dabei noch 1962 ungebrochen von »stammesgeschichtlichen Fragen«, vom »Zusammenbruch im Januar 1945« (bezogen auf die Befreiung Breslaus von dem Nazidiktatur). Sein Versuch, die breit referierten Ideen Freys zu Stammes- und Nationalstilen von Chauvinismus und politischen Ideologien freizusprechen, sind durchsichtig, wie der Verweis auf Freys Unterstützung für Studenten während des Naziherrschaft – »was mitunter (nach 1933!) nicht ganz leicht war« – ihn in unangenehmer Weise schon fast dem Widerstand annäherte.[34]

Methodisch vertrat Frey und in dieser Hinsicht ebenso sein Schüler Tintelnot eine Kunstgeschichte, die sich intensiv Fragestellungen der Nachbardisziplinen wie vor allem der Geschichte, der Philosophie und der Literatur öffnete und diese für eine über die Formanalyse hinausgehende Würdigung der ästhetischen Gesamterscheinung fruchtbar machten. Die methodische Vielseitigkeit, präzise Begrifflichkeit und intellektuelle Auseinandersetzung in einem geselligen Miteinander veränderten den Umgang am Kieler Institut erheblich. Passend dazu zog das Institut 1965 aus den inzwischen zu beengten, gemeinsam mit der Klassischen Archäologie genutzten Räumen auf dem Campus aus und ließ sich in den über mehrere Etagen verteilten Räumen einer Wohnung in der Dänischen Straße 15 nieder. Die isolierte Lage fern des sonstigen Universitätsbetriebes kam der familiären Atmosphäre, die Tintelnot nicht zuletzt auch dank mehrerer aus Göttingen mitgekommener Schüler in dem kleinen Institut verbreitete, entgegen. Dies fand nicht nur Zustimmung und insbesondere Wolfgang J. Müller trennten »Meinungsverschiedenheiten« von Tintelnot.[35]

Müller hielt seine Lehrveranstaltungen zunehmend mehr in der Kunsthalle ab, wo er vor allem die graphische Sammlung zur Grundlage nahm. Frank Büttner beschreibt anhand eines Seminars zu Pieter Brueghel im Sommersemester 1964 die Herangehensweise Müllers an die Grafikzyklen als »intensives Schauen, [...] Hineinsehen«, welches »das Geführtwerden durch die Sekundärliteratur ersetzen« musste.[36] Die hermeneutische Betrachtungsweise und die letztlich wohl aus seiner Auseinandersetzung mit dem Stilleben geprägte Neigung zu allegorisch aufgeladener Malerei, wie sie die Niederlande in der zweiten Hälfte des 16. Jahrhunderts und später prägte, unterschied sich grundlegend von der strukturanalytischen Methodik Tintelnots. Müllers Liebe galt den Bildinhalten und deren motivischer Entschlüsselung, weshalb die Grafik des 16. bis 18. Jahrhunderts und seine eigens zusammengetragene Sammlung von Emblembüchern[37] auch seine Lehre in diesen Jahren bestimmten. Offenbar im Winterse-

---

[33] *Hans Tintelnot* (Hg.), Dagobert Frey 1883–1962. Eine Erinnerungsschrift, Kiel 1962.

[34] *Hans Tintelnot*, Dagobert Frey * 23.4.1883 † 13.5.1962, in: Ders., Erinnerungsschrift, S. 17–28, hier S. 18, 23 und 27.

[35] *Maike Behrendt / Inges Kunft*, Geschichte und Geschichten. Das Kunsthistorische Institut 1945–1983, in: Nägelin, Kunstgeschichte in Kiel, S. 63–68, hier S. 67.

[36] *Büttner*, Wolfgang J. Müller, S. 71.

[37] Vgl. *Ingrid Höpel / Ulrich Kuder* (Hg.), Mundus Symbolicus I. Emblembücher aus der Sammlung von Wolfgang J. Müller in der Universitätsbibliothek Kiel. Katalog, Kiel 2004.

mester 1964/65 begann er zur Emblematik (und deren Rezeption in Norddeutschland) zu lehren, wobei er dies entweder in seiner Privatwohnung oder auf Exkursionen tat und so den beengten Zuständen des Instituts und wohl auch dem dort prägenden Ordinarius ausweichen konnte.

Tintelnot war inzwischen gesundheitlich sehr angeschlagen und konnte seit 1965 seine Aufgaben immer weniger wahrnehmen. 1967 musste er sich vorzeitig emeritieren lassen, jedoch übertrug die Universität nicht Müller die kommissarische Institutsleitung, sondern setzte den kurz vor der Pensionierung stehenden Literaturwissenschaftler Erich Trunz (1905–2001) von außen ein, der als Barock- und Goetheforscher gute Kontakte zu Tintelnot unterhielt und diesem auch inhaltlich nahestand. Offenbar fürchtete man mit einer Stärkung Müllers dem in zwei Lager aufgeteilten kleinen Institut dauerhaft zu schaden. Die Leitung der Kunsthalle und des Kunstvereins hatte man – wohl ebenfalls in Absprache mit Tintelnot – schon 1966 Alfred Kamphausen übertragen, obwohl Müller sicherlich einer der besten Kenner der Bestände war.[38] Insgesamt war die Situation verfahren und erforderte einen Schnitt.

4. Der Neuanfang mit Erich Hubala

Dieser erfolgte 1969 nach einer Vakanz von fast zwei Jahren mit der Berufung von Erich Hubala. Erich Trunz hatte bereits die eigenwillige und räumlich unbefriedigende Auslagerung des Instituts in die Dänische Straße zu korrigieren begonnen, so dass das Institut 1970 in die Angerbauten auf dem Campus, Hermann-Rodewald-Straße 5 (Haus S 24a, 5. OG), ziehen konnte und so der Anschluss an den universitären Austausch wieder erleichtert wurde. Hier verblieb das Institut bis es 1980 die heutigen Räume am Wilhelm-Seelig-Platz bezog. Ebenfalls vor dem Antritt Hubalas waren die Weichen für eine erhebliche Steigerung der Studierendenzahlen gelegt worden, da man die Kunstgeschichte in der Lehramtsausbildung der Pädagogischen Hochschule verankerte und so die Lehrveranstaltungen für werdende Kunsterzieher öffnete. Dies führte schnell zu einer Erweiterung der Fragestellungen und vor allem zu einem Zufluss anderer Kunstzugänge. Die kennerschaftliche Auseinandersetzung an spezialistischen Themen in einer kleinen Gruppe trat hinter einer breiteren Vermittlung und einer verstärkten Einbeziehung auch von Themen jüngerer Kunst zurück. Ein solcher Zug ist um 1970 in weiten Teilen der deutschen Hochschullandschaft zu erkennen und kann nur sekundär mit den Studentenunruhen von 1968, die zeitlich parallel stattfanden und im Kieler Institut kaum Wellen schlugen, verbunden werden. Für das Kunsthistorische Institut der CAU bedeutete diese Öffnung eine Verfünffachung der Studierendenzahlen.[39]

---

[38] Vgl. *Kratzke*, Alfred Kamphausen, S. 74. Zur Person von Erich Trunz vgl. aktuell: *Dieter Lohmeier*, Erich Trunz (1905–2001), in: Christiana Albertina 78 (2014), S. 67–73.

[39] *Behrendt / Kunft*, Geschichte und Geschichten, S. 68 nennen die Steigerung »von ca. 35 auf 170 Studenten«.

Gewissermaßen sicherte die Integration der Kunstlehrerausbildung sein Überleben und war sehr zukunftsträchtig: Unter der Federführung des Instituts wurde wenig später durch das Land Schleswig-Holstein eine Ausbildung für das gymnasiale Lehramt Kunst in Kiel begründet und hierfür 1980 ein zweiter kunsthistorischer Lehrstuhl eingerichtet, den Lars Olof Larsson bis 2003 besetzte (und der danach wieder gestrichen wurde). Die Kontakte zur Kunstdidaktik wurden noch enger, als 2001 nach der Auflösung der PH die dortige Abteilung »Kunst und ihre Didaktik« unter Barbara Camilla Tucholski dem Kunsthistorischen Institut angegliedert wurde, bis diese Ausbildung 2011 in Kiel auslief.[40] Im gymnasialen Lehramt besteht die Allianz fort, da die Ausbildung seit 2004 als ein gemeinsamer Studiengang mit der Muthesius Kunsthochschule erfolgt.[41] Insofern begann mit der Öffnung des Instituts 1970 für die Lehrerausbildung eine dauerhafte Strukturveränderung. Diesen Neubeginn umzusetzen kam Erich

Abb. 16: Erich Hubala

[Bildarchiv des Kunsthistorischen Instituts der
Christian-Albrechts-Universität zu Kiel]

[40] Vgl. *Helga Rieger*, Der Fachbereich »Kunst und ihre Didaktik«. Rückblick und Würdigung, in: Barbara Camilla Tucholski (Hg.), Umgedrehter Heringsschwanz. Kieler Miniaturen, Kiel 2011, S. 102–109.
[41] Vgl. *Ingrid Höpel / Ulrich Kuder*, Kunstpädagogik – Ein kooperativer Studiengang zwischen Kunsthochschule und Universität, in: Norbert M. Schmitz et al. (Hg.), Erkenntnisform. 100 Jahre Muthesius Kunsthochschule, Kiel 2007, S. 183–184.

Hubala (1920–1994) zu.[42] Bei Hans Jantzen 1951 in München mit einer Arbeit zur Architektur der Renaissance promoviert, hatte er sich 1959 dort als Assistent von Hans Sedlmayr mit einer Untersuchung zur italienischen Baukunst der Frühen Neuzeit mit einem Schwerpunkt auf Venedig habilitiert.[43] In der Fokussierung auf neuzeitliche Architektur führte er einen Zug seiner beiden Lehrstuhlvorgänger fort, deren Schwerpunkt im deutschen Barock Hubala durch eine ausgesprochen italienische Einfärbung ersetzte. Mit seinen Studien über den Salzburger Barockmaler Johann Michael Rottmayr, zu Peter Paul Rubens, den böhmischen Barock und über seinen vielbeachteten Venedig-Führer hatte sich Hubala zudem schon frühzeitig zu einem dezidierten Generalisten in seinen Epochen entwickelt. Seinen Ruf begründeten renommierte Überblickswerke wie 1968 eine Übersicht über Renaissance und Barock im Umschau-Verlag, 1970 der Band zum 18. Jahrhundert in der gewichtigen Reihe der Propyläen Kunstgeschichte und 1971 der Band zu Barock und Rokoko in der Belser Stilgeschichte, die nicht nur vielfach nachgedruckt, sondern für ein internationales Fachpublikum auch ins Englische übersetzt wurden.[44] Dies waren die Jahre seines Antritts in Kiel, wenn auch die meisten Vorarbeiten bereits in München stattgefunden hatten.

Wie sein Lehrer Hans Sedlmayr betrieb Hubala die Methodik der Strukturanalyse von Kunstwerken, insbesondere durch eine sehr detaillierte, analytische Beschreibung und Konzeptionsbetrachtung. Diese letztlich an der Architektur geschulte Methodik hatte er noch in München auf die Malerei von Rubens übertragen und 1967 in der Reihe von Reclams Werkmonographien eine vielbeachtete Studie zur Münchener Kreuzigung von Rubens vorgelegt,[45] aus der er in den ersten Semestern das Material seiner Kieler Vorlesung und seines Hauptseminars speiste. »Hier ging es immer wieder um die Probleme von Figurenerfindung und Bildform, um die Konfiguration als Mittel der Bilderzählung.«[46] Die systematische Herangehensweise seiner Forschung übertrug Hubala auch auf die Lehre, die er streng und anspruchsvoll durchführte und so der eher familiären Stimmung unter Tintelnot eine Absage erteilte. Das neu eingerichtete Institut in den damals modernen, funktionalen Angerbauten atmete diesen Geist, und auch

---

42 Zur Person vgl. *Christian Lenz*, Erich Hubala, in: Frank Büttner / Christian Lenz (Hg.), Intuition und Darstellung. Erich Hubala zum 24. März 1985, München 1985, S. 9–14; *Frank Büttner*, Erich Hubala. Architektonische Gliederung und bildkünstlerische Konfiguration, in: Nägelke, Kunstgeschichte in Kiel, S. 85–88; *Frank Büttner*, Nachruf Erich Hubala 24.3.1920–8.1.1994, in: Zeitschrift für Kunstgeschichte 57 (1994), S. 291–293.

43 *Erich Hubala*, Zierobelisken. Studien zur Architektur des 16. Jahrhunderts, München 1951; *ders.*, Die Baukunst der italienischen Renaissance, München 1958.

44 *Erich Hubala*, Venedig, Brenta-Villen, Chioggia, Murano, Torcello. Baudenkmäler und Museen (=Reclams Kunstführer Italien, Bd. 2.1), Stuttgart 1974; *ders.*, Renaissance und Barock. Ein Umschau-Bildsachbuch (=Epochen der Architektur), Frankfurt a. M. 1968; *ders.*, Die Kunst des 17. Jahrhunderts (=Propyläen Kunstgeschichte, Bd. 9), Frankfurt a. M. 1970; *ders.*, Barock und Rokoko (=Belser Stilgeschichte, Bd. 9), Stuttgart 1971; *ders.*, Baroque and Rococo Art, New York 1976.

45 *Erich Hubala*, Peter Paul Rubens. Der Münchener Kruzifixus (=Werkmonographien zur bildenden Kunst, Reclams Universalbibliothek, Bd. 9127), Stuttgart 1967.

46 *Büttner*, Nachruf Erich Hubala, S. 87.

personell setzte Hubala einen Schnitt, indem er aus München Bernhard Schütz als Assistenten mitbrachte und durch die Neubesetzung des Sekretariats mit Ursula Langer, die bis 1992 diese Aufgabe wahrnahm, dem Institut auch ein anderes Gesicht gab. Bereits 1971 konnte er eine zweite Assistenz einrichten und sie mit seinem Kieler Schüler Frank Büttner besetzen.

Einschneidend war jedoch die wohl schon unter Erich Trunz konzipierte Abspaltung der Kunsthalle vom Kunsthistorischen Institut. Mit der Berufung von Jens Christian Jensen (1928–2013) zum Direktor der Kunsthalle im Jahre 1971 wurde die Entkopplung des Ausstellungsbetriebes von den Aufgaben des Institutsleiters in Forschung und Lehre möglich. Dies eröffnete einerseits der universitätseigenen Kunsthalle den Raum zu einer freien Positionierung als überregionales Museum für Ausstellungen, die Jensen schon nach wenigen Jahren durch eine Konzentration auf die Zeitgenössische Kunst gelang. Auf der anderen Seite konnten sich der Lehrstuhlinhaber und das Institut mit ganzer Kraft der Ausbildung der stetig wachsenden Zahl an Studierenden widmen. Hatten Sedlmaier und Tintelnot den Ausstellungsbetrieb nicht zuletzt durch ihre Öffnung für die Klassische Moderne und einige Nachkriegspositionen bestreiten können (Tintelnot darüber hinaus durch einige bemerkenswerte Präsentationen zur älteren Kunst), so war dies inhaltlich mit der Ausrichtung Hubalas, dessen Interessen durch die Sammlung nicht abgedeckt waren, kaum mehr vereinbar. Die geplante Abtrennung der Kunsthalle war somit eine Voraussetzung für die Berufung Hubalas und die Neuausrichtung des Instituts. Problematische Folgen hatte dieser Schritt lediglich durch die Aufteilung der Institutsbibliothek, die für die alte Kunst mit dem Institut auf den Campus zog, für die zeitgenössischen Themen aber in der Kunsthalle verblieb. Die nicht immer sinnvoll zu ziehende Grenze und das wechselseitige Bedürfnis nach einer leistungsfähigen Handbibliothek führte im Laufe der Zeit zu Dopplungen in den Beständen und aufgrund einer fehlenden gemeinsamen Bibliotheksleitung zu einer schwierigen Abstimmung untereinander.

Hubala kam mit einem ganzen Schwung Münchener Schüler nach Kiel, die sein Niveau hier schnell durchsetzten. Der von Sedlmaier für die Herausgabe der Habilitationsschrift Kleimingers begründeten Reihe der »Arbeiten des Kunsthistorischen Instituts der Universität Kiel« im Wachholtz-Verlag in Neumünster, die nur drei Bände hervorgebracht hatte und schon von Tintelnot nicht weitergeführt worden war,[47] setzte Hubala durch die Neubegründung einer Reihe »Kieler Kunsthistorische Schriften« im in Bern und Frankfurt sitzenden Verlag Peter

---

[47] *Wolfgang Kleiminger*, Figur und Raum. Zur Wesensbestimmung der deutschen Plastik des 13. Jahrhunderts (=Arbeiten des Kunsthistorischen Instituts der Universität Kiel, Bd. 1), Kiel 1948; *Dietrich Ellger / Johanna Kolbe*, St. Marien zu Lübeck und seine Wandmalereien (=Arbeiten des Kunsthistorischen Instituts der Universität Kiel, Bd. 2), Neumünster 1951; *Jan S. Kunstreich*, Der »geistreiche Willem«. Studien zu Willem Buytewech (1591–1624) (=Arbeiten des Kunsthistorischen Instituts der Universität Kiel, Bd. 3), Neumünster 1959.

Lang einen dezidiert überregionalen Anspruch entgegen. Hier erschienen zwischen 1972 und 1975 fünf Bände von erheblicher kunsthistorischer Relevanz.[48]

Zu diesem Zeitpunkt hatte Erich Hubala jedoch bereits wieder seinen Weg nach Süddeutschland angetreten, nachdem er zum Sommersemester 1974 den 1973 erhaltenen Ruf an die Universität Würzburg angenommen hatte; seinen Assistenten Frank Büttner nahm er mit. Das Kunsthistorische Institut hinterließ Hubala neu aufgestellt und für die Entwicklungen der kommenden Jahre, in denen die Studierendenzahlen explodierten,[49] bestens gewappnet.

Damit endete das erste Vierteljahrhundert des Kunsthistorischen Instituts der Christian-Albrechts-Universität nach dem Zweiten Weltkrieg, das unter den drei Ordinarien Richard Sedlmaier, Hans Tintelnot und Erich Hubala von einem Formbezug in unterschiedlicher Ausprägung und abweichender methodischer Durchdringung bestimmt war. Thematisch prägte in dieser Zeit die Auseinandersetzung mit Renaissance und Barock das Institut. Die Herangehensweise war von der Auseinandersetzung mit Architektur und deren methodischer Übertragung auf Bilder bestimmt. Eine genuine Bildanalytik fand allenfalls unter Hubala statt, die methodische Breite war eher eingeschränkt. Lediglich Wolfgang J. Müller bildete durch sein Interesse für die regionale Kunst hier ein Ausnahme. Das Mittelalter, das unter Arthur Haseloff und den frühen Lehrstuhlinhabern insbesondere über die Buch- und Tafelmalerei eine wichtige Rolle gespielt hatte,[50] fand jedoch kaum mehr Berücksichtigung.

Diese thematische und auch methodische Verengung fand 1976 ein Ende, als nach einer Vakanz Reiner Hausherr zum Sommersemester den Lehrstuhl übernahm. Mit großem Elan betrieb Hausherr in den nächsten Jahren wieder eine Öffnung zum gesamten Mittelalter und die mit seiner Erforschung verbundene

---

[48] *Kristina Herrmann-Fiore*, Dürers Landschaftsaquarelle. Ihre kunstgeschichtliche Stellung und Eigenart als farbige Landschaftsbilder (=Kieler Kunsthistorische Schriften, Bd. 1), Frankfurt a. M. 1972; *Frank Büttner*, Die Galleria Riccardiana in Florenz. (=Kieler Kunsthistorische Schriften, Bd. 2), Frankfurt a. M. 1972; *Denis Andre Chevalley*, Der große Tuilerienentwurf in der Überlieferung Ducerceaus (=Kieler Kunsthistorische Schriften, Bd. 3), Frankfurt a. M. 1973; *Bernhard Schütz*, Die Wallfahrtskirche Maria Birnbaum und ihre beiden Baumeister (=Kieler Kunsthistorische Schriften, Bd. 4), Frankfurt a. M. 1974; *Gisela Vits*, Joseph Effners Palais Preysing. Ein Beitrag zur Münchener Profanarchitektur des Spätbarock (=Kieler Kunsthistorische Schriften, Bd. 5), Frankfurt a. M. 1973; *Annegret Glang-Süberkrüb*, Der Liebesgarten. Eine Untersuchung über die Bedeutung der Konfiguration für das Bildthema im Spätwerk des Peter Paul Rubens (=Kieler Kunsthistorische Schriften, Bd. 5), Frankfurt a. M. 1975.

[49] Im Wintersemester 1974/75 waren 56 Hauptfachstudenten für Kunstgeschichte eingeschrieben, 1987 das Zehnfache (548 Hauptfachstudenten und 258 Nebenfachstudenten), während danach die Zahlen etwas zurückgingen (1992/93: 413 Hauptfachstudenten und 322 Nebenfachstudenten, unberücksichtigt sind jeweils die Lehramtsstudenten). Vgl. *Sabine Behrends* et al., Bis heute. Das Kunsthistorische Institut 1980–1993, in: Nägelke, Kunstgeschichte in Kiel, S. 99–106, hier S. 105.

[50] Vgl. dazu auch *Klaus Gereon Beuckers*, Vorwort, in: Klaus Gereon Beuckers / Christoph Jobst / Stefanie Westphal (Hg.), Buchschätze des Mittelalters. Forschungsrückblicke – Forschungsperspektiven. Beiträge zum Kolloquium des Kunsthistorischen Instituts der Christian-Albrechts-Universität zu Kiel vom 24. bis 26. April 2009, Regensburg 2011, S. 7–12, insb. S. 7 ff.

methodische Breite. Er knüpfte so an die große Tradition des Institutes an. Als 1980 die bisher für Wolfgang J. Müller ad personam geführte nachgeordnete Professur verdauerhaftet und mit Dethard von Winterfeld durch einen ausgewiesenen Architekturhistoriker des Hochmittelalters besetzt wurde, als man die Assistenzen systematisch mit profilierten Mediävisten wie Eberhard König, Uwe Albrecht oder Henrik Karge besetzte, wurde der Schwerpunkt gefestigt. Er prägt die Forschungen des Kieler Instituts bis heute. Die neuzeitliche Kunstgeschichte fand 1980 in Lars Olof Larsson einen ausgewiesenen Vertreter auf dem zweiten, neu gegründeten Lehrstuhl, der auch das gymnasiale Lehramt betreute. Dies sicherte die Vertretung der gesamten Breite des Faches in Kiel. Mit den 1980er Jahren beginnt jedoch eine neue Epoche der Institutsgeschichte. Ihre Würdigung steht bisher noch aus.[51]

---

[51]   Einen Anfang macht personenbezogen *Lars Olof Larsson*, Die Kieler Jahre, in: Ute Engel / Kai Kappel / Claudia Annette Meier (Hg.), Meisterwerke mittelalterlicher Architektur. Beiträge und Biographie eines Bauforschers. Festgabe für Dethard von Winterfeld zum 65. Geburtstag, Regensburg 2003, S. 37–40.

I. Ordentliche Professur, Lehrstuhl (C4/W3) (seit 1893)

(1) *Adelbert Matthaei* (1859–1924), 1893 aus Gießen gekommen, 1904 nach Danzig berufen

(2) *Carl Neumann* (1860–1934), 1904 aus Göttingen gekommen, 1911 nach Heidelberg berufen

(3) *Georg Graf Vitzthum von Eckstädt* (1880–1945), 1911 aus Leipzig gekommen, 1920 nach Göttingen berufen

(4) *Arthur Haseloff* (1872–1955), 1920 aus Berlin gekommen, 1939 in Kiel emeritiert

(5) *Richard Sedlmaier* (1890–1963), 1939 aus Rostock gekommen, 1959 in Kiel emeritiert

(6) *Hans Tintelnot* (1909–1970), 1959 aus Göttingen gekommen, 1966 Niederlegung der Amtsaufgaben, 1967 in Kiel emeritiert

(7) *Erich Hubala* (1920–1994), 1969 aus München gekommen, 1974 nach Würzburg berufen

(8) *Reiner Hausherr* (geb. 1937), 1976 aus Bonn gekommen, 1981 nach Berlin berufen

(9) *Frank Büttner* (geb. 1944), 1982 aus Würzburg gekommen, 1994 nach München berufen

(10) *Ulrich Kuder* (geb. 1943), 1996 aus Cottbus gekommen, 2008 in Kiel emeritiert

(11) *Klaus Gereon Beuckers* (geb. 1966), 2008 aus Stuttgart gekommen

II. Ordentliche Professur, Zweiter Lehrstuhl (C4) (1980–2003)

(1) *Lars Olof Larsson* (geb. 1938), 1980 aus Stockholm gekommen, 2003 in Kiel emeritiert

III. Nachgeordnete Professur (C3/W2) (seit 1980)

(1) *Dethard von Winterfeld* (geb. 1938), 1980 aus Bamberg gekommen, 1984 nach Mainz berufen

(2) *Adrian von Buttlar* (geb. 1948), 1985 aus München gekommen, 2001 nach Berlin berufen

(3) *Sigrid Hofer* (geb. 1956), 2003 aus Frankfurt gekommen, 2003 nach Marburg berufen

(4) *Christoph Jobst* (geb. 1956), 2004 aus Kronberg gekommen

IV. Assistenten, Wissenschaftliche Mitarbeiter

Aenne Liebreich (1927–1933), Wolfgang J. Müller (1946–1956), Jan Siefke Kunstreich (1956–1963), Johann Schlick (1963–1969), Bernhard Schütz (1969–1982), Frank Büttner (1971–1974, neu eingerichtete zweite Assistenz), Eberhard König (1977–1981), Wolf Tegethoff (1981–1987), Barbara Camilla Tucholski (1982–1989), Uwe Albrecht (1982–1989), Henrik Karge (1987–1997), Barbara

Lange (1989–1995), Ulrike Wolff-Thomsen (1997–2003), Anna Minta (1999–2003), Stefanie Westphal (2006–2008), Susanne Schwertfeger (2008–2014)

V. Außerplanmäßige Professoren

(1) *Alfred Kamphausen* (1906–1982), seit 1931 Leitung des Dithmarscher Landesmuseums, 1946 in Kiel habilitiert, 1953 apl-Professur, 1977 in Kiel pensioniert

(2) *Wolfgang J. Müller* (1913–1992), seit 1946 Assistent in Kiel, 1950 in Kiel habilitiert, 1956–1979 besoldete Dozentur, 1962 apl-Professor, 1979 in Kiel pensioniert

(3) *Bernhard Schütz* (geb. 1941), seit 1970 Assistent in Kiel, 1978 in Kiel habilitiert, 1981 apl-Professor (C2), 1982 nach München berufen

(4) *Uwe Albrecht* (geb. 1954), seit 1982 Assistent in Kiel, 1989 in Kiel habilitiert, 1991–1995 Hochschuldozent, seit 1995 apl-Professor (C2) in Kiel

(5) *Ulrike Wolff-Thomsen* (geb. 1963), seit 1997 Assistentin in Kiel, 2003 in Kiel habilitiert, 2003–2006 Oberassistentin, 2008 apl-Professorin, seit 2006 freiberuflich tätig, seit 2013 Leitung des Museums Kunst der Westküste

Oliver Auge / Martin Göllnitz

Zwischen Grenzkampf, Völkerverständigung und der Suche nach demokratischer Identität: Die Landesgeschichte an der Christian-Albrechts-Universität zu Kiel zwischen 1945 und 1965

1. Neustart mit Schwierigkeiten: Die Berufung Alexander Scharffs

Mit dem Ende des Zweiten Weltkrieges und der einstweiligen Schließung der Christian-Albrechts-Universität (CAU) zu Kiel bat Otto Scheel, seit 1924 der erste Inhaber des Lehrstuhls für Schleswig-Holsteinische, Nordische und Reformationsgeschichte, um seine Emeritierung.[1] Schon seit 1943 hatte er keine Vorlesungen und Übungen mehr an der Universität gehalten.[2] Ihre Wiedereröffnung am 27. November 1945 fand damit ohne einen fest bestallten Landeshistoriker statt.[3] Auch die weitere Zukunft des Lehrstuhls war damals mehr als ungewiss. Besonders der stark auf Otto Scheel ausgerichtete Zuschnitt des Lehrstuhls und die von ihm geprägte Ausrichtung erschwerten die Berufung eines passenden Nachfolgers in der Nachkriegszeit, nicht zuletzt wegen des Mangels an fachlich geeignetem Personal im akademischen Bereich. Voraus-

---

[1] Näheres zur Person von Otto Scheel bei *Christoph Cornelißen*, Das Kieler Historische Seminar in den NS-Jahren, in: Ders. / Carsten Mish (Hg.), Wissenschaft an der Grenze. Die Universität Kiel im Nationalsozialismus (=Mitteilungen der Gesellschaft für Kieler Stadtgeschichte, Bd. 86), 1. Aufl., Essen 2009, S. 229–252, besonders S. 248–251; *Oliver Auge / Martin Göllnitz*, Landesgeschichtliche Zeitschriften und universitäre Landesgeschichte: Das Beispiel Schleswig-Holstein (1924–2008), in: Thomas Küster (Hg.), Medien des begrenzten Raumes. Regional- und landesgeschichtliche Zeitschriften im 19. und 20. Jahrhundert (=Forschungen zur Regionalgeschichte, Bd. 73), Paderborn et al. 2013, S. 69–125, besonders S. 73–75; *Eric Kurlander*, Otto Scheel. National Liberal, Nordic Prophet, in: Ingo Haar / Michael Fahlbusch (Hg.), German Scholars and Ethnic Cleansing (1919–1945), New York 2006, S. 200–212; *Carsten Mish*, Otto Scheel (1876–1954). Eine biographische Studie zu Lutherforschung, Landeshistoriographie und deutsch-dänischen Beziehungen [im Druck]. Zum Rücktritt Scheels siehe *Thomas Hill* (Hg.), Das Historische Seminar im »Dritten Reich«. Begleitheft zur Ausstellung des Historischen Seminars der Christian-Albrechts-Universität zu Kiel im Sommersemester 2003 (http://www.uni-kiel.de/ns-zeit/allgemein/historisches-seminar.pdf).

[2] LASH, Abt. 460, Nr. 3131, Fragebogen des Military Government of Germany an Otto Scheel vom 25.5.1945: »Musste 1943 die wissenschaftliche Leitung des Instituts für Landesforschung an der Universität mit Weisung des Gauleiters niederlegen.«

[3] Zur Wiedereröffnung der Universität siehe *Kurt Jürgensen*, Die Christian-Albrechts-Universität nach 1945, in: Imke Meyer (Red.), Aus der Geschichte lernen? Universität und Land vor und nach 1945. Eine Ringvorlesung der Christian-Albrechts-Universität zu Kiel und des Schleswig-Holsteinischen Landtages im Wintersemester 1994/95, Kiel 1995, S. 183–202.

schauend war der Lehrstuhl schon bei seiner Einrichtung aufgrund der ungewöhnlichen Denomination als »künftig wegfallend« gekennzeichnet worden.[4]
Demzufolge verfügte das Historische Seminar nach Kriegsende nur noch über
die beiden Lehrstühle für Mittlere und Neuere Geschichte mit den Lehrstuhlinhabern Karl Jordan und Otto Becker.[5] Mit der Lehre zur mittelalterlichen
Geschichte Schleswig-Holsteins beauftragte die Philosophische Fakultät den
seit 1939 am Lehrstuhl für Landesgeschichte tätigen Honorarprofessor Volquart Pauls.[6] Um darüber hinaus die Landesgeschichte im ersten Nachkriegs-
semester 1945/46 in Vorlesungen und Übungen anbieten zu können, wurde als

Abb. 17: Otto Scheel (1876–1954)

[Historisches Seminar der Christian-Albrechts-
Universität zu Kiel]

---

4   LASH, Abt. 811, Nr. 12392, Protokoll einer Fragestunde an den Kultusminister von
     Schleswig-Holstein, Paul Pagel, im schleswig-holsteinischen Landtag vom 3.5.1952.
     Pagel betont hier, dass die Zusammenstellung der durch den Lehrstuhl vertretenen
     Gebiete durch die besonderen Arbeitsbereiche Otto Scheels bedingt gewesen sei.
     LASH, Abt. 47, Nr. 6996, Schreiben des Preußischen Ministers für Wissenschaft, Kunst
     und Volksbildung, Otto Boelitz, an Otto Scheel vom 12.4.1924: Der preußische Minister
     ernennt Otto Scheel zum ersten Lehrstuhlinhaber für schleswig-holsteinische Ge-
     schichte, Nordeuropäische Geschichte und Reformationsgeschichte mit Rücksicht auf
     Scheels Fachgebiete.
5   *Karl Jordan,* Geschichtswissenschaft, in: Ders. / Erich Hofmann (Hg.), Geschichte der
     Philosophischen Fakultät (=Geschichte der Christian-Albrechts-Universität Kiel 1665–
     1965, Bd. 5, Teil 2), Neumünster 1969, S. 7–102, hier S. 98.
6   LASH, Abt. 811, Nr. 12392, Vermerk des Ministerpräsidenten von Schleswig-Holstein,
     Friedrich-Wilhelm Lübke, vom 13.9.1952, sowie *Jordan,* Geschichtswissenschaft, S.
     92; zur Person von Volquart Pauls siehe auch *Olaf Klose,* Volquart Pauls, in: Zeitschrift
     der Gesellschaft für Schleswig-Holsteinische Geschichte 79 (1955), S. 9–16; *Auge /
     Göllnitz,* Landesgeschichtliche Zeitschriften, S. 77–82.

Ergänzung dazu ein Lehrauftrag für schleswig-holsteinische Kirchengeschichte an Professor Peter Meinhold erteilt. Auch die Kunst- sowie Ur- und Frühgeschichte hielten Seminare und Vorlesungen zur Landesgeschichte ab.[7] Daneben widmete sich der Lehrstuhl für Mittelalterliche Geschichte inhaltlich der schleswig-holsteinischen Geschichte.[8] Auf diese Weise war die Landesgeschichte zumindest in der Lehre auch ohne eigenen Lehrstuhlinhaber weiter vertreten.

Abb. 18: Otto Becker (1885–1955)
[Historisches Seminar der Christian-Albrechts-
Universität zu Kiel]

Während die CAU versuchte, den Lehrbetrieb wieder beginnen zu lassen, kämpften in dieser Phase ihrer Neuausrichtung viele der ehemaligen Professoren und Dozenten um eine Wiederanstellung und, damit verbunden, um eine Rehabilitierung, nachdem sie von der britischen Militärregierung 1945 entlassen worden waren.[9] Um sich ein Bild über die Forschung und Lehre unter dem Einfluss der nationalsozialistischen Machthaber an der Universität zu verschaffen, war der von Deutschen besetzte Entnazifizierungsausschuss indes auf Zeugenaussagen und Empfehlungen angewiesen, denn ein Großteil der Perso-

---

[7] LASH, Abt. 811, Nr. 12392, Protokoll einer Fragestunde an den Kultusminister von Schleswig-Holstein, Paul Pagel, im schleswig-holsteinischen Landtag vom 3.5.1952.
[8] Ebd.
[9] *Jürgensen*, Christian-Albrechts-Universität, S. 183 ff.

nalakten und universitären Unterlagen war während des Krieges durch Bombenangriffe vernichtet worden. Die desolate Aktenlage sowie der in Schleswig-Holstein nach dem Ende des Zweiten Weltkrieges vorherrschende Mangel an unbelasteten Wissenschaftlern beschleunigten das Verfahren der Überprüfung. Die sich heute im Landesarchiv in Schleswig befindenden Entnazifizierungsakten belegen eindrucksvoll, auf welcher schmalen Aktengrundlage der deutsche Entnazifizierungsausschuss arbeitete.[10] Auffällig ist zudem, wie häufig die

Abb. 19: Alexander Scharff (1904–1985)

[Historisches Seminar der Christian-Albrechts-
Universität zu Kiel]

sogenannten »Persilscheine« ausgestellt wurden, mit denen sich auch die Historiker in Kiel nach dem Ende des Krieges gegenseitig attestierten, unbelastet zu sein.[11] Von der desolaten Aktenlage und dem freigiebigen Ausstellen der »Persilscheine« profitierte offenkundig auch Alexander Scharff. Der in Calbe (Saale) geborene Scharff besuchte das Gymnasium in Flensburg und gehörte zu jenen Universitätsangehörigen, die 1945 von der Militärregierung entlassen worden waren, bis er eine Empfehlung durch einen Kollegen erhielt: »Professor Dr. Becker hat Scharff die nazifeindliche Einstellung bestätigt […].«[12] Zuvor

---

[10]   Vgl. *Cornelißen*, Das Kieler Historische Seminar, S. 251 f.
[11]   Vgl. ebd., S. 251. Zum Umgang mit »Persilscheinen« in Schleswig-Holstein und an der Kieler Hochschule siehe *Gerhard Hoch*, Die Zeit der »Persil«-Scheine, in: Demokratische Geschichte 4 (1989), S. 355–371.
[12]   LASH, Abt. 460, Nr. 4174, Bericht des Deutschen Entnazifizierungsausschusses vom 15.8.1946. Näheres zur Person von Alexander Scharff bei *Manfred Jessen-Klingenberg*,

war Scharff bis zum Kriegsende als außerplanmäßiger Professor am Lehrstuhl für Neuere Geschichte in Kiel tätig gewesen und hatte zudem in den Kriegsjahren Vorlesungen an der Marineschule Mürwik gehalten. Die nach seiner Entlassung erfolgte Ermittlung zog sich über ein Jahr lang bis zum 15. August 1946 hin. In dieser Zeit forderte der deutsche Entnazifizierungsausschuss mehrere Gutachten über Scharffs Vergangenheit während des nationalsozialistischen Regimes an und prüfte die von Scharff verfassten Schriften ebenso wie die Aussagen von Kollegen. Der Kieler Lehrstuhlinhaber für Neuere Geschichte, Otto Becker,[13] und der wissenschaftliche Leiter der Schleswig-Holsteinischen Universitätsgesellschaft, Professor Friedrich Blume, setzten sich für den Entlassenen ein.[14] Auch Scharffs frühere Sekretärin Else Johannsen aus seiner Zeit als Leiter der Deutsch-Nordischen Burse bescheinigte ihm ein fehlerfreies Verhalten.[15] Da die Bezüge, die ihm als außerplanmäßigem Professor zustanden, von der Militärregierung für die Dauer des Ermittlungsverfahrens gesperrt waren, unterrichtete Scharff während des Verfahrens als Privatlehrer Englisch, um seine Familie zu ernähren. Als ihm aber diese Lehrtätigkeit aufgrund des Berufsverbotes auch noch untersagt wurde, wandte er sich mit dringlichen Appellen an den Entnazifizierungsausschuss.[16] Um seine Wiedereinstellung zu beschleunigen, betonte Scharff in den Anträgen den »streng wissenschaftlich[en] und im Gegensatz zu allen Propagandabestrebungen [stehenden]«[17] Charakter seiner an der Marineschule Mürwik gehaltenen Vorträge und bezog Stellung zu seinem politischen Engagement in der Zeit des Nationalsozialismus. Der Eintritt in die nationalsozialistische Sturmabteilung (SA), nach seinen selbstentlastenden Worten das »kleinere Übel«,[18] sei zwingend erforderlich gewesen, um seine Universitätslaufbahn fortsetzen zu können, und zudem sei er

Alexander Scharff, in: Zeitschrift der Gesellschaft für Schleswig-Holsteinische Geschichte 111 (1986), S. 9–18; *Erich Hoffmann*, Alexander Scharff. 11. Juli 1904–27. März 1985, in: Christiana Albertina N.F. 20 (1985), S. 381–382; *Auge / Göllnitz*, Landesgeschichtliche Zeitschriften, S. 82–85. Zu Alexander Scharffs Rolle in der Zeit des Nationalsozialismus siehe *Cornelißen*, Das Kieler Historische Seminar, S. 229–252, besonders S. 248–252, sowie *Christian Tilitzki*, Alexander Scharff. Ein Kieler Landeshistoriker im Dritten Reich, in: Die Heimat 105 (1998), S. 231–242.

13 LASH, Abt. 460, Nr. 4174, Schreiben von Otto Becker an den Deutschen Entnazifizierungsausschuss vom 17.7.1946. Becker attestierte Scharff eine liberale und demokratische Einstellung.

14 Ebd., Gutachten von Friedrich Blume über Alexander Scharff vom 25.7.1946.

15 Ebd., Aussage von Else Johannsen vom Juli 1946. Von 1929 bis 1933 war Scharff bei der Universitätsgesellschaft als Leiter des Studentenwohnheims »Deutsch-Nordische Burse« in Kiel angestellt. Laut Scharffs Aussage erfolgte die Entlassung auf Druck der nationalsozialistischen Studentenführung.

16 Ebd., Entnazifizierungsantrag von Alexander Scharff vom 11.7.1946. Scharff betonte hier entschieden seine demokratische und liberale Gesinnung. Außerdem verwies er auf das Misstrauen der Nationalsozialisten ihm gegenüber, da sein Vater Freimaurer und »Meister des Stuhls« in Flensburg gewesen sei.

17 Ebd.

18 Ebd. Aufgrund einer schweren Nierenverletzung wurde Scharff als nicht fronteinsatzfähig eingestuft.

aufgrund seines körperlichen Gebrechens auch gar nicht in der Lage gewesen aktiv zu dienen. Er habe sich somit nicht als Soldat schuldig gemacht. Aussagen wie diese sind freilich apologetischen Charakters und treffen auf einen Großteil der damaligen Wissenschaftler zu. Nicht unerheblich für die Entscheidung des Entnazifizierungsausschusses dürfte seine glaubhafte Schilderung gewesen sein, dass er nicht der Schutzstaffel der NSDAP (SS) beigetreten sei, obwohl ihm dadurch eine sofortige Beförderung samt glänzender Laufbahn sicher gewesen wäre. Auch einen von der SA dringend empfohlenen Austritt aus der Kirche habe er stets abgelehnt. Stattdessen habe er im Jahr 1943 die SA verlassen und sein politisches Engagement stark eingeschränkt. Ebenso ausführlich legte er seinen eigenen beruflichen Werdegang dar: In den sieben Jahren an der Universität Kiel sei er auf keinen Lehrstuhl berufen, sondern lediglich zum außerplanmäßigen Professor ernannt worden, habe nur Diäten und kein festes Gehalt oder gar einen Anspruch auf Pension erhalten. Daher sei es offensichtlich, dass er durch seinen Beitritt zur SA keine Vorteile erlangt habe.

Will man die Persönlichkeit Alexander Scharffs beleuchten, reicht es jedoch nicht aus, sich allein auf die apologetischen Aussagen von Kollegen, Freunden und Scharff selbst zu verlassen. Zusätzlich muss sein wissenschaftliches Wirken im Nationalsozialismus betrachtet werden. Da keine Aufzeichnungen über seine Vorträge und Lehrveranstaltungen mehr vorhanden sind, ist hierfür der Blick auf seine Schriften zu richten. Dass er zeitweilig sehr wohl bereit gewesen war, sich und seine wissenschaftliche Tätigkeit in den Dienst der nationalsozialistischen Machthaber zu stellen, belegt vor allem seine Publikation »Schleswig-Holsteins Erhebung und die europäischen Großmächte« von 1942.[19] Im gesamten Aufsatz lassen sich Sprach- und Ideologiemerkmale der nationalsozialistischen Rhetorik finden, die Scharff dazu nutzte, um die Einheit Schleswig-Holsteins und des gesamten Deutschen Reiches zu legitimieren. In seinen eigenen Worten ging es bei der schleswig-holsteinischen Erhebung um das »Volkstumsprinzip, das Einswerden von Rasse, Volk und Raum«.[20] Diese Einheit musste ihm zufolge gegen die »Einflüsse volksfremden und volkszersetzenden Gedankengutes«[21] und mit Waffengewalt im Konflikt gegen den »völkischen Feind« geschaffen werden.[22] Diese »Kräfte des Blutes, des heldischen Willens und der opferbereiten Tat«[23] sah Scharff auch in den Heldentaten und Opfern der Gegenwart – wohlgemerkt des Kriegsjahres 1942. Ein Jahr später ging er dann sogar so weit zu betonen, dass die Geschichtswissenschaftler bereit seien,

---

19 *Alexander Scharff*, Schleswig-Holsteins Erhebung und die europäischen Großmächte, in: Kieler Blätter (1942), H. 2, S. 100–117. Siehe dazu auch *Cornelißen*, Das Kieler Historische Seminar, S. 242 f.
20 *Scharff*, Schleswig-Holsteins Erhebung, S. 108.
21 Ebd., S. 100.
22 Ebd., S. 101.
23 Ebd., S. 117.

»zur geistigen Grundlegung der großen deutschen Schicksalsfragen beizutragen, die ihre Lösung finden werden in der Sicherung des deutschen Lebensraumes und der Neuordnung Europas«.[24]

Scharffs Aussagen vor dem Entnazifizierungsausschuss waren demnach fragwürdig, denn er hatte sich, zumindest zu einem gewissen Teil, dem nationalsozialistischen Regime also doch bereitwillig angedient.

Der Ausschuss bestätigte Scharff am 15. August 1946 trotzdem einstimmig als Universitätsdozent, und so konnte dieser zum Wintersemester 1946/47 seine Arbeit an der Universität Kiel wieder aufnehmen.[25] Eine Lehrtätigkeit scheint er in diesem Wintersemester aber noch nicht ausgeübt zu haben, denn erst im darauffolgenden Sommersemester wird er mit einer Vorlesung über »Deutsche Geschichte im Zeitalter der Reformation« und einem Proseminar für Neuere Geschichte im Vorlesungsverzeichnis geführt.[26] Trotz seiner Beschäftigung am Lehrstuhl für Allgemeine Neuere Geschichte, dem er auch schon vor seiner Entlassung im Jahr 1945 zugeordnet gewesen war, rückte die schleswig-holsteinische Geschichte nun freilich immer mehr in den Mittelpunkt von Scharffs wissenschaftlichem Interesse: Während er so in Vorlesungen weiterhin gesamtdeutsche Themen wie »Deutsche Geschichte im Zeitalter der Gegenreformation und des Dreißigjährigen Krieges« behandelte,[27] wandte er sich in seinen Aufsätzen besonders der sogenannten schleswig-holsteinischen Erhebung zu, die sich zu seinem Spezialthema entwickelte. Dies wird auch der Grund dafür gewesen sein, dass ihm die Fakultät im Wintersemester 1947/48 einen Lehrauftrag für Landesgeschichte anbot. Etwa zeitgleich beschloss das Kultusministerium, nach Absprache mit Otto Becker über die inhaltliche Festlegung,[28] den Lehrstuhl für Schleswig-Holsteinische und Nordische Geschichte neu einzurichten.[29] Damit stellte sich sogleich die Frage nach seiner geeigneten Besetzung. Denn auch ohne das zuvor noch mit eingeschlossene Gebiet der Reformationsgeschichte hatte ein solches Ordinariat weiterhin den Charakter eines Speziallehrstuhls. Die Suche nach einem passenden Nachfolger gestaltete sich entsprechend schwierig für den Dekan der Philosophischen Fakultät. So gab es zwar einzelne Vertreter der Mittleren und Neueren Geschichte in Kiel,

---

24 *Ders.*, Europäische und gesamtdeutsche Zusammenhänge der schleswig-holsteinischen Erhebung, in: Kurt von Raumer / Theodor Schieder (Hg.), Stufen und Wandlungen der Deutschen Einheit, Stuttgart 1943, S. 196–223, hier S. 220.
25 LASH, Abt. 460, Nr. 4174, Bericht des Deutschen Entnazifizierungsausschusses vom 15.8.1946.
26 Vorlesungsverzeichnis für das Sommersemester 1947, S. 30.
27 Vorlesungsverzeichnis für das Wintersemester 1947/48, S. 31.
28 LASH, Abt. 811, Nr. 12392, Vermerk von Ministerialrat August Wilhelm Fehling über die Besetzung des Lehrstuhls für Schleswig-Holsteinische und Nordische Geschichte vom Juli 1952.
29 Ebd., Protokoll einer Fragestunde an den Kultusminister von Schleswig-Holstein, Paul Pagel, im schleswig-holsteinischen Landtag vom 3.5.1952.

die, wie erwähnt, in Vorlesungen und Übungen schleswig-holsteinische Themen aufgriffen, aber als genuine Landeshistoriker traten alle nicht in Erscheinung. Der bisherige Vertreter der Landesgeschichte, Volquart Pauls, erfüllte
als Honorarprofessor ebenfalls die Voraussetzungen nicht, zumal er zu diesem
Zeitpunkt schon fast 65 Jahre alt und durch seine Tätigkeit als Direktor der
Schleswig-Holsteinischen Landesbibliothek in Kiel und als Sekretär der Gesellschaft für Schleswig-Holsteinische Geschichte stark beschäftigt war. So fiel
kaum verwunderlich erstmals der Blick auch auf Scharff. In einem Vermerk
des Ministerialrats August Wilhelm Fehling vom Juli 1952 heißt es:

> »Rücksprache des Unterzeichneten mit Professor Scharff, ob er nicht die
> Chance nutzen und sich auf schleswig-holsteinische Geschichte stärker
> spezialisieren wolle. Ablehnung Prof. Scharffs, da sein Wunsch nach einer
> wissenschaftlichen Betätigung auf das Gebiet der allgemeinen deutschen
> Geschichte gerichtet sei.«[30]

Dass Scharff diesen Vorschlag ablehnte, erklärte Otto Becker in einem Schreiben an den schleswig-holsteinischen Kultusminister folgendermaßen: »Auf
einen Lehrstuhl für allgemeine Geschichte ist wohl noch nie ein Landeshistoriker berufen worden.«[31] Becker sah also die Gefahr bestehen, dass Scharff
seine Hoffnungen auf eine Karriere im Bereich der allgemeinen Geschichte begraben müsste, würde er sich vermehrt der Landesgeschichte zuwenden. Ob
Scharff selbst eine stärkere Orientierung hin zur Landesgeschichte am Anfang
als universitäre »Einbahnstraße« angesehen hat, bleibt indes unklar. Er selbst
rechtfertigte seine Entscheidung inhaltlich mit der Vorliebe für allgemeine
deutsche Geschichte, vor allem der des 19. Jahrhunderts.[32]
    Infolgedessen schaute man sich weiter nach einem anderen passenden Kan-
didaten für die Landesgeschichte um, während der Lehrauftrag für mittelalterliche schleswig-holsteinische Geschichte für Volquart Pauls nochmals verlän-
gert wurde. Als Pauls dann 1949 um die Versetzung in den Ruhestand bat und
weitere Anfragen wegen einer Verlängerung seines Lehrauftrages abschlägig
beschied, wandte sich der Dekan der Philosophischen Fakultät im Wintersemester 1949/50 erneut an den außerplanmäßigen Professor Scharff. Diese zweite Anfrage der Universität lehnte Scharff nun allerdings nicht mehr ab, sondern

---

30 LASH, Abt. 811, Nr. 12392, Vermerk von Ministerialrat August Wilhelm Fehling über
    die Besetzung des Lehrstuhls für Schleswig-Holsteinische und Nordische Geschichte
    vom Juli 1952. Zur Person von August Wilhelm Fehling siehe *Franz Kock*, Fehling,
    August Wilhelm, in: Olaf Klose / Eva Rudolph (Hg.), Schleswig-Holsteinisches Biogra-
    phisches Lexikon, Bd. 4, Neumünster 1976, S. 65–68. Von 1947 bis 1952 war der
    schleswig-holsteinische Kultusminister Kurator der Universität Kiel. Fehling oblag in
    dieser Zeit die Verwaltung der Geschäfte.
31 Ebd., Schreiben von Otto Becker an Ministerialrat August Wilhelm Fehling vom
    7.1.1952.
32 Ebd., Vermerk von Ministerialrat August Wilhelm Fehling über die Besetzung des
    Lehrstuhls für Schleswig-Holsteinische und Nordische Geschichte vom Juli 1952.

nahm zum Wintersemester 1949/50 einen unbesoldeten Lehrauftrag für schleswig-holsteinische Geschichte an.[33] Noch im selben Semester hielt er eine »Übung zur Schleswig-Holsteinischen Frage im 19. Jahrhundert«[34] ab und begann mit den Vorarbeiten zu der Monographie über »Schicksalsfragen schleswig-holsteinischer Geschichte«.[35] Eine Berufung auf den betreffenden Lehrstuhl lag 1950 jedoch noch in weiter Ferne. Scharff hatte sich bisher nämlich hauptsächlich mit dem 19. Jahrhundert und, wie gesagt, speziell mit der sogenannten schleswig-holsteinischen Erhebung auseinandergesetzt,[36] worüber seine Schriften »Uwe Jens Lornsens Lebensende«, »Aus Schleswig-Holsteins Freiheitskampf« und »Die europäischen Großmächte und die deutsche Revolution« beredtes Zeugnis ablegen.[37] Dass Scharffs Hauptaugenmerk in Forschung und Lehre den Bereich der Mediävistik nicht umschloss, wurde in der Philosophischen Fakultät negativ aufgenommen.[38] Ausdrücklich verband der Dekan eine mögliche Berufung mit einem breiteren Forschungsfeld in der schleswig-holsteinischen Geschichte. Um der Forderung der Fakultät nach einer zeitlichen Ausweitung des Lehr- und Forschungsfeldes nachzukommen, begnügte sich Scharff aber lediglich mit kleineren Abstechern auf frühneuzeitliche Themengebiete.[39] Für Becker war indes nicht nachvollziehbar, dass Scharffs Arbeitsfeld ein Hindernis für seine Berufung sein sollte, und er bot folgende Erklärung für das Problem, das sich aus Scharffs Forschungsschwerpunkten ergab:

---

[33] Ebd.

[34] Vorlesungsverzeichnis für das Wintersemester 1949/50, S. 52.

[35] Vgl. *Alexander Scharff*, Schicksalsfragen schleswig-holsteinischer Geschichte (=Akademische Schriften, Bd. 5), Neumünster 1951.

[36] Ein vollständiges gebündeltes Schriftenverzeichnis von Alexander Scharff existiert nicht. Um einen genauen Überblick über seine Publikationen zu bekommen, empfiehlt sich: *Manfred Jessen-Klingenberg / Hildegard von Jakubowski*, Verzeichnis der Schriften von Alexander Scharff sowie der von ihm angeregten Dissertationen, in: Alexander Scharff, Schleswig-Holstein in der deutschen und nordeuropäischen Geschichte. Gesammelte Aufsätze, hg. von Manfred Jessen-Klingenberg, (=Kieler Historische Studien, Bd. 6), Stuttgart 1969, S. 273–286; sowie ein Nachtrag zum Schriftenverzeichnis in *Manfred Jessen-Klingenberg*, Alexander Scharff, in: Zeitschrift der Gesellschaft für Schleswig-Holsteinische Geschichte 111 (1986), S. 17 f.; siehe auch LASH, Abt. 460, Nr. 4174, Anlage B zum Fragebogen Scharffs über Veröffentlichungen und Vorträge vom 11.7.1946; sowie Bundesarchiv Berlin (BArch), R 21/20079, Akte Alexander Scharff, darunter auch ein Verzeichnis der Schriften Scharffs von 1927 bis 1943.

[37] *Alexander Scharff*, Uwe Jens Lornsens Lebensende, in: Zeitschrift der Gesellschaft für Schleswig-Holsteinische Geschichte 76 (1952), S. 158–186; *ders.*, Aus Schleswig-Holsteins Freiheitskampf, in: Zeitschrift der Gesellschaft für Schleswig-Holsteinische Geschichte 63 (1935), S. 387–393; *ders.*, Die europäischen Großmächte und die deutsche Revolution. Deutsche Einheit und europäische Ordnung. 1848–1851, Leipzig 1942.

[38] LASH, Abt. 811, Nr. 12392, Schreiben des Dekans der Philosophischen Fakultät der Universität Kiel, Erich Hofmann, an den Kultusminister von Schleswig-Holstein, Paul Pagel, vom 24.7.1952. Scharffs »konsequente Einstellung auf einen bestimmten Problemkreis« ist Anlass zur Kritik.

[39] So zum Beispiel in *Alexander Scharff*, Schleswig-Holstein und Dänemark im Zeitalter des Ständestaates, in: Zeitschrift der Gesellschaft für Schleswig-Holsteinische Geschichte 79 (1955), S. 153–184; wiederabgedruckt als *ders.*, Schleswig-Holstein und

»Herrn Scharff ist also die Chance einer neuen Nominierung ganz wesentlich dadurch verdorben, daß er auf Wunsch der Landesregierung und der
Fakultät sich in den letzten Jahren mit seinen Vorlesungen und Publikationen auf schleswig-holsteinische Landesgeschichte spezialisiert hat [...].«[40]

Becker sah folglich die Chance einer Berufung Scharffs auf einen Lehrstuhl für
Allgemeine Neuere Geschichte dadurch gefährdet, dass dieser sich in den letzten Jahren hauptsächlich mit Aspekten der Landesgeschichte beschäftigt und
die allgemeine Geschichte vernachlässigt hatte, um dem Wunsch der Universität nachzukommen. Wenn man ihm nun, trotz seiner Bemühungen um die
schleswig-holsteinische Geschichte, eine Berufung auf den Lehrstuhl für Landesgeschichte verwehre, könne dies, so Becker, auch das Ende von Scharffs
wissenschaftlicher Karriere bedeuten.

Doch die Fakultät blieb bei ihrem Wunsch einer weitläufigeren Betrachtung
der schleswig-holsteinischen Geschichte vom frühen Mittelalter bis in die Neuzeit und wandte sich daher mit der Bitte um Ausweitung seines Forschungs-
gebietes nochmalig an Scharff. Damit einhergehend stellte man ihm zugleich
»die Aufnahme in einen Besetzungsvorschlag für den Lehrstuhl«[41] in Aussicht.
Der Grund für die kompromissbereite Haltung der Fakultät war wohl vor allem
der Druck aus der Politik, da diese eine baldige Lehrstuhlbesetzung wünschte.
Das Kultusministerium in Kiel forderte so im Jahr 1951 die Philosophische
Fakultät mehrmals auf, endlich eine Vorschlagsliste mit geeigneten Kandidaten
vorzulegen, und betonte dabei die besondere Rolle des Lehrstuhls für das neue
Bundesland Schleswig-Holstein.[42] Eine Stärkung des Identitätsbewusstseins
der Schleswig-Holsteiner sowie eine Aussöhnung zwischen Deutschen und
Dänen sollten die vorrangigen Aufgaben für die landesgeschichtliche Professur
werden – politische Ziele, die erst in den 1970er Jahren allmählich an Bedeutung verloren. Jedoch war nicht nur das Kultusministerium an der Berufung
eines geeigneten Kandidaten interessiert. Auch die außeruniversitäre Öffentlichkeit, vertreten durch die Geschichtsvereine, nahm seit Anfang 1951 regen
Anteil an der Diskussion und wandte sich immer wieder in Briefen an den

Dänemark im Zeitalter des Ständestaates, in: ders., Schleswig-Holstein in der deutschen
und nordeuropäischen Geschichte. Gesammelte Aufsätze, hg. von Manfred Jessen-Klingenberg, (=Kieler Historische Studien, Bd. 6), Stuttgart 1969, S. 43–73.

[40] LASH, Abt. 811, Nr. 12392, Schreiben von Otto Becker an Ministerialrat August Wilhelm Fehling vom 7.1.1952.

[41] LASH, Abt. 811, Nr. 12392, Vermerk von Ministerialrat August Wilhelm Fehling über
die Besetzung des Lehrstuhls für Schleswig-Holsteinische und Nordische Geschichte
vom Juli 1952.

[42] Ebd., Schreiben des Kultusministers von Schleswig-Holstein, Paul Pagel, an den Dekan
der Philosophischen Fakultät der Universität Kiel, Georg Wüst, vom 10.4.1951.

Dekan sowie das Kultusministerium.[43] Allerdings führte diese verstärkte Einmischung bald zu einer spürbaren Abwehrhaltung auf Seiten der Christiana Albertina, sah sich diese nun doch »in der Freiheit ihres Vorschlagrechtes eingeschränkt«.[44] Während der Wunsch des Kultusministers, der Geschichtsvereine und der Kieler Zeitungen nach einer Berufung Scharffs auf den geplanten Lehrstuhl für Schleswig-Holsteinische und Nordische Geschichte immer deutlicher artikuliert wurde,[45] wich die Philosophische Fakultät so wieder zeitweilig von diesem Ziel ab. Dass sich Scharff im Jahr 1937 bei Becker an der Kieler Universität mit einer Arbeit über den »Kampf um Deutschlands Einheit und Mitteleuropa«[46] habilitiert hatte und dass seine Berufung somit den Anschein einer Hausberufung erweckte, diente als Grund dafür. Der Ministerpräsident verteidigte Scharff jedoch gegen diesen Einwand und berief sich auf den besonderen Charakter des Speziallehrstuhls:

> »Es widerspricht allerdings an sich der sonst üblichen Gepflogenheit, einen an der eigenen Hochschule habilitierten Gelehrten auf einen Lehrstuhl zu berufen, ohne daß dieser vorher einen Ruf an eine andere Universität erhalten hat. Bei den Besonderheiten, die bei der Besetzung dieses Lehrstuhls mit zu berücksichtigen sind, kann aber einer Ausnahmeregelung zugestimmt werden.«[47]

Zudem konnte Otto Becker mit Hilfe von Martin Lintzel, dem Lehrstuhlinhaber für Mittelalterliche Geschichte in Halle, den Einwand der Hausberufung widerlegen. In einer Akte der Universität Halle war nämlich vermerkt, dass Scharff im Frühjahr 1943 an dritter Stelle auf der Vorschlagsliste für den Lehrstuhl für Neuere Geschichte in Halle gestanden hatte.[48] Nach weiteren Diskussionen

---

[43] Besonders deutlich in seinen Wünschen war der »Deutsche Grenzausschuss Schleswig e.V.«, siehe dazu: LASH, Abt. 811, Nr. 12392, Schreiben des 1. Vorsitzenden des Deutschen Grenzausschusses Schleswig, Friedrich Wilhelm Lübke, an den Kultusminister von Schleswig-Holstein, Paul Pagel, mit der Bitte, Alexander Scharff auf den Lehrstuhl zu berufen. Ähnliches lässt sich übrigens auch schon zum Ende des 19. und Anfang des 20. Jahrhunderts feststellen, als Geschichtsvereine, damals noch in Zusammenarbeit mit der Universität, immer wieder die Preußische Regierung baten, einen Lehrstuhl für Landesgeschichte zu errichten. Siehe dazu *Jordan*, Geschichtswissenschaft, S. 72, 76 f., 82 f.

[44] LASH, Abt. 811, Nr. 12392, Anlage zum Vermerk von Ministerialrat August Wilhelm Fehling über die Besetzung des Lehrstuhls für Schleswig-Holsteinische und Nordische Geschichte [vom Januar 1952].

[45] Der bisher vakant gebliebene Lehrstuhl fand auch in den Zeitungen Aufmerksamkeit, unter anderem in dem Artikel »Lehrstuhl für Landesgeschichte noch unbesetzt«, Schleswig-Holsteinische Volkszeitung, 4.5.1952.

[46] *Alexander Scharff*, Im Kampf um Deutschlands Einheit und Mitteleuropa. Preußisch-deutsche Politik 1850–1851, Kiel 1937 [Auszug aus der Habilitations-Schrift].

[47] LASH, Abt. 811, Nr. 12392, Vermerk des Ministerpräsidenten von Schleswig-Holstein, Friedrich Wilhelm Lübke, vom 13.9.1952.

[48] Ebd., Schreiben von Otto Becker an Ministerialrat August Wilhelm Fehling vom 7.1.1952.

erstellte man schließlich im Juni 1952 in Kiel eine Besetzungsliste, auf der neben Scharff auch Karl Jordan, der Lehrstuhlinhaber für Mittelalterliche Geschichte an der Christiana Albertina, und Paul Johansen vertreten waren.[49] Johansen war dänischer Abstammung und damals außerordentlicher Professor am Lehrstuhl für Osteuropäische und Hansische Geschichte an der Universität Hamburg. Dies machte ihn für die Fakultät zu einem besonders interessanten Kandidaten, da man sich so eine engere Verknüpfung der schleswig-holsteinischen mit der dänischen Geschichtsforschung erhoffte. Jordan befand sich aufgrund seiner bisherigen Publikationen zur mittelalterlichen schleswig-holsteinischen Geschichte auf der Besetzungsliste.[50] Im Kultusministerium hielt man trotzdem an Scharff fest und zeigte wenig Begeisterung für die neuen Vorschläge der Universität. Und auch im Historischen Seminar sprachen sich immer mehr Historiker für Scharffs Berufung aus. Unter ihnen befand sich neben Becker, Pauls und Scheel, der Scharff mit Nachdruck favorisierte,[51] sogar der von der Fakultät gewünschte Jordan. Ein Sondervotum Beckers sprach sich zudem explizit gegen den Beschluss der Berufungskommission aus und baute so einer Berufung Johansens vor.[52] Auch zwei Alternativvorschläge des Dekans fanden bei Ministerialrat Fehling kein Gehör und wurden in einer Besprechung entschieden abgelehnt:[53] Der erste Vorschlag sah die Einrichtung von zwei Extraordinariaten für Schleswig-Holsteinische und Nordische Geschichte vor, ersteres für die ältere Zeit und letzteres für die Neuzeit. Der zweite Vorschlag sah vor, dass Jordan den Lehrstuhl für Schleswig-Holsteinische Geschichte übernehmen und Johansen dessen Lehrstuhl besetzen sollte. Fehling ging angesichts dessen bemerkenswerterweise sogar soweit, in Anspielung auf seine dänische Herkunft in einer Notiz zu vermerken, dass es dem Ministerpräsidenten Lübke nicht zugemutet werden könne, »eine Berufung Prof. Johansens zu unterschreiben«.[54]

Wegen der Schwierigkeiten, die mit der Besetzung des Lehrstuhls einhergingen, überrascht es nicht, dass die Philosophische Fakultät noch im Juli 1952 die Möglichkeit prüfte, ihn doch ganz zu streichen. Stattdessen sollte ein Forschungsinstitut für Landesgeschichte in Schleswig eingerichtet und die Lehre für schleswig-holsteinische Geschichte dem Lehrstuhl für Neuere Geschichte

49   Ebd., Schreiben des Dekans der Philosophischen Fakultät der Universität Kiel, Erich Hofmann, an den Kultusminister von Schleswig-Holstein, Paul Pagel, vom 24.7.1952.
50   Ebd.
51   LASH, Abt. 399.67, Nr. 46, Dankesschreiben von Alexander Scharff an Otto Scheel vom 1.10.1952.
52   LASH, Abt. 811, Nr. 12392, Sondervotum von Otto Becker vom 23.7.1952.
53   Siehe dazu LASH, Abt. 811, Nr. 12392, Vermerk von Ministerialrat August Wilhelm Fehling vom 9.7.1952.
54   Ebd., Vermerk von Ministerialrat August Wilhelm Fehling vom 4.10.1951.

übertragen werden.[55] Die Landesregierung, welche auf einer sofortigen Besetzung des Lehrstuhls beharrte, wies diese Alternative wie auch schon die voraus-
gegangenen Vorschläge zurück.[56] Da bereits das vorgeschichtliche Museum
sowie das Archiv nach Gottorf verlegt worden seien, sei dort eine ausreichende
Form der Arbeitsgemeinschaft hergestellt und somit ein Umzug der Landesgeschichte nach Schleswig nicht notwendig.[57] Zudem sei der enge Kontakt von
Landesgeschichte und allgemeiner Geschichte nur dann gesichert, wenn der
Lehrstuhl für Schleswig-Holsteinische und Nordische Geschichte auch in Kiel
verbleibe.[58]

Anfang August 1952 beugte sich die Fakultät schließlich doch dem Druck
und beschloss, Scharff zum Extraordinarius für Schleswig-Holsteinische und
Nordische Geschichte mit Aussicht auf ein Ordinariat zu ernennen. Nach Verhandlungen zwischen Fehling und Scharff am 18. August 1952 stand seine Berufung fest.[59] Die Philosophische Fakultät legte ihm dabei nochmals eindringlich nahe, eine Ausweitung seiner Arbeit auf die Zeit des Übergangs vom
Mittelalter zur Neuzeit vorzunehmen.[60]

2. Vom »Grenzkampf« zur Kooperation mit Dänemark

Die ursprünglichen Ziele des Lehrstuhls für Landesgeschichte hatte der erste
Lehrstuhlinhaber Scheel während einer Festrede vor der Gesellschaft für
Schleswig-Holsteinische Geschichte im März 1933 so formuliert: Dieser sei
geschaffen worden, »da Deutschland so viele Gebietsverluste erlitten habe,
weil die deutsche Geschichtsschreibung den Nachbarländern nichts entgegen-
zusetzen habe«.[61] Die preußische Regierung hatte demnach eine Revision der
durch die Volksabstimmungen von 1920 zwischen Dänemark und Deutschland
gezogenen Grenze im Blick, als sie den Lehrstuhl für Schleswig-Holsteinische,
Nordische und Reformationsgeschichte einrichten ließ und mit Scheel besetzte.
Scheel trat nicht nur als wortgewaltiger Redner im »Grenzkampf« von 1920
auf, sondern auch in den Jahren nach seiner Berufung stellte er seine Professur
in den Dienst der Politik und stieß damit verständlicherweise besonders in

---

[55] LASH, Abt. 811, Nr. 12392, Schreiben des Dekans der Philosophischen Fakultät der
      Universität Kiel, Erich Hofmann, an den Kultusminister von Schleswig-Holstein, Paul
      Pagel, vom 24.7.1952.
[56] Ebd., Vermerk von Ministerialrat August Wilhelm Fehling vom August 1952.
[57] Ebd., Vermerk von Ministerialrat August Wilhelm Fehling vom 29.7.1952.
[58] *Jordan*, Geschichtswissenschaft, S. 94 f.
[59] LASH, Abt. 811, Nr. 12392, Ernennungsurkunde Alexander Scharffs zum außer-
      ordentlichen Professor vom 13.9.1952.
[60] Ebd., Vermerk von Ministerialrat August Wilhelm Fehling vom 29.7.1952.
[61] Zitat aus *Lena Cordes*, Regionalgeschichte im Zeichen politischen Wandels. Die
      Gesellschaft für Schleswig-Holsteinische Geschichte zwischen 1918 und 1945 (=Kieler
      Werkstücke. Reihe H: Beiträge zur Neueren und Neuesten Geschichte, Bd. 1), Frankfurt
      a. M. et al. 2011, S. 78.

Kopenhagen auf Ablehnung. Dieser Tradition blieb Scharff als Schüler Scheels noch bis Anfang der 1950er Jahre deutlich verpflichtet, was etwa in seinem Aufsatz »Schleswig-Holsteinischer Gedanke und deutsches Nationalbewußtsein im 19. Jahrhundert und heute«[62] von 1951 anklingt. Von den Ideen seines Lehrers geprägt, argumentierte Scharff darin mit jenen völkischen Merkmalen, die während der nationalsozialistischen Herrschaft als Argumente für Gebietsansprüche verwendet worden waren:

»Eine Grundtatsache unserer Geschichte ist die Herausbildung der Schicksalsgemeinschaft zwischen Schleswig und Holstein innerhalb des dänischen Gesamtstaates. Staatsrechtlich war, wie allgemein bekannt, die Stellung der beiden Herzogtümer verschieden – Schleswig dänisches, Holstein deutsches Lehen –, aber in jahrhundertelanger Entwicklung war hier deutscher Volksboden gewachsen, und weit über ihn hinaus hatten sich deutscher Kulturboden und deutscher Kultureinfluß ausbreiten können.«[63]

Mit Scharffs Ernennung zum außerordentlichen Professor für Schleswig-Holsteinische und Nordische Geschichte im September 1952 vollzog sich dann ein spürbarer Wandel in der politischen Instrumentalisierung der universitären Landesgeschichte sowie, damit eng verbunden, in Scharffs Ausrichtung von Forschung und Lehre. Die schleswig-holsteinische Landesgeschichte an der Kieler Universität passte sich den veränderten Bedingungen im neuen Bundesland Schleswig-Holstein an. Das bedeutete auch für Scharff einen ideologischen sowie thematisch-inhaltlichen Bruch mit der unter Scheel errichteten »Kampfprofessur« und stand im scharfen Kontrast zu seinen eigenen früheren Arbeiten und Ansichten. In Vorlesungen widmete sich Scharff nun vermehrt der Nordeuropäischen Geschichte und blickte auch über das 19. Jahrhundert hinaus auf die frühe Neuzeit zurück. Damit kam Scharff nicht nur dem Wunsch der Universität nach einer Ausweitung seiner Schwerpunktsetzung in der Lehre nach, sondern verdeutlichte auch im Geist der damaligen Bestrebungen zur Völkerverständigung die Wirkung skandinavischer Vorbilder und Traditionen in Schleswig-Holstein, so zum Beispiel beim bekannten Vertrag von Ripen aus dem Jahr 1460: »Das eigentliche Vorbild für den Ripener Freiheitsbrief ist [...] im Norden Europas zu suchen.«[64] »Deutschland und Nordeuropa im 18. Jahrhundert«,[65] »Nordische Geschichte im Rahmen der europäischen Geschichte von der Mitte des 16. bis zur Mitte des 17. Jahrhunderts«[66] oder »Schleswig-Holstein und Nordeuropa im Zeitalter des Ständestaates«[67] sind nur einige der

---

62 *Alexander Scharff*, Schleswig-Holsteinischer Gedanke und deutsches Nationalgefühl im 19. Jahrhundert und heute, in: Ders., Schicksalsfragen, S. 9–26.
63 Ebd., S. 9 f.
64 *Scharff*, Schleswig-Holstein und Dänemark, S. 160.
65 Vorlesungsverzeichnis für das Sommersemester 1953, S. 69.
66 Vorlesungsverzeichnis für das Sommersemester 1956, S. 69.
67 Vorlesungsverzeichnis für das Wintersemester 1959/60, S. 77.

Vorlesungen, die Scharff in diesem Sinne in den ersten Jahren hielt. Deutlich versuchte er dabei, die Universalgeschichte mit der Landesgeschichte zu verknüpfen und so verschiedene Fragen der schleswig-holsteinischen Geschichte in einen größeren Kontext zu stellen. Denn für ihn war klar:

>Unsere Landesgeschichte ist mehr als Landesgeschichte; sie kann nur begriffen werden, wenn sie gesehen wird in ihrer Verknüpfung mit dem Geschehen im Süden und Norden des Landes, als Teilvorgang eines größeren Geschehens [...].«[68]

Doch nicht nur Scharffs Engagement in Lehre und Forschung, sondern auch eine große Anzahl von ihm angeregter und betreuter Dissertationen, die Probleme der schleswig-holsteinischen Landesgeschichte sowie der nordischen Geschichte des 16. bis 19. Jahrhunderts beleuchteten, verweisen auf ein im Hinblick auf die betrachteten Zeitspannen deutlich ausgeweitetes Arbeitsfeld.[69] Dies zeigt sich gleichfalls bei der Vorlesung »Geschichte Schleswig-Holsteins«, die von Scharff jedes zweite Semester gehalten wurde. Sie umfasste nun den gesamten Zeitraum vom Mittelalter bis zur Neuzeit.[70]

Scharff modernisierte sein eigenes Geschichtsbild, indem er althergebrachtes Gedankengut verwarf und die Landesgeschichte voll und ganz in den Dienst des neuen Bundeslandes Schleswig-Holstein stellte. Neben der universitären Arbeit richtete er seinen Blick dabei immer stärker auf die aktive Gestaltung der Grenzbeziehungen zwischen Dänemark und Deutschland. So war er bereits im September des Jahres 1951 auf dem Historikertag in Marburg von schleswig-holsteinischen Historikern gebeten worden,[71] sich an den »bevorstehenden deutsch-dänischen Verhandlungen«[72] zur Überarbeitung der Geschichtsbücher in beiden Ländern zu beteiligen. Die Verhandlungen, welche ein Teil des »Better History Textbooks«-Programms der UNESCO waren, wurden von der »Arbeitsgemeinschaft deutscher Lehrerverbände« unterstützt,[73] und sollten den Inhalt der Schulbücher von nationalsozialistischer Ideologie befreien. Auf dem ersten Treffen der deutschen Historiker zum geplanten Schulbuchentwurf im Dezember 1951 in Braunschweig war Scharff dabei und beteiligte sich rege an

---

[68] *Scharff*, Schleswig-Holstein und Dänemark, S. 155.
[69] *Jessen-Klingenberg / von Jakubowski*, Alexander Scharff, S. 284–286.
[70] LASH, Abt. 605, Nr. 15366, Empfehlungsschreiben für die Verleihung des Verdienstordens der Bundesrepublik Deutschland an Alexander Scharff o. Dat.
[71] LASH, Abt. 47, Nr. 6993. Scharff bezieht sich hier unter anderem auf Oberschulrat Weishaupt und Georg Eckert.
[72] Ebd., Bericht von Alexander Scharff über die deutsch-dänischen Verhandlungen zur Verbesserung der Geschichtslehrbücher vom 21.4.1952.
[73] Ebd. Das Ziel des Programms war, »die Geschichtslehrbücher von Entstellungen der geschichtlichen Wahrheit zu reinigen, die Erneuerung nationalistischer Geschichtsdeutung zu vermeiden und in freien Verhandlungen zwischen den Historikern benachbarter Länder zur Aufstellung einer gemeinsamen Arbeitsunterlage für die Verbesserung der Schulbücher zu gelangen.«

den Verhandlungen. Ihm gelang es, eine Einigung für einen ersten Lehrbuch-
entwurf zwischen allen Beteiligten zu erzielen.[74] Im Jahr darauf reiste Scharff
mit einigen Kollegen nach Kopenhagen, um die dänische Seite und ihre Vor-
schläge zu hören. Unterstützt vom dänischen Historiker Troels Fink,[75] mit dem
Scharff eine enge Freundschaft verband, sowie durch das dänische Unterrichts-
ministerium konnte bereits zu Ostern 1952 ein Konsens in Form eines
Thesenentwurfs »Zur Geschichte und Problematik der deutsch-dänischen
Beziehungen« herbeigeführt werden.[76] Dass solche Beratungen erstmalig in der
Geschichte der deutsch-dänischen Beziehungen stattfanden und auch strittige
Fragen, von den Anfängen der gemeinsamen Beziehungen bis 1920, offen
diskutiert wurden, ist zwar nicht allein Scharff zu verdanken, zu einem wesentlichen Teil profitierten die Schulbuchverhandlungen aber von seiner Mitarbeit.[77] Sie führten nicht zuletzt auch auf der universitären Ebene zu einer Kooperation, die es seit der nationalsozialistischen »Machtergreifung« nicht mehr
gegeben hatte und die parallel zum staatlichen Aussöhnungsprozess in der
Form der Bonn-Kopenhagener Erklärungen von 1955 zur Verständigung auf
regionaler und universitärer Ebene beitrug.[78] In regelmäßigen Abständen hielt
Scharff nun Gastvorlesungen in Kopenhagen und Århus und führte Geschichts-
studenten aus Kiel mit Kommilitonen aus Norwegen und Dänemark zur gemeinsamen Diskussion zusammen.[79] Als Anerkennung für seine Verdienste um
die deutsch-dänische Versöhnung verlieh man ihm folgerichtig 1970 das Große
Bundesverdienstkreuz sowie von dänischer Seite 1975 das Kommandeurs-
Kreuz des Dannebrogordens.[80] Scharffs Verbindungen zu Skandinavien im
Rahmen seiner Tätigkeiten verdeutlichen indes, dass die schleswig-holsteinische Landesgeschichte für ihn nach wie vor eine stark politische Note besaß,
wie schon sein Vorgänger Scheel in seinem Beitrag »Landesgeschichte als politische Wissenschaft«[81] festgestellt hatte: Bereits zu Zeiten Dahlmanns seien die
Geschichtswissenschaft und die Politik eng miteinander verknüpft gewesen.

---

[74]　Ebd. Als Grundlage des ersten Lehrbuchs diente der Entwurf des Marburger Dozenten
　　　Röhr.
[75]　Zu Troels Fink siehe *Johan Peter Noack*, Troels Fink, in: Historisk Tidsskrift 100
　　　(2000), S. 500–504.
[76]　LASH, Abt. 47, Nr. 6993. Der Thesenentwurf stellte eine gemeinsame »Arbeitsunter-
　　　lage für die Schulbuchverbesserung« dar und wurde auch in den folgenden Jahren von
　　　Alexander Scharff und Troels Fink betreut.
[77]　Vgl. dazu *Jessen-Klingenberg*, Alexander Scharff, S. 13; *Hoffmann*, Alexander Scharff,
　　　S. 382; sowie LASH, Abt. 605, Nr. 15366.
[78]　*Jessen-Klingenberg*, Alexander Scharff, S. 13; *Hoffmann*, Alexander Scharff, S. 382.
[79]　LASH, Abt. 605, Nr. 15366, Empfehlungsschreiben für die Verleihung des Verdienst-
　　　ordens der Bundesrepublik Deutschland an Alexander Scharff o. Dat.
[80]　Vgl. ebd., Schreiben des Chefs der Staatskanzlei, Weichert, an den Kultusminister von
　　　Schleswig-Holstein, Walter Braun, vom 11.2.1970 sowie Universitätsnachrichten.
　　　Fachbereich Philosophie, in: Christiana Albertina N.F. 2 (1975), S. 161.
[81]　Zu Otto Scheels Beitrag »Landesgeschichte als politische Wissenschaft« siehe *Herbert
　　　Jankuhn*, Die Jahrestagung des Instituts für Volks- und Landesforschung an der Univer-
　　　sität Kiel am 21. und 22. Januar 1939, in: Kieler Blätter (1939), H. 1/2, S. 123–126.

3. Recht und Freiheit als neue Leitideen der Landesgeschichte

Das neu gegründete Bundesland Schleswig-Holstein war in den ersten Nachkriegsjahren geprägt von der Last der nationalsozialistischen Vergangenheit, der Auflösung des preußischen Staates und der an der Grenze zu Dänemark schwelenden Minderheitenproblematik sowie einem wiedererstarkenden Grenzrevisionismus. Dies führte landesweit zu einer verstärkten Identitätssuche der Schleswig-Holsteiner, in deren Verlauf die Politik wiederum Ansprüche an den Lehrstuhl stellte. Denn neben einem Beitrag zur Aussöhnung mit Dänemark, welche politischerseits bekanntlich 1955 in die Bonn-Kopenhagener Erklärungen mündete, war es vor allem die Identitätsstiftung anhand der Rückbesinnung auf wichtige Ereignisse im Kontext der eigenen schleswig-holsteinischen Geschichte, die die Politik dem Lehrstuhl als Aufgabe zudachte. Den Schleswig-Holsteinern, allen voran den jungen Studierenden, sollten dabei durch Rückbesinnung auf den Vertrag von Ripen oder die sogenannte schleswig-holsteinische Erhebung nicht nur eine eigene schleswig-holsteinische Identität, sondern auch die Grundwerte der neuen demokratischen Ordnung vermittelt werden. Um Dänemarks Anspruch auf das deutsche Südschleswig entgegenzuwirken, bemühte Scharff dabei noch in traditioneller Manier die Grundsätze des Ripener Vertrags von 1460:

»Das Ziel aller dieser Einzelbestimmungen ist das gleiche: die Selbständigkeit, die Autonomie der Lande soll geschützt werden gegen einen Landesherrn, der zugleich das benachbarte Dänemark beherrscht, wie sich Schweden und Norwegen gegen das dänische Übergewicht zu schützen suchten. Eine Gewähr dieser Autonomie wird auch festgelegt mit dem Grundsatz, daß die Lande ewig ungeteilt bleiben sollen.«[82]

Ebenso wichtig wie ein ungeteiltes Schleswig-Holstein und der Verbleib Südschleswigs im neuen Bundesland war für den Landeshistoriker wenige Jahre später aber auch »eine enge Zusammenarbeit der politischen Führungsgruppen Dänemarks und Schleswig-Holsteins einzuleiten«.[83] Um diese von ihm geforderte Selbständigkeit und einen anhaltenden Frieden zu erreichen sowie dem Problem der schleswig-holsteinischen Identitätssuche zu begegnen, formulierte er gewissermaßen die Grundsätze für das neue Bundesland Schleswig-Holstein in seiner Jubiläumsrede zur 500-Jahr-Feier des Ripener Vertrages im Jahr 1960:

---

[82] *Scharff*, Schleswig-Holstein und Dänemark, S. 161.
[83] *Ders.*, Ripen 1460 und das Erbe unserer Geschichte, in: 500 Jahre Vertrag von Ripen. Reden bei der Feier am 5. März 1960 im Kieler Stadttheater, veranstaltet von der Schleswig-Holsteinischen Landesregierung, der Gesellschaft für Schleswig-Holsteinische Geschichte und dem Schleswig-Holsteinischen Heimatbund, Neumünster 1960, S. 15–31, hier S. 25.

»Über allem steht der Gedanke der Autonomie, der Eigenständigkeit, der inneren Selbständigkeit gegenüber Dänemark, und alle einzelnen Sätze der Ripener Urkunde ordnen sich wieder ein in das Friedensmotiv: Schutz des Friedens, der Religion und der Sitten ist geradezu gleichbedeutend mit Achtung vor Privilegien, Rechten und Freiheiten. Nicht zufällig ist das Gelöbnis des Herrschers, daß die Lande ewig ungeteilt zusammenbleiben sollten, eingeschoben in Bestimmungen über den Landfrieden.«[84]

Zusätzlich zu den Schlagworten von Autonomie und Frieden propagierte Scharff nun in seinem Œuvre als zentrale demokratische Leitideen Recht und Freiheit, welche gemeinsam in der noch jungen Bundesrepublik zu wichtigen Grundsätzen erhoben wurden.[85] Der neue Freiheitsgedanke nimmt dabei den größten Raum ein und wird gar zur elementaren Leitidee seiner Forschung. Bereits 1949 hatte er in der eine Brücke zur Germanistik schlagenden Monographie »Sprache, Nation, Menschheit in Goethes Geisteswelt«[86] den Freiheitsgedanken hervorgehoben und nebenbei seine wissenschaftliche Vielseitigkeit bezeugt. Diese Schrift öffne »den Zugang zu den Wertvorstellungen des Historikers, zu den Idealen und Zielen«[87] wie kein anderes Werk, urteilt denn auch Manfred Jessen-Klingenberg in seinem Nachruf auf Scharff aus dem Jahre 1986 und hat damit für die Zeit nach 1945 gewiss recht. Um die historische Bedeutung von Recht und Freiheit herauszuarbeiten, griff Scharff nun wiederholt auf identitätsstiftende Ereignisse in der schleswig-holsteinischen Geschichte wie beispielsweise den Vertrag von Ripen zurück. Dabei verknüpfte er nicht nur die in der Ripener Urkunde verankerten Ideale mit der Gegenwart, sondern distanzierte sich auch deutlich vom Nationalsozialismus:

»In diesem Geiste unserer Zeit verstehen wir: Recht als ein Recht, das allen Wandlungen politischer Lebensformen übergeordnet ist, Freiheit als Freiheit, die es zu verteidigen gilt gegen Willkür und Gewalttat.«[88]

---

[84] Ebd., S. 21.
[85] Vgl. dazu auch *Lena Cordes*, Vom Zeugnis schleswig-holsteinischer Einheit zum Symbol für Frieden, Recht und Freiheit. Der Vertrag von Ripen als Erinnerungsort des Bundeslandes Schleswig-Holstein (bis 1960), in: Oliver Auge / Burkhard Büsing (Hg.), Der Vertrag von Ripen 1460 und die Anfänge der politischen Partizipation in Schleswig-Holstein, im Reich und in Nordeuropa. Ergebnisse einer internationalen Tagung der Abteilung für Regionalgeschichte der CAU zu Kiel vom 5. bis 7. März 2010 (=Kieler Historische Studien, Bd. 43; zeit + geschichte, Bd. 24), Ostfildern 2012, S. 221–240, hier S. 231 ff.
[86] Vgl. *Alexander Scharff*, Sprache, Nation, Menschheit in Goethes Geisteswelt (=Akademische Schriften, Bd. 1), Neumünster 1949.
[87] *Jessen-Klingenberg*, Alexander Scharff, S. 9.
[88] *Scharff*, Ripen 1460, S. 30.

Weit mehr noch erarbeitete er seine neuen Leitgedanken an seinem zweiten Themenschwerpunkt, der den Fixpunkt seines wissenschaftlichen Wirkens darstellte – dem schleswig-holsteinischen Nationalkonflikt im 19. Jahrhundert. Für Scharff war die geschichtliche Besinnung, besonders auf die sogenannte schleswig-holsteinische Erhebung, dabei »mehr als eine Beschwörung von Schatten«.[89] Denn die besondere Mittlerrolle Schleswig-Holsteins im 19. Jahrhundert, als Brücke zwischen dem Königreich Dänemark und den Staaten des Deutschen Bundes, sah Scharff nicht nur als bestimmend für die Identitätsstiftung des Bundeslandes Schleswig-Holstein, sondern auch als Wegweiser für eine tragfähige Völkerverständigung.[90]

Es verwundert folglich nicht, dass er sich an bestimmte universitäre Beiträge auf der 1937 gehaltenen »Woche der Universität« fortan nur mit Unbehagen erinnerte. Er vertrat nun die Meinung, dass die nationalsozialistische Ideologie einer nordischen Herrenrasse, welche »auch an der Kieler Universität laut verkündet wurde, [...] mit Geist und Wesen des Nordens nichts gemein«[91] gehabt habe. In dem Beitrag »Schleswig-Holstein und Dänemark im Zeitalter des Ständestaates« machte er gleich zu Beginn deutlich, dass das historische Recht als »Waffe im politischen Kampf der Völker«[92] gebraucht worden sei. In Zukunft wolle er sich mit deutschen sowie dänischen Kollegen von solchen Denkweisen befreien: Keine Nation solle beschuldigt, sondern verschiedene Methoden der Landeskunde sollten miteinander verglichen werden. Dabei forderte Scharff eine Verlagerung der Forschung auf

»die volksmäßige und wirtschaftliche Entwicklung [...]; die staatspolitischen Verhältnisse seien nur dann von Bedeutung, wenn aus ihnen die Volkstumsprobleme geklärt werden könnten«.[93]

Ganz im Sinne klassischer Landesgeschichte nach Karl Lamprecht und Hermann Aubin schloss dies auch die Methoden der »Sprachforschung und Siedlungsgeschichte, Rechts- und Gesellschaftskunde«[94] mit ein. Allerdings blieb nach Ausweis der zahlreichen Arbeiten seiner Schüler die Politik- und Verfassungsgeschichte dominant.[95]

---

[89] *Ders.*, Schleswig-Holsteinischer Gedanke, S. 23.
[90] Vgl. *ders.*, Schleswig-Holstein und Dänemark, S. 153 ff.
[91] *Alexander Scharff*, Die Universität Kiel und Dänemark, in: Christiana Albertina 1 (1966), S. 42–52, hier S. 51. Thema der »Woche der Universität« war: »Die Universität Kiel und Schleswig-Holstein«.
[92] *Scharff*, Schleswig-Holstein und Dänemark, S. 153.
[93] Ebd.
[94] Ebd., S. 154. Siehe dazu allgemein *Franz Irsigler*, Vergleichende Landesgeschichte, in: Carl-Hans Hauptmeyer (Hg.), Landesgeschichte heute, Göttingen 1987, S. 35–54.
[95] Vgl. *Klaus-Joachim Lorenzen-Schmidt*, Paradigmenwechsel in der Landesgeschichtsschreibung und Geschichtsvermittlung 1945–2009, in: Demokratische Geschichte 21 (2010), S. 139–155, hier S. 144.

Die immer stärkere Betonung der Bedeutung der skandinavischen Geschichte für die geschichtliche Disposition Schleswig-Holsteins zeigte sich schließlich darin, dass 1969 der von Scharff mitinitiierte Sonderforschungsbereich (SFB) 17 zum Thema »Skandinavien- und Ostseeraumforschung« an der CAU eingerichtet wurde.[96] Scharffs Arbeitsfeld wurde die »Soziale Bewegung im 19. und 20. Jahrhundert: Dänische Gewerkschaftsbewegung 1898–1924«, wobei er mit dem Lehrstuhlinhaber für Neuere skandinavische Literatur, Otto Oberholzer, zusammenarbeitete. Scharffs Engagement im Rahmen des SFB verdeutlicht zugleich auch eindrücklich den damaligen Einfluss der Landesgeschichte an der Christiana Albertina. Einen weiteren Themenschwerpunkt Scharffs, den er schon seit 1930 verfolgte und der in enger Beziehung zum Nationalkonflikt im 19. Jahrhundert stand,[97] bildete Bismarcks Vorgehen während des Deutsch-Dänischen Krieges sowie dessen politisches Konzept für Nordschleswig nach 1864. In dem 1956 veröffentlichten Aufsatz »Zur Problematik der bismarckschen Nordschleswigpolitik«[98] beleuchtete Scharff auf der Basis ausführlicher Archivstudien die damals schwierigen deutsch-dänischen Beziehungen. Dabei hob er besonders die »Fehler und Missgriffe«[99] der bismarckschen Politik hervor und gelangte zu dem Ergebnis, dass Bismarck die Chance einer Aussöhnung beider Länder verspielt habe. Dass Scharff in dieser Schrift, trotz seiner offenkundigen Bewunderung für Bismarck, zum Teil scharfe Kritik an dessen Maßnahmen übte, stieß bei manchem in der Historikerzunft, besonders jedoch bei dem Lübecker Historiker Martin Winckler, auf Ablehnung. Ab Mitte der 1950er Jahre entwickelte sich eine heftige Auseinandersetzung zwischen beiden, die auch in den Tageszeitungen ausgetragen wurde. Winckler warf Scharff in deren Verlauf Fehler und falsche Schlussfolgerungen vor,[100] und kam in seiner eigenen Untersuchung »Die Zielsetzung in Bismarcks Nordschleswig-Politik und die schleswigsche Grenzfrage«[101] zu ganz anderen Schlüssen. Allerdings verließ Winckler dabei auch die streng wissenschaftliche Ebene und versuchte mit verschiedenen Briefen an den Ministerialdirektor und

---

[96] Vgl. *Ruth Weih*, Nordeuropaforschung in Kiel (1945–1996), in: Robert Bohn / Jürgen Elvert / Karl-Christian Lammers (Hg.), Deutsch-skandinavische Beziehungen nach 1945 (=Historische Mitteilungen Beiheft 31), Stuttgart 2000, S. 202–229, hier S. 205.

[97] Siehe dazu *Alexander Scharff*, Der Gedanke der preußischen Vorherrschaft in den Anfängen der deutschen Einheitsbewegung, Bonn 1929; *ders.*, Im Kampf um Deutschlands Einheit.

[98] Vgl. *ders.*, Zur Problematik der Bismarckschen Nordschleswigpolitik, in: Die Welt als Geschichte. Zeitschrift für universalgeschichtliche Forschung 16 (1956), S. 211–217.

[99] LASH, Abt. 605, Nr. 6351, Schreiben von Martin Winckler an Ministerialdirektor Ernst Kracht vom 1.7.1956.

[100] Ebd.

[101] Vgl. *Martin Winckler*, Die Zielsetzung in Bismarcks Nordschleswig-Politik und die schleswigsche Grenzfrage, in: Die Welt als Geschichte. Zeitschrift für universalgeschichtliche Forschung 16 (1956), S. 41–63.

den Ministerpräsidenten Scharff zu desavouieren.[102] Wincklers Vorgehen wurde freilich in der Landesregierung als »polemisch und unwissenschaftlich«[103] angesehen, seine emotionalen Ausbrüche wies man auf das Entschiedenste zurück. Auch bei anderen Historikern fand Winckler kein Gehör, sodass er nach einigen weiteren erfolglosen Anläufen die Angelegenheit auf sich beruhen ließ. Scharff hingegen widmete sich unverdrossen auch in den folgenden Jahren der Person Bismarcks, und besonders die umfangreiche Überarbeitung des von Becker nachgelassenen Manuskripts »Bismarcks Ringen um Deutschlands Gestaltung«[104] brachte ihm den Ruf eines »der besten Bismarck-Kenner«[105] seiner Zeit ein.

4. Universitäts- und Hansegeschichte als Felder landeshistorischer Forschung

Das Bemühen um die Erforschung der Vergangenheit der Christiana Albertina verdeutlicht, dass schleswig-holsteinische Geschichte nahezu immer nicht nur am dafür eingerichteten Lehrstuhl betrieben wurde. Auch Historiker der anderen Lehrstühle beschäftigten sich mit Themen der Landesgeschichte, allerdings aus anderem Blickwinkel und mit anderer Schwerpunktsetzung. Karl Jordan, der seit 1943 als ordentlicher Professor den Lehrstuhl für Mittelalterliche Geschichte und Historische Hilfswissenschaften innehatte,[106] gehörte in vorderer Reihe zu diesen an der Landesgeschichte Interessierten. Auch Jordan hatte wie Scharff dem nationalsozialistischen Regime bereitwillig zugearbeitet. So hatte er der von Heinrich Himmler gegründeten Forschungsgemeinschaft »Das Ahnenerbe« im April 1938 seine Mitarbeit angeboten und dabei auf das große Interesse des Reichsführers-SS an Forschungen zur Geschichte Heinrichs des

---

[102] LASH, Abt. 605, Nr. 6351, Schreiben von Martin Winckler an den Ministerpräsidenten von Schleswig-Holstein, Kai-Uwe von Hassel, vom Juni 1956 sowie Schreiben von Martin Winckler an Ministerialdirektor Ernst Kracht vom 1.7.1956.

[103] Ebd., Schreiben von Ministerialrat August Wilhelm Fehling an Martin Winckler vom 26.2.1959.

[104] Siehe dazu *Otto Becker*, Bismarcks Ringen um Deutschlands Gestaltung, hg. und erg. von Alexander Scharff, Heidelberg 1958.

[105] *Jessen-Klingenberg*, Alexander Scharff, S. 12.

[106] LASH, Abt. 811, Nr. 12074, Vermerk des Kurators der Universität Kiel, Dietrich Krantz, über die Berechnung der Dienstzeit Karl Jordans vom 22.7.1969; zur Person von Karl Jordan siehe *Horst Fuhrmann*, Laudatio auf Karl Jordan, in: Werner Paravicini (Hg.), Nord und Süd in der deutschen Geschichte des Mittelalters (=Kieler Historische Studien, Bd. 34), Sigmaringen 1980, S. 11–16; *Erich Hoffmann*, Karl Jordan, in: Zeitschrift der Gesellschaft für Schleswig-Holsteinische Geschichte 110 (1985), S. 9 f.; *Klaus Wriedt*, Karl Jordan, in: Zeitschrift des Vereins für Lübeckische Geschichte und Altertumskunde 64 (1984), S. 301–304; *Auge / Göllnitz*, Landesgeschichtliche Zeitschriften, S. 91–93; zur Rolle Karl Jordans in der Zeit des Nationalsozialismus siehe *Cornelißen*, Das Kieler Historische Seminar, S. 246–248; *Thomas Hill*, Das Historische Seminar der Christian-Albrechts-Universität im »Dritten Reich«. Eine Ausstellung, in: Christiana Albertina N.F. 57 (2003), S. 65–70, hier S. 68.

Löwen verwiesen.[107] Mit verschiedenen Beiträgen für die Zeitschrift »Germanien«,[108] dem Mitteilungsorgan des »Ahnenerbes«, und nationalsozialistischen Bekenntnissen positionierte sich Jordan klar auf der Seite der Machthaber.[109] Tatsächlich ließ sein Engagement für die nationalsozialistische Sache nach seiner Berufung zum Ordinarius im Jahr 1943 dann aber wieder merklich nach. Ob sich Jordan dabei nur aus Karrieregründen der nationalsozialistischen Ideologie angedient hatte oder aus Überzeugung, bleibt bislang unklar. Die Entscheidung des Entnazifizierungsausschusses, den Mediävisten in die Kategorie V und somit als Entlasteten einzustufen,[110] erscheint freilich durchaus wohlwollend. Jordan konnte so schon unmittelbar zur Wiedereröffnung der Universität seine Stelle als Lehrstuhlinhaber wieder antreten. Direkt nach der Emeritierung Volquart Pauls' im Jahr 1949 wurde Jordan dann zudem mit einem Lehrauftrag für die schleswig-holsteinische Geschichte des Mittelalters betraut, welche in seinen Vorlesungen in den folgenden Jahren daher einen hohen Anteil einnahm.[111] Insbesondere in Übungen zur Geschichte Heinrichs des Löwen stellte Jordan eine Verbindung zwischen seinem Interessenschwerpunkt und der Geschichte des Landes her.[112] Zugleich blieb er so seinem schon zur Zeit des Nationalsozialismus erschlossenen Forschungsfeld treu.

Sein stetig steigendes Interesse für die Landesgeschichte wird auch der Grund dafür gewesen sein, dass man, wie erwähnt, in der Philosophischen Fakultät im Juli 1952 den Plan verfolgte, Jordan auf den Lehrstuhl für Schleswig-Holsteinische Geschichte zu berufen.[113] Wie auch an anderen Universitäten üblich, sollte so eine Verknüpfung der Mediävistik mit der Landesgeschichte erfolgen:

»Denn der Schwerpunkt der modernen landesgeschichtlichen Forschung, [...], liegt auf dem Mittelalter und dem Übergang zur Neuzeit, in denen sich jedes Land erst zur historischen Individualität entwickelt hat.«[114]

---

[107] Siehe dazu *Hill*, Das Historische Seminar, S. 68.
[108] Siehe dazu *Karl Jordan*, Die geschichtliche Leistung des Sudetendeutschtums, in: Germanien 10 (1938), S. 351–354; *ders.*, Die Gestalt Heinrichs des Löwen in der deutschen Geschichtsschreibung, in: Germanien 13 (1941), S. 361–367.
[109] Vgl. *Cornelißen*, Das Kieler Historische Seminar, S. 247 f.
[110] LASH, Abt. 460, Nr. 1641.
[111] LASH, Abt. 811, Nr. 12392, Schreiben des Dekans der Philosophischen Fakultät der Universität Kiel, Georg Wüst, an den Kultusminister von Schleswig-Holstein, Paul Pagel, vom 2.11.1951.
[112] Vorlesungsverzeichnis für das Sommersemester 1951, S. 71.
[113] LASH, Abt. 811, Nr. 12392, Schreiben des Dekans der Philosophischen Fakultät der Universität Kiel, Erich Hofmann, an den Kultusminister von Schleswig-Holstein, Paul Pagel vom 24.7.1952. Siehe dazu die Angaben zu Beginn des Textes.
[114] Ebd.

Mit der Berufung Scharffs auf den Lehrstuhl im September 1952 wurde diese Idee wieder aufgegeben, und es scheint, als wäre Jordan darüber nicht unglücklich gewesen. Er persönlich hatte Scharff für den Posten des Lehrstuhlinhabers empfohlen und selbst starke Bedenken gegen seine eigene Berufung auf den Lehrstuhl geäußert.[115] Dennoch widmete sich Jordan weiterhin in seinen Publikationen verschiedenen Problemen der mittelalterlichen schleswig-holsteinischen Geschichte, wie seine Aufsätze »Die Anfänge des Stiftes Segeberg«[116] oder »Die Stellung Kiels in der schleswig-holsteinischen Geschichte«[117] zeigen. Ebenso deutet auch die hohe Anzahl der von ihm zu Schleswig und Holstein betreuten Dissertationen auf die große Bedeutung der Landesgeschichte in seiner Lehrtätigkeit hin.[118]

Jordan hatte bereits mit mehreren Publikationen zur Universitätsgeschichte in der landesgeschichtlichen Forschung auf sich aufmerksam gemacht.[119] So ist es nicht verwunderlich, dass die Universität, der seit Längerem sehr daran gelegen war, der historischen Entwicklung in den einzelnen Wissenschaften nachzugehen und diese durch eine intensivere Betrachtung zu würdigen, diese Aufgabe im Jahr 1957 in die Hände von Jordan legte.[120] Das Interesse an der eigenen Geschichte bekam durch die für 1965 geplante 300-Jahr-Feier neue Impulse, indem eine größere Publikation zur Universitätsgeschichte von 1665 bis 1965 ins Auge gefasst wurde.[121]

Jordans Initiative bei den Vorbesprechungen war es auch zu verdanken, dass die allgemeine Geschichte der Kieler Universität, aber auch die ihrer Fakultäten und Wissenschaftsdisziplinen, statt in einer einbändigen Festschrift in einem mehrbändigen Werk behandelt werden sollte.[122] In jahrelanger Zusammenarbeit mit den verschiedenen Fachvertretern erschienen so unter Jordans

---

[115] LASH, Abt. 811, Nr. 12392, Vermerk von Ministerialrat August Wilhelm Fehling vom August 1952; LASH, Abt. 605, Nr. 15366, Empfehlungsschreiben von Karl Jordan für Alexander Scharff vom Juli 1951.

[116] Siehe dazu *Karl Jordan*, Die Anfänge des Stiftes Segeberg, in: Zeitschrift der Gesellschaft für Schleswig-Holsteinische Geschichte 74/75 (1951), S. 59–94.

[117] *Ders.*, Die Stellung Kiels in der schleswig-holsteinischen Geschichte, in: Mitteilungen der Gesellschaft für Kieler Stadtgeschichte (1968), S. 1–13.

[118] Zum Œuvre und den betreuten Dissertationen siehe: Verzeichnis der Schriften von Karl Jordan und der von ihm angeregten und betreuten Arbeiten, in: Horst Fuhrmann / Hans Eberhard Mayer / Klaus Wriedt (Hg.), Aus Reichsgeschichte und Nordischer Geschichte. Karl Jordan zum 65. Geburtstag (=Kieler Historische Studien, Bd. 16), Stuttgart 1972, S. 426–443.

[119] Siehe dazu unter anderem *Karl Jordan*, Die Geschichte der Universität Kiel, in: Studentenwerk Kiel (Hg.), Studentenhandbuch. Christian-Albrechts-Universität 1950/51, Kiel 1951, S. 59–64; *ders.*, Die Christian-Albrechts-Universität Kiel im Wandel der Jahrhunderte (=Veröffentlichungen der Schleswig-Holsteinischen Universitätsgesellschaft N.F., Bd. 1), Kiel 1953; *ders.*, Die Christian-Albrechts-Universität, in: Hans R. Kreplin (Red.), Schleswig-Holstein. Land zwischen Ost- und Nordsee, Oldenburg 1957, S. 76–78.

[120] Vgl. *ders.*, Der Stand der Arbeiten an der Universitätsgeschichte, in: Christiana Albertina 5 (1968), S. 36–39, hier S. 36.

[121] Ebd., S. 36 f.

[122] Vgl. *Jordan*, Universitätsgeschichte, S. 37; *Fuhrmann*, Laudatio, S. 16.

Ägide nacheinander sechs Bände, welche die Geschichte der Christiana Albertina von ihrer Gründung im Jahre 1665 bis zu ihrem 300-jährigen Jubiläum 1965 behandelten. Im Rahmen dieses Projektes interessierte sich Jordan vor allem für die Entwicklung des Historischen Seminars sowie seine historisch bedeutsamen Lehrenden wie Johann Gustav Droysen, Georg Waitz, Karl Wilhelm Nitzsch und deren Rolle in der Zeit der schleswig-holsteinischen Bewegung.[123] Dabei flankierten zahlreiche Dissertationen und Magisterarbeiten aus den unterschiedlichen Fakultäten Jordans Untersuchungen.[124] Der eigentliche Lehrstuhlinhaber für Landesgeschichte, Scharff, wollte sich indes mit einer Übersichtsdarstellung über die »Geschichte der Universität Kiel von ihren Anfängen bis zum Jahre 1867«[125] an dem Publikationsprojekt zur Universitätsgeschichte beteiligen. Doch selbst zwanzig Jahre später, im Jahr 1984, waren die Arbeiten daran nicht abgeschlossen, und lediglich der Abschnitt zu den Jahren von 1700 bis 1773 lag als druckfertiges Manuskript vor.[126] Auch insgesamt blieb das mehrbändige Werk zur Universitätsgeschichte trotz der vielen Anstrengungen Jordans bekanntlich unvollendet. Neben Karl Jordan und Alexander Scharff beschäftigten sich weitere Kieler Historiker mit der schleswig-holsteinischen Geschichte. Für den hier zu untersuchenden Zeitraum sind vor allem Wilhelm Koppe[127] und Erwin Aßmann[128] hervorzuheben. Aßmann war 1943 in Greifswald bei Adolf Hofmeister mit einer Arbeit über »Stettins Seehandel und Seeschiffahrt im Mittelalter«[129] habilitiert worden.

---

[123] Vgl. *Fuhrmann*, Laudatio, S. 16; siehe dazu unter anderem *Karl Jordan*, Johann Gustav Droysen und Schleswig-Holstein. Zur 150. Wiederkehr seines Geburtstages am 6. Juli 1958, in: Schleswig-Holstein 10 (1958), S. 204–206; *ders.*, Georg Waitz und Schleswig-Holstein. Zur 150jährigen Wiederkehr seines Geburtstages am 9. Oktober 1963, in: Schleswig-Holstein 15 (1963), S. 270 f.; *ders.*, Georg Waitz als Professor in Kiel, in: Peter Classen / Peter Scheibert (Hg.), Festschrift Percy Ernst Schramm. Zum siebzigsten Geburtstag von Freuden und Schülern zugeneigt, Bd. 2, Wiesbaden 1964, S. 90–104.

[124] *Jordan,* Universitätsgeschichte, S. 37.

[125] Forschungsbericht der Philosophischen Fakultät. Historisches Seminar, in: Christiana Albertina N.F. 19 (1984), S. 106. Scharff berichtet über die Planung von zwei Halbbänden zur Kieler Universitätsgeschichte von 1665 bis 1867.

[126] Ebd.

[127] Näheres zur Person von Wilhelm Koppe in *Klaus Friedland*, Wilhelm Koppe, in: Christiana Albertina N.F. 23 (1986), S. 471–472; *Wolfgang Prange*, Wilhelm Koppe, in: Zeitschrift der Gesellschaft für Schleswig-Holsteinische Geschichte 112 (1987), S. 9–11; *Auge / Göllnitz*, Landesgeschichtliche Zeitschriften, S. 93–95; *dies.*, Hansegeschichte als Regionalgeschichte: Das Beispiel des Kieler Historikers Wilhelm Koppe (1908–1986), in: Hansische Geschichtsblätter 131 (2013), S. 229–273.

[128] Zur Person von Erwin Aßmann siehe *Erich Hoffmann*, Erwin Aßmann (25. April 1908–22. September 1984), in: Baltische Studien 71 (1985), S. 146–147; *Horst Fuhrmann*, Erwin Aßmann, in: Deutsches Archiv für Erforschung des Mittelalters 43 (1987), S. 351–353; *Auge / Göllnitz*, Landesgeschichtliche Zeitschriften, S. 95 f.

[129] Verzeichnis der bei Prof. Dr. Adolf Hofmeister Promovierten und Habilitierten. Zusammengestellt von Ernst Zunker, in: Ursula Scheil (Hg.), Festschrift Adolf Hofmeister. Zum 70. Geburtstag am 9. August 1953. Dargebracht von seinen Schülern, Freunden und Fachgenossen, Halle 1955, S. 340–342, hier S. 342.

Abb. 20: Wilhelm Koppe (1908–1986)

[Historisches Seminar der Christian-Albrechts-
Universität zu Kiel]

Abb. 21: Erwin Aßman (1908–1984)

[Historisches Seminar der Christian-Albrechts-
Universität zu Kiel]

Nach Heeresdienst und Kriegsgefangenschaft gelangte er nach Schleswig-Holstein, wo er zunächst im Schuldienst und als Abteilungsleiter für Gymnasien im schleswig-holsteinischen Kultusministerium tätig war, bevor er 1955 zusätzlich als außerplanmäßiger Professor für mittellateinische Philologie und mittelalterliche Geschichte an der Kieler Universität tätig wurde.[130] In verschiedenen Publikationen und Herausgeberschaften widmete sich der gebürtige Kolberger seiner Heimat Pommern, unter anderem als Herausgeber des achten Bandes des Pommerschen Urkundenbuches.[131] Seine umfangreiche Beschäftigung mit der pommerschen Landesgeschichte wird es gewesen sein, die ihn dazu veranlasste, sich in seiner neuen Heimat auch Aspekten der schleswig-holsteinischen Landesgeschichte zuzuwenden.[132] So publizierte er zu »Schleswig-Haithabu und Südwesteuropa«[133] oder zu »Siegel und Wappen der Stadt Rendsburg«[134]. Er übersetzte, kommentierte und edierte überdies die »Visio Godeschalci« sowie den »Godeschalcus«, visionäre Schilderungen eines

[130] Vgl. *Fuhrmann*, Erwin Aßmann, S. 352.
[131] Vgl. *Hoffmann*, Erwin Aßmann, S. 147.
[132] Vgl. ebd., S. 146.
[133] Vgl. *Erwin Aßmann*, Schleswig-Haithabu und Südwesteuropa, in: Zeitschrift der Gesellschaft für Schleswig-Holsteinische Geschichte 78 (1954), S. 284–287.
[134] Vgl. *ders.*, Siegel und Wappen der Stadt Rendsburg, in: Zeitschrift der Gesellschaft für Schleswig-Holsteinische Geschichte 78 (1954), S. 206–223.

Kleinbauern und Kolonisten aus Holstein,[135] als zentrale Quellen zur Kolonisation Holsteins im hohen Mittelalter und leistete so einen bleibenden Beitrag zur Erforschung der schleswig-holsteinischen Landesgeschichte im Mittelalter.[136] Mit Übungen zur »Visio Godeschalci«[137] oder der »Geschichte und Kultur der Westslawen bis ins 12. Jahrhundert«[138] verknüpfte Aßmann die Quellenarbeit mit seiner Lehre. Die Übung zu den Westslawen leitete er zusammen mit seinem Kollegen Wilhelm Koppe, der sich mit seinen Arbeiten zur Hansischen Geschichte einen Namen gemacht hatte.[139]

Koppe blieb der Kieler Universität, an der er promoviert worden war und sich auch habilitiert hatte, Zeit seines Lebens verbunden. Als Schüler des bekannten Hansehistorikers Fritz Rörig beschäftigte er sich schon früh mit der wirtschafts- und sozialgeschichtlichen Forschung zu Skandinavien und dem Ostseeraum.[140] Für Karl Jordan und andere Fachkollegen der Universität Kiel machte ihn gerade dieses Fachwissen zu einem kompetenten Vertreter besonders der Nordischen Geschichte. Da Koppe jedoch während des Zweiten Weltkrieges eine Kopfverletzung erlitten hatte, entschied man im Sommer 1952 in der Landesregierung, er sei »für eine eigene Professur weniger geeignet«,[141] sodass er lediglich mit einem Lehrauftrag für die Nordische Geschichte bedacht werden sollte. Koppe erhielt dann allerdings im September 1952 auf Vorschlag Scharffs einen Lehrauftrag für Hansische Geschichte und Wirtschaftsgeschichte des Nordens.[142]

Dass Koppe trotz der Bedenken der Landesregierung schon fünf Jahre später zum wissenschaftlichen Rat und Professor für Mittlere und Neuere Geschichte auf Lebenszeit ernannt wurde,[143] vermag angesichts der anfänglichen Vorbehalte auf den ersten Blick zu erstaunen. Koppe hatte jedoch in den Jahren

---

[135] Vgl. *ders.* (Hg.), Godeschalcus und Visio Godeschalci mit deutscher Übersetzung (=Quellen und Forschungen zur Geschichte Schleswig-Holsteins, Bd. 74), Neumünster 1979.

[136] *Fuhrmann*, Erwin Aßmann, S. 352; Siehe dazu *Enno Bünz*, Visio Godeschalci / Godeschalcus, in: Burghart Wachinger et al. (Hg.), Die deutsche Literatur des Mittelalters. Verfasserlexikon, Bd. 10, Berlin et al. 1999, Sp. 404–408, sowie *ders.*, Neue Forschungen zur Vision des Bauern Gottschalk (1189), in: Zeitschrift der Gesellschaft für Schleswig-Holsteinische Geschichte 120 (1995), S. 77–111.

[137] Vorlesungsverzeichnis für das Sommersemester 1956, S. 69.

[138] Vorlesungsverzeichnis für das Sommersemester 1954, S. 68.

[139] Siehe dazu ausführlich *Auge / Göllnitz*, Hansegeschichte, bes. S. 253–272; sowie unter anderem *Wilhelm Koppe*, Die Anfänge der Hanse, Gotland und das Reich (mit 1 Bildtafel), in: Jomsburg 4 (1940), S. 173–184; *ders.*, Revals Schiffsverkehr und Seehandel in den Jahren 1378/84, in: Hansische Geschichtsblätter 64 (1940), S. 111–152; *ders.*, Das Stockholmer Testament eines deutschen Kaufgesellen. Mit Bemerkungen über die hansische Kaufmannschaft, in: Zeitschrift des Vereins für Lübeckische Geschichte und Altertumskunde 34 (1954), S. 37–44.

[140] *Friedland*, Wilhelm Koppe, S. 471.

[141] LASH, Abt. 811, Nr. 12392, Vermerk von Ministerialrat August Wilhelm Fehling vom August 1952.

[142] Ebd.

[143] Vgl. *Jordan*, Geschichtswissenschaft, S. 100.

zuvor mit seinen Forschungen immer wieder Wesentliches zur Geschichte der Hanse, der hansischen Partnerländer Nordeuropas sowie der schleswig-holsteinischen Geschichte im Mittelalter beigetragen.[144] Das Schwergewicht seiner akademischen Lehrtätigkeit lag auf Seminaren, in denen er von allgemeinen Themen wie »Die Hanse«[145] oder »Die Geschichte der skandinavischen Völker (1250–1500)«[146] den Bogen schlug zu »Schleswig-Holstein unter den ersten Oldenburgern«[147] und »Der Ostseeraum und der Welthandel im 17. Jahrhundert«[148]. Diese Lehrveranstaltungen und seine vielseitigen Publikationen[149] verdeutlichen, wie geschickt und wegweisend Koppe Aspekte der Hanseforschung mit der Landesgeschichte verband.[150]

Die unbestrittenen Leistungen Koppes auf dem Gebiet der Hanseforschung veranlassten dann die Universität im Jahr 1965 sogar zu dem Versuch, eine eigene Professur für Hansische Geschichte am Historischen Seminar einzurichten.[151] Wilhelm Koppe sollte auf dem Wege der Wirtschaftsgeschichte der Hanse sowie der frühen Neuzeit den nordeuropäischen Raum in den Blick nehmen. Obwohl die Universität Kiel damals als eines der wichtigsten Zentren Deutschlands zur Erforschung der hansischen Geschichte galt, wurde der Vorschlag aber ohne die Nennung weiterer Gründe von der Landesregierung abgelehnt.[152]

5. Rückschau und Ausblick

Die hier skizzierte Entwicklung der universitären Landesgeschichte umfasst die Jahre von der Wiederbegründung der CAU nach 1945 bis zur 300-Jahr-Feier im Jahr 1965. Durch die Wirren der Nachkriegszeit und den bis dahin sehr speziellen Charakter des Lehrstuhls blieb dieser bis 1952 faktisch unbesetzt und wurde lediglich über Lehraufträge, zuerst von Volquart Pauls und dann von

---

[144] *Friedland*, Wilhelm Koppe, S. 471.
[145] Vorlesungsverzeichnis für das Sommersemester 1956, S. 68.
[146] Vorlesungsverzeichnis für das Wintersemester 1952/53, S. 69.
[147] Vorlesungsverzeichnis für das Wintersemester 1960/61, S. 79.
[148] Vorlesungsverzeichnis für das Wintersemester 1959/60, S. 77; vgl. *Prange*, Wilhelm Koppe, S. 10.
[149] Siehe dazu das Verzeichnis der Werke Wilhelm Koppes. Bearbeitet von Jürgen Wiegandt, in: Klaus Friedland (Hg.), Stadt und Land in der Geschichte des Ostseeraums. Wilhelm Koppe zum 65. Geburtstag überreicht von Freunden und Schülern, Lübeck 1973, S. 205–211.
[150] Siehe dazu auch *Auge / Göllnitz*, Hansegeschichte, S. 266–272.
[151] LASH, Abt. 811, Nr. 21015, Schreiben des Dekans der Philosophischen Fakultät der Universität Kiel, Horst Braunert, an den Kultusminister von Schleswig-Holstein, Claus-Joachim von Heydebreck, den Kurator der Universität Kiel, Dietrich Ranft, und den Rektor der Universität Kiel, Wolfgang Bargmann, vom 27.7.1965.
[152] Ebd.; LASH, Abt. 811, Nr. 21015, Schreiben vom Kurator der Universität Kiel, Dietrich Ranft, an den Dekan der Philosophischen Fakultät der Universität Kiel, Horst Braunert, vom 7.1.1966.

Alexander Scharff, ausgefüllt. Erst mit der Berufung Scharffs im September 1952 war die universitäre Landesgeschichte wieder in Forschung und Lehre konsolidiert und konnte den ihr seitens der Politik zugedachten Aufgaben für das neue Bundesland Schleswig-Holstein nachkommen. An letzteren mangelte es nicht, denn die Aussöhnung zwischen deutscher und dänischer Seite war nicht nur für einen wissenschaftlichen Austausch, sondern auch für die jenseits der Grenze lebenden Minderheiten von hoher Bedeutung. Ebenso hatte das unter der britischen Militärbesatzung neu gegründete Bundesland Schleswig-Holstein mit seiner eigenen Identitätsfindung zu kämpfen, der man durch eine Rückbesinnung auf große Ereignisse in der schleswig-holsteinischen Geschichte wie den Vertrag von Ripen oder die sogenannte schleswig-holsteinische Erhebung zu begegnen suchte. Bis zu seiner Emeritierung im Jahr 1972 widmete sich Scharff diesen Aufgaben und prägte die Erforschung der Landesgeschichte, besonders der Geschichte Schleswig-Holsteins im 19. Jahrhundert. Er bestimmte maßgeblich das nunmehrige schleswig-holsteinische Geschichtsbild im Sinne der neuen Schlagwörter von Freiheit, Recht und Verständigung durch seine zahlreichen Projekte, Forschungen und Lehrveranstaltungen. Dies bedeutete durchaus einen inhaltlichen Bruch mit seiner vorangegangenen Arbeit, der sich zeitlich im Umfeld seiner Berufung und der deutsch-dänischen Aussöhnung zwischen 1952 und 1955 vollzog.

In der Phase bis 1965 beschäftigten sich neben Scharff auch die Historiker Karl Jordan, Wilhelm Koppe und Erwin Aßmann stärker mit Themen der Landesgeschichte. Auch wenn sie nicht als genuine Landeshistoriker in Erscheinung traten, sorgten sie mit ihren ganz eigenen Betrachtungsweisen für wichtige Akzente und Erkenntnisse in der universitären Landesgeschichtsforschung. Mit der 1974 erfolgenden Berufung des Nordschleswigers Christian Degn, der bereits 1952 von Pauls vorgeschlagen, aber aufgrund einer fehlenden Habilitation nicht auf die Vorschlagsliste gesetzt worden war,[153] wandelte sich die Professur schließlich weiter, indem nun die Schleswig-Holsteinische und Nordische Geschichte voneinander getrennt und zwei separate Lehrstühle dafür geschaffen wurden. Degn wurde im Alter von fast 65 Jahren nicht nur der erste Historiker mit dänischen Wurzeln auf einem landesgeschichtlichen Lehrstuhl in Schleswig-Holstein, was, wie dargestellt, 1952 bei Paul Johansen noch undenkbar schien, sondern auch der erste Lehrstuhlinhaber allein für Schleswig-

---

[153] LASH, Abt. 811, Nr. 12392, Vermerk von Ministerialrat August Wilhelm Fehling vom 3.8.1952; zur Person von Christian Degn siehe *Schleswig-Holsteinischer Heimatbund* et al. (Hg.), Gedenkschrift für Professor Dr. Christian Degn, 13.12.1909–22.05.2004. Reden aus Anlass der Gedenkfeier für Christian Degn am 19. November 2004 in der Landesbibliothek, Molfsee 2005; *Auge / Göllnitz*, Landesgeschichtliche Zeitschriften, S. 85–88; *Martin Göllnitz*, Umbruch oder Kontinuität. Landesgeschichte unter Christian Degn (1974–1978), in: Oliver Auge / Swantje Piotrowski (Hg.), Gelehrte Köpfe an der Förde. Kieler Professorinnen und Professoren in Wissenschaft und Gesellschaft seit der Universitätsgründung 1665 (=Sonderveröffentlichungen der Gesellschaft für Kieler Stadtgeschichte, Bd. 73), Kiel 2014, S. 217–262.

Holsteinische Geschichte: Sowohl seinem Vorgänger Scharff als auch Degns Doktorvater Otto Scheel war noch die Nordische Geschichte beziehungsweise sogar zusätzlich die Reformationsgeschichte als Arbeitsbereich zugewiesen.[154]

Die Errichtung eines eigenen Lehrstuhls für Nordische Geschichte im Jahr 1976 und die in den 1970er Jahren immer geringere Politisierung der Landesgeschichte sollten die universitäre Lehre und Forschung und nicht zuletzt auch den Charakter des Lehrstuhls weiter verändern. Von einer politischen Professur, wie sie unter Scheel geschaffen und unter Scharff in den 1950er Jahren unter den veränderten Vorzeichen der Versöhnung mit Dänemark modifiziert fortgeführt worden war, kann seit Degns Berufung im Prinzip nicht mehr gesprochen werden.[155] Vor dem Hintergrund eines starken inhaltlichen Umbruchs in der Landesgeschichte war Degns speziell auf die Wirtschafts- und Sozialgeschichte ausgerichtete Betrachtungsweise dafür mitverantwortlich. Hatte Scharff die schleswig-holsteinische Geschichte noch vor dem Hintergrund der deutschen Geschichte untersucht, beleuchtete Degn diese nun auch aus der Sicht der dänischen.[156] Und wo Scharff vor allem die Ideen-, Geistes- und politische Geschichte betrachtet hatte, konzentrierte sich Degn auf strukturelle Elemente in ihrer langen Dauer und,[157] wenn man es so will, betrieb damit erstmalig Landesgeschichte in strukturgeschichtlicher Reinform.

---

[154] Vgl. *Thomas Riis*, Der Historiker an der Christian-Albrechts-Universität zu Kiel, in: Gedenkschrift für Professor Dr. Christian Degn, S. 10–13, hier S. 10.
[155] Siehe dazu *Göllnitz*, Umbruch oder Kontinuität.
[156] Vgl. *Riis*, Der Historiker an der Christian-Albrechts-Universität zu Kiel, S. 12 f.
[157] Vgl. ebd., S. 12.

Arvid von Bassi

Die Berufung Karl Dietrich Erdmanns an die Christiana Albertina im Jahre 1953

»Der Philosoph, der in die Öffentlichkeit eingreifen will, ist kein Philosoph mehr, sondern ein Politiker; er will nicht mehr nur Wahrheit, sondern Macht« heißt es bei Hannah Arendt.[1] Damit lenkt sie, recht überspitzt, den Blick auf das komplexe Wechselverhältnis von Macht, Öffentlichkeit und Wahrheit im Handeln von Intellektuellen. Ihre Überlegung soll im Folgenden als Ausgangspunkt für eine Untersuchung der Berufung Karl Dietrich Erdmanns an die Christian-Albrechts-Universität zu Kiel dienen, denn mit dieser Stelle verschaffte er sich eine institutionell verankerte und ökonomisch abgesicherte »Machtbasis«, die es ihm ermöglichte, stetig in die historisch-politischen Debatten der Bundesrepublik einzugreifen. Hierüber wird ein Abschnitt von Erdmanns Leben erfasst, in dem er eine zunehmende öffentliche Wirkung erzielte, der jedoch bislang in Veröffentlichungen zu seiner Person nur eine untergeordnete Rolle spielt.[2] Schließ-

---

[1] *Hannah Arendt*, Wahrheit und Politik, in: Ursula Ludz (Hg.), Hannah Arendt. Zwischen Vergangenheit und Zukunft. Übungen im politischen Denken I, München 1994, S. 327–370, hier S. 338.

[2] Vgl. *Martin Kröger / Roland Thimme*, Die Geschichtsbilder des Historikers Karl Dietrich Erdmann. Vom Dritten Reich zur Bundesrepublik. Mit einem Vorwort von Winfried Schulze, München 1996; sowie die rasch aufflammende Diskussion: *Eberhard Jäckel*, Karl Dietrich Erdmann und der Nationalsozialismus, in: Geschichte in Wissenschaft und Unterricht 48 (1997), S. 224–226; *Agnes Blänsdorf*, Karl Dietrich Erdmann und der Nationalsozialismus, in: Geschichte in Wissenschaft und Unterricht 48 (1997), S. 227–240; *Martin Kröger / Roland Thimme*, Karl Dietrich Erdmann im »Dritten Reich«. Eine Antwort auf Eberhard Jäckel und Agnes Blänsdorf, in: Geschichte in Wissenschaft und Unterricht 48 (1997), S. 462–478; *Eberhard Jäckel / Agnes Blänsdorf*, Noch einmal zu Karl Dietrich Erdmann, in: Geschichte in Wissenschaft und Unterricht 48 (1997), S. 744–747; ferner: *Martin Kröger / Roland Thimme*, Utopien und Realitäten. Die Kontroverse, in: Zeitschrift für Geschichtswissenschaft 46 (1998), S. 603–621; *Manfred Messerschmidt*, Karl Dietrich Erdmann, Walter Bußmann und Percy Ernst Schramm. Historiker an der Front und in den Oberkommandos der Wehrmacht und des Heeres, in: Hartmut Lehmann / Otto Gerhard Oexle (Hg.), Nationalsozialismus in den Kulturwissenschaften, Bd. 1 (=Veröffentlichungen des Max-Planck-Instituts für Geschichte, Bd. 200), Göttingen 2004, S. 417–443; *Christoph Cornelißen*, Karl Dietrich Erdmann. Fortsetzung einer Debatte und offene Fragen, in: Geschichte in Wissenschaft und Unterricht 61 (2010), S. 692–699; *Hartmut Lehmann*, Karl Dietrich Erdmann in der Zeit des Nationalsozialismus. Erdmann als Lehrer, in: Geschichte in Wissenschaft und Unterricht 61 (2010), S. 700–712; *Agnes Blänsdorf*, Zur Biographie Karl Dietrich Erdmanns 1939–1945. Soldat im Zweiten Weltkrieg, in: Geschichte in Wissenschaft und Unterricht 61 (2010), S. 713–730; *Eberhard Jäckel*, Karl Dietrich Erdmann. Seine Wirkung in der Öffentlichkeit, in: Geschichte in Wissenschaft und Unterricht 61 (2010), S. 731–736.

lich wird die gesamte Vehemenz, mit der die Kontroverse um mögliche Affinitäten Erdmanns zur nationalsozialistischen Ideologie seit Mitte der 1990er Jahre geführt wird, erst dann vollständig begreiflich, wenn man seine beträchtliche öffentliche Wirkung nach 1945 berücksichtigt. Auch die 2010 anlässlich des 100. Geburtstags Erdmanns erschienenen Beiträge von ehemaligen Schülern und Kollegen konzentrieren sich weitgehend auf Erdmanns Verhalten im »Dritten Reich«. Sie bezweifeln nicht nur die von anderer Seite behauptete Verstrickung Erdmanns in den Nationalsozialismus, sondern stellen Teile seiner Äußerungen während des Krieges in einen direkten Zusammenhang mit seinen Wortmeldungen danach.[3] Zugleich räumen sie jedoch ein, Erdmann habe sich während jener Zeit mit seiner Nation identifiziert, zuweilen sei er »Kompromisse« eingegangen, ja partiell habe er sogar dem damaligen Regime zugestimmt.[4] Der grundsätzlichen Frage nach den Schnittmengen zwischen nationalsozialistischer Ideologie und national-konservativen Überzeugungen im Denken Erdmanns wird dabei im Einzelnen nicht weiter nachgegangen. Überdies erweist sich das Festhalten an Kategorien der Schuld, Anklage und Verteidigung als ein Hemmnis beim besseren Verständnis von Erdmanns Wirken im Umfeld seiner Berufung nach Kiel.[5]

1. Ausgangsbedingungen

Vor diesem Hintergrund wird hier eine Lebensphase Erdmanns beleuchtet, die ihm eine erstrangige Position unter den deutschen Historikern einbrachte und ihn zugleich zu einem bekannten Akteur in zahlreichen kultur- und bildungspolitischen Foren der Bundesrepublik machen sollte. Seine Ausgangsbedingungen schienen zunächst jedoch denkbar ungünstig. Ohne abgeschlossene Habilitation fehlte ihm die wichtigste Voraussetzung für eine universitäre Karriere. Im Gegensatz zu anderen Historikern seiner Generation wie etwa Theodor Schieder oder Werner Conze, die sich während der Zeit des Nationalsozialismus habilitieren und nach 1945 alte Verbindungen reaktivieren konnten, war Erdmann daher gezwungen, neue Kontakte zu knüpfen, vor allem musste er sich wissenschaftlich überhaupt erst profilieren. Zu den Etablierten der »Zunft« gehörte er unmittelbar nach Kriegsende fraglos nicht. Im Grunde hatte er abgesehen von seiner Dissertation über den Begriff der »religion civile« bei Rousseau, die auf ein

---

[3]   Vgl. *Blänsdorf*, Soldat, S. 370.
[4]   Vgl. *Jäckel*, Wirkung, S. 731. Damit revidiert Eberhard Jäckel seine frühere Darstellung, die unter den Voraussetzungen eines Nachrufes zu sehen ist. Vgl. *ders.*, Karl Dietrich Erdmann 1910–1990, in: Historische Zeitschrift 252 (1991), S. 529–539.
[5]   Vgl. *Cornelißen*, Fortsetzung, S. 695 f. und S. 698. Vgl. dagegen aber die Anmerkungen des Erdmann-Schülers *Peter Wulff*, Besprechung von Kröger / Thimme, Geschichtsbilder, in: Zeitschrift der Gesellschaft für Schleswig-Holsteinische Geschichte 123 (1998), S. 252–255.

widersprüchliches Echo gestoßen war,[6] und einem kürzeren Aufsatz[7] zu diesem
Zeitpunkt nur wenige wissenschaftliche Publikationen aufzuweisen. Das musste
alle Versuche, in den gerade einmal um die einhundert Personen zählenden Kreis
der professionellen Universitätshistoriker vorzustoßen, erheblich erschweren,
zumal die wirtschaftlichen Verhältnisse der Nachkriegszeit die Intellektuellen
besonders hart trafen.[8] Doch seine rasche Habilitation im Jahre 1947 bei Peter
Rassow in Köln, seine Beiträge zur Zeitgeschichte sowie sein umfangreiches
wissenschaftspolitisches Engagement ermöglichten ihm dann doch einen raschen Karrieresprung. Und auch die politischen Vorzeichen änderten sich zu seinen Gunsten. Denn Erdmann hatte wegen eines für die geplante Hochzeit mit
seiner damaligen Lebensgefährtin fehlenden »Ariernachweises« im »Dritten
Reich« zunächst den Schuldienst quittiert, was sich nach 1945 als »symbolisches
Kapital« erwies. Ohne sich aktiv zum Widerstandskämpfer zu stilisieren, wie es
etwa Gerhard Ritter tat,[9] umgab Erdmann schon bald die Aura, gegenüber der
nationalsozialistischen Ideologie in einem Gegensatz gestanden zu haben. Geradezu paradigmatisch hierfür erscheint, dass ihn Herbert Grundmann bereits
unmittelbar nach der erfolgreichen Habilitation aufforderte, die erste deutsch-
sprachige Gesamtdarstellung der jüngsten Geschichte nach dem verlorenen
Krieg zu schreiben. Denn die betont nationale Haltung, die Erdmann offen vertrat und die er mit der großen Mehrheit seiner Kollegen teilte, erschien vor dem
Hintergrund seiner Konflikte mit dem nationalsozialistischen Regime die Möglichkeit zu bieten, die erwartete Kritik in die Schranken zu verweisen. Erdmann
galt somit für eine, vom Ausland zweifellos kritisch beobachtete, Neuausgabe
des »Gebhardt« als Idealbesetzung und in den Augen Grundmanns »[n]ach
allem, was ich höre […] für diese schwierige Aufgabe weitaus am besten geeignet«.[10] Angesichts der weltanschaulich weitgehend homogenen »Zunft« und den
zahlreichen politischen Belastungen ihrer Vertreter war dies für den Ruf auf

---

6   *Karl [Dietrich] Erdmann*, Das Verhältnis von Staat und Religion nach der Sozialphilo-
     sophie Rousseaus (Der Begriff der »religion civile«) (=Historische Studien, Bd. 271),
     Berlin 1935; vgl. *Kröger / Thimme*, Geschichtsbilder, S. 41.
7   *Karl [Dietrich] Erdmann*, Die Umwandlung Deutschlands vom Agrar- zum Industrie-
     staat, in: Gerhard Kallen / Hermann Corsten (Hg.), Alfred Krupp. Der Treuhänder eines
     deutschen Familienunternehmens. Ein Beitrag zur westdeutschen Wirtschaftsgeschichte
     im 19. Jahrhundert (=Jahrbuch der Arbeitsgemeinschaft der Rheinischen Geschichts-
     vereine, Bd. 4), Düsseldorf 1938, S. 27–35.
8   Vgl. hierzu etwa die Ausführungen Erdmanns bei einem Vortrag vor Rotariern in Dews-
     bury im Mai 1948 über die Lage der »so-called intellectuals« als der »most miserable
     class in the part of the country.« BArch, N 1393/564.
9   Vgl. *Christoph Cornelißen*, Gerhard Ritter. Geschichtswissenschaft und Politik im 20.
     Jahrhundert (=Schriften des Bundesarchivs, Bd. 58), Düsseldorf 2001, S. 361.
10   BArch, N 1393/100, Schreiben von Herbert Grundmann an Karl Dietrich Erdmann vom
     12.10.1949. Zu Grundmanns Biografie im Nationalsozialismus vgl. *Anne C. Nagel*, »Mit
     dem Herzen, dem Willen und dem Verstand dabei«. Herbert Grundmann und der Natio-
     nalsozialismus, in: Lehmann / Oexle, Nationalsozialismus, S. 593–618.

einen geschichtswissenschaftlichen Lehrstuhl gewiss keine schlechte Voraussetzung.

2. Gescheiterte Bewerbungen

Als zu Beginn der 1950er Jahre mehrere Lehrstühle an der Universität Tübingen neu zu besetzen waren, bot sich erstmals auch für Erdmann die Chance auf einen Ruf an eine deutsche Universität.[11] Denn Peter Rassow, der von »längere[n] Kämpfe[n]«[12] um die Tübinger Lehrstühle ausging, gelang es, seinen Habilitan-

Abb. 22: Karl Dietrich Erdmann (1910–1990)
[Schleswig-Holsteinische Landesbibliothek]

den als Kandidaten für eine Professur in der Politikwissenschaft in Stellung zu bringen. Erdmann erhielt jedoch nur den zweiten Listenplatz, und der Lehrstuhl ging im Jahr 1952 an Theodor Eschenburg.[13]

Das bedeutete aber nicht mehr als einen nur kurzfristigen Dämpfer seines ausgeprägten Ehrgeizes. Erdmann steuerte weiterhin zielstrebig an die Universität, die

---

11 LASH, Abt. 811, Nr.12305, Schreiben von Hans Rothfels an Ministerialrat August Wilhelm Fehling vom 14.8.1953.
12 BArch, N 1393/313, Schreiben von Peter Rassow an Karl Dietrich Erdmann vom 17.4.1950.
13 Vgl. *Arno Mohr*, Politikwissenschaft als Alternative. Stationen einer wissenschaftlichen Disziplin auf dem Wege zu ihrer Selbständigkeit in der Bundesrepublik Deutschland 1945–1965 (=Politikwissenschaftliche Paperbacks, Bd. 13), Bochum 1988, S. 152–158.

ihm seit seiner Studienzeit und während der gesamten Kriegszeit als der ideale Ort gegolten hatte, um seinen wissenschaftlichen Interessen nachgehen zu können.[14] Aber nicht nur wegen seiner vergleichsweise späten Habilitation, sondern auch altersmäßig fühlte sich Erdmann rasch über das »Assistentendasein hinausgewachsen«.[15] Daher bemühte er sich konsequent, seine Position im Wettbewerb um ein Ordinariat zu verbessern. Vor diesem Hintergrund schien die Aufforderung, das Amt des Generalsekretärs der Deutschen UNESCO-Kommission zu übernehmen,[16] ein Hindernis abzugeben. Erdmann stand daher der Idee, kulturpolitisch tätig zu werden, von Anfang an reserviert gegenüber und nahm das Amt »nur mit größtem Widerstreben«[17] an. Nicht ganz zu Unrecht befürchtete er, die Arbeit werde ihn wertvolle Zeit kosten, womöglich sogar um den erhofften Lehrstuhl bringen. Immerhin war er zu Beginn der UNESCO-Arbeit bereits 40 Jahre alt und konkurrierte mit erheblich jüngeren Wissenschaftlern um die wenigen frei werdenden Lehrstühle. Erst auf Drängen des Kölner Rektors Josef Kroll, der das Generalsekretariat der Deutschen UNESCO-Kommission aus Prestigegründen unbedingt an seiner Universität verankern wollte, erklärte sich Erdmann dazu bereit, das Amt anzunehmen.[18] Im Rückblick traf er damit eine glückliche Entscheidung. Aber auch er selbst freute sich schon nach kurzer Zeit über seine neue Aufgabe und die »Gewinnung politischer Handlungspraxis«.[19]

Die Tätigkeit für die UNESCO bot Erdmann die Möglichkeit, seine Anstellung an der Kölner Universität abzusichern. Nach Verhandlungen mit der nordrhein-westfälischen Kultusministerin Christine Teusch erreichte er, dass seine Assistentenstelle in eine Diätendozentur umgewandelt wurde. Hiermit waren

---

[14] Vgl. etwa BArch N 1393/655, Schreiben von Karl Dietrich Erdmann an Sylvia Erdmann vom 6.5.1942. Anzeichen für eine innere Emigration, wie sie Eberhard Jäckel andeutet, finden sich nicht. Offenbar nur kurzfristig überlegte Erdmann, beruflich in der Wehrmacht zu verbleiben. Vgl. *Kröger / Thimme*, Geschichtsbilder, S. 80; *Jäckel*, Karl Dietrich Erdmann 1910–1990, S. 531; *Kröger / Thimme*, Utopien, S. 604.

[15] BArch, N 1393/313, Schreiben von Karl Dietrich Erdmann an Gerhard Ritter vom 24.11.1950.

[16] Vgl. hierzu *Kröger / Thimme*, Geschichtsbilder, S. 132 f. Am 6.11.1950 wurde Erdmann offiziell gewählt; bereits am 3.10.1950 wurde er über seine genauen Aufgaben bei der Deutschen UNESCO-Kommission informiert. BArch, N 1393/100, Schreiben von Karl Dietrich Erdmann an die Kultusministerin von Nordrhein-Westfalen, Christine Teusch, vom 5.10.1950.

[17] BArch, N 1188/177, Schreiben von Theodor Schieder an Alfred Heuß vom 13.6.1951.

[18] Ebd. Zu Rektor Kroll, dessen Assistent Erdmann von September 1945 bis Februar 1946 war, vgl. *Leo Haupts*, Die Universität Köln im Übergang vom Nationalsozialismus zur Bundesrepublik (=Studien zur Geschichte der Universität zu Köln, Bd. 18), Köln/Weimar/Wien 2006, insbesondere S. 33–65.

[19] BArch, N 1393/313, Schreiben von Karl Dietrich Erdmann an Gerhard Ritter vom 13.11.1950.

zumindest eine befristete Verbeamtung und ein gesichertes Einkommen verbunden, was fünf Jahre nach Kriegsende einen Teilerfolg abgab.[20] Seine ganze Hoffnung richtete sich jedoch weiterhin auf eine ordentliche Professur.

Tatsächlich erhöhten sich schon während seiner UNESCO-Tätigkeit die Chancen auf einen Ruf, denn in dem Maße, in dem sich Erdmann durch die Herausgabe der Zeitschrift Geschichte in Wissenschaft und Unterricht sowie seine Publikationen ein exzellentes Ansehen erarbeitete, verbesserten sich seine Aussichten auf ein Ordinariat. Nicht zufällig attestierte man ihm nun die »volle Ordinariatsreife«[21]. Immer öfter stand sein Name jetzt auf den Berufungslisten, wenn es um die Besetzung von Lehrstühlen für Politikwissenschaft oder Neuere Geschichte ging. Und so war es wohl mehr als nur ein Kompliment, als im Juni 1950 der Kieler Althistoriker Alfred Heuß ihm gegenüber seinen Einfluss auf die dortigen Berufungsangelegenheiten andeutete und davon sprach, dass Erdmann längst in Kiel wirken würde, wenn er nicht am Rhein, sondern an der Förde wohnen würde.[22]

Ganz so einfach aber stellte sich seine Berufung auf einen Lehrstuhl in Kiel dann doch nicht dar. Zunächst scheiterte 1951 eine weitere Bewerbung für einen Lehrstuhl für Politische Wissenschaften, diesmal an der Technischen Universität Darmstadt. Nachdem Erdmann zunächst auf Platz zwei der Berufungsliste gestanden hatte und damit »bis zuletzt ernsthaft mit im Spiele«[23] gewesen war, musste er schließlich Eugen Kogon den Vortritt lassen. Der ehemalige Häftling des Konzentrationslagers Buchenwald und Autor der breit rezipierten Studie »Der SS-Staat« setzte sich bei der Berufung durch – wohl in erster Linie, weil die sozialdemokratisch geführte Landesregierung in Hessen systematisch vom nationalsozialistischen Regime verfolgte Intellektuelle auf Ordinariate für Politikwissenschaft berief und darin von der amerikanischen Besatzungsmacht nachdrücklich unterstützt wurde.[24] Es kennzeichnet Erdmanns Selbstverständnis zu diesem Zeitpunkt, dass er für seine Bewerbung nicht nur die Angabe machte, im Zuge seiner Entnazifizierung als entlastet eingestuft worden zu sein, und außerdem zu keiner Zeit der NSDAP oder einer ihrer Parteigliederungen angehört zu

---

[20] BArch, N 1393/100, Schreiben von Karl Dietrich Erdmann an die Kultusministerin Nordrhein-Westfalens, Christine Teusch, vom 5.10.1950. Am 21.11.1950 wurde Erdmann von dem Kuratorium der Universität Köln mitgeteilt, dass die von ihm geforderte Diätendozentur bewilligt werde. LASH, Abt. 811, Nr. 12312, Schreiben von Karl Dietrich Erdmann an das Kuratorium der Universität Köln vom 23.1.1951.

[21] LASH, Abt. 811, Nr. 12312, Schreiben vom Dekan der Philosophischen Fakultät der Universität Köln an die Kultusministerin von Nordrhein-Westfalen, Christine Teusch, vom 16.12.1952.

[22] BArch, N 1393/100, Schreiben von Alfred Heuß an Karl Dietrich Erdmann vom 7.6.1950.

[23] BArch, N 1393/101, Schreiben von Karl Hax an Karl Dietrich Erdmann vom 17.7.1951. Zur Berufung Kogons vgl. *Mohr*, Politikwissenschaft, S. 135–137.

[24] So etwa auch Wolfgang Abendroth nach Marburg oder Heinz Langerhans nach Frankfurt am Main. Vgl. *Frank Deppe*, Bilanz und Perspektiven der Marburger Politikwissenschaft, in: Wolfgang Hecker / Joachim Klein / Hans Karl Rupp (Hg.), Politik und Wissenschaft. 50 Jahre Politikwissenschaft in Marburg, Bd. 2, Münster 2003, S. 17–46, hier S. 23.

haben,[25] was nur bedingt der Wahrheit entsprach,[26] sondern ergänzte, er sei während des »Dritten Reiches« mehrfach aus politischen Gründen gezwungen gewesen, seinen Beruf aufzugeben.[27] Aus Sicht der hessischen Kultusverwaltung reichte dies jedoch nicht aus, um mit Kogon ernsthaft konkurrieren zu können, dessen politisches Engagement stärker gewichtet wurde als Erdmanns fachwissenschaftliche Leistungen.[28]

Auch an anderer Stelle hatte er das Nachsehen. Bei der Besetzung einer außerordentlichen Professur für Politikwissenschaft an der Universität Freiburg verschaffte ihm Gerhard Ritter im selben Jahr zwar zunächst Platz drei der Berufungsliste; bei der endgültigen Vergabe der Professur wurde er dann jedoch nicht weiter berücksichtigt.[29] Ausgerechnet seine hohe geschichtswissenschaftliche Kompetenz, die eigentlich seine Aussichten deutlich erhöhen sollte, wurde ihm nun negativ ausgelegt. Da man in Freiburg davon ausging, Erdmann werde ohnehin nach Göttingen oder an eine andere Universität berufen, strich ihn die Berufungskommission kurzerhand von der Liste und berief Arnold Bergstraesser, unter dessen intellektuellem Einfluss Erdmann im Zusammenhang mit seiner Pariser Propagandatätigkeit Anfang der dreißiger Jahre gestanden hatte.[30] Somit blieb er zunächst auf seine Stelle an der Universität Köln angewiesen. Dass man

---

[25] BArch, N 1393/100, Schreiben von Karl Dietrich Erdmann an Karl Hax vom 13.5.1949.

[26] Erdmann trat der NSDAP nicht bei, war jedoch Mitglied des nationalsozialistischen Lehrerbundes sowie der NS-Volkswohlfahrt und der Deutschen Arbeitsfront während seiner Tätigkeit in der Industrie. Das waren zwar Mitgliedschaften, die sich in der Tat auf einem Minimum der Erwartungen hielten, die man an ihn beruflich stellte, dennoch entsprachen seine späteren Angaben zweifelsfrei nicht der Wahrheit. Vgl. *Kröger / Thimme*, Geschichtsbilder, S. 48 f.; *Blänsdorf*, Erdmann, S. 231.

[27] Erdmann schied zunächst freiwillig aus dem Schuldienst aus, um seine damalige Lebensgefährtin Sylvia Pieh zu heiraten, die vorläufig keinen »Ariernachweis« erbringen konnte. Folgt man seinen späteren Ausführungen, war er zudem im Februar/März 1939, während seiner Tätigkeit als Übersetzer für die IG Farben in Frankfurt am Main, in einen Konflikt mit der NSDAP geraten, nachdem er sich öffentlich der »Hetze gegen Chamberlain« widersetzt hatte. Daraufhin habe man ihm bei der IG Farben sofort die Anstellung gekündigt. Zeitlich fällt dies in die Phase der Annexion der »Rest-Tschechei«, also des definitiven Bruchs des Münchener Abkommens, in dem Erdmann nach eigener Aussage eine letzte Möglichkeit gesehen hatte, einen europäischen Frieden zu erhalten. BArch, N 1393/154, Schreiben von Karl Dietrich Erdmann an Walther Peter Fuchs vom 23.5.1984. In seinen späteren Lebensläufen nach Kriegsende verkürzte er diesen Vorfall: Er habe »[a]uf Betreiben der Partei« seine Stelle bei der IG Farben verloren. Lebenslauf von ca. Mitte 1947 [Datierung nach *Kröger / Thimme*, Geschichtsbilder, S. 133], abgedruckt ebd. S. 133 f. sowie BArch, N 1393/669, Schreiben von Karl Dietrich Erdmann an die Britische Militärregierung vom 24.7.1945.

[28] BArch, N 1393/101, Schreiben von Karl Hax an Karl Dietrich Erdmann vom 17.7.1951.

[29] Vgl. *Birte Meinschien*, Michael Freund. Wissenschaft und Politik (1945–1965) (=Kieler Werkstücke. Reihe H: Beiträge zur Neueren und Neuesten Geschichte, Bd. 2), Frankfurt a. M. et al. 2012, S. 48.

[30] Vgl. *Meinschien*, Freund, S. 48; *Kröger / Thimme*, Geschichtsbilder; *Blänsdorf*, Erdmann, S. 229–231.

ihn dort Ende des Jahres 1952 zum außerplanmäßigen Professor ernannte,[31] verbesserte zwar seine Position, aber erst, als im folgenden Jahr mit der Emeritierung Otto Beckers[32] der Kieler Lehrstuhl für Neuere Geschichte frei wurde, vermochte er sein eigentliches Ziel zu verwirklichen.

3. Alfred Heuß' Rolle bei Erdmanns Berufung nach Kiel

Der Verlauf dieser Berufungsverhandlungen, der bereits mit Fokus auf Golo Mann untersucht worden ist, wenn auch mit unvollständigen Quellen,[33] wirft nicht nur ein Schlaglicht auf die weitverbreiteten Ressentiments gegenüber Remigranten nach dem Zweiten Weltkrieg, sondern beleuchtet auch die Atmosphäre am Kieler Seminar, an dem eine starke Desillusionierung und Orientierungslosigkeit vorherrschten. Denn die Transformation humanistischer Bildungstraditionen in ein nationalsozialistisches Wissenschaftsverständnis hatte auch vor der Kieler Universität nicht Halt gemacht. Vorrangig, aber keineswegs ausschließlich die Juristen hatten hier eine kämpferische »Stoßtruppfakultät« aufgebaut. Auch die Historiker hatten tatkräftig mitgeholfen, die Christiana Albertina zu einer nationalsozialistischen »Grenzlanduniversität« umzubauen. Und daran hatten nicht nur die überzeugten Nationalsozialisten in ihren Reihen wie Otto Scheel oder Carl Petersen ihren Anteil. Auch die breite Masse der eher konservativ gesinnten Vertreter des Faches hatte bereitwillig Geschichtsbilder im Sinne der nationalsozialistischen Machthaber propagiert.[34] Im Ergebnis führte dies zu einer weitreichenden Diskreditierung der traditionsreichen historischen Forschung in Kiel.[35] Alfred Heuß brachte den Sachverhalt auf den Punkt, als er Erdmann gegenüber die Lage der Kieler Universität mit jener der deutschen Gesellschaft nach dem Zusammenbruch verglich und zu dem Schluss gelangte, im Grunde sei »bei uns heute ja alles irgendwie schief und krumm« und das Geistesleben habe »einen anständigen Grundriss [...] nach dem Krieg noch nicht gefunden«.[36]

---

31 LASH, Abt. 811, Nr. 12312, Schreiben vom Dekan der Philosophischen Fakultät der Universität Köln an die Kultusministerin von Nordrhein-Westfalen, Christine Teusch, vom 16.12.1952.

32 Zu Becker vgl. *Oswald Hauser*, Prof. Dr. Otto Becker, in: Zeitschrift der Gesellschaft für Schleswig-Holsteinische Geschichte 80 (1956), S. 22–28; *Thomas Hill* (Hg.), Das Historische Seminar im »Dritten Reich«. Begleitheft zur Ausstellung im Historischen Seminar der Christian-Albrechts-Universität zu Kiel, Kiel 2003 sowie *Christoph Cornelißen*, Das Kieler Historische Seminar in den NS-Jahren, in: Ders. / Carsten Mish (Hg.), Wissenschaft an der Grenze. Die Universität Kiel im Nationalsozialismus (=Mitteilungen der Gesellschaft für Kieler Stadtgeschichte, Bd. 86), 2. Auflage, Essen 2010, S. 229–252.

33 Vgl. *Tilmann Lahme*, Golo Mann. Biographie, Frankfurt a. M. 2009, S. 210–219.

34 Vgl. *Christoph Cornelißen*, Die Universität Kiel im »Dritten Reich«, in: Ders. / Mish, Wissenschaft, S. 11–29, hier S. 25.

35 Vgl. *Christoph Cornelißen*, Aus den Trümmern – Die Kieler Universität im Jahr 1945, in: Christiana Albertina 62 (2006), S. 33–45, hier S. 36 f.

36 BArch, N 1393/100, Schreiben von Alfred Heuß an Karl Dietrich Erdmann vom 7.6.1950.

Erdmann und Heuß kannten und schätzten sich seit ihrer gemeinsamen Zeit an der Kölner Universität unmittelbar nach dem Krieg, als Heuß dort eine Vertretungsprofessur wahrgenommen hatte.[37] Daraus entwickelte sich eine lebenslange Freundschaft, die sich für Erdmann letztlich als Glücksfall herausstellen sollte, erwies sich Heuß doch als sein wichtigster Förderer bei dem Ruf nach Kiel.[38] Innerhalb der »Zunft« war das allem Anschein nach ein offenes Geheimnis. Theodor Schieder, ebenfalls ein lebenslanger Freund Erdmanns seit der Kölner Zeit, war Heuß' immenser Einfluss auf die Kieler Berufungsangelegenheiten jedenfalls bekannt. Um Befürchtungen auszuräumen, die UNESCO-Tätigkeit werde Erdmanns Chancen auf einen Lehrstuhl beeinträchtigen, insistierte er bereits Mitte des Jahres 1951 gegenüber Heuß eindringlich darauf, dass Erdmann »absolut berufungsfähig«[39] bleibe. Die Sorge war unbegründet. Dabei leiteten Heuß keineswegs ausschließlich selbstlose Motive, wollte er doch damit seine isolierte Stellung am Kieler Seminar durchbrechen. Folgt man seinem recht ab-schätzigen Urteil, bot das Kieler Seminar zu diesem Zeitpunkt lediglich Mittelmaß. Dort werde »zwar brav gearbeitet, aber ein eigenes Licht« leuchte kaum auf. Es fehle an »neue[m] und frische[m] Blut«.[40] Allein der Politikwissenschaftler Michael Freund gab Heuß die Gelegenheit zu einem wissenschaftlichen Austausch. Ansonsten aber bot ihm der Kieler »Historikerzirkel [...] dazu nicht gerade viel Gelegenheit«[41]. Über seinen Kollegen Alexander Scharff äußerte er sich andere als schmeichelhaft und fürchtete, dieser werde womöglich ein lange Zeit vakantes Extraordinariat für Landesgeschichte erhalten:

»Am Ende wird es Alexander Scharff kriegen. Das sagt ja alles. Solche Stellen, wenn sie auch einem gewissen lokalpatriotischen Bedürfnis ihre etatsmäßige Fundierung verdanken, darf man natürlich ad personam nicht verprovinzialisieren.«[42]

---

[37] BArch, N 1393/663, Schreiben von Sylvia Erdmann an Karl Dietrich Erdmann vom 1.8.1947. Zu Heuß vgl. *Stefan Rebenich*, Hermann Bengtson und Alfred Heuß. Zur Entwicklung der Alten Geschichte in der Zwischen- und Nachkriegszeit, in: Volker Losemann (Hg.), Alte Geschichte zwischen Wissenschaft und Politik. Gedenkschrift Karl Christ, Wiesbaden 2009, S. 181–208. Heuß bewunderte insbesondere Erdmanns Habilitationsschrift. Diese sei in ihrer »Verbindung von Stoffbeherrschung und innerer gedanklicher Durchdringung ein geradezu musterhaftes specimen historischer Forschung«. BArch, N 1393/100, Schreiben von Alfred Heuß an Karl Dietrich Erdmann vom 7.6.1950.

[38] So bereits zu lesen bei *Sebastian Ullrich*, Der Weimar Komplex. Das Scheitern der ersten deutschen Demokratie und die politische Kultur der frühen Bundesrepublik 1945–1959 (=Hamburger Beiträge zur Sozial- und Zeitgeschichte, Bd. 45), Göttingen 2009, S. 540.

[39] BArch, N 1188/177, Schreiben von Theodor Schieder an Alfred Heuß vom 13.6.1951. Zu Schieder vgl. jetzt *Christoph Nonn*, Theodor Schieder. Ein bürgerlicher Historiker im 20. Jahrhundert (=Schriften des Bundesarchivs, Bd. 73), Düsseldorf 2013.

[40] BArch, N 1393/100, Schreiben von Alfred Heuß an Karl Dietrich Erdmann vom 7.6.1950.

[41] BArch, N 1393/101, Schreiben von Alfred Heuß an Karl Dietrich Erdmann vom 17.7.1952. Zu Freund vgl. *Meinschien*, Freund sowie den Beitrag von Birte Meinschien in diesem Band.

[42] BArch, N 1393/100, Schreiben von Alfred Heuß an Karl Dietrich Erdmann vom 7.6.1950. Allerdings gelang es Heuß nicht, die Berufung Scharffs abzuwenden. 1952 erhielt dieser

Insbesondere aber Otto Becker schnitt schlecht ab. Heuß warf ihm vor, »völlig auf seine Spezialitäten eingefahren« zu sein und überhaupt nicht zu bemerken, »dass er sich im grossen ganzen auf ziemlich ausgelaufenen Gleisen bewegt. Nationalliberaler Patriotismus ist heute doch wirklich eine Art Atavismus.«[43] Bemerkenswert ist hierbei, dass Heuß – vor dem weiteren Hintergrund der Neuorientierung des Faches nach dem Ende des Nationalsozialismus – Beckers nationalliberaler Historiografie dezidiert kritisch gegenüberstand und daher eine grundsätzliche Neuausrichtung des Neuzeitlehrstuhls anstrebte: Die Neuzeit-Abteilung in Kiel benötige »endlich [...] einen selbständigen Kopf«.[44] Dem lag offenbar die von Heuß systematisch verfolgte Agenda zugrunde, auch die jüngste Zeit wissenschaftlich aufarbeiten zu lassen. Aus diesem Grund hatte er sich nur wenige Jahre zuvor der Berufung Theodor Schieders in Köln widersetzt, zeigte jener doch schon aus biografischen Motiven an solchen Themen kein Interesse.[45] Sein Eindruck von Erdmann war hingegen ein ganz anderer, denn dieser hatte sich frühzeitig der Zeitgeschichte zugewandt und erschien Heuß deshalb deutlich geeigneter. Er habe dennoch leise Zweifel, »ob man ihm mit der Berufung wirklich etwas Gutes tut [...]. Wir liegen hier nicht nur geographisch an der Peripherie.«[46] Das erklärt unter anderem Abwanderungspläne von Heuß, der sich auf eine Stelle an der Universität Göttingen beworben hatte. In jedem Falle aber wollte er zuvor noch die Ausrichtung des Kieler Seminars in seinem Sinne vorantreiben und gab deshalb Erdmann den Ratschlag, sich einem Thema der deutschen Geschichte zuzuwenden. Recht freimütig sprach Heuß in diesem Zusammenhang von der Selbstisolierung der deutschen Geschichtswissenschaft.

> »[W]enn man in Deutschland vorwärtskommen will, muss man nun eben seinen Tribut der ›zünftigen‹ Arbeit leisten. Ich denke, Sie haben bei Ihren Vorlesungen Einblick in die verschiedenen Probleme der Neueren Geschichte bekommen und wissen, wo die Möglichkeit zu originellen Einsätzen liegt. Es wäre zweckmäßig, Sie ließen da mal die Katze aus dem Sack. Ich sage das nicht, weil dergleichen für mich ein Kriterium ist, aber ich erfahre immer wieder, wie in der Tat die Spielregeln sind und dass gegen sie schwer etwas zu unternehmen ist.«[47]

den Lehrstuhl für Landesgeschichte. Vgl. *Oliver Auge / Martin Göllnitz*, Landesgeschichtliche Zeitschriften und universitäre Landesgeschichte. Das Beispiel Schleswig-Holstein (1924–2008), in: Thomas Küster (Hg.), Medien des begrenzten Raumes. Landes- und regionalgeschichtliche Zeitschriften im 19. und 20. Jahrhundert (=Forschungen zur Regionalgeschichte, Bd. 73), Paderborn et al. 2013, S. 69–125, hier S. 82, mit weiteren Literaturhinweisen. Zu Alexander Scharff vgl. auch den Beitrag von Oliver Auge und Martin Göllnitz in diesem Band.

[43]   BArch, N 1393/100, Schreiben von Alfred Heuß an Karl Dietrich Erdmann vom 7.6.1950.
[44]   BArch, N 1393/102, Schreiben von Alfred Heuß an Karl Dietrich Erdmann vom 6.9.1953.
[45]   Vgl. *Nonn*, Schieder, S. 124, 127 f.
[46]   BArch, N 1188/177, Schreiben von Alfred Heuß an Theodor Schieder vom 7.9.1953.
[47]   BArch, N 1393/101, Schreiben von Alfred Heuß an Karl Dietrich Erdmann vom

Erdmann haben diese Hinweise kaum überraschen können, und es passt sogar dazu, dass die Zwischenkriegsperiode mittlerweile zu seinem Forschungsschwerpunkt geworden war.[48] Von den revolutionsgeschichtlichen Studien seiner akademischen Anfangszeit hatte er sich zu diesem Zeitpunkt bereits weitgehend entfernt. Aber entscheidend in Kiel war zunächst, wie Heuß dort die Sache vorantrieb. Mit einer Konsequenz beteiligte er sich an einem Ränkespiel, bei dem er Golo Mann eine zentrale Rolle zuwies. Denn noch während seine Kollegen am Historischen Seminar mit der Konsolidierung ihrer eigenen Forschungsrichtungen beschäftigt waren, brachte er den Sohn von Thomas Mann neben Karl Dietrich Erdmann und Werner Conze für die Wiederbesetzung des Kieler Lehrstuhls ins Spiel. Dies stellte eine klare Provokation gegenüber den Mitgliedern des Seminars dar, die politisch überwiegend dem konservativen Lager angehörten, und sie musste auch in den Reihen der CDU-geführten Landesregierung auf Ablehnung stoßen. Immerhin hatte Mann im Krieg für die Amerikaner gearbeitet, zudem galt er zu diesem Zeitpunkt noch als Vertreter liberaler Positionen. Im vorherrschenden Klima der Nachkriegszeit waren das für Mann sicherlich alles andere als günstige Voraussetzungen. Dennoch vermochte es Heuß, ihn für die engere Wahl bei der Lehrstuhlvergabe zu nominieren. Mitte des Jahres 1952 absolvierte Mann in Kiel vor der Universitätsgesellschaft einen informellen Vortrag und hinterließ offenbar einen guten Eindruck.[49] Kurze Zeit später erhielt dann auch Erdmann von Heuß die Aufforderung, im kommenden Wintersemester vor der Kieler Universitätsgesellschaft einen Vortrag zu halten.[50] Erdmann schlug daraufhin einige Themen vor, die auf Vorträge zurückgingen, die er bereits zuvor in der einen oder anderen Form gehalten hatte. Schon aus ganz pragmatischen Gründen orientierte er sich dabei auch an älteren Vorstellungen, die insofern aufschlussreiche Einblicke in sein damaliges historisch-politisches Denken geben. Wie also sah das »Programm« des Historikers aus, mit dem er sich für den Kieler Lehrstuhl empfahl?

4. Das Profil des Historikers

Zunächst fällt auf, wie engagiert Erdmann die historische Aufarbeitung der Weimarer Republik betrieb; zwei seiner Vortragsvorschläge bezogen sich darauf. Das war zu diesem Zeitpunkt keineswegs eine Selbstverständlichkeit, denn die meisten Deutschen verbanden mit der Weimarer Republik eher unangenehme

---

10.8.1951.
[48] BArch, N 1393/101, Schreiben von Karl Dietrich Erdmann an Alfred Heuß vom 24.8.1951.
[49] *Lahme*, Mann, S. 210, 212.
[50] BArch, N 1393/101, Schreiben von Alfred Heuß an Karl Dietrich Erdmann vom 17.7.1952.

Erinnerungen:[51] die innenpolitischen Wirren, die Auswirkungen der Weltwirtschaftskrise sowie die politischen Verhältnisse am Ende der Republik. Von einer wissenschaftlichen Aufarbeitung der Zeit der Weimarer Republik war man daher zu diesem Zeitpunkt noch weit entfernt. Insofern konnte Erdmann mit einigem Recht für sich verbuchen, »die notwendige Umwandlung von der die bisherige Literatur fast ausschließlich beherrschenden politischen in eine wissenschaftliche Fragestellung«[52] eingeleitet zu haben, so sehr diese Trennung auch Schwierigkeiten heraufbeschwor. Denn der Bezug auf Weimar hatte vor dem Hintergrund der Bonner Staatsgründung immer auch eine direkte politische Funktion. In Übereinstimmung damit stellte er auch für Erdmann einen Schlüssel zum Verständnis seiner eigenen Gegenwart dar. Erdmanns wissenschaftliche Beschäftigung mit der Weimarer Zeit reicht bis in die unmittelbare Nachkriegszeit zurück. Bereits im Sommersemester 1949, noch während der Parlamentarische Rat das Grundgesetz verabschiedete, hielt er in Köln eine Vorlesung über die Zeit von 1918 bis 1933,[53] und es liegt nahe, hier einen engen Zusammenhang zu vermuten. Vor allem aber profitierte er von seiner Arbeit am »Gebhardt«, die er, wie bereits erwähnt, schon 1949 begonnen hatte. Im Zuge dieser Beschäftigung entstanden ein Vortrag über die englisch-französischen Beziehungen in der Zwischenkriegszeit und ein zweiter, den er 1955 in erweiterter Form als Aufsatz in der neu gegründeten Vierteljahresschrift für Zeitgeschichte veröffentlichte.[54] Darin behandelte Erdmann das Thema in wegweisender Form, stellte er doch nicht nur konzise den noch jungen Forschungsstand dar, sondern lieferte auch eine Deutung, die sich in mancher Hinsicht gut in die gesellschaftliche Stimmung der Adenauer-Ära einpasste. Pragmatische historiografische Revision sowie nationale und antikommunistische Zielsetzungen gegen »die Stimmen der Verzweiflung oder des Hasses«[55] gingen hierbei Hand in Hand und erreichten eine Breitenwirkung, die weit über die bloße Fachöffentlichkeit hinausging. Vor dem Hintergrund einer gesellschaftlichen Stimmung, bei der häufig die Abwehrreflexe den Willen zur Selbstkritik überwogen, und einer Historikerschaft, die sich ganz überwiegend dem Kampf gegen eine, bezeichnenderweise in dieser

---

51 Vgl. *Sebastian Ullrich*, Der lange Schatten der ersten deutschen Demokratie. Weimarer Prägungen der frühen Bundesrepublik, in: Alexander Gallus / Axel Schildt (Hg.), Rückblickend in die Zukunft. Politische Öffentlichkeit und intellektuelle Positionen in Deutschland um 1950 und um 1930 (=Hamburger Beiträge zur Sozial- und Zeitgeschichte, Bd. 48), Göttingen 2011, S. 35–50, hier S. 40.

52 BArch, N 1393/101, Schreiben von Karl Dietrich Erdmann an Alfred Heuß vom 23.7.1952.

53 Vorlesungsverzeichnis für das Sommersemester 1949, Universität zu Köln, S. 64.

54 *Karl Dietrich Erdmann*, Die Geschichte der Weimarer Republik als Problem der Wissenschaft, in: Vierteljahreshefte für Zeitgeschichte 3 (1955), S. 1–19.

55 Ebd., S. 5.

Form überhaupt nicht vorhandene,[56] »Kollektivverurteilung der deutschen Geschichte«[57] verschrieben hatte, fiel seine Deutung der Ereignisse auf einen fruchtbaren Boden. Auf diese Weise gelang es ihm, über eine betont nationale Interpretation Sichtweisen zu prägen, die über lange Zeit nicht nur herrschende Meinung, sondern schlichtweg kanonisch wurden. Dies gilt insbesondere für Erdmanns Deutung der Novemberrevolution[58] und den Gründen für die Zerstörung der Weimarer Republik. Erdmann verarbeitete darüber offenkundig seine eigenen antiparlamentarischen und antiliberalen Haltungen der dreißiger Jahre, auf die sich die Diskussion um seine Vergangenheit im Nationalsozialismus gerichtet hat.[59] Dies fällt insbesondere bei seiner These zum Untergang der Weimarer Republik auf, die frühzeitig zu einem durchgängigen Narrativ seiner Historiografie avancierte. So bezeichnete er bereits drei Jahre nach Kriegsende als eigentliches Schlüsselereignis für das Scheitern der Weimarer Republik den Bruch der Großen Koalition unter Hermann Müller 1930 und klagte, dass die Republik »sich selber zugrunde gewirtschaftet« habe, »bevor ihr durch Papen und Schleicher der Gnadenstoß versetzt wurde«.[60] Damit bezichtigte er vor allem die demokratischen Parteien, eine »Selbstausschaltung des Parlamentes«[61] betrieben zu haben und gerade nicht – was eigentlich evident gewesen wäre – die vehementen Attacken der rechtsradikalen Kräfte gegen die Republik. Entscheidend, so Erdmann, sei vielmehr gewesen, dass die republikanischen Parteien, allen voran die SPD, sich einem pragmatischen Kompromiss zum Wohle der Staatsräson, jenseits vermeintlicher »Parteiinteressen«, verweigert hätten. Ganz offenbar wirkten hier persönliche Erfahrungen fort. Im Grunde erneuerte Erdmann damit seine ältere Kritik an den Reichstagsparteien, vor allem an der SPD, in deren Nähe er über Adolf Reichwein gestanden und deren Verhalten er beim Bruch der Großen Koalition kritisiert hatte.[62] Diese Nähe reichte so weit, dass er sich nach eigenem Bekunden am Ende der Weimarer Republik der Eisernen

---

[56] Vgl. etwa *Jan Friedemann / Jörg Später*, Britische und deutsche Kollektivschuld-Debatte, in: Ulrich Herbert (Hg.), Wandlungsprozesse in Westdeutschland. Belastung, Integration, Liberalisierung 1945–1980 (=Moderne Zeiten. Neue Forschungen zur Gesellschafts- und Kulturgeschichte des 19. und 20. Jahrhunderts, Bd. 1), Göttingen 2002, S. 53–90; *Edgar Wolfrum*, Die Suche nach dem »Ende der Nachkriegszeit«. Krieg und NS-Diktatur in öffentlichen Geschichtsbildern der »alten« Bundesrepublik, in: Christoph Cornelißen / Wolfgang Schwentker (Hg.), Erinnerungskulturen. Deutschland, Italien und Japan seit 1945, Frankfurt a. M. 2003, S. 183–197, hier S. 191.

[57] *Erdmann*, Geschichte, S. 5.

[58] Vgl. hierzu jetzt *Wolfgang Niess*, Die Revolution von 1918/19 in der deutschen Geschichtsschreibung. Deutungen von der Weimarer Republik bis ins 21. Jahrhundert, Berlin / Boston 2013.

[59] Vgl. etwa *Kröger / Thimme*, Utopien, S. 607; *Blänsdorf*, Erdmann, S. 229 f.

[60] BArch, N 1393/100, Schreiben von Karl Dietrich Erdmann an Frederick [= Friedrich Otto] Hertz vom 25.3.1948.

[61] *Erdmann*, Geschichte, S. 17.

[62] Vgl. *Blänsdorf*, Erdmann, S. 228. Damals hatte er der parlamentarischen Mehrheit »Unfähigkeit« vorgeworfen. BArch, N 1393/662, Schreiben von Ernst Krümpelmann an Karl Dietrich Erdmann vom 12.8.1930.

Front angeschlossen hatte,[63] die sich als sozialdemokratisch dominierter, gleichermaßen antifaschistischer wie antikommunistischer, jedoch entschieden republikanischer Kampfbund verstand und sich ähnlicher paramilitärischer Methoden bediente wie die politischen Gegner. Kurz nach dem 30. Januar 1933 erwog Erdmann, aktiven Widerstand zu leisten, gab diesen Plan jedoch offenbar auf, nachdem seine Frau ihm eindringlich das Ausmaß der politischen Verfolgung Oppositioneller vor Augen geführt hatte:

»Dass es im Augenblick nur zwei Möglichkeiten gibt, ist klar. Entweder so lange man nicht gezwungen wird, sich positiv und aktiv an der Nazibeweg.[ung] zu beteiligen, den Mund zu halten. Oder sich zu opfern. Ob zu dem letzteren jetzt die Zeit ist, ist sehr fraglich. Jeder, der sich offen gegen die Nazis stellt, wird eingesperrt. Dass Dir das blühen kann, wenn Du nicht vorsichtig bist, ist Dir ja klar. Damit wäre im Augenblick nichts gewonnen, man macht sich dadurch selber unschädlich. [...] Karl, ich will Dich von absolut nichts zurückhalten. Ich will nur, dass Du überlegst und noch mal überlegst, ob irgendwelche Opposition einen solchen Erfolg verspricht, dass sie das, was man dabei aufs Spiel setzt, rechtfertigt.«[64]

Tatsächlich hätte Erdmann also im Gegensatz zu der überwältigenden Mehrheit seiner Kollegen nach 1945 durchaus Gründe gehabt, sein oppositionelles Verhalten hervorzuheben. Dass er dies offensichtlich nur andeutungsweise tat, selbst gegenüber seinen engsten Mitarbeitern,[65] spricht aber wohl dafür, dass ihm seine späteren »Kompromisse« nur allzu bewusst waren. Denn seine anfängliche Opposition zu den neuen Machthabern schwand sichtlich in dem Maße, in dem es dem Regime gelang, zentrale Ideologeme von nationaler Wiedergeburt und sozialer Volksgemeinschaft zu propagieren. Wie viele Andere, die die Nationalsozialisten anfänglich abgelehnt hatten, ließ offenbar auch Erdmann sich streckenweise von den vermeintlichen Erfolgen der neuen Machthaber blenden, und dies hing wohl auch mit seiner eigenen Nähe zu einer politischen Strömung am Ende der Weimarer Republik zusammen, die vermutlich zu den schillerndsten und ambivalentesten jener Zeit zu zählen ist. Denn so kämpferisch die zumeist jungen, männlichen und jugendbewegten Sozialdemokraten aus dem Umfeld des Reichsbanners und der Eisernen Front sich auch für die Republik engagierten,

---

[63] BArch, N 1393/1, Schreiben von Karl Dietrich Erdmann an Willi Jonas vom 1.2.1983, sowie seine enttäuschten Äußerungen kurz nach Kriegsende über das passive Verhalten der Gewerkschaften, des Reichsbanners und der Eisernen Front beim »Preußenschlag« und der »Machtergreifung«: BArch, N 1393/100, Schreiben von Karl Dietrich Erdmann an Doyle am 20.7.1947, BArch, N 1393/100. Vor diesem Hintergrund ist wohl auch der Bericht über eine Schlägerei mit der SA zu sehen, in die einige seiner Freunde verwickelt waren und bei der Erdmann zufällig nicht anwesend war. Vgl. *Kröger / Thimme*, Geschichtsbilder, S. 21.

[64] BArch, N 1393/659, Schreiben von Sylvia Erdmann an Karl Dietrich Erdmann, o. Dat.

[65] Vgl. *Jäckel*, Erdmann, S. 225; *Blänsdorf*, Erdmann, S. 240; *Wulff*, Besprechung, S. 253.

kann bei ihnen doch nicht übersehen werden, dass auch sie in einem erheblichen Umfang von dem zeitgenössischen antiparlamentarischen und nationalistischen Diskurs beeinflusst worden waren.[66] Innerhalb der Sozialdemokratie stellten sie den äußersten rechten Rand dar, der fortlaufend ideologische Anleihen bei den Antidemokraten der Konservativen Revolution machte und sich permanent in der »Grauzone zwischen republikanischer Bejahung der Weimarer Demokratie [...] und Kritik am liberalen Parteienstaat«[67] bewegte. Ideologeme wie etwa ständestaatliche und großdeutsche Ideen, die sich auch in Erdmanns damaligen politischen Vorstellungen manifestierten, verbunden mit einem vehementen Grenzrevisionismus, kennzeichneten dieses Denken. Viele dieser Ideen wurden jedoch auch vom eigentlich bekämpften Nationalsozialismus propagiert. Trotz ihres mutigen Eintretens für die Republik spielte jene Strömung damit ausgerechnet ihren erklärten Gegnern in die Hände, die alles daran setzten, Rechtsstaat und Demokratie zu beseitigen.

Als weiteren Vortrag bot Erdmann für Kiel ein Referat unter dem Thema »Der Staatsgedanke der preußischen Reformer« an, das aus einer Seminarübung zu den Denkschriften Hardenbergs und Steins entstanden war. Hiermit griff Erdmann ein Thema auf, mit dem er sich seit seinem Studium beschäftigt hatte. Bereits während seines ersten Aufenthaltes in Paris 1931 hatte er sich der erstmals von Max Lenz aufgeworfenen Frage zugewandt, in welchem Verhältnis die Ideen der Französischen Revolution zum Freiheitsbegriff des deutschen Liberalismus gestanden hatten. Offenkundig geschah dies unter dem ideologischen Eindruck der für das deutsche Bildungsbürgertum so charakteristischen Abgrenzung gegenüber den Ideen von »1789« und der Kontrastierung mit einer als spezifisch »deutsch« stilisierten Freiheitsidee während des Frühliberalismus.[68] Erdmann fügte sich damit in eine lange Tradition der Stein-Rezeption ein. Regelmäßig war die Staatsauffassung Steins immer auch als konkreter Lösungsvorschlag für die politischen Probleme der Gegenwart aufgefasst worden, woraus ein ausgesprochener »Stein-Kult«[69] erwuchs. Und so versuchte auch Erdmann offenbar, mit

---

66 Vgl. hierzu vor allem: *Stefan Vogt*, Nationaler Sozialismus und soziale Demokratie. Die sozialdemokratische Junge Rechte 1918–1945, Bonn 2006. Positivere Beurteilungen finden sich bei *Hans Mommsen*, Die Sozialdemokratie in der Defensive. Der Immobilismus der SPD und der Aufstieg des Nationalsozialismus, in: Ders. (Hg.), Sozialdemokratie zwischen Klassenbewegung und Volkspartei, Frankfurt a. M. 1974, S. 106–133; *Axel Schildt*, National gestimmt, jugendbewegt und antifaschistisch – die Neuen Blätter für den Sozialismus, in: Michel Grunewald (Hg.), Das linke Intellektuellenmilieu in Deutschland, seine Presse und seine Netzwerke (1890–1960) (=Convergences, Bd. 24), Bern 2002, S. 363–390; Schildt weist auch auf die geistige Nähe zum »Tat-Kreis« um Hans Zehrer hin. Vgl. hierzu *Axel Schildt*, Übergänge in das »Dritte Reich«. Die Zeitschriften Die Tat und Neue Blätter für den Sozialismus in der ersten Hälfte des Jahres 1933, in: Rainer Hering / Rainer Nicolaysen (Hg.), Lebendige Sozialgeschichte. Gedenkschrift für Peter Borowsky, Wiesbaden 2003, S. 401–416.

67 *Vogt*, Sozialismus, S. 107 f.

68 BArch, N 1478/367, Schreiben von Karl Dietrich Erdmann an Wilhelm Mommsen vom 2.3.1931.

69 *Hans-Ulrich Wehler*, Deutsche Gesellschaftsgeschichte. Bd. 1: Vom Feudalismus des

Hilfe der Ideen des Reichsfreiherrn eine geistige Brücke von seinen politischen Ordnungsvorstellungen der Vorkriegszeit in die junge Bundesrepublik zu bauen.

Gegenüber Alfred Heuß, dem er in knappen Sätzen den Inhalt seiner Vorträge skizzierte, rühmte er die preußischen Reformer dafür, dass sie »die erstrebte Beteiligung der volkstümlichen Kräfte am Staate nicht in der Beteiligung der Gesetzgebung in erster Linie, sondern in der Teilhabe an der Verwaltung gesucht« hätten. Dies sei, so Erdmann, eine »originelle Leistung, sehr viel origineller, auch gegenüber dem westeuropäischen, von der Reform der Legislative ausgehenden Verfassungsdenken, als etwa die fragwürdige Bauernbefreiung.«[70] Damit legte er seinem Vortrag offenbar Staatsideen zugrunde, die sein älteres Gedankengut, vor allem seine Sympathien für die Vorstellung eines Staates auf berufsständischer Ordnung, widerspiegelten. So hatte er bereits Ende Mai 1933 gegenüber dem Akademischen Austauschdienst, um »[d]er Klarheit wegen [...] zur Frage meiner Stellung zum heutigen Staate«, also offenbar um Zweifel an seiner politischen Zuverlässigkeit auszuräumen, betont, dass das Staatsethos der preußischen Reformer für ihn ein konkretes politisches Vermächtnis für die eigene Gegenwart bedeute. Er bekannte sich deshalb »voll und ganz zur Wiederentdeckung des obrigkeitlichen Charakters des Staates und zu dem Kampf um die Überwindung der Klassengegensätze für ein Zusammenarbeiten der Berufsstände«[71] – neokonservative Gedanken, die objektiv einen Kotau vor den neuen Machthabern bedeuteten, aber angesichts der rasanten Machtkonsolidierung der Nationalsozialisten keinerlei reale Substanz hatten. In dezidierter Opposition zu dem westeuropäischen Denken in der Tradition der Aufklärung dienten die Ideen des Reichsfreiherrn hier als Grundlage für Staatsvorstellungen, deren patriarchalisch-vormoderne und sozial-konservative Züge sie insbesondere für die Protagonisten der Jungkonservativen Bewegung während der zwanziger und dreißiger Jahre attraktiv gemacht hatten. Der Freiherr vom Stein war auf diese Weise zum »Vertreter einer konservativen Freiheitsidee«[72] verklärt worden, der Anknüpfungspunkte zu organischen Gesellschaftsentwürfen bot, wie sie etwa von Oswald Spengler propagiert worden waren. In dieser Hinsicht brachte das Ende des »Dritten Reiches« ganz offenkundig keine wesentlichen Veränderungen im historisch-politischen Denken Erdmanns mit sich. Vielmehr bedauerte er – in völliger Verkennung der bestehenden verfassungspolitischen Optionen der Bundesrepublik – noch bis weit in die fünfziger Jahre hinein, dass diese Gedanken, »was die Staatsverwaltung betrifft, nie über einige zaghafte, bald wieder aufge-

---

Alten Reiches bis zur defensiven Modernisierung in der Reformära, München 1987, S. 399.

[70] BArch, N 1393/101, Schreiben von Karl Dietrich Erdmann an Alfred Heuß vom 23.7.1952.

[71] BArch, N 1393/650, Schreiben von Karl Dietrich Erdmann an den Akademischen Austauschdienst vom 25.5.1933. Ob der Brief abgeschickt wurde, ist nicht ersichtlich.

[72] *Bernd Faulenbach*, Ideologie des deutschen Weges. Die deutsche Geschichte in der Historiographie zwischen Kaiserreich und Nationalsozialismus, München 1980, S. 144.

gebene Versuche hinausgediehen« seien und hoffte, dass die Selbstverwaltungs-
idee als eine Alternative »für unser gegenwärtiges Staatsproblem [sic]«[73] dienen
könne.

Zumindest nicht ausgeschlossen scheint, dass er hierbei auf die Verfassungs-
vorstellungen aus dem Kreisauer Kreis, in dem unter anderem auch Reichwein
vertreten war, Bezug nahm und diese als ideelles Bindeglied beim Übergang zur
Demokratie nutzte, wie es insgesamt charakteristisch für die geschichtspolitische
Aufwertung des konservativen Widerstandes nach 1945 war.[74] Bei der Suche
nach positiv besetzten Vorbildern nach dem Ende der nationalsozialistischen
Diktatur war dies das Scharnier, um die populären neokonservativen Vorstel-
lungen der Vorkriegszeit zu reaktivieren. Denn der aktive Widerstand gegen den
Nationalsozialismus immunisierte derartige Anschauungen weitgehend gegen
potentielle Kritik an ihren stark durch die Romantik geprägten Vorstellungen.
Auffallend ist jedenfalls, dass innerhalb des Kreisauer Kreises die Idee der
Selbstverwaltung bei Stein ebenfalls stark betont worden war und man in ihr die
Basis für ein neues, nicht zuletzt christlich bestimmtes Gemeinwesen gesehen
hatte, das vom Ideal einer prinzipiell konfliktfreien Volksgemeinschaft, flankiert
von einigen sozialistisch anmutenden Elementen, ausging. Auf diese Weise
sollten unter bewusster Einschränkung von Massenparteien und -organisationen
die vorgeblichen politischen Fehlentwicklungen der Moderne nicht nur in
Deutschland, sondern in ganz Europa grundsätzlich revidiert werden.[75]
    Als letzten Vortrag bot Erdmann schließlich eine ideengeschichtliche Studie
über Roger Williams an, eines Baptistenpredigers aus dem 17. Jahrhundert, der
in Nordamerika Impulse zu einer positiv-rechtlichen Fixierung der Glaubens-
und Gewissensfreiheit gegeben hatte und der eine ungemeine Faszination auf

---

[73] BArch, N 1393/101, Schreiben von Karl Dietrich Erdmann an Alfred Heuß am 23.7.1952.
      Analoge Vorstellungen finden sich in seinem Stein-Vortrag von 1957. Vgl. *Karl Dietrich
      Erdmann*, Freiherr vom Stein – Werk und Vermächtnis. Festansprache in der Feierstunde
      der Arbeitsgemeinschaft der kommunalen Landesverbände des Landes Schleswig-
      Holstein am 23. Oktober 1957 in Kiel, insbesondere S. 7. Ebenso finden sich Parallelen
      bei seiner ehemaligen Studentenverbindung. Dort diskutierte man während eines Treffens
      im Jahre 1955 unter dem Thema »Demokratie/Demokratie heute« über »Selbstverwaltung
      – Ständestaat«. BArch, N 1393/103, Schreiben der Sodalitas Philippina [= Nachfolge-
      Organisation der Akademischen Vereinigung], Jürgen Dressel, an Karl Dietrich Erdmann
      vom 8.2.1955.

[74] Vgl. *Jan Eckel*, Intellektuelle Transformationen im Spiegel der Widerstandsdeutungen,
      in: Herbert, Wandlungsprozesse, S. 140–176, hier S. 164–170.

[75] Vgl. *Hans Mommsen*, Die künftige Neuordnung Deutschlands und Europas aus der Sicht
      des Kreisauer Kreises, in: Peter Steinbach / Johannes Tuchel (Hg.), Widerstand gegen den
      Nationalsozialismus, Bonn 1994, S. 246–261; *ders.*, Verfassungs- und Verwaltungs-
      reformpläne der Widerstandsgruppen des 20. Juli 1944, in: Jürgen Schmädeke / Peter
      Steinbach (Hg.), Der Widerstand gegen den Nationalsozialismus. Die deutsche Gesell-
      schaft und der Widerstand gegen Hitler, 3. Aufl., München / Zürich 1994, S. 570–597.
      Zum Einfluss der sozialdemokratischen »Jungen Rechten« um Adolf Reichwein auf die
      Pläne des Kreisauer Kreises vgl. *Vogt*, Sozialismus, S. 411–449.

Erdmann ausübte. Williams zählte zu seinen absoluten »Lieblinge[n] in der Geschichte«.[76] Wie alle Vortragsvorschläge, reichte auch dieser bis in die dreißiger Jahre zurück. Bereits während seiner Aufenthalte in Paris hatte er sich intensiv mit Georg Jellineks Schrift über die Entstehung der Menschenrechte beschäftigt. Viele Jahre später schrieb er an seinen Freund Paul Egon Hübinger, wie stark ihn damals die Lektüre dieser Studie zu einer Beschäftigung mit der systematischen Zerstörung der Grundrechte in Deutschland geführt habe:

> »Wie waren die Menschenrechte zu verstehen, jener politische Wertekatalog also, der den in Deutschland 1933 zur Geltung gekommenen Ideen widersprach? Waren jene Menschenrechte in irgendeinem Sinne als unbedingt geltend zu betrachten, oder waren sie geschichtlich gebunden an den besonderen Vorgang der bürgerlichen Emanzipation in Frankreich?«[77]

In diesem Zusammenhang war er auf Williams gestoßen. Der Neuanfang nach dem Krieg und die Arbeit an seiner Habilitation ermöglichten es ihm, sich vertieft mit Roger Williams und der Frage der Menschenrechte zu beschäftigen. Bereits im Wintersemester 1947/48 hielt er, parallel zur Deklaration der Menschenrechte durch die UNO am 10. Dezember 1948, eine Vorlesung über die historischen Wurzeln der Erklärung der Menschenrechte; im Sommersemester 1951 leitete er in Köln ein Seminar über Williams.[78] In diesem Kontext scheint der Vortrag entstanden zu sein, den er später für seine Rektoratsrede weiterverwendete.[79]

Auffallend ist hierbei zunächst, dass es Erdmann vor allem darum ging, bei seinen Hörern ein Bewusstsein für den Wert universaler Menschenrechte zu schärfen. Vor dem Erfahrungshintergrund der nationalsozialistischen Diktatur hatte dies zwangsläufig eine unverkennbare politische Konnotation, und damit hatten seine Ausführungen ein unmittelbares, gewissermaßen volkspädagogisches Ziel, das er parallel mithilfe der neu gegründeten GWU forcierte. So stellte er anlässlich des Gedenktags von 1951 eine Ausgabe der Zeitschrift zu dem Thema zusammen, um den zahlreichen Lehrern unter seinen Lesern Material für eine vertiefte Auseinandersetzung mit der Idee der Menschenrechte im Unterricht an die Hand zu geben.[80] Dies macht nicht zuletzt deutlich, wie engagiert Erdmann,

---

[76] BArch, N 1393/64, Schreiben von Karl Dietrich Erdmann an Gerd Tellenbach vom 12.1.1966.

[77] BArch, N 1393/107, Schreiben von Karl Dietrich Erdmann an Paul [Egon Hübinger] vom 5.3.1960.

[78] Vorlesungsverzeichnis für das Wintersemester 1947/48, Universität zu Köln, S. 34; Vorlesungsverzeichnis für das Sommersemester 1952, Universität zu Köln, S. 81.

[79] *Karl Dietrich Erdmann*, Roger Williams. Das Abenteuer der Freiheit, Kiel 1967.

[80] BArch, N 1393/117, Schreiben von Karl Dietrich Erdmann an Heinrich Muth vom 25.3.1951. Vgl. auch seinen diesbezüglichen Beitrag in GWU: *Karl Dietrich Erdmann*, Die Erklärung der Menschenrechte vom 10. Dezember 1948, in: Geschichte in Wissenschaft und Unterricht 2 (1951), S. 641–648.

ausgehend von der Erfahrung der totalen Negation des Rechtsstaats im Nationalsozialismus, den Neubeginn in Deutschland zu beeinflussen suchte. Kennzeichnend hierfür war vor allem seine Weltsicht als orthodoxer Lutheraner.[81] Bezeichnenderweise war es nämlich gerade die protestantische Herkunft Williams, die
ihn so interessant für Erdmann machte, stand dahinter doch die grundsätzliche
»Frage nach der Bedeutung des Protestantismus für die Entwicklung des modernen Staates.«[82] In Übereinstimmung mit Jellinek konstatierte Erdmann dabei,
dass Roger Williams der eigentliche Urheber der Idee persönlicher Freiheits-
rechte gewesen sei. Durch Williams sei zum ersten Mal in der Geschichte religi-
öse Freiheit institutionell verankert worden. Später seien diese Vorstellungen,
ergänzt durch das Naturrechtsdenken der Aufklärung, in die amerikanische Un-
abhängigkeitserklärung und über diese indirekt auch in die französische Rechteerklärung eingeflossen.[83] Offenbar versuchte Erdmann auf diese Weise, den
deutschen Protestantismus in die aktuelle gesellschaftliche Debatte einzubinden.
Große Teile dieses Protestantismus hatten sich jedoch nach dem Ende des
Kaiserreichs immer weiter den ultranationalistischen und völkischen Positionen
der politischen Rechten geöffnet und damit in einem erheblichen Umfang an der
Unterminierung der Demokratie mitgewirkt. Mit einer selbstkritischen Neube-
sinnung tat man sich hier nach 1945 mehrheitlich schwer.[84] Und so kommt man
nicht umhin, in seinem Vortrag einen ebenso wichtigen wie überfälligen Beitrag
zur Modernisierung des deutschen Protestantismus zu sehen.

Aber innerhalb dieses Deutungsrahmens fallen Elemente auf, die aus heuti-
ger Sicht verwundern müssen. Denn so sehr Erdmann sich bemühte, den Anteil
des Protestantismus bei der Begründung elementarer vorstaatlicher Rechte herauszustellen, ist doch nicht zu übersehen, dass damit Ziele verknüpft waren, die
weit über dieses eigentliche Anliegen hinausgingen. Im Grunde beinhaltete seine
Interpretation einen, zwar unausgesprochenen, aber doch deutlich hervortretenden, politischen Gestaltungsanspruch der Protestanten bei der Formierung der
Bundesrepublik. Implizit lief dies auf eine Abwehr aller Strömungen hinaus, die

---

[81]   Dieser Standpunkt bestimmte auch seine Einstellung zur Wehrmacht, besonders im
      Hinblick auf den von ihm geleisteten Eid als Soldat, der ihn bis zum Ende des Krieges auf
      die vermeintlich religiös legitimierte Obrigkeit verpflichtete. Agnes Blänsdorf vertritt da-
      gegen die Auffassung, Erdmann habe aufgrund seiner religiösen Bindung einen absoluten
      Gehorsam abgelehnt und zitiert in diesem Zusammenhang zwei Tagebucheintragungen
      vom 19. und 27. April 1945. Vgl. *Blänsdorf*, Soldat, S. 724. Fünf Tage später notierte
      Erdmann allerdings in demselben Tagebuch zur Regierungsübernahme durch Dönitz
      unmissverständlich: »Dönitz bezieht den dem Führer geleisteten Eid auf sich. Aus der
      Situation als Appell an die Disziplin erklärbar, vom Eid her gesehen nicht möglich. Der
      dem Führer geleistete Eid ist ein absolut persönlicher. Die Eidesformel, auf die der Soldat
      schwur, lautete auf Adolf Hitler, nicht auf das deutsche Staatsoberhaupt an sich.« BArch,
      N 1393/416, Tagebucheintragung vom 2.5.1945.
[82]   BArch, N 1393/101, Schreiben von Karl Dietrich Erdmann an Alfred Heuß vom
      23.7.1952.
[83]   Vgl. *Erdmann*, Williams, S. 7, 16, 20.
[84]   Vgl. etwa *Clemens Vollnhals*, Der deutsche Protestantismus. Spiegelbild der bürgerlichen
      Gesellschaft, in: Gottfried Niedhart / Dieter Resenberger (Hg.), Lernen aus dem Krieg?
      Deutsche Nachkriegszeiten 1918 und 1945, München 1992, S. 158–177.

im Gegensatz hierzu standen, vor allem derjenigen Kräfte, die ein stärker säkular begründetes Gemeinwesen anstrebten. Im Mittelpunkt seines Vortrags standen daher nicht etwa diejenigen, welche üblicherweise als die geistigen Väter der Rechteerklärung gelten – also die Philosophen der Aufklärung – sondern ein protestantischer Prediger, was prinzipiell überraschen muss, denn mit Kant, Montesquieu, Voltaire und vor allem Rousseau hatte er sich seit seinem Studium intensiv beschäftigt. Vielmehr verband er seine Ausführungen mit einem dezidiert kritischen Blick auf die von ihm diagnostizierten Folgeerscheinungen der Aufklärung. Erst durch die damit einhergehende »Säkularisierung und Utilitarisierung« hätten »die Menschenrechte ihren im metaphysischen Bereich verankerten Unbedingtheitsanspruch« verloren. Dies sei

»einer der Gründe, die erklären, wieso es möglich war, dass wenige Jahre nach jener feierlichen Proklamation von 1789 die beiden Grundprinzipien der Freiheit und Gleichheit [...] in Widerstreit miteinander gerieten und in der totalen Demokratie [sic] des Jakobinerstaates unter dem Schlagwort der ›dictature de la liberté‹ die Freiheit in egalitärer Rechtlosigkeit unterging.«[85]

5. Die Entscheidung über den Ruf nach Kiel

Heuß entschied sich schließlich für den Vortrag über die Weimarer Republik, denn dies sei »bei weitem gerade das wichtigste Thema«.[86] Am 16. Januar 1953, kurz nachdem Erdmann offiziell aus der Deutschen UNESCO-Kommission ausgeschieden war, hielt er seinen Vortrag in Kiel, und zwar mit einem guten Ergebnis, wie das positive Echo in der Presse verdeutlicht.[87] Beiläufig nutzte Heuß diesen Anlass, um Erdmann in die Kieler Kreise einzuführen. Im Anschluss an seinen Vortrag hatte Erdmann von Heuß eine unerlässliche »Lokalaufklärung« über das Historische Seminar erhalten, war doch Heuß' Einschätzung nach »[d]as historische Parkett [...] in Kiel ein wenig schlüpfrig. Wir haben darauf schon so manchen Tanz gehabt, und man muss ein wenig um die Kulissen Bescheid wissen.« Neben einem Treffen mit dem ortsansässigen Geschichtslehrerverband war immerhin ein ganzer Nachmittag reserviert, um den Mediävisten Karl Jordan zu treffen, da Jordan der Ruf nachging, »ein wenig menschenscheu« zu sein. Offenbar ging es Heuß dabei jedoch weniger um ein unverbindliches »Beschnuppern tête-à-tête«[88] als vielmehr um handfeste Interessen. Schließlich

---

85 *Erdmann*, Die Erklärung der Menschenrechte, S. 644.
86 BArch, N 1393/101, Schreiben von Alfred Heuß an Karl Dietrich Erdmann vom 27.7.1952.
87 BArch, N 1393/102, Schreiben von Karl Dietrich Erdmann an Alfred Heuß vom 1.2.1953.
88 BArch, N 1393/102, Schreiben von Alfred Heuß an Karl Dietrich Erdmann vom 4.1.1952 [richtig: 1953]. Vgl. auch BArch, N 1393/102, Schreiben von Karl Dietrich Erdmann an Alfred Heuß vom 6.1.1953.

war Jordan Mitglied der Berufungskommission,[89] in der man Erdmann mit deutlichem Misstrauen begegnete.[90]

Trotz dieser reservierten Haltung der Kieler Historiker schaffte es Heuß, sein ganzes Gewicht bei der Berufungsangelegenheit für Erdmann in die Waagschale zu werfen,[91] mehr noch allerdings für Mann. Nach fünf Beratungen stimmten Ende Juli 1953 nämlich acht der elf Berufungskommissionsmitglieder für Mann, der es auf diese Weise auf den ersten Platz der Berufungsliste schaffte.[92] Ausschlaggebend dafür war neben Heuß' diplomatischem Geschick nicht zuletzt die maßlose Kritik der Kreise um den ehemaligen Lehrstuhlinhaber Otto Becker an der wissenschaftlichen Leistung Golo Manns, mit Hilfe derer dieser seinen Schüler Martin Göhring installieren wollte. Dies provozierte geradewegs eine ausgesprochene Abwehrhaltung gegen Becker und dessen Kandidaten, durch welche diejenigen in der Berufungskommission, die zunächst Mann ablehnend gegenübergestanden hatten, zu dessen Gunsten umgestimmt wurden.[93] Den ressentimentgeladenen Invektiven in den verschiedenen Zusatzvoten der Becker-Getreuen, in denen Golo Mann wiederholt als Vaterlandsverräter verunglimpft und andeutungsweise als homosexuell denunziert wurde – damals noch ein Straftatbestand – waren im Vergleich dazu kaum von Bedeutung. Recht schnell wurde dies im zuständigen Ministerium als ein Versuch Beckers durchschaut, einen seiner Schüler auf die Stelle zu hieven. Entsprechend ablehnend reagierte man auf die Sondervoten.[94] Und auch Theodor Schieders frühzeitige Intervention für Erdmann, indem er Mann moralisch zu diskreditieren versuchte – er unterstellte ihm den Rückfall in eine »unausbleibliche Emigranten-Malaise«[95] – konnte das Ergebnis der Beratungen nicht entscheidend beeinflussen. Erdmann schaffte es auf diese Weise zunächst »nur« auf Platz zwei der Berufungsliste, obwohl man von ihm ein ausschließlich positives Bild gewonnen hatte. Anerkennend hatten die zuständigen Stellen im Ministerium seine »tätige Natur« und sein »frisches, noch fast jugendliches Wesen« sowie die »Selbständigkeit seines wissenschaftlichen Forschens« hervorgehoben. Zudem dürfe man angesichts seiner »originelle[n] Fragestellung« und der »Breite seiner wissenschaftlichen Interessen« »die zuversichtlichsten Hoffnungen«[96] haben.

---

[89] LASH, Abt. 811, Nr. 12305, Vermerk vom Prodekan der Universität Kiel, Erich Hofmann, für Ministerialrat August Wilhelm Fehling vom 28.7.1953.

[90] BArch, N 1393/102, Schreiben von Alfred Heuß an Karl Dietrich Erdmann vom 6.9.1953. Die Gründe für das Misstrauen werden nicht deutlich.

[91] So konnte Heuß im September zufrieden feststellen: »Meine Regie seiner [Erdmanns] hiesigen Notifizierung hat ganz gut geklappt und die anderen Historiker, die ihn gern umschifft hätten, überspielt.« BArch, N 1188/177, Schreiben von Alfred Heuß an Theodor Schieder vom 7.9.1953.

[92] Vgl. *Lahme*, Mann, S. 211 f.

[93] LASH, Abt. 811, Nr. 12305, Vermerk vom Prodekan der Universität Kiel, Erich Hofmann, für Ministerialrat August Wilhelm Fehling vom 28.7.1953.

[94] Vgl. *Lahme*, Mann, S. 212–216.

[95] Vgl. ebd., S. 215.

[96] LASH, Abt. 811, Nr. 12305, Beurteilungsschreiben über Karl Dietrich Erdmann vom Juli

Gleichzeitig muss jedoch auffallen, wie stark hierbei noch überkommene Beurteilungsmaßstäbe ins Spiel gebracht wurden. So wurde einerseits lobend hervorgehoben, dass Erdmann im Krieg Stabsoffizier gewesen war, während man andererseits darauf verwies, dass seine akademische Karriere aufgrund einiger Konflikte im Nationalsozialismus verzögert worden sei, was ganz offenkundig als Manko gewertet wurde.[97] Mit Recht ist in diesem Zusammenhang darauf hingewiesen worden, dass dies in fragwürdiger Weise ein systemkonformes Verhalten im Nationalsozialismus verlangte, wenn man in der Bundesrepublik der Nachkriegszeit akademisch erfolgreich sein wollte.[98] Nur dem energischen Arbeitseifer Erdmanns war es in dieser Logik zu verdanken, dass er sich eine »hervorragende Position unter den deutschen Nachwuchskräften«[99] erkämpft und es auf den zweiten Platz geschafft hatte. Damit lag er einerseits zwar hinter Golo Mann, dafür aber noch vor Werner Conze, der in der Kommission offenbar weniger Rückhalt fand als Erdmann. Unter Einsatz seiner ganzen Autorität versuchte daher Hans Rothfels, die Sache noch in seinem Sinne zu beeinflussen. Im August bezeichnete er dem Ministerium gegenüber die Berufung Golo Manns als »einen ganz schweren Fehler«[100] und setzte sich vehement für Conze ein. Zugleich sprach Rothfels zwar mit Hochachtung von Erdmann, der nicht ohne Grund gegenwärtig seinen Lehrstuhl in Tübingen vertrete, und lobte dessen Herausgebertätigkeit für die GWU sowie insgesamt dessen Arbeiten zur Zeitgeschichte, plädierte aber wie üblich dafür, einen seiner Schüler, nämlich Conze, zu berufen. Dieser sei weitaus besser für das Amt geeignet und habe schließlich eine Familie zu versorgen. Überhaupt passe der Norddeutsche Conze viel besser nach Kiel als der Rheinländer Erdmann.

Der Vorstoß war insofern folgenreich, als er die ohnehin im Ministerium bestehenden Reserven gegenüber Golo Mann weiter verstärkte. An der von der Fakultät ursprünglich verabschiedeten Liste änderte es freilich nichts, und das, obwohl Rothfels einen guten Draht ins Kieler Ministerium hatte. Rothfels und der zuständige Ministerialrat Fehling kannten sich anscheinend gut, vermutlich noch aus der gemeinsamen Arbeit in der Kriegsschuldforschung während der zwanziger Jahre.[101] Aus formalen Gründen blieb es jedoch bei der Reihenfolge,

---

[97] 1953. Ebd. Eine nahezu identische Argumentation findet sich in LASH, Abt. 811, Nr. 12305, Schreiben von Ministerialrat August Wilhelm Fehling an Hans Rothfels vom 10.8.1953. Vgl. auch *Lahme*, Mann, S. 216.

[98] Vgl. ebd., S. 216 f.

[99] LASH, Abt. 811, Nr. 12305, Beurteilungsschreiben über Karl Dietrich Erdmann vom Juli 1953.

[100] LASH, Abt. 811, Nr. 12305, Schreiben von Hans Rothfels an Ministerialrat August Wilhelm Fehling vom 14.8.1953.

[101] Zu Fehling vgl. *Franz Kock*, August Wilhelm Fehling, in: Olaf Klose / Eva Rudolph (Hg.), Schleswig-Holsteinisches biographisches Lexikon, Bd. 4, Neumünster 1976, S. 65–68. Recht demütig, aber ansatzweise selbstkritisch schrieb dieser zunächst in seinem Briefentwurf, es sei »[e]igentlich […] beschämend, dass ich in all den Jahren nie etwas von mir habe hören lassen […].« Später strich er bezeichnenderweise diesen Passus.

denn Verhandlungen mit Conze hätten erneute Beratungen der Fakultät vorausgesetzt.

Das politisch motivierte Misstrauen gegenüber Golo Mann wog im Kieler Kultusministerium aber letztlich so schwer, dass seine Berufung vereitelt wurde. Wenn man den rückblickenden Äußerungen Erwin Hölzles folgt, dann »bedurfte es nur eines Besuchs des alten Otto Scheel im Kultusministerium, um den Namen zu streichen«,[102] wie Hölzle befriedigt feststellte. Bereits Mitte September ließ Ministerialrat Fehling den Prodekan Hofmann wissen, dass Golo Mann nicht berufen werde.[103] Und auch Heuß machte sich über die Erfolgsaussichten des Erstplatzierten kaum mehr Illusionen; zu groß waren die Vorbehalte. Im Grunde stellte sein Vorhaben, Mann nach Kiel zu holen, damit nicht viel mehr als eine Spitze gegen die regierende CDU dar, die in Schleswig-Holstein ein Bündnis aus verschiedenen Rechtsparteien anführte und sich infolge der stabilen Kanzlerdemokratie Adenauers zunehmend im Aufwind befand. Von Anfang an vermutete Heuß, dass mehr als eine symbolische Geste bei der Initiative nicht herauskommen würde; und folgt man der Einschätzung Tilmann Lahmes, hätte Golo Mann den Ruf ohnedies abgelehnt.[104] Gleichwohl hätte Heuß eine von ihm als so gut wie ausgeschlossen eingeschätzte Berufung Manns ausdrücklich begrüßt, wie er unter der Hand Peter Rassow mitteilte:

»Ich möchte Ihr Augenmerk zusätzlich auf Golo Mann gerne gelenkt sehen. Dies schon aus taktischen Gründen. Man fährt nicht leicht einspännig, und bei der zu meiner Überraschung nicht ganz kleinen Zahl von ›Kandidaten‹ und der monströsen Vielköpfigkeit unserer Kommission weiß man nie, was alles passiert. Trotzdem habe ich das Empfinden, dass die Neue Geschichte nicht gerade an *embarras de richesse* leidet. Welche Geisteswissenschaft täte das übrigens? Nur hat man bei diesem Fach – jedenfalls heutzutage – besondere Erwartungen und schaut nicht nur nach gelehrten Talenten, sondern auch nach Köpfen aus. Deshalb meine Sympathie für Erdmann. Deshalb darf man aber auch nicht an Golo Mann vorbeigehen.«[105]

Heuß fasste in der für ihn charakteristischen, kulturpessimistisch eingefärbten Grundstimmung die aussichtslose Nominierung Manns geradezu als einen Tabubruch auf, der notwendig von ihm herbeigeführt worden sei. Ihm war vollkommen klar, wie sehr Golo Mann aufgrund seiner liberalen Haltung für seine Kollegen ein rotes Tuch darstellen musste: »[K]einer wird uns den selbstlosen Versuch danken. Aber wenn keiner gegen den Strom schwimmt, sind wir bald

---

LASH, Abt. 811, Nr. 12305, Schreiben von Ministerialrat August Wilhelm Fehling an Hans Rothfels vom 10.8.1953.
[102] BArch N 1323/5, Schreiben von Erwin Hölzle an [Warhold] Drascher vom 22.2.1959.
[103] Vgl. *Lahme*, Mann, S. 217.
[104] Vgl. ebd., S. 219.
[105] BArch, N 1228/190, Schreiben von Alfred Heuß an Peter Rassow vom 13.3.1953.

von dem Conformismus [sic] der heute unser Leben bestimmt, eingehüllt.«[106] Heuß' Hauptaugenmerk richtete sich deshalb vor allem auf den Zweitplatzierten, also Erdmann. Frühzeitig hatte er daher gegenüber Mann durchblicken lassen, dass das Kieler Ministerium seine Pläne vereiteln werde und er deshalb »nicht ohne leise Skepsis« sei.[107] Dagegen setzte er zwei Monate später Erdmann »[i]nter amicos« davon in Kenntnis, dass dieser nun, wenn auch unter ausdrücklichem Vorbehalt der mitunter etwas eigenwilligen Kultusbürokratie, als ein »schön eingerahmter Edelstein« zwischen Mann und Conze »die meisten faktischen Chancen«[108] auf den Lehrstuhl habe. Interessanterweise hatte Heuß während der Berufungsverhandlungen nicht nur Golo Mann, sondern, wenn auch zweifellos nicht im gleichen Ausmaß, ebenso Karl Dietrich Erdmann eine Rolle zugedacht, die auf einen gezielten Affront gegenüber der Landesregierung – und damit wohl auch gegenüber Otto Becker, einem CDU-Mitglied der ersten Stunde – hinauslief. Denn in seinem Kalkül konnte die Landesregierung sich unmöglich, nachdem sie bereits den Erstplatzierten abgelehnt hatte, auch noch gegen den Zweitplatzierten aussprechen. Und ebenso wie Mann galt auch Erdmann, obwohl er später in die CDU eintrat, offenbar in den Kieler Kreisen keineswegs als regierungsnah, wie dem vertraulichen Brief zu entnehmen ist, den Alfred Heuß am 6. September 1953 an Erdmann sandte:

> »Für den Spitzenkandidaten wird sich unsere CDU-Regierung, zumal jetzt nach der Wahl, kaum erwärmen. Ich will deshalb nicht sagen, dass gerade Sie dieser politischen Couleur entsprechen (das Gegenteil ist angesichts der wahrscheinlichen Zuflüsterungen von hiesiger ›kompetenter‹ Seite anzunehmen), aber den Schneid zu einem doppelten *refus* traue ich dem Ministerium doch nicht ohne weiteres zu.«[109]

Noch deutlicher wurde Heuß, als er einen Tag später Theodor Schieder beruhigte, der um die Chancen seines Freundes fürchtete.

> »Mit der Nominierung von G. Mann haben wir uns wahrscheinlich den Groll der gesamten Neuhistorikerschaft Deutschlands zugezogen. Jordan hat deshalb schon schlaflose Nächte. Ich nicht. Die Schwächen dieses Kandidaten

---

[106] BArch, N 1393/102, Schreiben von Alfred Heuß an Karl Dietrich Erdmann vom 6.9.1953.
[107] Vgl. *Lahme*, Mann, S. 211.
[108] BArch, N 1393/102, Schreiben von Alfred Heuß an Karl Dietrich Erdmann vom 6.9.1953. Bereits im Juli hatte Alfred Heuß Peter Rassow über die wahrscheinliche Berufung Erdmanns informiert: »Dass er [Erdmann] de facto zum Zuge kommt, dafür besteht eine gewisse Wahrscheinlichkeit, denn ich bin nicht überzeugt, dass die Regierung unseren ersten Kandidaten Golo Mann nimmt. Sollte es doch der Fall sein, dann halte ich den Gewinn, dass G.[olo] M.[ann] nach Deutschland zurückkommt, für größer als den Nachteil, dass E.[rdmann] auf die ihm sichere Berufung einen Augenblick länger warten muss.« BArch, N 1228/190, Schreiben von Alfred Heuß an Peter Rassow vom 26.7.1953.
[109] BArch, N 1393/102, Schreiben von Alfred Heuß an Karl Dietrich Erdmann vom 6.9.1953.

sind mir natürlich bekannt, aber auch die Vorzüge, und die rechtfertigen zumindest die Bemühung, ihn wieder nach Deutschland zu ziehen. Mehr als eine Geste wird zwar nicht dabei herausgekommen sein, denn unsere ›treu deutsche‹ CDU Regierung wird ihn nicht berufen. Auf diese Weise hat Erdmann die besten Chancen, denn den zweiten Kandidaten kann man dann nicht ohne weiteres abweisen, wenn es das Ministerium auch gerne möchte (wie ich gehört habe).«[110]

In Kiel konnte man den weltanschaulichen Standort des Rheinländers anscheinend nicht mit letzter Bestimmtheit einschätzen. Unter der Hand war Schieder deshalb gefragt worden, ob Erdmann Katholik und SPD-Mitglied sei, was ihm indessen derart kurios erschien, dass er entsprechend amüsiert Rothfels davon berichtete.[111] Dabei gab es durchaus Anhaltspunkte für diese Vermutungen: Die Annahme, Erdmann sei Katholik, war insofern nicht abwegig, als Erdmann in seiner Habilitationsschrift durchaus gewisse Sympathien für den Gallikanismus gezeigt hatte, insbesondere mit Blick auf dessen Forderung nach kirchlicher Autonomie.[112] Seine rheinländische Herkunft legte ohnehin den Schluss nahe. Und auch die Vermutung, Erdmann stehe der SPD nahe, hatte durchaus einen realen Kern. So hatte er etwa in seinen wichtigen Literaturberichten zur Zeitgeschichte wiederholt dem rechten Flügel der SPD seinen Respekt gezollt.[113] Obendrein hatte er zum 100. Jahrestag der Revolution von 1848 eine historisch-kritische Würdigung in der Rheinischen Zeitung veröffentlicht;[114] einem Kölner SPD-Organ, Peter Fuchs spricht sogar von einem »Agitationsorgan«,[115] das sich ausdrücklich auf die von Marx und Engels redigierte Neue Rheinische Zeitung berief. Der Grund hierfür wird vor allem in dem von Kurt Schumacher geprägten,

---

[110] BArch, N 1188/177, Schreiben von Alfred Heuß an Theodor Schieder vom 7.9.1953.

[111] BArch, N 1188/3005, Schreiben von Theodor Schieder an Hans Rothfels vom 21.10.1953. Von Conze wurde ebenfalls vermutet, dass er katholisch sei.

[112] Beispielhaft: *Karl Dietrich Erdmann*, Volkssouveränität und Kirche (Studien über das Verhältnis von Staat und Religion in Frankreich vom Zusammentritt der Generalstände bis zum Schisma, 5. Mai 1789–13. April 1791), Köln 1949, S. 106 f., 109, 132, 145, 183, 197, 256–259, 262, 299 f.

[113] Vgl. etwa die anerkennenden Worte in seinen Literaturberichten über die Rolle Friedrich Eberts in der Novemberrevolution in: Geschichte in Wissenschaft und Unterricht 1 (1950), S. 311 oder über die Bemühungen Julius Lebers, die Gräben zwischen Sozialdemokratie und akademischer Jugend, bürgerlicher Intelligenz und Reichswehr zu überbrücken in: Geschichte in Wissenschaft und Unterricht 4 (1953), S. 41.

[114] *Karl Dietrich Erdmann*, »Köln im Jahre 1848«, in: Rheinische Zeitung, 3 Folgen ab 6.3.1948.

[115] *Peter Fuchs*, Das schnelle Ende der sozialdemokratischen Presse in Köln. Die »Rheinische Zeitung« von 1946 bis 1951, in: Gerhard Brunn (Hg.), Sozialdemokratie in Köln. Ein Beitrag zur Stadt- und Parteiengeschichte, Köln 1986, S. 273–293, hier S. 273. Vgl. auch *ders.*, Das Kampfblatt. Die »Rheinische Zeitung« von 1892 bis 1933, in: ebd. S. 105–126. Zurückhaltender äußert sich *Otto Dann*, Die Anfänge der Sozialdemokratie in Köln, in: Ders. (Hg.), Köln nach dem Nationalsozialismus. Der Beginn des gesellschaftlichen und politischen Lebens in den Jahren 1945/46, Wuppertal 1981, S. 139–170, hier S. 161.

strikt nationalen Kurs der Nachkriegs-SPD zu suchen sein, der sich erstaunlich lange hielt. Noch 1964 fand der SPD-Parteitag in Karlsruhe demonstrativ vor einer Karte des Deutschen Reichs in den Grenzen von 1937 statt.[116]

Schieder gelang es jedenfalls, diese nur vagen Gerüchte zu zerstreuen. Vertraulich riet er Erdmann daher, nach Kiel zu gehen, da man ihn unter diesen Bedingungen auch in Schleswig-Holstein akzeptieren werde.[117] Ohne es zu wissen, hatte er damit die Pläne Alfred Heuß' unterstützt. Denn Golo Mann war, wie von Heuß erwartet, zur Persona non grata erklärt worden, und Martin Göhring blieb als Becker-Schüler ohnehin chancenlos. Da das Ministerium mittlerweile den Standpunkt vertrat, die Plätze zwei und drei der Berufungsliste seien prinzipiell gleichrangig,[118] blieb jetzt nur noch die Wahl zwischen Conze und Erdmann. Aus welchen Gründen man sich dort letztlich für Erdmann entschied, geben die Quellen nicht zu erkennen. Möglicherweise bewirkten die verschiedenen Sondervoten der Personen um Otto Becker, in denen konsequent für Conze und gegen Erdmann plädiert wurde, eine Abwehrhaltung seitens des Ministeriums, wie es schon im Zusammenhang mit der Person Golo Mann der Fall gewesen war. Becker spielte in seinem Sondervotum Erdmanns Forschungsleistung systematisch herunter und hielt dem entgegen, wie wertvoll Conzes Beherrschung der polnischen und der russischen Sprache angesichts der aktuellen Lage Deutschlands sei. Dass dieser sich noch vor einigen Jahren in erheblichem Maße dem nationalsozialistischen Regime angedient hatte – was ganz offenkundig auch im hohen Norden der Republik allseits bekannt war – fiel kaum ins Gewicht. In geradezu typischer Weise beeilte sich Becker vielmehr, zu erklären, dass Conzes damaliger Ruf nach Posen allein aufgrund wissenschaftlicher Qualifikation erfolgt sei, ohne dass dies in einem politischen Zusammenhang zu sehen sei.[119] Möglich scheint allerdings auch, dass man den Neuzeitlehrstuhl mit einem Forscher besetzen wollte, der tendenziell in Richtung Westen und nicht, wie Conze, in Richtung Osten orientiert war. Der Ministerialrat Fehling vermerkte jedenfalls entsprechende Überlegungen.[120]

Am 16. Oktober 1953 bot man Erdmann schließlich die Nachfolge von Otto

---

[116] Vgl. *Edgar Wolfrum*, Geschichtspolitik in der Bundesrepublik Deutschland. Der Weg zur bundesrepublikanischen Erinnerung 1948–1990, Darmstadt 1999, S. 160.

[117] BArch, N 1393/102, Schreiben von Theodor Schieder an Karl Dietrich Erdmann vom 6.10.1953.

[118] LASH, Abt. 811, Nr. 12305, Vermerk von Ministerialrat August Wilhelm Fehling über eine Besprechung mit dem Prodekan der Universität Kiel, Erich Hofmann, vom 16.9.1953.

[119] LASH, Abt. 811, Nr. 12305, Sondervotum von Otto Becker, o. Dat. Oswald Hauser und Alexander Scharff, beide Angehörige der Fraktion um Otto Becker, plädierten ebenfalls für Conze. Sie argumentierten, dass dieser als Ostforscher wegen der Flüchtlingssituation und des »Zonengrenzlandes« für Schleswig-Holstein besonders geeignet sei. LASH, Abt. 811, Nr. 12305, Sondervoten von Oswald Hauser und Alexander Scharff o. Dat.

[120] LASH, Abt. 811, Nr. 12305, Vermerk von Ministerialrat August Wilhelm Fehling vom 20.8.1953, sowie LASH, Abt. 811, Nr. 12305, Vermerk von Ministerialrat August Wilhelm Fehling über eine Besprechung am 15.9.1953 mit dem Prodekan der Universität Kiel, Erich Hofmann vom 16.9.1953.

Becker an, zunächst jedoch nur in Form eines wenig attraktiv erscheinenden Extraordinariats.[121] Alfred Heuß zeigte sich darum alarmiert. Umgehend beschwor er Erdmann in gewohnt rabiater Weise, sich deshalb »keine grauen Haare« wachsen zu lassen.

> »Das Extraordinariat ist ein ganz dummer Einfall unserer Ministerialverwaltung. Der zuständige Sachbearbeiter ist z. Zt. nicht da. Da ist dann so ein Dummkopf von Regierungsrat gekommen, der mal davon gehört hat, dass im Dritten Reich bei Erstberufungen gerne die kleinere Hutnummer genommen wurde. So etwas kommt aber bei Ihnen überhaupt nicht in Betracht. Der Lehrstuhl ist ein Ordinariat, und die Fakultät wünscht auch, dass er so besetzt wird. Wie ich heute vom Dekan hörte, hat sich das Ministerium auch keineswegs festgelegt. Sie müssen nur resolut auftreten.«[122]

6. Ein Ruf aus Berlin und die Entscheidung für Kiel

Das »resolute Auftreten« fiel Erdmann dabei insofern leicht, als er parallel zu dem Kieler Angebot eine Aufforderung von der Technischen Universität in West-Berlin erhalten hatte, den dortigen Lehrstuhl als Nachfolger Alfred Herrmanns zu übernehmen, der als einer der wenigen demokratisch gesinnten Professoren während der Weimarer Republik der DDP angehört hatte.[123] Erneut konkurrierte er hier mit Werner Conze.[124] Aber Alfred Herrmann ahnte wohl bereits, dass die sich immer weiter zuspitzende Blockkonfrontation es nicht unbedingt verlockend erscheinen lassen musste, von Westdeutschland nach Berlin überzusiedeln. Außer der besonderen politischen Lage einer geteilten Stadt, die Erdmann reizte, gab es eigentlich kaum Gründe, dorthin zu gehen. Mit entwaffnender Offenheit gestand Herrmann daher Erdmann gegenüber auch ein, dass vermutlich die »Chancen, die sich Ihnen zweifellos in der Bundesrepublik bieten«[125] deutlich besser sein würden. Herrmann erwähnte zwar noch, dass an

---

[121] BArch, N 1393/727, Schreiben vom Ministerialdirektor des Kultusministeriums von Schleswig-Holstein an Karl Dietrich Erdmann vom 16.10.1953; der Entwurf hierzu findet sich in LASH, Abt. 811, Nr. 12305.

[122] BArch, N 1393/727, Schreiben von Alfred Heuß an Karl Dietrich Erdmann vom 18.10.1953.

[123] BArch, N 1393/727, Schreiben von Alfred Herrmann an Karl Dietrich Erdmann vom 29.4.1953. Zu Herrmann vgl. *Rainer Nicolaysen*, Alfred Herrmann, in: Franklin Kopitzsch / Dirk Brietzke (Hg.), Hamburgische Biografie. Bd. 6, Göttingen 2012, S. 123–125.

[124] Vgl. *Jan Eike Dunkhase*, Werner Conze. Ein deutscher Historiker im 20. Jahrhundert (=Kritische Studien zur Geschichtswissenschaft, Bd. 194), Göttingen 2010, S. 75 f.

[125] BArch, N 1393/727, Schreiben von Alfred Herrmann an Karl Dietrich Erdmann vom 29.4.1953.

der Technischen Universität die »staatsbürgerliche und sozialpolitische Erziehung«[126] breiten Raum einnehme, was als Argument für Berlin gedacht war, stieß aber mit den politischen Begleitumständen seiner Anfrage auf den energischen Widerstand Erdmanns. Denn mit einem weiteren Schreiben vom August 1953, in dem Alfred Herrmann mitteilte, dass zwar Wilhelm Treue den ersten Platz auf der Liste erhalten habe, er sich aber gegenüber dem Senat für eine »pari loco« Regelung einsetzen wolle, sandte dieser im Auftrag des Betriebsrats einen Fragebogen, der wohl in erster Linie die politische Vergangenheit der Kandidaten ausleuchten sollte.[127] Erdmann war infolgedessen derart erzürnt, dass er in einer langen, ebenso Schieder als Durchschlag übersandten Stellungnahme darlegte, weshalb er sich außer Stande sehe, dies zu tun. So passe es einfach nicht in seine »Vorstellung von der Selbstverwaltung der deutschen Universität hinein, daß sich ein Betriebsrat in Berufungsverhandlungen einschaltet«. Zudem fühlte er sich durch den Fragebogen sichtlich gekränkt. In einem wohl als geistesaristo-kratisch zu bezeichnenden Ton schrieb er an Herrmann, es sei »absurd«, bei der Besetzung einer Professur so zu verfahren, »wie bei dem Engagement irgend eines Angestellten.« Jenseits von diesen eher formalen Gründen wies Erdmann jedoch vor allem die politischen Aspekte des Fragebogens zurück:

> »Schließlich weiß ich nicht, welches Recht der Betriebsrat haben könnte, mich nach meiner militärischen und politischen Vergangenheit zu befragen, unbeschadet natürlich der Tatsache, daß die Universitätsbehörden selber na-türlich an dieser Frage gerade bei der Besetzung eines historischen Lehr-stuhls ein legitimes Interesse haben müssen.«

Gerade er selbst könne diesen Standpunkt mit gutem Recht vertreten, schrieb Erdmann:

> »Wie Sie wissen, habe ich diese Frage nicht zu scheuen, und ich bin jederzeit bereit, den Universitätsbehörden alle gewünschten Auskünfte zu geben. Mei-ne Bedenken sind prinzipieller Natur.«[128]

Erst nach einem Gespräch mit dem zuständigen Dekan auf dem Bremer Histo-rikertag und der Versicherung, die Initiative für den Fragebogen gehe nicht vom Betriebsrat, sondern vom Berliner Senat aus, gab er seinen Widerstand auf und übersandte den Fragebogen, wenngleich er diesen »nach wie vor für eine dem

---

[126] Ebd.
[127] BArch, N 1393/727, Schreiben von Alfred Herrmann an Karl Dietrich Erdmann vom 3.8.1953.
[128] BArch, N 1393/727, Schreiben von Karl Dietrich Erdmann an Alfred Herrmann vom 19.8.1953.

Verfahren einer Berufung nicht angemessene Form der Informationseinho-lung«[129] hielt.

Spätestens hier dürfte Erdmann jedenfalls innerlich das Angebot ausgeschla-gen haben, nach Berlin zu gehen. Zu offensichtlich war der Versuch politischer Einflussnahme und zu offensichtlich handelte es sich hierbei um einen zweit-klassigen Lehrstuhl – ein Argument, dass auch Werner Conze dazu bewog, den Ruf abzulehnen.[130] Kaum zufällig ging Schieder davon aus, dass Erdmann mit Sicherheit den Kieler Lehrstuhl vorziehen würde.[131] Das Berliner Angebot diente damit in Erdmanns Kalkül ausschließlich dazu, seine Position in den Verhand-lungen mit dem Kieler Ministerium zu verbessern. Zwei Tage nachdem er aus Kiel das Angebot des Extraordinariats erhalten hatte, sagte er deshalb zunächst vorläufig dem Berliner Hochschulamt zu.[132] In erster Linie um, wie ihm Alfred Heuß geraten hatte, festzustellen,

»was für Fleischtöpfe dort [...] warten und [...] den Hiesigen den Preis [zu] diktieren. Ich fürchte, dass verzögert die Abwicklung der Geschäfte. Sollte es wider Erwarten nicht der Fall sein, würde das bei uns grosse Freude aus-lösen. Denn wir sind sehr daran interessiert, dass der neue Kurs nach dem Beckerschen möglichst bald gesteuert wird.«[133]

Genau einen Tag später, am 19. Oktober 1953, sagte Erdmann dann auch dem Kieler Ministerium ebenfalls unter Vorbehalt und unter ausdrücklichem Hinweis auf die Verhandlungen mit einer anderen Universität zu.[134]

Für Erdmann erwies es sich als eine glückliche Konstellation, dass das Berli-ner Angebot zunächst lukrativer war. Dort hatte man ihm eine ordentliche Pro-fessur, eine bessere Mittelausstattung und außerdem eine von Erdmann gefor-derte Anbindung an die Freie Universität Berlin garantiert.[135] Dementsprechend

---

[129] BArch, N 1393/727, Schreiben vom Dekan der TU Berlin, Heyde, an Karl Dietrich Erd-mann vom 11.9.1953 sowie BArch, N 1393/727, Schreiben von Karl Dietrich Erdmann an den Dekan der TU Berlin, Heyde, vom 23.9.1953.

[130] Vgl. *Dunkhase*, Conze, S. 76. Den Lehrstuhl erhielt letztlich Johann-Albrecht von Rant-zau. Vgl. *Hans Ebert*, Geschichte in praktischer Absicht. Zur Geschichtswissenschaft an Technischen Hochschulen unter besonderer Berücksichtigung der Technischen Univer-sität Berlin, in: Technikgeschichte 47 (1980), S. 133–153, hier S. 149.

[131] BArch, N 1188/3005, Schreiben von Theodor Schieder an Hans Rothfels vom 21.10.1953.

[132] BArch, N 1393/727, Schreiben von Karl Dietrich Erdmann an das Berliner Hochschulamt, Kruspi, vom 18.10.1953.

[133] BArch, N 1393/727, Schreiben von Alfred Heuß an Karl Dietrich Erdmann vom 18.10.1953.

[134] BArch, N 1393/727, Schreiben von Karl Dietrich Erdmann an den Kultusminister von Schleswig-Holstein vom 19.10.1953. Dort wusste man, dass es sich um den Berliner Lehrstuhl handelte, wie aus den handschriftlichen Annotationen des Briefes ersichtlich ist, LASH, Abt. 811, Nr. 12305.

[135] BArch, N 1393/727, Schreiben von Karl Dietrich Erdmann an das Berliner Hochschulamt, Kruspi, vom 18.10.1953. Zusage zur Koppelung an die FU Berlin: BArch, N 1393/727, Schreiben von Alfred Herrmann an Karl Dietrich Erdmann vom 20.10.1953.

leicht fiel es Erdmann, das Kieler Kultusministerium unter Druck zu setzen. Durch Verhandlung mit dem zuständigen Prodekan erreichte er umgehend, dass man im Kultusministerium das Extraordinariat fallen ließ und das Angebot in finanzieller Hinsicht deutlich verbesserte.[136] In einer Zusatzvereinbarung wurden ihm zudem mehrere großzügige Beträge für den Bücheretat des Seminars zugestanden.[137] Damit stand dem Gang nach Kiel nichts mehr im Wege. Am 1. November 1953 nahm Erdmann schließlich den Ruf an.[138] Drei Wochen später erhielt er die Ernennungsurkunde durch den schleswig-holsteinischen Ministerpräsidenten Lübke.[139]

Ausschlaggebend für Erdmanns Berufung nach Kiel war damit letztlich die hohe fachliche Reputation seiner zeithistorischen Forschungsinitiativen verbunden mit der häufig unbestimmten Vermutung, Erdmann sei ein entschiedener Gegner der Nationalsozialisten gewesen. Hierfür spricht auch, dass er wiederholt für Lehrstühle für Politikwissenschaft im Gespräch war, die von den westlichen Besatzungsmächten ganz ausdrücklich als Beitrag zur Demokratieerziehung konzipiert worden waren. Vor allem aber zahlte sich seine persönliche Nähe zu Alfred Heuß aus, der wohl mit einiger Genugtuung verfolgt haben dürfte, dass sein Kalkül aufgegangen war. Dies trifft umso mehr zu, als Erdmann trotz wiederholter Rufe auf renommierte Lehrstühle bis zu seiner Emeritierung seine Kieler »Machtbasis« erweiterte und von dort aus den von Heuß gewünschten Aufbau der Zeitgeschichtsforschung systematisch vorantrieb. Unmittelbar nach der Annahme des Rufs deutete darauf freilich nur wenig hin. In der »Zunft« ging man nicht ohne Grund davon aus, dass Erdmann nicht lange in Kiel bleiben werde.[140] Und auch dieser selbst kam kurz nach dem wehmütigen Abschied von seiner Heimatstadt[141] ins Grübeln: »Köln ist von hier aus beinahe so weit weg wie Italien.«[142]

---

[136]　BArch, N 1393/727, Schreiben von Karl Dietrich Erdmann an den Prodekan der Philosophischen Fakultät der Universität Kiel, Erich Hofmann, vom 27.10.1953, sowie BArch, N 1393/727, Gedankenprotokoll von Karl Dietrich Erdmann über Telefongespräche zu Berufungsverhandlungen, o. Dat. und BArch, N 1393/727, Vereinbarung zwischen Erdmann und dem Land Schleswig-Holstein, vorbehaltlich der Genehmigung durch den Ministerpräsidenten, o. Dat. [1.11.1953].

[137]　LASH, Abt. 811, Nr. 12305, Zusatzvereinbarung zwischen Karl Dietrich Erdmann und dem Land Schleswig-Holstein, vorbehaltlich der Genehmigung durch den Ministerpräsidenten, o. Dat. [1.11.1953].

[138]　BArch, N 1393/727, Schreiben von Karl Dietrich Erdmann an Alfred Herrmann und Kruspi [Hochschulamt Berlin] vom 1.11.1953 sowie BArch, N 1393/727, Vereinbarung zwischen Karl Dietrich Erdmann und dem Land Schleswig-Holstein, vorbehaltlich der Genehmigung durch den Ministerpräsidenten, o. Dat. [1.11.1953].

[139]　BArch, N 1393/727, Ernennungsurkunde Karl Dietrich Erdmanns zum ordentlichen Professor vom 23.11.1953.

[140]　BArch, N 1393/102, Schreiben von Walther Peter Fuchs an Karl Dietrich Erdmann vom 14.12.1953.

[141]　BArch, N 1228/189, Schreiben von Karl Dietrich Erdmann an Peter Rassow vom 15.11.1953.

[142]　BArch, N 1188/1247, Schreiben von Karl Dietrich Erdmann an Theodor Schieder vom 29.11.1953.

Astrid Hansen

Wissen in Gebäuden: Zur Architektur der Christian-Albrechts-Universität seit 1945*

Als am 27. November 1945 die Wiedereröffnung der Christian-Albrechts-Universität in den ELAC-Bauten auf dem Kieler Ravensberg feierlich begangen wurde, waren die meisten alten Universitätsbauten in der Stadt, die vorwiegend im späten 19. Jahrhundert errichtet worden waren, Teil der Trümmerlandschaft Kiels.

Bei den Luftangriffen der Royal Air Force auf die Stadt Kiel waren zwischen 1942 und 1945 wesentliche Teile der Universität zerstört worden.[1] Dazu zählten nicht nur die Instituts- und Klinikbauten hinter dem ehemaligen Kollegiengebäude, sondern auch das »Herz« der Kieler Universität, das nach Plänen von Martin Gropius und Heino Schmieden errichtete Kollegiengebäude selbst.[2] Dieser, gemessen an anderen Universitätsbauten seiner Zeit nicht überaus monumentale Bau war 1876 nach einem Beschluss des Berliner Kultusministeriums in Absprache mit dem Ministerium der öffentlichen Arbeiten fertiggestellt und »mit großer Strahlkraft weit über die Alma Mater hinaus« vom 24. bis 26. Oktober 1876 eingeweiht worden.[3] Für die sich schnell Ende des 19. Jahrhunderts zur Großstadt entwickelnde Stadt Kiel und ihre bis dahin eher bescheidene Universität war der Neubau indes von vorher nicht dagewesener Größe und enthob die Universität mit einem Schlag von ihrem seit langer Zeit vorhandenen Raum-

---

*Der folgende Beitrag geht in wesentlichen Teilen auf die Publikation *Astrid Hansen / Nils Meyer,* Universität als Denkmal. Der Campus der Christian-Albrechts-Universität zu Kiel (=Beiträge zur Denkmalpflege in Schleswig-Holstein, Bd.1), Kiel 2011 zurück. Soweit es sich nicht um wörtliche Zitate handelt, wurde diesbezüglich auf Anmerkungen zur Entlastung des Textes verzichtet. Dem Buch selbst liegt ein von der Gebäudemanagement Schleswig-Holstein in Auftrag gegebenes Gutachten zugrunde, das 2009 von av-a Veauthier Meyer Architekten, Berlin, zur Erfassung und Bewertung des Denkmalbestandes der CAU erarbeitet wurde. Siehe auch *Astrid Hansen / Bastian Müller*, Die Entwicklung der Universität im Kontext des westdeutschen Hochschulbaus, in: Hansen / Meyer, Universität, S. 41–62; *Renate Kienle*: »Und nun ans Werk« – Die Bauten der »Neuen Universität« 1945–70 in Kiel, in: DenkMal! 8 (2001), S. 60–66.

[1]   *Johannes Schilling*, Die Zerstörung der »Alten Universität«, in: Christiana Albertina 58 (2004), S. 33–46; auch *Christoph Cornelißen*, Der Neuanfang der Universität Kiel nach 1945, in: Klaus Gereon Beuckers (Hg.), Architektur für Forschung und Lehre. Universität als Bauaufgabe, Kiel 2010, S. 327–348.

[2]   Hierzu *Hans-Dieter Nägelke*, Der Gropius-Bau der Kieler Universität. Architektur zwischen regionaler Identität und preußischer Politik, Kiel 1991.

[3]   *Hans-Dieter Nägelke*, Gebaute Bildung. Universitätsarchitektur im Deutschen Kaiserreich 1871 bis 1918, in: Beuckers, Architektur, S. 127–146, hier S. 127 f.; *ders.*, Hochschulbau im Kaiserreich. Historische Architektur im Prozess bürgerlicher Konsensbildung, Kiel 2000, S. 382.

mangel. Er ließ aber auch zugleich mehr als deutlich werden, dass, wer die Universität hat, auch das Land hat.[4] Schleswig-Holstein befand sich also nunmehr auch in (hochschul-)politischer Abhängigkeit von Preußen.

Mit der in preußischer Zeit weitergeführten baulichen Entwicklung der Universität war auch eine stetige Zunahme der Studentenzahlen verbunden. So hatte sich zwischen 1900 und 1937 die Zahl der Studierenden auf 3.000 verdreifacht, um mit Ausbruch des Zweiten Weltkrieges am 1. September 1939 schlagartig auf 800 Studierende zurückzugehen. Die Kieler Universität hatte sich als eine der »Grenzlanduniversitäten« des Deutschen Reiches schon vor 1933 zu einem »wichtigen Stützpfeiler des nationalsozialistischen Wissenschaftsbetriebes im Norden«[5] entwickelt, der aber im Laufe des Krieges dann gänzlich unterzugehen drohte. 1941 kam es seitens Berlins zu ersten Überlegungen die Universität zu schließen, was durch die Zerstörung der Bauten zunehmend genährt wurde. Die Universität aber konnte sich dessen erfolgreich erwehren, sodass man statt einer Schließung zunächst nur eine mehr oder weniger rechtzeitige Evakuierung der Universität an 18 verschiedene Standorte vornahm – unter anderem nach Schleswig, Ratzeburg und Lensahn – und damit wesentliche Bestände der Bibliotheken sowie weitere Ausstattung rettete.

Ende des Zweiten Weltkrieges hatte die Christian-Albrechts-Universität 60% ihres Gebäudebestandes verloren, darunter nicht nur das bereits erwähnte Kollegiengebäude, dessen Ruine 1954 gesprengt und anlässlich der Kieler Woche 1956 abgeräumt wurde.[6] Zu den zerstörten und ebenfalls von Martin Gropius und Heino Schmieden errichteten Universitätsbauten zählten des Weiteren das Chemische Institut (1877–78), das Physiologische Institut (1877–78), das Anatomische Institut (1878–80) sowie das Botanische Institut (1884–85). Zerstört waren auch die Institute für Physik, Mineralogie und Geologie, die bis um die Jahrhundertwende in Kiel entstanden waren. Die von Gropius und Schmieden 1881–84 erbaute Universitätsbibliothek hatte im Zweiten Weltkrieg ebenfalls schweren Schaden genommen, wurde aber bis heute mehr oder minder dürftig repariert und harrt seitdem einer angemessenen baulichen Behandlung und weiteren sinnvollen Nutzung. Bis zum Bau der neuen Universitätsbibliothek 1966 wurde sie als zentrale Bibliothek genutzt, schließlich als medizinische Bibliothek. Inzwischen ist die Nutzung auf die öffentlich zugängliche Medizin- und Pharmaziehistorische Sammlung reduziert worden.

---

[4]   Siehe hierzu *Astrid Hansen*, Die Frankfurter Universitätsbauten Ferdinand Kramers. Überlegungen zum Hochschulbau der 50er Jahre, Weimar 2001, S. 55; insbesondere *Harold Hammer-Schenk*, »Wer die Schule hat, hat auch das Land!« Gründung und Ausbau der Universität Straßburg nach 1870, in: Ekkehard Mai / Stephanie Wetzold (Hg.), Kunstverwaltung, Bau- und Denkmal-Politik im Kaiserreich, Berlin 1981, S. 124–145; auch *Nägelke*, Der Gropius-Bau.

[5]   *Christoph Cornelißen*, Die Universität Kiel im »Dritten Reich«, in: Ders. / Carsten Mish (Hg.), Wissenschaft an der Grenze. Die Universität Kiel im Nationalsozialismus (=Mitteilungen der Gesellschaft für Kieler Stadtgeschichte, Bd. 86), 1. Aufl., Essen 2009, S. 11–29.

[6]   *Schilling*, Die Zerstörung, S. 33.

Doch die Universität stand 1945 nicht nur vor dem Trümmerhaufen ihrer Bauten, sie stand auch vor ihren geistig-moralischen Trümmern.[7] Ihrem Wiederaufbau tat dies erstaunlich wenig Abbruch.

1. Neuanfang in den ELAC-Bauten

An eine Wiederaufnahme des Lehrbetriebs im alten Universitätsviertel rund um den Schlosspark des ebenfalls zerstörten Kieler Schlosses war nicht zu denken. Das Kollegiengebäude war nicht einmal in Teilen zu nutzen. Die Wiederaufnahme der Lehre – welche bereits im Sommer 1945 stattfand – musste also in Provisorien und notdürftig hergerichteten Bauten beginnen.

In Kiel hatte sich die besondere Situation ergeben, dass mit Kriegsende – britische Soldaten besetzten Kiel am 4. Mai 1945 – nunmehr ungenutzte Industriebauten zur Verfügung standen. Es waren dies die ELAC-Bauten, die die Briten beschlagnahmt hatten, nachdem hier bis zum Kriegsende Signal-, Melde-, Übertragungs- und Ortungstechnik vor allem für die Marine hergestellt worden war. Das Werk war kontinuierlich seit den frühen 1930er Jahren aufgebaut worden. Die Tatsache, dass es auf Reichskosten noch von 1942 bis 1944 seinen baulichen Bestand erheblich erweitern konnte, verdeutlicht seine Bedeutung als Rüstungsbetrieb in nationalsozialistischer Zeit. Die dabei gewollte bauliche Qualität bis in die 1940er Jahre hinein zeigt, dass das ELAC-Gelände als eines jener »vorbildhaften« und »qualitätvollen« Industriearchitekturen des Nationalsozialismus zu gelten hat, wie auch die Hermann-Göring-Werke in Wolfsburg oder die Heinkel-Flugzeugwerke in Oranienburg, die vom Baubüro Rimpl in den 1930er Jahren errichtet wurden.[8] Als Architekt der ELAC-Bauten lässt sich Guido Widmann nachweisen, der vornehmlich in Kiel und Flensburg tätig war und zu den eher traditionellen Architekten mit Wurzeln im Heimatschutz zählte.[9]

Nachdem die Briten die technischen Anlagen der ELAC beschlagnahmt und abtransportiert hatten, sollten die Bauten zunächst gesprengt werden. Dass die britische Militärregierung sich vom Gegenteil überzeugen ließ, um die Bauten für universitäre Zwecke nutzen zu können[10], war in jeglicher Hinsicht ein

---

[7] *Cornelißen*, Der Neuanfang, S. 331.
[8] *Winfried Nerdinger*, Bauhaus-Architekten im »Dritten Reich«, in: Ders. (Hg.), Bauhaus-Moderne im Nationalsozialismus. Zwischen Anbiederung und Verfolgung, München 1993, S. 153–178, hier S. 174 f. und Abb. 33.
[9] Über Guido Widmann wissen wir bislang nur sehr wenig: um 1880 geboren, war er 1936 mit den ELAC-Bauten auf der Ausstellung »Schleswig-Holsteinisches-Kulturschaffen«, der Jahresschau der Reichskammer der bildenden Künste / Landesleitung Holstein, in der Kieler Kunsthalle vertreten.
[10] *Cornelißen*, Der Neuanfang, S. 338.

Abb. 23: Blick auf das ELAC-Areal, noch mit Kriegsbeschädigungen 1946
[Stadtarchiv Kiel]

Glücksfall. Denn das Gelände der ELAC bot sich, mit seinen weiten freien Flächen[11] sowie den statisch extrem belastbaren Industriebauten für eine universitäre Nutzung durch Bibliotheken, Labore und Seminarräume in besonderem Maße an,[12] zumal im Verhältnis zur Stadt nur geringe Kriegszerstörungen zu verzeichnen waren. In einem Interview mit dem Kieler Kurier vom 11. August 1945 verweist der von den Briten benannte neue Universitätsrektor Hans Gerhard Creutzfeldt darauf, dass die Bauten der ELAC am

»Weddingring [sic!] der Universität zur Verfügung gestellt werden [sollen]. [...] Die Bauanlage der ELAC bietet nicht nur ausreichend Raum für Lehrzwecke, sondern enthält unter anderem auch große Küchen und Speisesäle, die die Einrichtung einer Mensa gestatten und somit die Voraussetzungen für eine Verpflegung der Studierenden schaffen. Die Frage der Unterkunft dürfte für die von auswärts ziehenden Studenten durch den Bau von Wohnbaracken geregelt werden.«[13]

Tatsächlich dienten Baracken noch bis in die 1960er Jahre den Studenten zu Wohnzwecken und der Universität für weitere Einrichtungen.

---

[11] Die Zuweisung zu Harry Maasz' Werk durch Matthies und Minta bleibt hypothetisch. *Jörg Matthies / Anna Minta*, Vom Industriequartier zum Universitätsforum, in: Beuckers, Architektur, S. 355–386, hier S. 363 und Anm. 19.

[12] *Torsten Kiepke*, Die ELAC-Bauten, in: Hansen / Meyer, Universität, S. 65–87, hier S. 75.

[13] Hergestellt wurden die Baracken vermutlich von der Firma Holzbauwerke Gebr. Tony, die bereits die Baracken für die Zwangsarbeiter der ELAC produziert haben dürfte. Die Produktionsstätte in Kiel, Stadtrade 19a ist inzwischen abgebrochen worden. Unter der Produktionshalle von 1939/40 befand sich eine großräumige Bunkeranlage, hierzu: *Landesamt für Denkmalpflege* (Hg.), Denkmaltopographie der Bundesrepublik Deutschland. Landeshauptstadt Kiel, Neumünster 1995, S. 502 f.

Das ehemalige ELAC-Gelände am nordwestlichen Rand Kiels wird im Osten vom Westring und im Süden von der Olshausenstraße begrenzt. Im Westen mündet es heute in das heterogen bebaute Universitätsgelände mit Institutsbauten der 1950er Jahre und im Norden in ein in Konversion befindliches Industriegebiet.

»Bei der städtebaulichen Anordnung der Gebäude des ELAC-Areals finden sich aus den unterschiedlichen Umbauphasen Gestaltungsansätze, die sich teilweise überlagern und somit heute ein uneinheitliches Bild ergeben. Geprägt wird die Anlage von den auch quantitativ noch sehr präsenten Gebäuden aus den drei Erbauungsphasen zwischen 1935 und 1944, die jedoch fast alle eine bauliche Veränderung erfahren haben. Auch die Freiflächen haben mehr als einen Wechsel in der Grünraumgestaltung erlebt. Die Anordnung der Gebäude folgt einem rechtwinkligen Prinzip, das deren Lage etwa in Nord-Süd-Ausrichtung oder in Ost-West-Ausrichtung klar definiert. Es handelt sich um zeilenartige Bauten von unterschiedlicher Höhe von bis zu fünf Geschossen. Es sind ausnahmslos Klinkerbauten, die entweder in Massivbauweise oder als Stahlbetonskelettbauten mit Ziegelverblendung erstellt wurden. Der Eindruck einer aufgrund der Höhenstaffelung und der Zeilenbauweise entstehenden kubischen Komposition wird durch die geraden Dachabschlüsse in Form von Flachdächern noch verstärkt.«[14]

Lediglich das Haus am Wilhelm-Seelig-Platz 2 und das ehemalige repräsentative Verwaltungsgebäude der ELAC besaßen als besondere Ausdrucksform steile Walmdächer.

»An den Straßenfronten Westring und Olshausenstraße sind die Gebäudezeilen derart angelegt, dass sie eine Blockrandbebauung bilden, die jedoch durch das Vor- und Zurückspringen einzelner Bauteile und die unterschiedliche Höhenentwicklung belebt wird. Durch diese rhythmisierte Staffelung der Gebäude entstehen abgestufte Grünflächen, die an der Olshausenstraße durch Rasenflächen und Baumgruppen, am Westring vor allem vor den Bauten Wilhelm-Seelig-Platz 5 und 2 durch dichten Baumbestand geprägt sind. Im Inneren des ELAC-Areals befinden sich drei größere Freiflächen [...], um die sich die Gebäude teilweise axial gruppieren: der Heinrich-Hecht-Platz, der Wilhelm-Seelig-Platz und der Otto-Hahn-Platz.«[15]

Mit Ausnahme des ehemaligen Firmensitzes der ELAC am Westring und der alten Werkskantine, die einen Straßeneingang besaßen, sind alle anderen straßenseitigen Eingänge erst zu Universitätszeiten eingefügt worden.

[14] *Kiepke*, Die ELAC-Bauten, S. 66.
[15] Ebd., S. 65 ff.

Mit der neuen Portikus entlang der Olshausenstraße gab man 1952[16] dem ELAC-Gelände eine neue Ausrichtung, ebenso mit der Erweiterung beziehungsweise dem Neubau der (alten) Mensa Ecke Olshausenstraße/Westring, deren Fassade man 1953 in Anlehnung zur neuen Portikus ähnlich traditionell gestaltete und damit die eigentliche ursprüngliche Modernität des Gebäudes aufgab. Ein Besichtigungsprotokoll der ELAC durch Regierungsdirektor Hövermann und Gouverneur Hendersen aus dem Jahre 1945 hält bezüglich des damaligen Baubestandes sowie des Vorhabens, die Universität auf den Ravensberg in die ELAC-Bauten zu verlegen, fest:

Abb. 24: Blick auf die ELAC-Bauten mit neuem Eingangsportikus (links) um 1952
[Landesarchiv Schleswig-Holstein]

»[…] Günstige Gesamtbeurteilung. Durchführung abhängig von der Besatzungsbehörde. Gouverneur Henderson hat sich mündlich zu dem Projekt zustimmend geäußert, wenn es nicht für Zwecke der Besatzung gebraucht wird. Muß wahrscheinlich dem VIII Corps vorgelegt werden. Die Beschaffung der Baumaterialien ist schwierig, aber zu bewältigen. Für diesen Winter geringe Aussichten auf Heizmaterial.

Oberbürgermeister Ehmke: hält die ELAC für das einzige Gebäude, das in der Stadt in Frage kommt. Ist mit der Übergabe des Baugrundes selbstverständlich einverstanden, erklärt sein grundsätzliches Interesse und gibt zu

---

[16] Die Bauwelt – Neue Bauwelt 7 (1952), H. 1, S. 63 sprach hinsichtlich der Anlehnung der Portikus an nationalsozialistische Architektur kritisch von einer »unernsthafte[n], monumentale[n] Haltung«.

Protokoll, daß die Stadt Kiel bereit ist, alles zu tun, was sie nur irgendwie kann, um die Universität und die Kliniken wieder aufzubauen.

Direktor Schmidt: bittet um Ermittlung des Flächenbedarfs der Universität in Quadratmetern, erklärt Bereitwilligkeit, aus dem Privateigentum der ELAC in reichem Maße Tische, Regale, Schemel und sonstiges Inventar zu überlassen. Er weist auf die Dringlichkeit hin, weil die Royal Navy das Objekt wegen Errichtung eines Zentralmagazins besichtigt hat. [...] Anhang zum Besprechungsvermerk: Der für die Universität in Frage kommende Teil [der ELAC] ist in seinen Gebäuden Reichseigentum, Boden zur Hälfte der Stadt Kiel, zur Hälfte der ELAC gehörig, Inventar Eigentum der ELAC. Direktoren: Schmidt, Dr. Hecht, Nickelsen.«[17]

Erste bauliche Maßnahmen galten 1945 der sogenannten Winterfestmachung,[18] das heißt der Reparatur von Dächern und Fenstern sowie der Installation von Heizungen. Die Durchführung der nötigen Bauarbeiten wurde dem Landesneubauamt »Neue Universität« unter der Leitung des Baurats Walter Spohr übertragen. Wegen des »beklagenswerten Mangels an Facharbeitern« musste jeder Student 30 Arbeitsstunden im Monat für den Wiederaufbau leisten.[19] Auf der Grundlage einer Bestandserfassung wurden die einzelnen Bauten auf dem Gebiet der Werkserweiterung I und II bezüglich ihrer Flächenbilanz, Konstruktion und des zu erwartenden Umbauaufwands untersucht, um die einzelnen Institute schließlich auf die Gebäude zu verteilen.

Doch zum Zeitpunkt der Wiedereröffnung waren längst nicht alle ELAC-Bauten für die Universität hergerichtet. In einem Maßnahmenkatalog des Landesneubauamtes von 1949 sind für die Umbau- und Wiederherstellungsphase seit 1945 drei Abschnitte benannt, welche die sukzessive Inbetriebnahme des ehemaligen ELAC-Werkes durch die Universität dokumentieren. Hier heißt es:

»Notprogramm zum Wintersemester 1945/46
– Räumung der Fabrikhallen und Gebäude von rd. 600 Werkzeugmaschinen schwerer und schwerster Bauart, dem gesamten Inventar und Gerät, dem auf Lager befindlichen Rohmaterial mit einem Wert von annähernd 10–20 Millionen RM.
– Winterfestmachung der 14 zur Verfügung gestellten Gebäude.
– Wiederinbetriebnahme der Elektrizitäts- und Wasserversorgungsanlagen.
1. Bauprogramm ab Wintersemester 1945/46

---

[17] *Kiepke*, Die ELAC-Bauten, S. 75 ff.; LASH, Abt. 399.145, Nr. 242, Besprechungsvermerk, Besichtigung der ELAC am 10.7.1945.

[18] LASH, Abt. 399.145, Nr. 242, Baurat Spohr Bericht des Landesneubauamtes »Neue Universität«, 25.3.1950.

[19] *Wolfgang Bargmann*, Die Christiana Albertina in Vergangenheit, Gegenwart und Zukunft (=Veröffentlichungen der Schleswig-Holsteinischen Universitätsgesellschaft, Bd. 37), Kiel 1965, S. 20.

Teilherstellung von Bau 12, 15 und 20 und Einrichtung einer Mensa nebst Kochküche in Bau 13
2. Bauprogramm ab Sommersemester 1946
Herstellung und Teilherstellung aller übrigen Gebäude mit Ausnahme des stark zerstörten Gebäudes 17
3. Bauprogramm ab Sommersemester 1949
Ausbau des stark zerstörten Gebäudes 17 für verschiedene Institute; Planungen für eine Universitätsaula für rund 1000 Personen mit Nebenräumen.«[20]

Abb. 25: Blick auf die heute sogenannte Alte Mensa

[Astrid Hansen / Nils Meyer, Universität als Denkmal. Der Campus der Christian-Albrechts-Universität zu Kiel, Kiel 2011, S. 23]

2. Innenstadt oder Ravensberg?

Das Ziel war hochgesteckt, als man im reich dekorierten Gemeinschaftsraum der ELAC – man könnte fast meinen zur Erinnerung an die im Krieg zerstörte alte Aula – die Wiedereröffnung der Universität im November 1945 beging. Immerhin gelang in den kommenden Jahren der kontinuierliche Um- und Ausbau der ELAC-Bauten, doch die Frage, wie die »Neue Universität« auszubauen wäre,

---

[20]   LASH, Abt. 399.145, Nr. 242, Baurat Spohr, Einzelaufgliederung des Gesamtbauvorhabens nach Bauprogrammen, 20.1.1949.

blieb in gewisser Hinsicht noch längere Zeit unbeantwortet. Eine der zentralen Fragen war dabei, ob die Universität nicht wenigstens mit ihren repräsentativen Räumen in die Stadt zurückkehren könne? Zwar hatte man seitens der Universität im Grunde mit den oben genannten Bauplanungen die Antwort bereits gegeben und 1949 zudem erste Planungen vorlegt, doch die Diskussion brach auch nach Räumung der Ruine des Kollegiengebäudes 1956 nicht ab.[21]

Zuletzt 1950 blühte der Wunsch der Stadt, die Universität in die Stadt zurückzuholen, in einer öffentlichen Rede von Herbert Jensen, Stadtbaurat von Kiel, noch einmal auf. Aus den Kreisen der Bürgerschaft sei der Wunsch an die Stadtführung herangetragen worden, sich für eine Konzentration der Universität auf dem alten Gelände am Schlossgarten einzusetzen. In seinem Vortrag entwickelte Jensen eine, wenn man so will, Idee einer blühende Universitätslandschaft entlang der Förde, wobei er immer wieder betonte, dass die ELAC-Bauten Teil der dort nicht mehr wegzudenkenden Universität blieben. »Folgendes«, so resümierte er,

»also müsste und würde das gemeinsame Ziel sein müssen:
1. Begrenzter Ausbau des Universitätskomplexes ELAC für die praktischen Forschungs- und Lehraufgaben der dort am zweckmässigsten stationierten Fakultäten und der allgemeinen Verwaltung.
2. Auf dem alten Gelände so weitgehend wie möglich Zusammenfassung aller Kliniken mit dem erforderlichen Zubehör, sowie aller Sammlungen mit Bibliothek, Ausbau der sonst dort vorhandenen, schon genannten Institute und aller Einrichtungen, die aus zwingenden Gründen der Zweckmässigkeit woanders liegen müssen.

Die Entwicklung einer breiten Front zur Förde hin mit Studentenheim, Wassersportanlagen usw. und Einrichtung des Aulabaues als gesellschaftlicher und repräsentativer Mittelpunkt auf dem alten Gelände.«[22]

Die Universität ging auf die Avancen der Stadt jedoch nicht ein, sondern entwickelte stattdessen sukzessive immer neue Planvarianten für die »Neue Universität« auf dem Ravensberg. Mit dem Neubau des sogenannten Juristenhochhauses der Universität von 1960 bis 1964 dürfte die Diskussion dann endgültig ad acta gelegt worden sein. Immerhin aber verblieben die Universitätskliniken in der Stadt sowie beispielsweise das Institut für Meeresbiologie oder Sonderbauten wie die Kieler Kunsthalle, die allerdings ebenfalls im Krieg schwer beschädigt worden war.[23]

---

21 Beim Wiederaufbau des Kieler Stadtschlosses kam die Diskussion erneut auf, indem man der Universität in diesem künftigen Kulturbau zunächst ebenfalls Räume anbot.

22 *Herbert Jensen*, Die Universität im Rahmen der Kieler Stadtplanung. Vortrag des Stadtbaurates vor der Ratsversammlung, 26.1.1950, Schleswig-Holsteinische Landesbibliothek Kiel 79B 73: Nr. 5.

23 *Finanzminister des Landes Schleswig-Holstein* (Hg.), Kunsthalle zu Kiel. Christian-Albrechts-Universität, Hamburg 1986.

Der erste städtebauliche Entwurf 1949 für eine Erweiterung auf dem Ravensberg sah eine Neubebauung in stilistischer Anlehnung an die ELAC-Bauten vor. Als Pendant zur späteren Mensa (1953 fertiggestellt) sah man einen weiteren turmartigen Kopfbau zum Westring hin vor, sodass eine Art repräsentative, auf Symmetrie angelegte Torsituation zur Universität entstanden wäre.[24] Vor allem waren die Wiederaufnahme der Randbebauung sowie die Erbauung eines Hörsaalgebäudes beziehungsweise einer Aula an zentraler Stelle vorgesehen. In kammartigen Bauten sollten zudem weitere Institute und Studentenwohnungen untergebracht werden. Vermutlich verhinderten fehlende Finanzmittel die Weiterentwicklung der Universität in dieser Form, die, architekturhistorisch gesehen, nach einer baulichen Kontinuität der »Blut- und Bodenarchitektur« suchte.

Wohltuende Zeit ging ins Land und beförderte, dass man sich auch in Kiel den modernen Entwicklungen im Universitätsbau, die in der Bundesrepublik und Europa allenthalben zu beobachten waren, anschloss. So zeigt schon einer der folgenden städtebaulichen Entwürfe zur »Neuen Universität« aus dem Jahr 1956, dass man die zeitgenössische Entwicklung verstanden hatte und sich dieser zu öffnen suchte. Die neue Planstudie[25] wies nun erste Ansätze auf, die Universität als eine »offene« Campusanlage zu konzipieren. Vorgesehen waren moderne Bauten wie ein Verwaltungshochhaus mit einem Hörsaalgebäude, ein Studentenhaus mit Mensa sowie Institutsbauten, während auf Wohnbauten, die der erste Entwurf noch vorsah, gänzlich verzichtet wurde. Den städtebaulichen Bezug zum ELAC-Areal gab man ebenso auf, wie eine Anlehnung an die Architektursprache der 1930er Jahre. Als einen der ersten Neubauten[26] der »Neuen Universität« sah man ein zunächst »achtstöckiges Hochhaus« mit Flugdach und eigenem Hörsaal vor, welches »das Rektorat, die Universitätsverwaltung sowie die juristische und wirtschaftswissenschaftliche Fakultät« aufnehmen sollte und sich demonstrativ von der gerade einmal fünf Jahre alten Portikus abwandte. Das schließlich als 15-geschossiges, mit einem eigenständigen Hörsaalgebäude gebaute Juristenhochhaus war damals eine selbstbewusste städtebauliche Geste der Universität. An einer der höchsten topografischen Stellen entstand eines der bis heute höchsten Gebäude der Stadt.

Auch für das spätere Studentenhaus mit Mensa hatte man zu dieser Zeit eine erste Planung vorgelegt, die in ihrer Grundrissdisposition an das von Walter Gropius errichtete Harvard Graduate Center von 1949/50 anschließt, architektonisch jedoch mehr an Hans Scharoun erinnert und vermutlich auf Ellen Krotz, einer Mitarbeiterin im Landesbauamt, zurückgeht. Dieses Gebäude wurde aller-

---

24 »Repräsentativer Eckturm für die Kieler Alma Mater«, in: Kieler Nachrichten, 7./8.3.1953; siehe auch LASH, Abt. 47, Nr. 2726.

25 Siehe auch *Astrid Hansen / Bastian Müller*, Die bauliche Entwicklung im Kontext des westdeutschen Hochschulbaus, in: Hansen / Meyer, Universität, S. 41–62, hier S. 49 f.

26 Bereits in den 1950er Jahren waren auf dem Ravensberg Institutsbauten entstanden, unter anderem das 1956 erbaute Landwirtschaftliche Institut, ein erster Versuch, den Schwung der 1950er Jahre aufzugreifen und sich von den ELAC-Bauten abzugrenzen.

dings ebenso wenig in dieser Form ausgeführt wie die damals projektierten Institutsbauten, die etwa an der Stelle stehen sollten, an der später die Angerbauten errichtet wurden. Doch immerhin hatte man damit eine wesentliche Richtung des weiteren Ausbaus vorgegeben, sodass am 28. Mai 1956 das Kuratorium der Universität unter Leitung des Kurators Dr. Fehling und des Rektors Prof. Dr. Dr. Hammer einen »10-Jahres-Plan«, der den Ausbau der Universität gemäß der vorgestellten Planung regeln sollte, verabschiedete. Senat und Kuratorium waren sich darin einig, dass eine »teilweise Rückführung der Universität auf das frühere Gelände [nun] nicht mehr anhängig sei«. So beschloss man den Bau eines neuen Auditorium Maximum, das die alte Aula ersetzen solle, plante – wie gesagt – ein Studentenhaus sowie vor allem neue Institutsbauten, um den Baubestand der ELAC zu ergänzen. Dass schließlich auch die Universitätsbibliothek zu diesem Bauprogramm zählen sollte, war 1956 noch nicht angedacht, da man zu dieser Zeit noch eine Erweiterung am alten Bibliotheksstandort an der Brunswiker Straße in Erwägung zog.

Grundvoraussetzung für den »10-Jahres-Plan« und damit für die gesamte Entwicklung der Universität war der Ankauf eines Teils des ELAC-Areals durch das Land Schleswig-Holstein, welches den Kauf grundsätzlich befürwortete, obwohl man die Kosten für die Errichtung von Neubauten für günstiger hielt. Die ELAC, die inzwischen ihre Produktion hatte wieder aufnehmen dürfen, lehnte den Verkauf ihrer Bauten jedoch zunächst ab, sodass Rektor Hammer dem Senat der Universität erst am 10. Dezember 1957 mitteilen konnte, dass nun das Raum- und Bauprogramm des »10-Jahres-Planes« seitens des Kultus- und des Finanzministeriums genehmigt worden sei.[27]

3. Das Juristenhochhaus

Das seit 1956 geplante sogenannte Juristenhochhaus,[28] das zugleich auch das Rektorat der Universität aufnehmen sollte, darf als ein Gründungsbau der »Neuen Universität« verstanden werden. Wenn auch nicht gänzlich, so ersetzte es gleichwohl das im Krieg untergegangene Kollegiengebäude.

1959 titelten die Kieler Nachrichten »Hochhauspläne mit Blick auf Hamburg«,[29] wo Paul Seitz für die Universität einen Philosophenturm geplant und schließlich 1962 vollendet hatte.[30] Doch baugeschichtlich betrachtet war es nicht der Hamburger Philosophenturm, der auf das Kieler Hochhaus Einfluss hatte,

27 Kieler Nachrichten vom 4.6.1957; LASH, Abt. 47, Nr. 4073, Bauplanung der Universität im Rahmen des 10-Jahresplans, Band I, 1956–1960.
28 Siehe auch *Lena Eppinger*, Das Neue Forum und seine Bauten, in: Hansen / Meyer, Universität, S. 88–118, hier S. 89–93.
29 Kieler Nachrichten vom 29.9.1959.
30 *Boris Meyn*, Der Architekt Paul Seitz, Hamburg 1996, S. 117. Paul Seitz war für die städtebauliche Planung des Hamburger Campus verantwortlich und entwarf mehrere Einzelbauten. Die Planungen hierfür setzten 1954 ein und dürften wesentlichen Einfluss auf die Kieler Planung gehabt haben.

sondern vielmehr das Okerhaus der Braunschweiger Fakultät für Bauwesen, das Dieter Oesterlen 1954–1956 in Zusammenarbeit mit dem Staatlichen Neubauamt der Technischen Hochschule errichtet hatte.[31] Zwar handelt es sich nicht – wie in Kiel – um ein dreibündiges Hochhaus, doch der Stahlbetonskelettbau mit seinen dunklen Kunststeinbrüstungen, seinen nur mit wenigen Fenstern versehenen Giebelseiten aus Backstein sowie seinem Flugdach und der Fenstereinteilung war deutliches Vorbild für den Kieler Bau, den, wie beschrieben, Ellen Krotz verantwortete.

Das Kieler Hochhaus weist bei einer Grundfläche von 40,60 m x 21,70 m eine Höhe von 55,30 m auf. Es handelt sich um einen Stahlbetonskelettbau, dessen Längsflächen eine Curtain Wall, bestehend aus Fenstern und blau emaillierten Brüstungselementen, vorgehängt wurde. Die vormalige Fensterteilung war der in Braunschweig ähnlich, sah aber schmale Streifen ober- und unterhalb eines mittig dazwischen liegenden Einflügelfensters vor.

»Die Sichtbarkeit der rippenartigen vertikalen Konstruktionselemente der Fassade verlieh dem Gebäude einen schlanken und in die Höhe strebenden Charakter. Die Schmalseiten waren mit fränkischem Schiefer verkleidet. Den oberen Abschluss des Gebäudes bildete ein voll verglastes Staffelgeschoss mit einem Flugdach. Durch das ursprünglich sehr transparente und durchlässige Erdgeschoss gewann das recht schmale Hochhaus an Leichtigkeit.«[32]

Durch den Austausch der Fassadenelemente in den 1990er Jahren büßte das Gebäude seine ursprünglichen Gestaltwerte leider im Wesentlichen ein, doch ist es im Inneren noch recht gut erhalten und bildet weiterhin die städtebauliche Dominante der Kieler Universität.

Das dazugehörige, flach gelagerte Hörsaalgebäude, das sogenannte CAP 3 präsentiert sich als geschlossener, gleichermaßen von Transparenz und Zurückhaltung geprägter Baukörper, wobei repräsentative Motive und eine bescheidene Bauauffassung miteinander verbunden wurden. Dies wird am Gegensatz zwischen seiner blockhaften Erscheinung und der sorgsam inszenierten, gläsernen Eingangsfront deutlich. Der Hauptbaukörper mit den geschossübergreifend angeordneten Hörsälen wird durch ein zurückgezogenes Sockelgeschoss dezent angehoben und freigestellt. Das großzügige, zweigeschossige Foyer wird durch die transparente Fassade sichtbar zur Schau gestellt. Die innen liegende Folge von freistehenden Betonpfeilern kann als reduzierte Würdeformel, als subtiles Zitat einer Kolossalordnung mit geschossübergreifenden Säulen gedeutet werden. Somit wurde durch die zurückgesetzte Glasfront des Foyers nicht nur das

[31] *Dieter Oesterlen*, Bauten und Texte, Tübingen 1992; *Astrid Hansen*, Substanz und Erscheinungsbild – Chancen eines denkmalgerechten Umgangs mit der Nachkriegsmoderne, in: Olaf Gisbertz (Hg.), Nachkriegsmoderne kontrovers. Positionen der Gegenwart, Berlin 2012, S. 150–163, hier S. 159 f.; auch *Fredrik Siekmann*, Detail und Bild. Das Hochhaus der TH Braunschweig von Dieter Oesterlen, in: Ebd., S. 84–95.
[32] *Eppinger*, Das Neue Forum, S. 91.

Gebäudeinnere nach außen gewandt, sondern angedeutete und transformierte Elemente einer klassischen Repräsentationsarchitektur wurden geschickt in das Gebäude hineinverlegt. Die funktionale, konstruktions- und materialsichtige Architektur, ihre kubische, schnörkellose und geradlinige Gestaltung stehen in Abkehr zum organischen »Nierentischstil« der Nachkriegszeit, aber auch zu jeder Form von Monumentalität.

4. Das Studentenhaus – neuer Ausdruck der Korporation Universität[33]

Parallel zum Bau des Hochhauses lobte das Land Schleswig-Holstein zusammen mit dem Studentenwerk 1958 den Wettbewerb zum Neubau des Studentenhauses aus: »Das Studentenhaus«, so der Ausschreibungstext,

> »soll die vielfältigen Einrichtungen des Studentenwerkes aufnehmen und die räumliche Konzentrierung aller Kräfte ermöglichen, die an der Aufgabe der wirtschaftlichen, gesundheitlichen und kulturellen Studentenförderung Anteil haben. Zusammen mit der Mensa und den gewerblichen Betrieben soll das Studentenhaus zu einem Mittelpunkt des Studentengemeinschaftslebens der Christian-Albrechts-Universität werden.«[34]

Bei dem Wettbewerb, der auf große Resonanz stieß, vergab die Jury keinen ersten und zweiten Preis, sondern legte beide zusammen und vergab sie zu gleichen Teilen an den Braunschweiger Architekten Friedrich Wilhelm Kraemer und den Kieler Architekten Wilhelm Neveling. Die zunächst gegründete ARGE wurde jedoch schnell wieder aufgegeben. Während Kraemer das Studentenhaus bauen sollte, erhielt Neveling wenig später den Auftrag, den Entwurf für das Auditorium Maximum weiterzuentwickeln.

Studentenhäuser zählten zu den bedeutendsten Bauaufgaben der Universitäten nach 1945. Obwohl sie vereinzelt – als Clubhäuser beziehungsweise studentische Restaurants – bereits vor dem Zweiten Weltkrieg an deutschen Universitäten vorhanden waren, so unter anderem auch in Kiel,[35] galten sie weithin als anglo-amerikanische Neuerung im Universitätswesen. Ausdrücklich gefordert wurden sie im sogenannten »Blauen« bzw. »Hamburger« Gutachten, das die britische Militärregierung in Auftrag gegeben hatte und von dem man sich Leitlinien für die Bildungspolitik in der britischen Besatzungszone erhoffte. »Wesent-

---

33 *Günther Schulz-Gärtner*, Das Kieler Studentenhaus, in: Christiana Albertina 1 (1966), S. 5–9.
34 LASH, Abt. 47, Nr. 4074, Studentenhaus – Aufbaupläne.
35 In Kiel gab es einen solchen Club, die sogenannte Seeburg. Im Krieg ebenfalls teilzerstört, handelt es sich heute um ein Restaurant – auch für die nahe gelegenen klinischen Universitätsbauten. Siehe hierzu *Schulz-Gärtner*, Das Kieler Studentenhaus, hier S. 5.

liche Voraussetzung«, so das Gutachten, »für die Entwicklung eines echten Gemeinschaftslebens an der Hochschule ist die Schaffung eines Studentenhauses, das für alle Zwecke der Studentenschaft Raum bieten muss.«[36]

Das Kieler Studentenhaus mit angebundener Studiobühne wurde 1963–66 errichtet. Der zweigeschossige Baukörper mit sichtbarer Stahlbetonskelettkonstruktion auf rechteckigem Grundriss gliedert sich in einen Bauteil mit der Mensa im Kern und einem Atrium, das von drei weiteren Flügeln umgrenzt wird. Das überwiegend hinter einem frei stehenden Betonständerwerk zurückgezogene Untergeschoss verleiht dem blockhaften Obergeschoss einen schwebenden Eindruck, Leichtigkeit und Eleganz. Die organische Gestaltung des Atriums als terrassenartiger Freiraum und offen begehbare und passierbare Hof-Landschaft mit geometrisch angeordneten Bänken, gestuften Pflanzbeeten und einem großen Brunnen ging auf Wolfgang Roedenbeck zurück. Durch eine Überdachung des Hofes und der damit verbundenen Erweiterung der Mensa ist die Hoflandschaft inzwischen verloren. Im Inneren werden offene Betonkassettendecken von Betonstützen getragen und deren rohe Optik wurde mit dem Einsatz von Ringleuchten in den Kassettenfeldern ergänzt. In den Speisesälen, die durch bewegliche Trennwände und Nischen gegliedert wurden, kamen zeittypische Deckenverkleidungen aus blauen Kunststoffprismen und abgehängten Rasterelementen zum Einsatz.

Die Studiobühne, deren monolithischer sechseckiger frei stehender Baukörper wie eine Skulptur neben dem Studentenhaus auf dem Campus steht, ist samt ihrer Innenausstattung weitgehend unverändert erhalten. Die kleinen Metallscheiben an der rauhen, fensterlosen Sichtbetonfassade dieses Baukörpers bilden einen »Metallschleier, der im Spiel von Licht und Schatten ständig lebhaft wechselt«[37] und spiegeln gleichsam die ständig wechselnde Verwandlung des Inneren wider. Der Baukörper ist von sechseckigen, höhengestaffelten Pflanzbeeten umgeben, die ihn einrahmen und den Vorplatz der Gebäudegruppe auflockern und zugleich gliedern.[38]

Auch die Studiobühnen nahmen im Rahmen der »außerwissenschaftlichen Bildung an deutschen Hochschulen«[39] einen besonderen Stellenwert ein. Kiel besaß bereits vor dem Bau der Studiobühne an der Universität ein Zimmertheater mit 70 Sitzplätzen. Nunmehr verfügte man über 100 Sitzplätze in variabler Bestuhlung.

---

[36] Gutachten zur Hochschulreform, erstellt vom Studienausschuss für Hochschulreform Hamburg 1948, S. 5 (sog. »Blaues Gutachten«).

[37] *Friedrich W. Kraemer*, Strukturen der Architektur – Studentenhaus in Kiel, in: Detail 8 (1968) [Sonderdruck], S. 233–248.

[38] *Eppinger*, Das Neue Forum, S. 101.

[39] *Wilhelm Hallermann*, Außerwissenschaftliche Bildung an deutschen Hochschulen. Das Kieler Beispiel, in: Christiana Albertina 1 (1966), S. 26–37, hier S. 26.

Für den bundesdeutschen Hochschulbau der 1960er Jahre hatte das Kieler Modell schließlich sogar Vorbildcharakter. Der sogenannte »Kieler Studentenhausplan« wurde unter anderem für das von Walter Schrempf und Otto Hajek 1965–1970 erbaute Saarbrücker Studentenhaus zum Vorbild.[40]

5. Das Auditorium Maximum – ein »architektonisches Meisterwerk«[41]

Dem Bau des Studentenhauses folgte 1965 der Bau des Auditorium Maximum durch Wilhelm Neveling. »Idee des Entwurfes war es, durch Zusammenfassung der verschiedenen Hörsäle unter einem Dach eine in sich geschlossene Bauform zu finden, die die Anlage des Universitätsforums wirkungsvoll steigert.«[42]

Bei seiner Einweihung am 17. November 1969 galt das »Audimax« als ein »architektonisches Meisterwerk«, das die Hörsaalprobleme – ausgelegt auf 10.000 Studierende – auf Jahre lösen werde. Es war das damals »architektonisch kühnste und technisch wohl raffinierteste Bauwerk« Kiels.[43] Bei aller Raffinesse kam es aber vor allem darauf an, dass man endlich die im Krieg verlorene Aula ersetzt hatte und dem Lehrbetrieb ein zentrales Hörsaalgebäude, das auf dem damals höchsten Stand der Technik war und bis zu 2.000 Hörern Platz bot, gegeben hatte.

Das Auditorium Maximum ist als Solitär vielleicht der ästhetisch anspruchsvollste Bau der Kieler Universität, städtebaulich eingebunden und gerahmt von Hochhaus, Studentenhaus und Universitätsbibliothek. Der Baukörper, dessen Grundrissdisposition auf einem Drei- beziehungsweise Sechseck aufbaut, ist als gebaute Skulptur zu begreifen. Dem Stahlbetonskelettbau wurde eine mit weißem Marmormehl eingefärbte Betonplattenfassade vorgehängt, die nach Bedarf mit großflächigen Fensterelementen abwechselt. Im Inneren findet sich ein repräsentatives Foyer mit großzügiger Treppenanlage. Obwohl alles auf Funktionalität ausgerichtet ist, wird durch die Deklination des Dreieck- und Sechseckmotivs die besondere Bedeutung des Auditorium Maximum als Hör- und Festsaal zugleich unterstrichen. Die beiden großen Hörsäle, auf 400 beziehungsweise 800 Personen ausgelegt, können durch das Absenken einer hydraulisch gesteuerten Wand miteinander verbunden werden. Der Saal ist mit schwarzen, gelb gepolsterten Holzsitzen ausgestattet, wobei die Deckenbeleuchtung einen funkelnden Sternenhimmel suggeriert. Wie in allen anderen Hörsälen auch wurde der

[40] Studentenhaus der Universität des Saarlandes, Saarbrücken, in: DLW-Nachrichten. Zeitschrift für Architektur und Innenausbau 53 (1972), S. 24.
[41] »Das ›Audimax‹: ein architektonisches Meisterwerk«, in: Kieler Nachrichten, 18.11.1969, S. K 3.
[42] *Eppinger*, Das Neue Forum, S. 103; siehe auch LASH, Abt. 47, Nr. 4087, Bauentwurf für den Neubau des Hörsaalgebäudes am Westring (Auditorium Maximum, 1965–66).
[43] Kieler Nachrichten, 18.11.1969, S. K 3.

Akustik größte Aufmerksamkeit geschenkt. In den von Tageslicht und Lärm ab- geschlossenen Räumen sollte das Wort seinen Zuhörer auch ohne Technik errei- chen können.[44]

Der besonderen Bauaufgabe ist es geschuldet, dass sich in den Nachkriegs- jahren kein schemenhafter Bautyp für Auditorien entwickelte, sondern dass die Universitäten durch Wettbewerbe oder eine gezielte Beauftragung eines Archi- tekten das Besondere anstrebten. Das Kieler Auditorium Maximum zählt mit Sicherheit zu den schönsten Bauten seiner Art. Sein Vorbild hat es im Übrigen nicht im Universitätsbau, sondern in der Berliner Philharmonie von Hans Scha- roun.[45]

6. Die Universitätsbibliothek

Noch vor dem Auditorium Maximum stellte man als einen weiteren wesentlichen Bau des Universitätsforums die Universitätsbibliothek fertig. Auch ihr ging ein 1960 (allerdings beschränkt ausgelobter) Wettbewerb voraus, den der Hambur- ger Architekt Dr. Günter Schween, der zuvor bereits in Hamburg das Hochma- gazin der Staatsbibliothek erbaut hatte, für sich entscheiden konnte.

»Ziel des Wettbewerbes war es, den Erfordernissen einer modernen Ge- brauchsbibliothek gerecht zu werden und diese dabei harmonisch in die be- reits bestehende beziehungsweise geplante Bebauung des Universitätsgelän- des einzufügen.«[46]

Abb. 26: Kiel, Universitätsbibliothek 1968
[Landesarchiv Schleswig-Holstein]

---

[44] Ebd.
[45] *Hansen / Müller*, Die bauliche Entwicklung, S. 57 ff.
[46] *Eppinger*, Das Neue Forum, S. 110; auch *Friedrich A. Schmidt-Künsemüller*, Die neue Universitätsbibliothek, in: Christiana Albertina 1 (1966), S. 20–25, hier 20.

Während noch in den 1950er Jahren wie in Hamburg oder Saarbrücken (1952/53) Universitätsbibliotheken mit Hochmagazinen – als städtebauliche oder campuseigene Dominanten – errichtet wurden,[47] zählte die Kieler Universitätsbibliothek bereits zu den modernen Einrichtungen, bei denen jetzt Tiefenmagazine und Freihandbereiche bevorzugt wurden.

In der Universitätsbibliothek von Hannover aus dem Jahr 1965 zum Beispiel findet der Kieler Bau eine Parallele. Auch sie weist einen quadratischen Grundriss mit Innenhöfen auf, die mit kleinen Brunnen, so wie es in Kiel ursprünglich geplant war, versehen sind.[48] Mit der Universitätsbibliothek wurde von 1960 bis 1966 ein weiterer wesentlicher Funktionsbau errichtet, der städtebaulich den Abschluss des Forums nach Westen darstellt und einen stadträumlichen Gegenpart zur vertikalen Dominante des Universitätshochhauses bildet. Bei dem Gebäude handelt es sich um einen dreigeschossigen Flachbau auf rechteckigem Grundriss mit zurückgezogenem, voll verglastem Erdgeschoss. Seine kompakte, kubische Form wird durch zwei innen liegende Höfe aufgelockert. Der Bau erhält seinen gestalterischen Reiz durch das wohl proportionierte Zusammenspiel von flächiger Betonsteinverkleidung und strukturierten, verglasten Zonen. Im Innern dominiert im Obergeschoss der große, geschossübergreifende ehemalige Katalog- und Lesesaal mit abgehängten Galerien und großzügigem Treppenhaus. Die Belichtung erfolgt über ein Raster von Lichtkuppeln und abgehängten Stableuchten, die dem Raum sein eigenes Gepräge geben. Akustikwände aus Hochlochziegeln und Durchblicke zum Innenhof machen den Saal zu einem Raum mit »wohltuend warmer Atmosphäre.«[49] Die Universitätsbibliothek erfuhr 2001 eine Umnutzung. Der in einigen Teilen unsensible Umgang mit dem bestehenden Gebäude ließ viele wesentliche Details verloren gehen, die sich aber durchaus wiedergewinnen ließen, sollten erneut Sanierungsmaßnahmen vorgenommen werden. Mit den beschriebenen Bauten der »Neuen Universität« – dem Juristenhochhaus mit Hörsälen, dem Studentenhaus mit Studiobühne, dem Auditorium Maximum sowie der Universitätsbibliothek – waren die wesentlichen »Funktionsbauten« des Campus bis Mitte der 1960er Jahre errichtet worden. Im Gegensatz zu anderen Campusanlagen gab es allerdings keine Wohnbebauung für Studenten oder Professoren.[50]

Im Wesentlichen bedurfte es nun weiterer Institutsbauten, da zunehmend die Kapazität der ELAC-Bauten erschöpft war. Außerdem sollte in den 1970er Jahren das Sportforum entlang der Olshausenstraße entstehen, in deren westliche

47 *Hansen*, Die Frankfurter Universitätsbauten, S. 177–179.
48 »Das Herz der Universität. Der Grundstein für den Neubau der ›UB‹ wird heute gelegt«, in: Volkszeitung, 05.12.1962; siehe auch LASH, Abt. 47, Nr. 2842, Bauliche Maßnahmen im Bereich der Universitätsbibliothek 1944–1975.
49 *Schmidt-Künsemüller*, Die neue Universitätsbibliothek, S. 24.
50 Wohnbebauung für Studenten und Professoren gab es zum Beispiel in Saarbrücken – üblich ist sie auch für die englischen und amerikanischen Campusanlagen.

Richtung sich die Universität nun in Form einer Banduniversität[51] bis heute erweitert sowie die sogenannten Fakultätenblöcke in der Leibnizstraße, die heute noch wesentliche Teile der Geisteswissenschaften beherbergen.

7. Die Angerbauten – eine Empfehlung des Wissenschaftsrates

Den Erweiterungen der 1970er Jahre entlang von Olshausen- und Leibnizstraße ging der Bau der sogenannten Angerbauten voraus. Der Begriff Angerbauten war zunächst der Projektname für den Bau von Institutsbauten um einen zentralen Platz – den Anger –, der sich bis heute gehalten hat.

Es handelt sich insgesamt um sechs Bauten, von denen jeweils zwei mit einem gemeinsamen Hörsaalgebäude als Gelenk miteinander verbunden wurden. Sie entstanden zwischen 1963 und 1966 in Folge der Empfehlungen des deutschen Wissenschaftsrates. Im Gegensatz zu den Solitärbauten wie Universitätsbibliothek oder Auditorium Maximum wurde ihnen als Institutsbauten ein Modul unterlegt, nach dem sie eingeteilt und strukturiert werden konnten:

»Für die Grundrisse hatte sich herausgestellt, dass Raumgrößen ab 12 qm mit Steigerungen um je 6 qm besonders zweckmäßig sind. Diese Raumgrößen bildeten dann auch die Grundlage für die Fassadengliederung, indem ein Achsmaß von 3,75 m und eine Raumtiefe von 4,55 m festgelegt wurden. Dadurch ergab sich ein Rhythmus für die Fensteröffnungen von 2,26 m und für die dazwischen liegenden Wandflächen von 1,49 m. Die Gebäude haben grundsätzlich eine Mittelgangerschließung und jeweils zwei Treppenhauskerne«, deren Lage je nach Nutzung variiert. »Die Arbeitsräume wurden durch nicht tragende Wände voneinander getrennt. Die westliche und östliche Reihe der Hochhäuser wurde in unterschiedlichen, in beiden Fällen neuartigen Verfahren errichtet, um die Bauzeiten zu verkürzen und Kosten einzusparen. Vorraussetzung für die Anwendung dieser Methode war ein entsprechender Umfang der Baumaßnahmen: Bei den drei im Westen liegenden Häusern wurden Stahlbetonfertigteile, beispielsweise für die Stützen, Kellerwände und Treppen, verwendet. Die Stahlbetondecken wurden mit neuartigen Schalungswagen hergestellt.

Bei den drei im Osten liegenden Gebäuden wurde ein in den Vereinigten Staaten von Amerika entwickeltes, sogenanntes Hub-Gleitverfahren angewendet. Dabei wurden zuerst stark bewehrte Fundamente hergestellt, in die Stahlbetonstützen eingespannt wurden. Auf die Kellersohle wurden anschließend nacheinander die Geschossdecken betoniert und mit einer Trennlage voneinander separiert. Nach der Aushärtung der Decken wurden diese mit

[51] *Cornelißen*, Der Neuanfang, S. 328 f.

hydraulischen Pressen in ihre endgültige Lage gehoben und die Wände aus-
gemauert.«[52]

Durch die Verwendung des Rotsteins war es den verantwortlichen Architekten
Otto Schnittger[53] und Ernst Stoffers gelungen, die Bauten aus einer lokalen Tradition heraus zu entwickeln, wobei sie sich zugleich neuester Technik bedienten
und damit den Anforderungen einer systematischen, rationellen und funktionalen
Fortentwicklung des universitären Raumbedarfs nachkamen. Dabei ist nicht zuletzt durch die drei individuellen Hörsaalbauten und das Geologisch-Mineralo-
gische Museum ein in der Bundesrepublik einmaliges Bauensemble entstanden,
das bis heute ästhetisch zu überzeugen vermag.

8. Das Sportforum

Auch das Sportforum zählt zu den architekturgeschichtlich bedeutsamen Bauten
der Universität. Es geht auf eine Planung der Architekten Gerkan, Marg und
Partner in Folge eines 1966 ausgelobten Wettbewerbes zurück.[54] Seit 1965 hatte
man die Pläne, ein neues Hochschulzentrum für Sport zu erbauen, forciert, nachdem schon in den 1950er Jahren bauliche Lösungen für den Ersatz des im Krieg
zerstörten Institutes für Leibesübungen gefordert worden waren.[55] Bei dem
Wettbewerb, der im Januar 1967 entschieden wurde, verfolgte man die Idee eines
»Forums«, das zum Treffpunkt aller Studierenden werden und darüber hinaus
ein hohes Maß an Öffentlichkeit gewähren sollte.

Abweichend vom Wettbewerbsentwurf wurde der Gebäudekomplex um 45
Grad gedreht, sodass die Gebäude nun parallel zur Olshausenstraße angeordnet
sind. Es handelt sich dabei um einen Institutsturm sowie eine Sport- und
Schwimmhalle unter einem gemeinsamen Dach. Die Idee eines Forums ist hier
derart umgesetzt, dass Innen- und Außenraum als fließend aufgefasst werden und
das Foyer der Sporthallen sowohl als Verteiler, als Zuschauerraum, aber eben
auch als großes Forum unter einem Dach dient. Schon im Wettbewerb wurden
im Besonderen die städtebaulichen Lösungen gelobt, vor allem der Eingangshof,
der »wirkungsvoll in seiner geschlossenen Form und seinen Abmessungen den
Charakter eines echten Forums« aufweise.[56]

Die Hallen werden von einem Dach überspannt, das aus trogartigen Beton-
elementen mit einer Spannweite bis zu 35 m zusammengesetzt ist und von kräfti-
gen kreuzförmigen Stahlbetonstützen getragen wird.

---

[52] *Eppinger*, Das Neue Forum, S. 120 f.; *Rudolf Jaeger*, Die Angerbauten, in: Christiana
     Albertina 1 (1966), S. 1–11, hier S. 10.
[53] Zum Werk der Architekten Schnittger siehe *Michael Richter* (Bearb.), Die Architekten
     Schnittger. Bauen in Norddeutschland seit 1899, Hamburg 2000.
[54] *Claudia Zanlungo*, Das Sportforum, in: Hansen / Meyer, Universität, S. 127–140.
[55] *Nils Meyer*, Das Sportforum der Christian-Albrechts-Universität zu Kiel. Baugeschichte,
     Denkmalwert und aktueller Umgang, in: Beuckers, Architektur, S. 387–405.
[56] Zitiert nach *Zanlungo*, Das Sportforum, S. 131.

Abb. 27: Sportforum, Schwimm- und Sporthalle 1976

[Astrid Hansen / Nils Meyer, Universität als Denkmal. Der Campus der Christian-Albrechts-Universität zu Kiel, Kiel 2011, S. 26]

Den Architekten kam es darauf an, dass Dach und Fassade nur als Hülle wirken, in der der Sport witterungsunabhängig betrieben werden kann. Von einem ganz anderen Duktus ist hingegen der Institutsturm, der, zunächst als Sichtbetonbau geplant, in rotem Ziegelmauerwerk errichtet wurde. Als städtebauliche Dominante ist er Dreh- und Angelpunkt des Sportforums, das rückseitig von einem aufgestauten See begrenzt wird.

Die architektonische Verbindung zwischen den einzelnen Funktionsbereichen stellt die Farbgebung dar, in den für 1970er Jahre typischen RAL-Farben rot, grün und gelb.[57] Die Beschilderung des Sportforums geht auf Otl Aicher zurück, der 1972 die Piktogramme für die Olympischen Spiele in München entworfen hatte.

1976 wurde das Kieler Sportforum eingeweiht und zählt heute zu bedeutendsten Sportbauten der 1970er Jahre in der Bundesrepublik. Es ist zudem ein Frühwerk der Architekten Gerkan, Marg und Partner.

---

[57] *Manuela Weber*, Zum bauzeitlichen Farbkonzept des Sportforums der Christian-Albrechts-Universität zu Kiel und zugehörigem Verwaltungsgebäude (»Turm«), in: DenkMal! 17 (2010), S. 105.

9. Die Universitätskirche – ein leuchtendes Prisma

Bislang unerwähnt blieb die Universitätskirche, die eine Besonderheit darstellt, da sie zu den wenigen nach dem Krieg neu gebauten Universitätskirchen gehört. Ein weiteres Beispiel findet sich an der Mainzer Universität in Zusammenhang mit der Evangelischen Fakultät.

Nachdem 1959 der Bauverein Universitätskirche Kiel e.V.[58] gegründet worden war, konnte 1961 ein Wettbewerb zur Erlangung von Entwürfen für die Universitätskirche ausgelobt werden.[59] Aus diesem Wettbewerb, dessen Jury auch der damalige Kultusminister Osterloh angehörte, gingen die Architekten Ernst und Herbert Weidling sowie Ernst Kettner als Sieger hervor. Am 28. November 1965 – zum 300. Jubiläum der Universität – wurde die Kirche geweiht. Das Kirchengebäude ruht auf einem dreistufigen, rechteckigen Podest und weist als Grundriss ein gleichschenkliges Dreieck auf. Diese Grundfigur liegt dem gesamten Bau bis ins kleinste Detail zu Grunde. Die Stahlskelettkonstruktion ist ausgefacht mit dreieckigen farbig verglasten Betonformsteinen mit einem Farbspektrum von Blaugrau über helles Rosa bis zu einem Gelb, das vor allem im Inneren des Kirchenbaus seine besondere Kraft entwickelt. So wird der Innenraum durch die diaphanen Wände und das entsprechende farbige Lichtspiel bestimmt. Die geostete Kirche strebt im Altarbereich räumlich ihren höchsten Punkt an, während im Westen eine flache Orgel- und Chorempore den Kirchenraum abschließt. Der Bau ersetzt die 1944 im Bombenhagel untergegangene Heiliggeistkirche, die bislang als Universitätskirche gedient hatte. Nach Kriegsende bestand ein dringendes Bedürfnis nach einem Gotteshaus. Gottesdienste wurden zu dieser Zeit in provisorischen Räumen sowie der damals neuen Mensa abgehalten. Heute ist der Bedarf an Gottesdiensten zurückgegangen,[60] doch noch immer dient das Gotteshaus, das meist geöffnet ist, als Ort der Stille auf dem lebendigen Campus.

10. Bedeutung

Im Kontext des westdeutschen Hochschulbaus der 1950er bis 1970er Jahre betrachtet, gehören die Kieler Bauten mit zu dem wertvollsten und interessantesten Bestand in der Bundesrepublik. Während einige Universitäten wie Frankfurt am Main oder auch Hamburg bei ihrem Wiederaufbau nahezu gänzlich auf Wettbewerbe verzichteten, erreichte man in Kiel über die Ausschreibung von Wettbewerben ein hohes gestalterisches Niveau. Um tatsächlich geeignete und auch

---

[58]   Der Verein wurde auf Anregung der Professoren Karl Dietrich Erdmann und Friedrich Vittinghoff gegründet. Über Spendengelder finanzierte der Verein ein Drittel der Baukosten. Hierzu *Horst Braunert*, Die Universitätskirche, in: Christiana Albertina 1 (1966), S. 17–19, hier S. 18.

[59]   »Wie ein leuchtendes Prisma«, in: Kieler Nachrichten, 26.7.1961.

[60]   *Joachim Scharfenberg*, Über die Funktion der Universitätskirche heute, in: Christiana Albertina 15 (1973), S. 15–17, hier S. 15.

innovative Ergebnisse zu bekommen, wurden zu den Wettbewerben ganz bewusst Architekten eingeladen, die wie Friedrich Wilhelm Kraemer oder Dr. Günter Schween auf dem Gebiet des Hochschulbaus bereits Erfahrungen gesammelt hatten. Mit den Neubauten suchte man das Renommee der abgelegenen Universität, die sich noch in den 1950er Jahren als Grenzlanduniversität mit besonderem kulturellen Auftrag verstand,[61] zu verbessern.

Entsprechend wurde werbewirksam in den 1960er Jahren in der Presse vermehrt von der Kieler Universität als einer der modernsten Universitäten gesprochen. Aus der notdürftig in Industriebauten untergekommenen Universität war eine mit architektonischen Highlights bebaute Campusuniversität geworden. Doch mit dem (Wieder-)Aufbau der Universität ist nicht nur ihre Baugeschichte als ein Baustein der Moderne nach 1945 verbunden, sondern mehr noch ihre Geschichte selbst. Ähnlich wie viele deutsche Universitäten modernisierte sie sich vor allem äußerlich durch ihre fortschrittlichen Neubauten, während sie im Inneren die alten Strukturen beibehielt.

Die in Kiel ungewöhnlich hohe Zahl personeller Kontinuitäten vor allem von Professoren, die ehemals Mitglied der NSDAP waren, ist hierfür kennzeichnend.[62] Immerhin nahmen gerade die Professoren den baulichen Wiederaufbau mit Wohlwollen und Dank zur Kenntnis, wenngleich – wie vielfach in der Bundesrepublik – viele der Bauten schon bei ihrer Einweihung davon kündeten, dass sie recht bald zu klein sein würden. Rektor Wolf Herre fasste dies 1968 so zusammen:

»Für diejenigen, welche 1945 begannen, die Trümmer wegzuschaufeln und Schutt zu räumen, welche für fast alle Dinge des Bedarfs in Forschung und Lehre zu improvisieren hatten, ist diese Entwicklung, die sie selbst einleiteten und vorantreiben halfen, geradezu faszinierend. Der Ausbau ist großzügig [...].«[63]

Die Bauten trugen also wesentlich zur Modernisierung der Universität bei – und sie waren Teil der Identität der »Neuen« Universität Kiel.

---

[61] Kieler Nachrichten, 30.7.1956.
[62] *Cornelißen*, Der Neuanfang, S. 340.
[63] *Wolf Herre*, Der Wiederaufbau der Universität nach 1945, in: Die Studentenschaft der Christian-Albrechts-Universität, Kiel (Hg.), Hochschulführer für die Universität 1968/69, Kiel 1968, S. 20–27, hier S. 26.

Christoph Cornelißen

Von der Aufbruchsstimmung zum Krisendiskurs der 1970er Jahre. Die Christian-Albrechts-Universität im Spiegel ihrer Rektoratsreden

Der Weg der Christian-Albrechts-Universität (CAU) von einer beschaulichen akademischen Anstalt in den frühen 1950er Jahren hin zu einer »Massenuniversität« in den 1970er Jahren spiegelt in mancher Hinsicht entscheidende Stufen der übergeordneten westdeutschen Universitätsgeschichte nach dem Zweiten Weltkrieg wider. Dies bezieht sich zum einen auf die steigende Zahl der Studierenden und Lehrenden, zum anderen auf die fortlaufende Begründung neuer Forschungsrichtungen sowie die Einführung überarbeiteter Curricula. Darüber hinaus richtet sich der Blick jedoch ebenso auf die bauliche Erweiterung, welche schon bald ein immer größeres Areal erfasste. Sämtliche Entwicklungen markieren die Transformation der traditionsreichen Universität an der Kieler Förde zu einem »Großunternehmen« am Westring sowie dem südlich davon gelegenen Erweiterungsgelände, die alle Beteiligten vor sich ständig wandelnde und zugleich große Herausforderungen stellte. Hierfür ist eine zeitgenössische Bestandsaufnahme vom Anfang der 1970er Jahre bezeichnend, die aus der Feder von Klaus Rose, Regierungsbaudirektor im Kieler Landesbauamt, stammt. Demnach stellten die

> »explosive Zunahme der Zahl der Studierenden und die dynamische Entwicklung an den heutigen Hochschulen, verbunden mit einer ständigen Aufgliederung einzelner Wissenschaftszweige, [...] den Architekten vor eine Aufgabe, die in ihrer Bedeutung und Größenordnung erstmalig [sei.] Ihre Vielschichtigkeit verlangt nicht nur eine Lösung der städtebaulichen und fachlichen Probleme. Es ist eine ständige Auseinandersetzung mit der speziellen Welt der Wissenschaft und den akuten gesellschaftspolitischen Fragen unserer Gemeinschaft, um diese Aufgabe, die unserer Zeit beim Ausbau der alten und beim Bau der neuen wissenschaftlichen Hochschulen gestellt ist, zu bewältigen.«[1]

Um den spezifischen Herausforderungen zu Beginn der 1970er Jahre angemessen zu begegnen, empfahlen Rose und die Kieler Landesbauverwaltung nicht nur die systematische Erschließung neuen Geländes, sie plädierten ebenfalls für eine moderne, den zeitgenössischen Stilrichtungen angepasste Universitätsarchitektur.

---

[1] *Klaus Rose*, Ausbau der Christian-Albrechts-Universität westlich des Mühlenweges, in: Christiana Albertina 11 (1971), S. 5–11, hier S. 5.

Abb. 28: Bundespräsident Lübke auf dem Universitätsgelände 1963
[Stadtarchiv Kiel, 2.3 Magnussen]

Konkret meinten sie damit die Erstellung einer »Band-Universität« nach dem amerikanischen Radburn-System, denn sie erlaube die »gliederweise Aneinanderreihung« von Bauabschnitten wie eine Kette ohne Bezug auf einen zentralen Kern. Eine solche Lösung empfehle sich nicht nur aus wirtschaftlichen Gründen, argumentierte Rose, sondern auch, um die Verkehrsdichte möglichst gering zu halten und so die Institutsbereiche gegen den zunehmenden Verkehrslärm abzuschirmen. Darüber hinaus fördere sie den intellektuellen Austausch der Lehrenden und Studierenden.[2]

Was an dieser Stelle zu Beginn der 1970er Jahre als die neue, wenn auch bald sanierungsfällig gewordene, Welt der Planer und Architekten aufscheint, bildet einen deutlichen Kontrast zu den Herausforderungen, denen sich die Verantwortlichen sowohl an der Universität als auch in der Kieler Stadtverwaltung direkt nach dem Zweiten Weltkrieg gegenübergestellt gesehen hatten. Zu diesem Zeitpunkt lagen große Teile der Universität in Trümmern. Bei den Luftangriffen vom Dezember 1943 sowie bei weiteren Bombardierungen zwischen

---

[2] Ebd., S. 7. Vgl. *Oliver Schmidtke*, Die Architektur der Ruhr-Universität Bochum sowie der Universität Bielefeld und ihre Entsprechung im technokratischen Deutungsmuster von Wissenschaft, in: Andreas Franzmann / Barbara Wolbring (Hg.), Zwischen Idee und Zweckorientierung. Vorbilder und Motive von Hochschulreformen seit 1945, Berlin 2007, S. 137–182; zum Radburn-System siehe *Daniel Schaffer*, Garden Cities of America. The Radburn Experience, Philadelphia 1982; vgl. allgemein *Ralf Lange*, Architektur und Städtebau der sechziger Jahre. Planen und Bauen in der Bundesrepublik Deutschland und der DDR von 1960–1975, Bonn 2003.

Januar und August 1944 waren mehr als sechzig Prozent des innerhalb von sieben Jahrzehnten entstandenen Gebäudebestandes vollständig zerstört worden.
Es geht also nicht zu weit zu sagen, dass es im Mai 1945 in Kiel praktisch keine Universität mehr gab. Kaum zufällig sprach daher noch mehr als zehn Jahre
später Rektor Heinrich Hammer von »dem totalen Zusammenbruch des gesamten staatlichen und bürgerlichen Lebens im Jahre 1945«, nachdem ein »großer
Teil des Lehrkörpers dem totalitären Staat und den Kriegsereignissen zum
Opfer gefallen« sei.[3]

Angesichts dieser Ausgangslage kann es kaum verwundern, dass die am
Kieler Westring neu errichtete Universität zunächst eher den Charakter einer
»Lagerhochschule«[4] aufwies, bevor sie sich im Gefolge der seit den 1950er
Jahren wachsenden Nachfrage nach akademisch geschulten Absolventen zu
einer Massenuniversität fortentwickelte.

Der quantitativen Entwicklung lag der schon seit dem 19. Jahrhundert
gewiss nicht nur in Kiel in den Rektoratsreden vorgetragene Anspruch zugrunde, die Universität stelle sowohl für den Staat als auch die Gesellschaft eine
unentbehrliche Institution dar, meistens verbunden mit einem Rekurs auf die

Abb. 29: Heinrich Hammer 1956
[Stadtarchiv Kiel, 2.9 Zacharias]

---

3   LASH, Abt. 47, Nr. 4155, Bericht von Rektor Heinrich Hammer über das Rektoratsjahr
     vom 5.3.1957–4.3.1958 (hier auch alle weiteren angeführten Berichte aus dem LASH).
4   So der Begriff in »Bericht über das Rektoratsjahr 1963/64, erstattet vom scheidenden
     Rektor Prof. Dr. Herbert Schlenger am Tag der feierlichen Rektoratsübergabe 1. Juni
     1964«.

Bildungsidee Wilhelm von Humboldts.[5] Im Grunde aber handelte es sich hierbei um die »permanente Erfindung einer Tradition«[6], die gerade nach der Zäsur im »Dritten Reich« einen sicheren Grund für einen Neubeginn der Hochschulen abzugeben schien. Es ist insgesamt bemerkenswert, wie rasch die Verantwortlichen an allen westdeutschen Universitäten an überkommene Bildungstraditionen anknüpften und ähnlich lautende Botschaften mit großer Emphase in die Öffentlichkeit trugen.[7] Die tragende Idee der Universität habe sich »als gesund und lebendig erwiesen«, argumentierte ganz in diesem Sinne der Kieler Theologe und Rektor Heinrich Rendtorff im Jahr 1949 und verband damit den ebenfalls älteren Appell nach der »unauflösbaren Einheit von Lehre und Forschung und Erziehung«.[8] Die Universität sei verpflichtet, Persönlichkeiten oder Charaktere zu bilden; alles andere käme einem intellektuellen »Selbstmord« gleich, so seine drastische Formulierung.

Mit solchen Einschätzungen fanden sich weitreichende Ansprüche und Zielsetzungen verknüpft, die auch in den Bilanzen seiner Kieler Nachfolger einen gewichtigen Teil einnehmen, ging es doch immer wieder darum, den angestammten Platz der Universität in einem sich rasch ändernden Kontext zu behaupten. Gleichzeitig tritt in ihren Berichten das Bemühen zum Vorschein, mit Reformen – größeren und kleineren – die Hochschullandschaft an die veränderten Herausforderungen anzupassen.

Die Berichte der Kieler Rektoren geben insgesamt eine aufschlussreiche Quelle ab, um eine in der historischen Forschung bislang noch kaum eingehender beachtete Phase der Kieler Hochschulgeschichte von den 1950er Jahren an für rund zwei Jahrzehnte näher auszuleuchten.[9] Hierbei sollte berücksichtigt werden, dass die jährlichen Berichte der Rektoren meistens entweder im April oder Mai unter reger öffentlicher Beteiligung erstattet wurden. Regelmäßig wurden zu diesem Anlass Vertreter der Stadt- und Landespolitik, aber auch der Kirchen, der Bundeswehr und anderer gesellschaftlicher Institutionen eingela-

5 Vgl. *Dieter Langewiesche*, Humboldt als Leitbild? Die deutsche Universität in den Berliner Rektoratsreden seit dem 19. Jahrhundert, in: Jahrbuch für Universitätsgeschichte 14 (2011), S. 15–37.

6 Vgl. *Sylvia Paletschek*, Die permanente Erfindung einer Tradition. Die Universität Tübingen im Kaiserreich und in der Weimarer Republik, Stuttgart 2001.

7 Vgl. *Eike Wolgast*, Die Wahrnehmung des Dritten Reiches in der unmittelbaren Nachkriegszeit 1945/46, Heidelberg 2001.

8 LASH, Abt. 47, Nr. 4155, Bericht von Rektor Heinrich Rendtorff über das Rektoratsjahr vom 5.3.1948–4.3.1949.

9 Die Berichte wurden meistens, aber nicht vollständig in der Kieler Universitätszeitschrift Christiana Albertina abgedruckt. Vgl. dazu *Stefan Bichow*, Die Universität Kiel in den 1960er Jahren. Ordnungen einer akademischen Institution in der Krise (=Kieler Werkstücke Reihe H: Beiträge zur Neueren und Neuesten Geschichte, Bd. 3), Frankfurt a. M. et al. 2013, S. 126–128. Zusammen mit den Immatrikulationsfeiern bildeten die seit 1805 jährlich stattfindenden Rektoratsübergaben den Höhepunkt des akademischen Jahres. Im Rahmen der »feierlichen Rektoratsübergabe« legten die Rektoren in einem Bericht Rechenschaft über ihre vergangene Amtszeit ab und übergaben dem Nachfolger, der sich und seine Disziplin durch einen Fachvortrag vorstellen durfte, die Insignien des Amtes.

den. In diesen Momenten inszenierte die Universität ihre unverzichtbare Bedeutung für die Gesellschaft, wobei die jeweils neu bestallten Rektoren die Feierlichkeiten mit einem Fachvortrag abrundeten, der festliche Rahmen wurde ebenfalls visuell unterstrichen, legten die Professoren doch regelmäßig Talar und Barett an, wenngleich explizite Anweisungen des Rektorats aus der zweiten Hälfte der 1960er Jahre darauf hinweisen, dass ein solches Brauchtum schon damals keineswegs mehr eine Selbstverständlichkeit darstellte.[10]

Nach massiven Protesten und der erzwungenen Absage mehrerer Zeremonien gelangte die öffentliche Rektoratsübergabe schließlich im Jahr 1975 an ein Ende. Hierfür war jedoch nicht nur die Furcht vor weiteren Protesten ausschlaggebend, sondern in erster Linie das neue schleswig-holsteinische Hochschulgesetz aus dem Jahr 1973. Gemäß dessen Bestimmungen rückte an die Stelle des jährlich wechselnden Rektors ein hauptamtlicher Präsident.

Obwohl der meist nur nüchtern vorgetragene und eher bilanzierende Gehalt der Rektoratsberichte die drängenden Probleme der Zeit oftmals nur verhalten zu erkennen gibt, bieten sie dennoch eine Grundlage, um ausgewählte Hauptentwicklungslinien und Wandlungen seit den 1950er Jahren herauszuarbeiten.

Abb. 30: Das Uni-Hochhaus im Bau 1961

[Stadtarchiv Kiel, 2.3 Magnussen]

---

10   Offensichtlich fiel die Anteilnahme aus Politik, Wirtschaft und Gesellschaft bei diesen
      Anlässen sehr rege aus. Vgl. ebd.

Welche Zielsetzungen verfolgten die Verantwortlichen in der Phase des Wiederaufbaus und des Ausbaus der Universität, soll *erstens* gefragt werden, bevor *zweitens* die Umstände der studentischen Proteste am Ende der späten 1960er Jahre aus dem Blickwinkel des Rektorats beleuchtet werden. *Drittens* geht es um die Auswirkungen der seit den 1970er Jahren aufziehenden wirtschaftlichen und gesellschaftlichen Krisen, welche deutliche Spuren in den Berichten dieser Jahre hinterlassen haben. An die Stelle der fortschrittbestimmten Euphorie der Ausbaujahre rückte nun ein ganz anderer Ton, geprägt von den Problemen einer Mangelverwaltung, die für Visionen kaum mehr Raum ließ. Gleichzeitig markieren die Berichte dieses Abschnitts den Weg zu einer intellektuellen und institutionellen Neugründung der CAU. Sie beschreiben einen merklichen Bruch mit der »alten« Universität, wenngleich personelle und ideelle Kontinuitäten bis weit in die 1970er Jahre überdauerten.

1. Die Erweiterung der Universität und der anwachsende Reformstau bis Mitte der 1960er Jahre

Ungeachtet der zunächst eher verhaltenen Prognosen über die Zukunft der Kieler Hochschule direkt nach dem Zweiten Weltkrieg setzte schon im Laufe der 1950er Jahre sowohl ein materieller als auch intellektueller Aufbruch ein, der das Gesicht der »alten« Universität grundlegend transformieren sollte. Darauf verweisen zunächst einmal die steigenden Studierendenzahlen. Hatten sich noch bis Mitte der 1950er Jahre kaum mehr als 2.300 Studierende immatrikuliert, wiesen die Zahlen nach den Empfehlungen des Wissenschaftsrates zum Ausbau der westdeutschen Hochschulen aus dem Jahr 1960 steil nach oben. Schon 1964 lag die Zahl der Immatrikulierten bei mehr als 7.000 und 1970/71 waren es über 8.000 Studierende geworden. Mitte der 1970er Jahre wurde erstmals die 10.000er Marke übersprungen; offiziell waren damals 11.750 Studierende immatrikuliert. Seit dem Wintersemester 1945/46 hatten sich somit die Gesamtzahlen an der CAU beinahe versechsfacht.[11] Die Kieler Hochschule geriet dadurch in einen, wie es der Rektoratsbericht aus dem Jahr 1959/60 vermerkt, »nicht ganz einfachen Prozess der Umwandlung und Anpassung«, jedenfalls gemessen an traditionellen Zuständen und Idealen.[12] Gleichzeitig darf man darüber aber nicht vergessen, wie sehr die Lage an der Universität noch bis Mitte der 1950er Jahre von Mangel und Perspektivlosigkeit geprägt war. Eine Ursache hierfür identifizierte Rektor Wolfgang Bargmann im Jahr 1952

---

[11]   Vgl. hierzu Bericht über das Rektoratsjahr 1960/61, erstattet vom scheidenden Professor D. Heinrich Greeven am Tag der feierlichen Rektoratsübergabe 15. Mai 1960, S. 29; *Statistisches Landesamt Schleswig-Holstein* (Hg.): Statistisches Jahrbuch Schleswig-Holstein 1966/67, Kiel 1967, S. 31; *Statistisches Landesamt Schleswig-Holstein* (Hg.): Statistisches Jahrbuch Schleswig-Holstein 1971, Kiel 1972, S. 31. Zu den weiteren Zahlenangaben siehe die Jahresberichte der Kieler Rektoren.
[12]   LASH, Abt. 47, Nr. 4118, Bericht über das Rektoratsjahr 1959/60, Kiel 1959, S. 8.

darin, dass »bei weitem [...] viel zu geringe Mittel für Wissenschaft« investiert worden seien, obwohl die Universitäten nach »dem Zusammenbruch« zu denjenigen Institutionen des kulturellen Lebens gehört hätten, »welche die äußerste Förderung im Interesse des geistigen und materiellen Wiederaufstiegs unseres Volkes hätten erfahren müssen«. Leider aber habe die Entwicklung einen anderen Weg genommen. Zudem seien die spärlichen Mittel unwirtschaftlich verteilt worden. Vor allem die Studierenden müssten als Opfer der Unterfinanzierung gelten.[13] Ihre wirtschaftliche Lage sei nach wie vor schlecht und es bedürfe deswegen der Soforthilfen und der Heimkehrhilfen, hatte auch sein Vorgänger Hans Diller im Jahr zuvor vermerkt.[14] Ihre wirtschaftliche Lage sei nach wie vor schlecht und es bedürfe deswegen der Soforthilfen und der Heimkehrhilfen, hatte auch sein Vorgänger Hans Diller im Jahr zuvor vermerkt.[15]

Weitere Aufschlüsse zu der insgesamt angespannten Personalsituation an der CAU liefert ein Bericht von Rektor Georg Blohm vom 4. März 1956, in dem er einerseits festhält, dass die Neuberufungen leider noch immer nicht die Verluste des Lehrkörpers hätten ausgleichen können, da man die »Konkurrenz wohlhabender Länder zu spüren bekommen« habe.

Abb. 31: Wolfgang Bargmann 1966

[Stadtarchiv Kiel, 2.3 Magnussen]

---

[13] LASH, Abt. 47, Nr. 4118, Bericht von Rektor Wolfgang Bargmann über das Rektoratsjahr vom 5.3.1951–5.5.1952.
[14] Ebd., Bericht von Rektor Hans Diller über das Rektoratsjahr vom 5.3.1950–4.3.1951.

Kiel müsse deswegen vor der »kapitalistischen Ausbeutung durch andere Länder« geschützt werden. Andererseits reiche der wissenschaftliche Nachwuchs weder für Westdeutschland und schon gar nicht für eine Wiedervereinigung mit der mitteldeutschen Zone aus. Zur Korrektur müssten dringend wirtschaftlich und sozial notwendige Maßnahmen ergriffen werden. Außerdem habe sich der tief greifende soziale Wandel der Bevölkerung noch gar nicht auf die Studierenden ausgewirkt. Immerhin, alle Institute seien wieder voll arbeitsfähig, was angesichts der totalen Zerstörung der Universität eine beachtliche Leistung abgebe.[16] In den nachfolgenden Ausführungen führten die steigenden Studierendenzahlen, vor allem aber die günstigeren wirtschaftlichen Rahmenbedingungen zu einem deutlich positiveren Tenor der Berichte. Bis in die späten 1960er Jahre kommt in den Stellungnahmen der Kieler Rektoren insgesamt eine ausgeprägte Gegenwarts- und Zukunftsorientierung zum Vorschein, bei der zwar wiederholt die erheblichen Schwierigkeiten in der ordnungsgemäßen Durchführung von akademischer Lehre und Forschung beklagt werden, aber ebenso die unverzichtbare Bedeutung der Universität für die moderne Gesellschaft selbstbewusst hervorgehoben und weitreichende Visionen für die Zukunft formuliert werden. Die »Versorgung der menschlichen Gesellschaft mit technischem und wissenschaftlichem Personal« werde in einem wachsenden Grad zu einem »wesentlichen strategischen Faktor in der ökonomischen, kulturellen und politischen Entwicklung der Welt«, heißt es hierfür bezeichnend in der Rektoratsrede Erich Schneider aus dem Jahr 1960.[17] Überhaupt sind die Berichte nun zunehmend in einer leicht hoffnungsvollen Dur-Melodie gestimmt, wie es Erich Burck zwei Jahre später ausdrückte. Mit diesem eher optimistisch in die Zukunft gerichteten Blick stiegen auch die Hoffnungen und die Ansprüche. Waren nach dem Zweiten Weltkrieg alle dem »gleichen harten Schicksal« ausgeliefert, hielt Rektor Herbert Schlenger im Juni 1964 fest, sei die Universität heute »anders in unsere Wirklichkeit verflochten«. Sie sehe sich mit ihren Angehörigen »in das offene Feld der Öffentlichkeit hineingestellt«, und in steter Wechselbeziehung »mit dem Ganzen unseres Staates« gehe es ihr darum, den wachsenden Bedarf an akademischen und ausgebildeten Arbeitskräften zu befriedigen, weil nur so die Konkurrenzfähigkeit der Bundesrepublik zu anderen Kulturnationen der Welt erhalten werden könne.[18]

Eine markante Begleiterscheinung der immer stärker akzentuierten Zukunftsorientierung war das aus unterschiedlichen Motiven gespeiste Schweigen, besser vielleicht: das oft beredte Schweigen über die Vergangenheit der eigenen Institution im »Dritten Reich«. In einer Phase, in der der Wiederaufbau auch an den anderen westdeutschen Universitäten oberste Priorität besaß, kann

[17] Ebd., Die Christian-Albrechts-Universität im Rektoratsjahr 1959/60. Bericht des scheidenden Rektors Prof. Dr. Dr. h.c. Erich Schneider, erstattet am Tag der feierlichen Rektoratsübergabe 16. Mai 1960, S. 14 f.

[18] Ebd., Bericht über das Rektoratsjahr 1963/64, erstattet vom scheidenden Rektor Prof. Schlenger 1. Juni 1974, S. 3 f.

Abb. 32: Erich Burck (rechts) 1968

[Stadtarchiv Kiel, 2.3 Magnussen]

ein solcher Befund zunächst kaum verwundern. Die Aufmerksamkeit aller Beteiligten richtete sich hier wie dort nach vorn. Immerhin, schon Mitte der
1960er Jahre hielt mit Rektor Karl Dietrich Erdmann ein führender Repräsen-
tant der Universität eine Rede über die Geschichte der eigenen Hochschule im
»Dritten Reich«, während an vielen anderen westdeutschen Universitätsstandorten die kritische Rückbesinnung noch geraume Zeit auf sich warten ließ.
Aber auch in Kiel blieb dieses Bemühen zunächst doch recht weit entfernt von
einer umfassenden Auseinandersetzung mit einer belasteten Vergangenheit, die
ja gerade an der »Grenzlanduniversität« im hohen Norden ein düsteres Erbe
hinterlassen hatte.[19] Im Grunde hatte ebenfalls der Umzug der Universität vom
angestammten Ort an der Förde hin zum Westring zur Folge, dass in Kiel der
Blick zunächst fast ausschließlich nach vorn gerichtet blieb. Dass dort das
Gelände einer ehemaligen Rüstungsfabrik relativ zügig umgenutzt und für den
weiteren Ausbau vorbereitet werden konnte, verdankte sich vor allem dem Wirken von August Wilhelm Fehling, einen ehemaligen Referenten der Notgemeinschaft, der als Flüchtling nach Schleswig-Holstein gekommen war und danach als Universitätskurator gewirkt hatte.[20] Dank seiner engen Verbindungen

---

[19] Vgl. *Christoph Cornelißen / Carsten Mish* (Hg.), Wissenschaft an der Grenze. Die Uni-
      versität Kiel im Nationalsozialismus (=Mitteilungen der Gesellschaft für Kieler Stadtge-
      schichte, Bd. 86), 2. Aufl., Essen 2010.
[20] Siehe dazu *August Wilhelm Fehling*, Die Christian-Albrechts-Universität, in: Studenten-
      werk Schleswig-Holstein (Hg.), Christian-Albrechts-Universität Kiel. Studenten-Hand-
      buch, Kiel 1950/51, Kiel 1950, S. 65 f.; Regierungsbaurat *Rudolf Jaeger*, Der Wieder-
      aufbau, in: Ebd., S. 67–69.

Abb. 33: Ausstellung »Dokumente zur NS-Justiz« 1961

[Stadtarchiv Kiel, 2.3 Magnussen]

in die Wissenschaft, vor allem aber auch in die Kieler Ministerien und zu den Repräsentanten der Stadt Kiel, konnten bereits während der 1950er Jahre zahlreiche Umbau- und Ergänzungsarbeiten realisiert werden.[21]

Vor diesem Hintergrund zeichneten die Rektoren ein auffallend günstiges Bild der eigenen Alma Mater. So meinte beispielsweise Rektor Heinrich Hammer im Jahr 1958 sogar, das Land Schleswig-Holstein und die Stadt Kiel würden »bald eine der schönsten und sinnvoll angelegten Universitäten der Bundesrepublik ihr Eigen nennen können«.[22] Gleichwohl, auch in den nachfolgenden beiden Jahrzehnten blieb die Klage der Rektoren über die Hörsaalnot, ebenso über die unzureichende personelle und materielle Ausstattung der Institute, durchaus wach. Gleichzeitig lesen sich ihre Jahresberichte wie Erfolgsbilanzen von einem Dauereinsatz an der »Baufront«. Dazu gehörten angesichts des steigenden PKW- und Zweiradverkehrs wiederholte Forderungen nach der verkehrstechnischen Modernisierung des Universitätsgeländes.

Ob über den Bau des Botanischen Gartens, die Verlagerung des Chemischen Instituts in ein neues Gebäude oder auch die Eröffnung neuer Hörsäle, über all diese und viele weitere Teilerfolge informieren die Jahresberichte der Rektoren detailliert und voller Dankesbezeugungen gegenüber der Landesre-

---

[21] Ich greife hier streckenweise zurück auf *Christoph Cornelißen*, Der Neuanfang der Universität Kiel nach 1945, in: Klaus G. Beuckers (Hg.), Architektur für Forschung und Lehre. Universität als Bauaufgabe, Kiel 2010, S. 327–348.

[22] LASH, Abt. 47, Nr. 4155, Bericht von Rektor Heinrich Hammer über das Rektoratsjahr 5.3.1957–4.3.1958.

gierung und der Stadt. Zwar schimmert hierin gelegentlich der Unwille über die langen Planungszeiten und auch nur zögerliche Baurealisierungen, zuweilen sogar über Baustopps durch, und doch waren sich alle Redner ihrer Abhängigkeit von den Mittelgebern nur zu sehr bewusst, um diese Kritik nicht allzu laut werden zu lassen. Gleichermaßen darf es angesichts des raschen Um- und Wiederaufbaus kaum verwundern, dass einzelne architektonische Lösungen durchaus Kritik auf sich zogen. Dass dem neuen Universitätsportal in der »Neuen Bauwelt« nur das Prädikat »unernsthaft-monumental« verliehen worden war, wies Rektor Wolfgang Bargmann jedoch schon im Jahr 1952 als ungerechtfertigt zurück, denn erst einmal müssten, so Bargmann, die Bauten an der Olshausenstraße überhaupt vollendet werden, bevor es seine rechte architektonische Wirkung entfalten könne.[23]

Im Gefolge der Empfehlungen des Wissenschaftsrates für die Reform des westdeutschen Hochschulwesens[24] setzte an der CAU jedoch nicht nur eine intensive Bautätigkeit ein, vor allem änderte sich die Lage auf dem Gebiet der Personalbewirtschaftung zum Besseren.[25] Zwar stieg die Zahl der Lehrstühle nicht so stark an, um mit den explodierenden Studierendenzahlen Schritt halten

Abb. 34: Unigelände Olshausenstraße

[Stadtarchiv Kiel, 2.3 Magnussen]

---

[23] Ebd., Bericht von Rektor Wolfgang Bargmann über das Rektoratsjahr vom 5.3.1951–5.5.1952.

[24] *Olaf Bartz*, Der Wissenschaftsrat. Entwicklungslinien der Wissenschaftspolitik in der Bundesrepublik Deutschland 1957–2007, Stuttgart 2007.

[25] Vgl. *Anna Minta / Jörg Matthies*, Die architektonische Entwicklung der Universität Kiel nach 1945. Vom ungenutzten Industriequartier zum modernen Universitätsforum, in: Beuckers, Architektur für Forschung und Lehre, S. 355–386.

Abb. 35: Erich Schneider 1968 bei seiner Abschiedsvorlesung
[Stadtarchiv Kiel, 2.3 Magnussen]

zu können, dennoch war das Wachstum beträchtlich. Außerdem federten die neuen Stellen für den sogenannten Mittelbau und die Einführung von weiteren Lehrstellen einiges ab, genauso wie erst jetzt die Verwaltungsstäbe personell aufgestockt wurden. Mit Blick darauf vermerkte Rektor Hammer 1957, dass Schleswig-Holstein mit der bahnbrechenden Einrichtung von wissenschaftlichen Ratsstellen sowie der wirtschaftlichen Sicherstellung der Assistenten, Oberärzte, Oberassistenten und Nichtordinarien einen neuen Weg eingeschlagen habe, der schon lange überfällig gewesen sei. Man müsse den »Nichtordinarien das Gespenst des wirtschaftlichen Zwangs« nehmen, denn nur so sei letztlich der Weg zur »Massenuniversität« erfolgreich zu beschreiten.[26]

Der scheinbar unaufhaltsame Ausbau der Universität förderte zweifelsohne die Bereitschaft unter den Rektoren, in größeren Visionen zu denken. Heute liest man all diese Berichte über die sich stetig ausweitenden Möglichkeiten, die geradezu schubweise Hinzugewinnung von Lehrstühlen, Mitarbeiterstellen und Verwaltungspersonal, mit einem gewissen Vergnügen, gelegentlich auch mit ein bisschen Verwunderung darüber, wie sehr die Zeitgenossen zunächst von der Vorstellung angetrieben wurden, der Weg führe tatsächlich immer wieter nach oben – eben in eine »Wissenschaftsgesellschaft«. So vermeldete Rektor Diedrich Schroeder im Jahr 1963 sichtlich stolz »die bisher intensivste Verstärkung unseres Lehrkörpers«, die sich auf immerhin 35 Prozent belief. 20 neue Lehrstühle und 83 Assistentenstellen waren unter seiner Leitung neu eingerichtet worden, dazu kamen weitere 130 Angestellte und Arbeiter; zwölf zusätzliche Lehrstühle befanden sich noch in Planung. Schon im Jahr zuvor

---

[26] LASH, Abt. 47, Nr. 4155, Bericht von Rektor Heinrich Hammer über das Rektoratsjahr vom 5.3.1957–4.3.1958.

hatte auch sein Vorgänger, Erich Burck, die steigenden Personalstellen positiv gewürdigt und meinte, die Ursache hierfür liege in der gestiegenen »Bedeutung der Universitäten und hohen Schulen [...] im Bewusstsein einer breiten Öffentlichkeit« begründet. Eine solche Entwicklung beschränke sich keineswegs auf Deutschland, sondern könne in allen europäischen Ländern, auch in den USA sowie in Russland beobachtet werden. Schon bald werde sie wohl auch auf die Entwicklungsländer übergreifen. Angesichts der unabdingbaren Notwendigkeit einer »steigende[n] Ausbildung in hoch spezialisierten Gesellschaften« wirkten die Empfehlungen des Wissenschaftsrates zum Ausbau der Hochschulen auf ihn, aber auch auf seine Nachfolger, wie eine geradezu unabweisbare Konsequenz veränderter gesellschaftlicher Rahmenbedingungen. Offensichtlich sorgten die günstigen wirtschaftlichen und sozialen Entwicklungen dafür, dass sich die Kieler Universität ihrer Stellung in der Gesellschaft wieder sicher war und deshalb selbstbewusst in der Öffentlichkeit auftrat. Davon zeugt ebenfalls die sich fortlaufend steigernde Bautätigkeit an der Universität, was besonders in dem im Jahr 1964 fertiggestellten Hochhaus einen geradezu symbolischen Ausdruck fand.

Jedenfalls fällt in diesem Zusammenhang ins Auge, wie selbstbewusst die Rektoren dieser Phase nicht nur die Errichtung neuer Gebäude forderten, sondern gleich auch den in die Zukunft reichenden Ankauf von weiterem Baugelände legitimierten.[27] In baugeschichtlicher Hinsicht sind von der beginnenden

Abb. 36: Blick zum Verwaltungshochhaus 1968

[Stadtarchiv Kiel, 2.3 Magnussen]

[27] Ebd., Bericht über das Rektoratsjahr 1959/60, Kiel 1959, S. 12. Siehe auch LASH: Unverzeichneter Ordner »Universität Allgemeines«. Darin eine Übersicht unter dem Titel »Aufbauplan der Christian-Albrechts-Universität, Kiel Mai 1956«.

quantitativen Expansion der Universität bis zur Mitte der 1970er Jahre zwei größere Planungsprojekte nennenswert. Zum einen geht es um die Erweiterungsbauten zwischen der Olshausenstraße und dem Westring, die sogenannten Angerbauten, welche zwischen 1964 und 1966 vollendet werden sollten; zum anderen um die Erschließung des Geländes für die neuen Fakultätenblöcke, welche uns bis an den Anfang der 1970er Jahre führt. Schon in den Diskussionen zu den Bauprojekten der ersten größeren Entwicklungsphase stechen einige Schlüsselthemen hervor: Dazu gehört der Gedanke, aus wirtschaftlichen Gründen, aber auch zur Abkürzung der Planungs-, Genehmigungs- und Bauzeiten eine Vereinheitlichung der Grundrissgestaltung durchzusetzen. Im Fall der Angerbauten ging dies mit einer Grundberechnung der Nutzflächen nach einem standardisierten Modell einher, das normierte Größenordnungen von 18, 24 und 30 m² und danach weitere Steigerungen um jeweils sechs Quadratmeter vorsah.

Damit ließen sich sowohl kleinere als auch größere Räume in beliebiger Reihenfolge anschließen, wobei die Normierung durch einheitliche Fensterbreiten und einheitliche Maße für alle Geschosshöhen, Flurbreiten sowie Fenster- und Türgrößen festgeschrieben wurde. Standardisierung, Bauen in die dritte Dimension, aber auch eine größtmögliche Flexibilität in der Zuweisung und Verlagerung von Haupt- und Nebeninstituten, gehörten zu den Leitlinien der Kieler Planer.

Auch vom Mehrzweckbau war jetzt immer öfter die Rede, wobei hiermit eben nicht nur das Nebeneinander mehrerer Institute in einem Haus gemeint war, sondern auch die Tatsache, dass wegen der sich rasch wandelnden Wissenschaftslandschaft der Verwendungszweck der Häuser sich laufend ändern könne.[28] Dass diese planerische Phantasie mit dem zweiten, noch weit größeren Investitionsvolumen und einer Erweiterung der vorhandenen Nutzflächen um rund 25 Prozent, einen zusätzlichen Schub erhielt, war naheliegend. Verflechtung, Wirtschaftlichkeit und Flexibilität lauteten die Vorgaben für diese Phase, aber auch Typisierung, Vereinfachung der Genehmigungsverfahren sowie Änderung der Ausschreibungsart bis hin zur schlüsselfertigen Vergabe zu einem Pauschalpreis.

Was sich für die Architekten und Baufachleute, aber auch die Universitätsspitze seit den 1950er Jahren als die Realisierung eines großen und erfolgreichen Modernisierungsprogramms darstellte, das die Fragen der Zeit in ihren Augen angemessen aufgegriffen und auch phantasievoll gelöst hatte, musste bei den Hauptbetroffenen, den Studierenden, nicht notwendig auf Zustimmung treffen. Zwar betonen die Rektoratsberichte der Nachkriegsjahre bis in die frühen 1960er Jahre immer wieder die vertrauensvolle Zusammenarbeit zwischen der Universitätsleitung und den Vertretern der verfassten Studentenschaft. Und doch konnte sich schon Rektor Rendtorff bereits im Jahr 1949 nicht des Eindrucks erwehren, dass mit dem Abtreten der Kriegsteilnehmergeneration eine gewisse Lockerung zu beobachten sei. Nachdem das geistige Leben der Stu-

---

[28] Siehe dazu *Rudolf Jaeger*, Die Angerbauten, in: Christiana Albertina 1 (1966), S. 5–11.

dentenschaft zunächst im Zeichen eines großen Fleißes gestanden habe, wie er
es aus keiner früheren Generation gekannt habe, habe sich in der Zwischenzeit
ein Wandel eingestellt, der für das wirklich wissenschaftliche Arbeiten nicht
ungefährlich sei.[29]

Das war vielleicht eine etwas frühe und auch allzu kulturpessimistisch ge-
stimmte Einschätzung, und doch zeigen zahlreiche Hinweise in den nachfolgenden Rektoratsreden auf fehlende Wohnraumplätze, auf die unzureichende
materielle Ausstattung der Studierenden, aber auch auf die unterbliebene
Beschäftigung mit der universitären Vergangenheit im »Dritten Reich«, dass
Einiges durchaus im Argen lag. Aufschlussreich heißt es dazu im Bericht über
das Rektoratsjahr 1959/60, die generelle Entwicklung der Gesellschaft erzeuge
große Schwierigkeiten, welche durch die Folgen des Krieges und des nationalsozialistischen Regimes verschärft würden. Dass gegenüber dem, was geschehen ist, noch viel mehr zu tun bleibt, »dürfte jedem Einsichtigen klar sein«,
heißt es an gleicher Stelle.[30]

2. Die CAU im Umfeld der studentischen Proteste zum Ende der 1960er Jahre – Lageberichte der Rektoren

Bevor es an der CAU tatsächlich zu gravierenden Problemen oder gar Störungen im Lehrbetrieb kam, sogar zu öffentlich ausgetragenen Konflikten zwischen den Professoren und den Studierenden, vergingen noch mehrere Jahre.
Es war insgesamt bezeichnend für die damalige Lage, dass erst über Anstöße
von außen eine Initialzündung gegeben wurde, welche den Protest der Studierenden dann auch in Kiel auf die Straße trug. In der Universitätspolitik blieb es
jedoch in der ersten Hälfte der 1960er Jahre noch relativ ruhig. Möglicherweise
wirkte hierbei ein schon 1962 erzielter institutioneller Positionsgewinn beruhi-
gend, gestand doch die unter dem Rektorat Diedrich Schroeders verabschiedete
neue Universitätsverfassung der Studentenschaft, die zuvor nur mit beratender
Stimme bei studentischen Angelegenheiten hinzugezogen worden war, zwei
Vertreter mit Sitz und Stimme im Senat in allen sie betreffenden Fragen zu.
Allem Anschein nach entwickelten sich danach die Beziehungen zwischen Universitätsleitung und der verfassten Studentenschaft harmonisch, was unter
anderem durch die Feststellung von Rektor Burck bezeugt wird, die Studentenschaft habe durch mancherlei Veranstaltung politisches Verantwortungsgefühl
bewiesen. Dennoch, die Zugeständnisse an die Selbstverwaltung der Studierenden blieben beschränkt und es zeigte sich, dass die kaum oder gar nicht über-
arbeiteten Studienpläne und die universitären Selbstverwaltungsstrukturen
nicht länger den gewandelten Ansprüchen genügten. Kennzeichnend dafür ist

29   Vgl. LASH, Abt. 47, Nr. 4155, Bericht von Rektor Heinrich Rendtorff über das Rekto-
     ratsjahr vom 5.3.1949–4.3.1950, S. 2.
30   Ebd., Bericht über das Rektoratsjahr 1959/60, Kiel 1959, S. 32.

eine Klage des Kieler AStA-Vorsitzenden aus dem Jahr 1965 über die »merkwürdige Scheu« des Staates, in die inneren Strukturen einer »reformunfähigen Universität einzugreifen«.[31]

Abb. 37: Horst Braunert 1968
[Stadtarchiv Kiel, 2.3 Magnussen]

Hinzu kam aber noch etwas ganz anderes, öffnete sich doch für alle Beteiligten eher unmerklich eine Kluft zwischen dem Habitus vieler Professoren und dem der Studierenden, von denen viele später zu den Kindern der Lebensstilrevolution der 1960er und 70er Jahre wurden. Zwar kann man diese Problemlage nur verklausuliert den Rektoratsberichten entnehmen und doch ist die Klage von Rektor Horst Braunert aus dem Jahr 1969 bezeichnend, dass nicht immer Traditionen auch dort hätten gewahrt werden können, »wo sie für unsere Zeit und unsere Universität durchaus noch sinnvoll« gewesen wären.

Braunert selbst hatte wohl zu diesem Zeitpunkt noch kaum realisiert, wie weit die politische Mobilisierung der Studierenden auch an der CAU bereits gediehen war, entwickelte sich doch die Lage in Kiel in vielfacher Hinsicht vergleichbar zu der anderer Universitätsstädte in Westdeutschland.[32] Auch die Fotografien dieser Jahre dokumentieren, wie sehr die CAU gegen Ende der

---

31 *Bichow*, Die Universität Kiel, S. 68.
32 Was das konkret für Kiel bedeutete, wurde vor einiger Zeit näher beschrieben und analysiert. Vgl. dazu die Beiträge in *Christoph Cornelißen* et al., Die 68er in Kiel. Sozialprotest und kultureller Aufbruch (=Mitteilungen der Gesellschaft für Kieler Stadtgeschichte 85 (2009), H. 1), Kiel 2009.

1960er Jahre als akademische Institution in den Mittelpunkt einer Kritik geriet, die unter anderem die Vergangenheit der Kieler »Grenzlanduniversität« im »Dritten Reich« aufs Korn nahm. Die Proteste der Studierenden aber waren zunächst weit weniger vergangenheitspolitisch motiviert als die Folge einer kulturellen Kluft, die sich über Jahre aufgebaut hatte.

Sie waren eben weit mehr die Konsequenz eines veränderten Lebensstils denn die Folge genuin politischer Forderungen. Es ist jedenfalls augenfällig, wie sehr viele Studierende Anstoß am Habitus und der äußerlichen Selbstdarstellung einer Korporation nahmen, deren Werte sie immer weniger teilten. Die seit dem Jahr 1967 an der Christian-Albrechts-Universität aufflammenden Proteste entzündeten sich letztlich an sehr konkreten Problemen: den oft als unzureichend empfundenen Studienbedingungen, der wenig inspirierenden Lehre sowie zahlreichen praktischen Belastungen wie zum Beispiel dem Mangel an Wohnraum, die Qualität des Mensa-Essens und den Kosten für den Nahverkehr. Die Entwicklung hin zu gewaltsamen Ausschreitungen ab Januar 1968 deutet jedoch darauf hin, dass sich schon zuvor ein erhebliches soziales Protestpotential angestaut hatte.

Wie sich die Lage in der Zwischenzeit in Kiel zugespitzt hatte, gibt nicht zuletzt der Bericht von Rektor Ludwig Weisbecker zu erkennen, in dem er in der Rückschau auf das akademische Jahr 1969/70 freimütig bekannte, es sei zu diesem Zeitpunkt gewiss kein erstrebenswertes Ziel mehr, Rektor an einer deutschen Universität zu werden. Seine Amtszeit sei weit mehr eine »der Unruhe und der Spannung« gewesen, die aber nicht nur von »Ultraradikalen« geschürt worden wären, denn das Niveau der geistigen Auseinandersetzung sei auch auf der Gegenseite abgesunken. Wie sehr Weisbecker von den vorangegangenen Auseinandersetzungen gezeichnet war, zeigt seine Diagnose, wonach zurzeit jede Lobbygruppe versuche, »aus dem schon leicht riechenden Kadaver der Universität den möglichst größten Happen für sich herauszureißen«. Dabei sei die Lage tatsächlich einer dramatischen Überbelastung der Universität geschuldet, denn die Forderung nach ungehindertem Zugang zur Universität, auch über die Kapazitätsgrenze hinaus, stelle tatsächlich eine konsequente Anwendung der frühmarxistischen Verelendungstheorie, ja der Chaostheorie dar. Um dieser Sondersituation Herr zu werden, habe die Politik seines Rektorates auf eine Deeskalation abgezielt, was aber von den Kollegen nicht hinreichend gewürdigt worden sei.[33]

Schon im Bericht des Vorjahres hatte sein Vorgänger Horst Braunert beklagt, dass bestimmte Gruppen unter den offiziellen Studentenvertretern nicht an Reformen, »sondern an der Zerschlagung der Universität interessiert« seien.[34] Er verwies damit indirekt auch auf den Tatbestand, dass im Jahr 1968 wegen der Proteste vieler Studierender gegen den »Mummenschanz«, gegen den

[33] *Ludwig Weisbecker*, Rektoratsbericht für das akademische Jahr 1969/70, in: Christiana Albertina 9 (1970), S. 5–11, hier S. 11.

[34] *Horst Braunert*, Rektoratsbericht für das akademische Jahr 1968/69, in: Christiana Albertina 7 (1969), S. 8.

»faden Pomp« und die »leeren Attitüden« die Übergabefeier gar nicht hatte stattfinden können. Überdies sorgte der anhaltende Druck der Studierenden im gleichen Jahr dafür, dass die Rektoratsübergabe danach nicht mehr feierlich, sondern im Rahmen von Konsistoriumssitzungen vollzogen wurde. Trotzdem drängten die Studenten zunehmend darauf, dass alle Kandidaten sich zunächst der Öffentlichkeit vorzustellen hatten.

Das Klima an der Universität wandelte sich mithin beträchtlich, es wurde konfliktreicher und führte insbesondere aus Anlass der Rektoratsübergaben zu direkten Konfrontationen. So sah sich der neue Rektor Paul Gerhard Buchloh im Jahr 1972 dazu gezwungen, rund einhundert Studierenden das Rednerpult zu überlassen, weil diese den Stabwechsel zu einer Diskussionsveranstaltung umfunktionieren wollten.[35] Und es passt ebenfalls zu dieser geänderten Stimmungslage, dass der neue, unter den Studierenden als liberal geltende Rektor Gerhard Geisler einen Vortrag zum Thema »Universität im Wandel« hielt.[36] Im Jahr 1972 aber hinderten politisch links stehende Studierende Buchloh an seinem Vortrag über den amerikanischen Detektivroman, da der »monologisierend vorgetragene Festvortrag« nicht länger in den Rahmen einer »politisierten« Universität passe.[37] Obwohl Rektor Hans Hattenhauer schon im Jahr darauf nur noch von einer »Massenhysterie« sprechen wollte, war hierbei wohl doch mehr im Spiel gewesen.[38] Denn auch er selbst konzedierte, dass man in den Sitzungen erst habe lernen müssen, politisch zu denken und die Gruppeninteressen besser auszugleichen.

Diese neue Universität, die Gruppenuniversität, habe insbesondere bei den Professoren eine sehr positiv zu bewertende Sensibilisierung ausgelöst.[39] In einer Rede zur Rolle der Universität aus dem Jahr 1973 ergänzte Hattenhauer jedoch, gewissermaßen zur Selbstbeschwörung, der Marxismus könne gewiss keine Antworten auf die Frage nach dem individuellen Glück geben. Hierbei sollte man berücksichtigen, dass auch die für das Jahr 1974 geplante feierliche Übergabe des Rektorats in der Kieler Kunsthalle wegen massiver Proteste abgesagt werden musste.[40]

---

[35] *Bichow*, Die Universität Kiel, S. 135 f.
[36] *Gerhard Geisler*, Universität im Wandel, in: Christiana Albertina 12 (1971), S. 14–20.
[37] *Bichow*, Die Universität Kiel, S. 135 f.
[38] Bei der Rektoratsübergabe im Jahr 1973 verzichtete Hattenhauer darauf, seine Antrittsrede unter dem Titel »Freiheit und Mobilität« vor rund 1500 geladenen Gästen zu halten, als sich mehrere Hundert Teilnehmer lautstark gegen ihn richteten. Vgl. ebd.
[39] *Hans Hattenhauer*, Bericht über das Rektoratsjahr 1973/74, von Prof. Hans Hattenhauer, S. 8 f.
[40] *Hans Hattenhauer*, Zur Lage der Universität, Kiel 1973.

Abb. 38: Immatrikulationsfeier mit Rektor Erdmann 1966

[Stadtarchiv Kiel, 2.3 Magnussen]

Abb. 39: Studierende demonstrieren gegen Bundesforschungsminister
Stoltenberg 1968

[Stadtarchiv Kiel, 2.3 Magnussen]

Abb. 40: Studentisches Sit-in zur
Rektoratsübergabe 1968

[Stadtarchiv Kiel, 2.3 Magnussen]

Abb. 41: Streik an der CAU gegen die Notstandsgesetzgebung 1968

[Stadtarchiv Kiel, 2.3 Magnussen]

Ohne jeden Zweifel, der Ton der Rektoratsberichte änderte sich in dieser zweiten Phase beträchtlich. Er fiel nun, nachdem sich die scharfen politischen Auseinandersetzungen allmählich beruhigten, weit nüchterner aus und ging mit Empfehlungen einher, die Hochschule wieder stärker zu entpolitisieren. So stufte Paul Gerhard Buchloh in seinem Vortrag über »Die politische Rolle der Universitäten« aus dem Jahr 1973 die Idee von der Universität als Experimentierfeld gesellschaftlicher Entwicklung als Zeichen einer elitären Anmaßung ein und bezweifelte nachdrücklich, ob der augenblickliche Status der Gruppenuniversität ihr überhaupt noch eine Rolle als »moralische Kraft« belasse.[41] Im Grunde müsse sich die Universität von parteiischen Auseinandersetzungen fernhalten, lautet dementsprechend sein Fazit. In die gleiche Kerbe hieb Diedrich Schroeder in seinem Bericht über das Rektoratsjahr 1970/71.

Abb. 42: Hans Hattenhauer 1972

[Stadtarchiv Kiel, 2.3 Magnussen]

Die Liberalisierung der Universitätsverfassung diene letztlich der Versachlichung der Atmosphäre, weise aber zugleich den Nachteil auf, dass sich die Konflikte zwischen den Konventen der wissenschaftlichen Mitarbeiter und der Nichtordinarien auf der einen Seite sowie dem Konvent der Lehrstuhlinhaber auf der anderen Seite verschärft hätten. Gleichzeitig brachte er einen Appell zur

41   LASH, Abt. 47, Nr. 4155, Die politische Rolle der Universitäten, Paul Gerhard Buchloh, 22.1.1973, Rektor der Univ., S. 9.

Abb. 43: Diedrich Schroeder (links) 1970

[Stadtarchiv Kiel, 2.3 Magnussen]

politischen Beruhigung vor, weil nur so die Stellung der Universität gegenüber unzumutbaren politischen und strukturellen Zugriffen von außen geschützt werden könne.[42] Sein Bericht wie auch die Ausführungen seiner Nachfolger dokumentieren, dass es dann tatsächlich zu einer Abkühlung des hochschulpolitischen Klimas kam, wenngleich vor allem marxistische Hochschulgruppen in den nachfolgenden Jahren wiederholt einen Unruheherd darstellten, ohne jedoch die Masse der Studierenden für ihre politische Ziele einspannen zu können. Im Grunde rückte seitdem ein nüchterner, wenn nicht sogar ernüchterter Diskurs in den Vordergrund, der maßgeblich von den Krisenerfahrungen der 1970er Jahre überformt werden sollte.

3. Krisen und Krisendiskurse an der CAU seit den 1970er Jahren

Die Entwicklung der CAU wurde in den 1970er Jahren insgesamt wesentlich von ihrem Ausbau zu einer Gruppen- und zugleich »Massenuniversität« (Hans Hattenhauer) geprägt, was nicht nur den institutionellen Aufbau betraf, sondern ebenso das Selbstverständnis von Hochschullehrern und Studierenden nachhaltig transformierte. In dieser Hinsicht bildet die Kieler Hochschule einen Teil der breiteren Entwicklung, die in der gesamten Bundesrepublik die Universi-

---

[42] Ebd.

tätslandschaft nachhaltig umgestaltete.[43] Insofern wirkt es nur wenig überraschend, dass die bundesweiten Probleme dieser Phase an den Hochschulen –
gemeint sind damit vor allem Haushaltseinschränkungen, die wachsende Nachfrage nach Studienplätzen und die Konflikte um Änderungen der Hochschul-
verfassung – ebenfalls an der Förde mit voller Wucht durchschlugen. Spätestens als sich die Folgen des wirtschaftlichen Einbruchs aufgrund des Ölpreis-
schocks, der ab 1973/74 die Phase krisenhafter konjunktureller Wechsellagen
einleitete, auch auf die Wissenschaftspolitik auswirkten, mussten die Hochschulen auf die veränderten und insgesamt ungünstigeren Rahmenbedingungen
reagieren. Dass die Energiekrise von einer tief reichenden wirtschaftlichen
Strukturkrise begleitet und verstärkt wurde, welche den Umbau einer Industrie-
hin zu einer Dienstleistungsgesellschaft massiv vorantrieb, erhöhte zwangsläufig den Druck auf die Universitätsleitungen.

Abb. 44: Die kommunistische Studentenzeitung 1974

[Aus eigener Sammlung]

Vor diesem Hintergrund verengten sich die Handlungsmöglichkeiten sämtlicher universitärer Gruppen an der CAU, darunter nicht zuletzt die der Rektoren
und Präsidenten, die sich nun auf eine Lage einstellen mussten, in der steigende
Erwartungen an eine demokratisch verfasste und auf moderne Belange hin ausgerichtete Universität nicht länger über finanzielle Zugaben abgefedert werden
konnten. Denn hierfür waren die finanziellen Spielräume gerade auch in
Schleswig-Holstein viel zu gering geworden. Die hier nur angedeuteten Zwän-

---

[43] Vgl. zu den Hochschulreformen dieser Phase *Anne Rohstock*, Von der »Ordinarienuniversität« zur »Revolutionszentrale«? Hochschulreform und Hochschulrevolte in Bayern
und Hessen, 1957–1976, München 2010.

ge spiegeln sich in den Berichten der Kieler Universitätsleitungen deutlich wider, ging es doch seitdem darum, die Hochschule durch unterschiedliche Krisen hindurchzusteuern. Wie sehr sich dies im Tenor der entsprechenden Bilanzen niederschlug, verdeutlicht ein Bericht des Präsidiums vom 1. Juli 1977, heißt es doch an dieser Stelle explizit: »In einer solchen Zeit kann der Jahresbericht des Präsidiums keine Reihung spektakulärer Erfolge sein«. Ähnliche Ankündigungen hatte es aber auch schon früher gegeben. So vermerkte Rektor Braunert bereits im Jahr 1969 lapidar, die »fetten Jahre« seien vorbei.[44] Erst sechs Jahre später aber brachte Rektor Wilhelm A. Kewenig das Problem auf den Punkt:

> »Die Vorstellung, daß die Universität ein gleichbleibendes Angebot bei einer immer schmaler werdenden finanziellen Basis aufrechterhalten kann, ist illusorisch. Dem Zwang zur Einsparung muss der Mut entsprechen, die sachlichen Konsequenzen – so bedauerlich sie auch sein mögen – zu ziehen und sie auch offen zu vertreten«.[45]

Offensichtlich wollte und konnte das Kieler Rektorat spätestens zu diesem Zeitpunkt nicht länger an der Vorstellung festhalten, die Hochschule könne in den Krisen dieser Phase ungeschoren davonkommen. Tatsächlich gehe es jetzt darum, heißt es bereits 1970 in bezeichnender Manier, »den Schaden für die Universität, ihre Mitglieder und die Allgemeinheit gering, die Leistungen hoch zu halten«. Inhaltlich hatte dies zur Folge, dass in den Rektoratsberichten Passagen über spektakuläre Erfolge nunmehr von ständigen Klagen über eine Mangelverwaltung abgelöst wurden, welche im Personalbereich Restriktionen sowie im Sachmittelhaushalt »Stillstand und Kürzungen« vorsah.[46] Dass derartige Zumutungen neue politische Aufgeregtheiten in den Alltag der Universität hineintrugen, war naheliegend, wenngleich auch die Bereitschaft unter der breiten Masse der Studierenden, sich an solchen Debatten zu beteiligen, schon in der ersten Hälfte der 1970er Jahre merklich zurückging. Umso auffälliger aber gebärdeten sich radikale Kräfte, die, so berichtete Rektor Wilhelm A. Kewenig 1975, unter dem Einfluss »extremistischer Studenten« eine Blockadepolitik betrieben hätten, so dass er zwei Mal die Polizei auf den Campus habe rufen müssen, um für Ordnung zu sorgen.

---

[44] *Horst Braunert*, Rektoratsbericht für das akademische Jahr 1968/69, in: Christiana Albertina 7 (1969), S. 7.

[45] *Wilhelm A. Kewenig*, Bericht über das Rektoratsjahr 1974/75, in: Presse und Informationsstelle der Universität Kiel (Hg.), Vier Vorträge von Wilhelm A. Kewenig, Kiel 1975, S. 77–101, hier S. 82.

[46] 2. Jahresbericht des Präsidiums der Christian-Albrechts-Universität zu Kiel. Amtsjahr 1976/77. Dem Konsistorium vorgelegt am 1. Juli 1977, in: Christiana Albertina (1977), S. 227.

Abb. 45: Wahl des Rektors für das Amtsjahr 1971/72: Es spricht Kandidat Werner
Winter, am Tisch sitzen von rechts der amtierende Rektor Ludwig Weisbecker,
Prorektor Horst Braunert und der bisherige Rektor designatus Reimut Jochimsen,
der nach Berlin wechseln wird.

[Stadtarchiv Kiel, 2.3 Magnussen]

Offensichtlich aber hatten die verfassungstreuen Studentengruppen zu diesem
Zeitpunkt deutlich an Boden gewonnen, mussten sich jedoch, wie auch die
Hochschullehrer, zunächst in die nun überwiegend kollegial zusammengesetz-
ten Gremien an der Universität eingewöhnen. Alle täten sich schwer, meinte
Kewenig, bei ihren »ersten Schritten als dem Zeitgeist verpflichtete und angeblich dem Fortschritt zugewendete Gruppenuniversität«[47]. Schon im Jahr zuvor
aber hatte sein Vorgänger im Amt, Hans Hattenhauer, konstatiert, dass die
Stimmung an der Universität jetzt von einem »kämpferischen Optimismus« geprägt sei. Die Bereitschaft zum Einsatz für den freiheitlichen Rechtsstaat sei
deutlich gestiege und in den Sitzungen habe man gelernt, politisch zu denken
und Gruppeninteressen auszugleichen, sodass die Spielregeln der Gruppenuniversität recht gut funktionierten. Die »Zeit der Massenhysterien« sei jedenfalls
vorbei. Im Grunde sei inzwischen eine neue Studentengeneration nachgerückt,
die der Sprache »der kommunistischen Nostalgie« eher überdrüssig sei.[48]
     Auch sein Nachfolger Rolf Möller führte aus, dass sich die politische Lage
an der Universität wieder sehr beruhigt habe, weil die Resonanz radikaler

47 *Kewenig*, Bericht über das Rektoratsjahr 1974/75, S. 78.
48 *Hattenhauer*, Bericht über das Rektoratsjahr 1973/74, S. 15.

Gruppen an der CAU äußerst gering geworden sei. Die Überwindung der Unruhen in der Universität zählte Möller zu den sichtbaren Erfolgen seines Präsidiums, schränkte aber gleichzeitig ein, dass hierfür neben der besseren Vorbereitung der Hochschullehrer auf solche Diskussionen wohl ebenso die schlechteren Berufsaussichten für die Studierenden ursächlich seien.[49] Obwohl es an der CAU noch in der 1970er Jahren zu wiederholten Störungen des Lehrbetriebs kam – auch der Bericht des Präsidiums aus dem Jahr 1977 deutet darauf hin, dass es der gewählten Studentenvertretung nicht immer gelungen sei, »sich dem Druck radikaler Gruppen zu widersetzen« –,[50] waren die Konflikte in dieser Phase insgesamt weniger parteipolitisch motiviert als vielmehr die Folge einer strukturellen Krise, die sich aus der wachsenden Kluft zwischen den weiter ansteigenden Studentenzahlen und der relativ abnehmenden finanziellen Förderung des Staates ergab.

Vor diesem Hintergrund fiel die Liste der Klagen von Seiten der Universitätsleitung schon bald immer länger aus. Sie beinhaltete zum einen die generelle, auch schon in den 1960er Jahren vorgebrachte Kritik an einer unqualifizierten Empfehlung an alle Abiturienten, ein Studium aufzunehmen, an schematisch festgesetzten Studienzeiten, vor allem aber an den forschungsfeindlichen Tendenzen der Hochschulreformen.[51] Zum anderen kündigen die Berichte einen Widerstand gegen die »Entrümpelung« der Curricula an, denn hierbei handele es sich für die Mehrzahl der Disziplinen um eine fehlgeleitete Direktive. Insgesamt durchzieht die Berichte im Zeichen der Krise ein eher nüchterner, wenn nicht sogar resignativer Grundton, der auf die zunehmende Abhängigkeit sowohl des Forschungs- als auch des Lehrbetriebs von politischen und gesellschaftlichen Bestimmungsfaktoren abhebt. Jetzt zeigte sich, dass die Universitäten in Westdeutschland eben nicht nur Teil einer zunehmenden »Verwissenschaftlichung des Lebens« geworden waren, wie Gerhard Geisler schon 1971 anlässlich der Übernahme des Rektorates an der CAU festgehalten hatte, sondern dass sie selbst immer stärker und eben auch schneller von den sich rasch wandelnden politischen und gesellschaftlichen Rahmenbedingungen bestimmt wurden. Daraus ergaben sich Zwänge, welche die akademischen Anstalten seit den 1970er Jahren einem fortlaufenden Reformdiskurs unterwarfen, dem sie sich seitdem nicht mehr haben entziehen können.

Auch die CAU trat damit in die Phase einer von den einzelnen Wissenschaftsgebieten ausgehenden Strukturplanung ein, die dann jeweils Bausteine eines übergeordneten Hochschulplanes abgeben sollten, ohne jedoch tatsächlich dauerhaft eine Planungssicherheit vermitteln zu können. Die Phase der perma-

[49] LASH, Abt. 47, Nr. 4155.
[50] 2. Jahresbericht des Präsidiums der Christian-Albrechts-Universität zu Kiel. Amtsjahr 1976/77, S. 234.
[51] 3. Jahresbericht des Präsidiums der Christian-Albrechts-Universität zu Kiel. Amtsjahr 1977/78. Dem Konsistorium vorgelegt am 3. Juli 1978, in: Christiana Albertina 9 (1978), S. 195–209, hier S. 196, 199; 4. Jahresbericht des Präsidiums der Christian-Albrechts-Universität zu Kiel, Amtsjahr 1978/79. Dem Konsistorium vorgelegt am 5. Juli 1979, in: Christiana Albertina 11 (1979), S. 201–219, hier S. 210.

nenten Reform zog notwendig Unsicherheiten nach sich, sowohl auf Seiten der Lehrenden als auch der Studierenden. Gleichzeitig förderte sie einen hochschulpolitischen Diskurs, der die Universität immer deutlicher in die Pflicht nahm, den gesellschaftlichen Wandel nicht nur zur Kenntnis zu nehmen, sondern darauf mit konkreten hochschulpolitischen und internen Reformen zu reagieren. Es könne keineswegs mehr die Rede davon sein, meinte Reimut Jochimsen bereits im Januar 1969, dass die deutsche Universität »in ihrem Kern gesund« sei. Tatsächlich ließen sich vier »Kernschwächen« ausmachen, die dringend einer Reform bedürften, meinte der damals für das Rektorat designierte Redner. An vorderster Stelle führte er die »mangelnde Effizienz der Verwaltung« an, weiterhin den »Immobilismus der Entscheidungsgremien« und die »hierarchische Verfestigung der Autoritätsstrukturen« sowie zuletzt die »zunehmende Unproduktivität des Lehr- und Forschungsbetriebes«. Wenn man dagegen vorgehen wolle, bedürfe es weit mehr als der vordergründigen und oberflächlichen Empfehlungen des Wissenschaftsrates, denn dieser begreife Wissenschaft als ein »Sachproblem«, das sich wie ein Verwaltungsbetrieb organisieren lasse. Tatsächlich jedoch sei eine klare Zielbestimmung erforderlich, die einerseits zu berücksichtigen habe, dass Wissenschaft »gesellschaftsgebunden vollzogen wird« und dass andererseits die Gesellschaft heute in hohem Maße »wissenschaftsabhängig« geworden sei. Was Jochimsen dazu im Einzelnen weiter ausführt, ist begrifflich und konzeptionell stark vom Geist seiner Zeit geprägt:

> »Wissenschaftliche Ausbildung ist eine systematische Heranbildung der Kritikfähigkeit, gleichzeitig aber auch die Herausbildung der Kenntnisse und der Möglichkeiten eine Mitgestaltung der Lebensverhältnisse selbst in die Tat umzusetzen«.

Und doch hielt er zugleich dezidiert an dem Anspruch der »Einheit von Forschung und Lehre« fest, denn die Universität sei eben kein »hierarchisch geordneter Großbetrieb«, sondern eine Einrichtung ohne »unmittelbare pragmatisch verwertbare Zielrichtung«. Im Grunde gebe es heute keine Herrschaft mehr in der modernen Gesellschaft, die sich nicht auf wissenschaftliche Erkenntnisse stütze. Im Blick darauf müsse das Wissenschaftssystem insgesamt und in arbeitsteiliger Manier die Aufgabe erfüllen, den Bedürfnissen der modernen Gesellschaft nach Erklärung, Verstehen und Führung zu entsprechen. Zum Wohle der Gesellschaft seien hierfür die notwendigen Existenzbedingungen freier Wissenschaft in Forschung, Lehre und Ausbildung zu schaffen.[52]
Jochimsens appellative Rede gab für die Rektoratsreden im nachfolgenden Jahrzehnt letztlich den Ton vor. Zum einen zeigte sich, dass die nach dem

---

[52] *Reimut Jochimsen*, Aufgaben der Universität heute und morgen. Festvortrag zur Eröffnung der Kieler Universitätstage am 20. Januar 1969, in: Christiana Albertina 7 (1969), S. 15–25, hier S. 15.

Zweiten Weltkrieg wiedererrichtete Hochschule nun unter einen Handlungs-druck geraten war, der ihr äußeres und inneres Gesicht fundamental transfor-mieren sollte. Zum anderen aber deutet sich hinter der Reformbereitschaft eine gehörige Beharrungskraft an, die den Wert der Universität gerade auch für die moderne Gesellschaft in ihrer fortlaufend erkenntnisfördernden und zugleich für Politik und Gesellschaft kritischen Funktion verortete. Damit hatte Jochimsen einen Spannungsbogen beschrieben, der die hochschulpolitischen Einlassungen der Kieler Hochschulleitung bis in die Gegenwart überformt.

Ausgewählte Dokumente zur Kieler Universitätsgeschichte
1945–1973

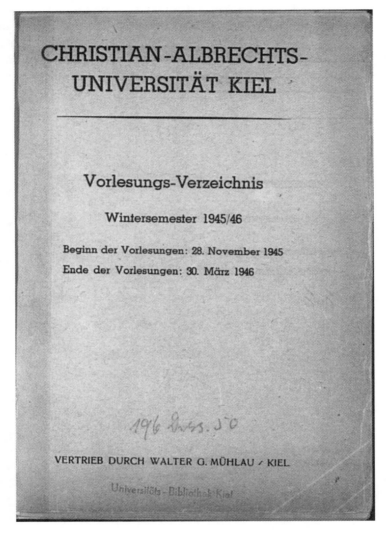

Abb. 46: Das erste Vorlesungsverzeichnis nach dem Krieg. Die CAU im Wintersemester 1945/46

[Personal- und Vorlesungsverzeichnis Wintersemester 1945/46, http://www.uni-kiel.de/journals/]

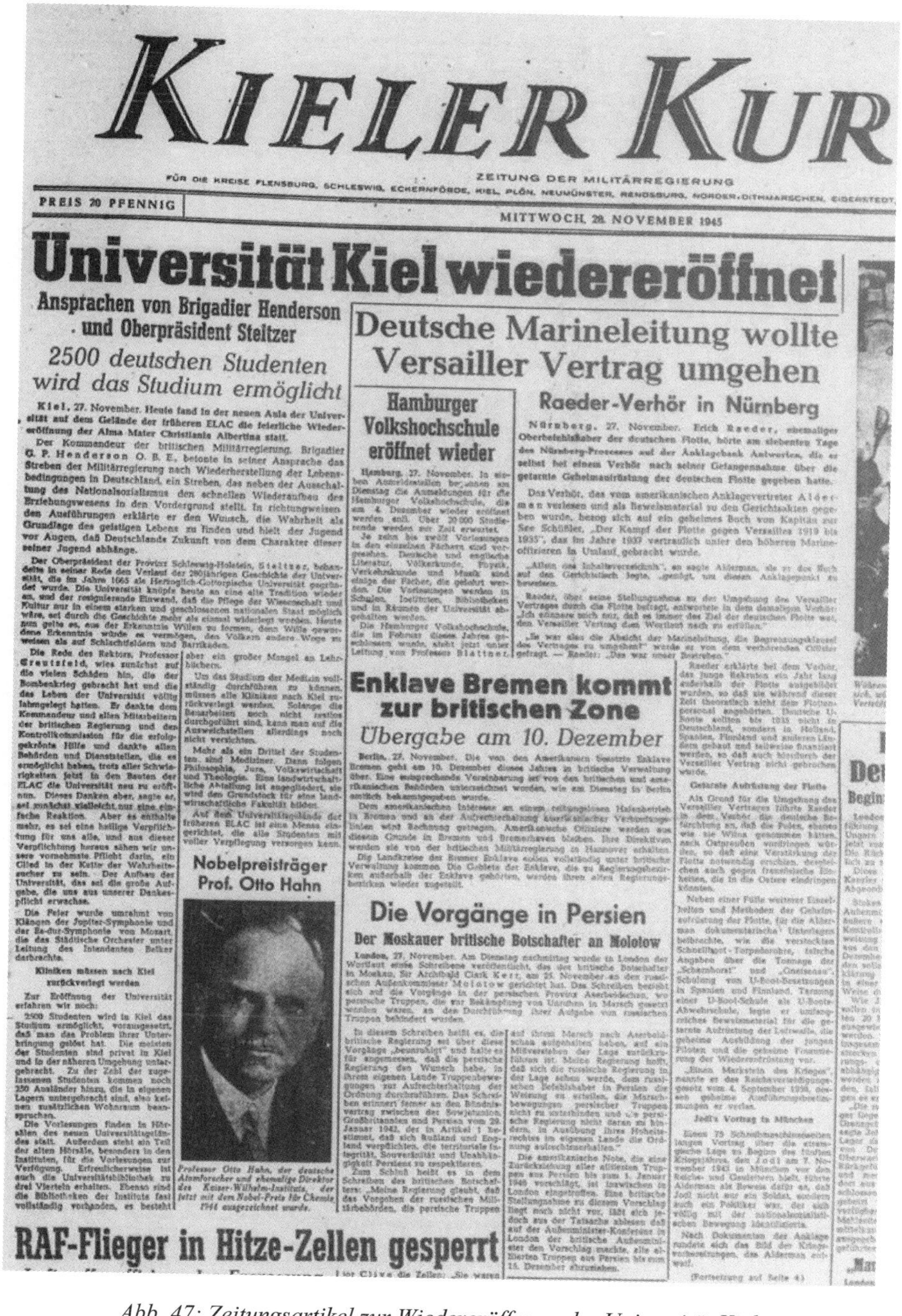

Abb. 47: Zeitungsartikel zur Wiedereröffnung der Universität Kiel

[Kieler Kurier vom 28.11.1945]

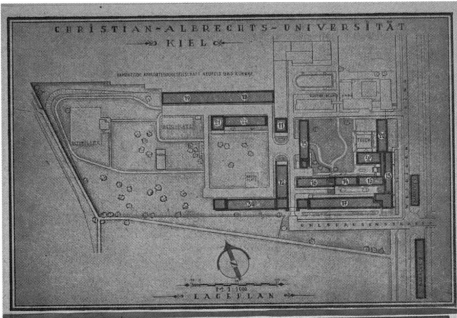

Abb. 48: Lageplan der CAU 1947

[Personal- und Vorlesungsverzeichnis Sommersemester 1947, http://www.uni-kiel.de/journals/]

Abb. 49: Die Alte Uni als Ruine 1948–49

[Stadtarchiv Kiel, 2.3 Magnussen]

DIE UNIVERSITÄT KIEL.

Die Christian-Albrecht-Universität Kiel trägt ihren Namen nach ihrem Begründer, dem Herzog von Holstein-Gottorp Christian Albrecht. Zusammen mit seinem Kanzler Kielmann von Kielmannseck hat er sie als Universität für sein Gottorper Herzogtum ins Leben gerufen und am 5. Oktober 1665 in Kiel feierlich eingeweiht. Das Siegel der neuen Stiftung gedachte der schweren, eben erst überwundenen Kriegsnöte, indem es die Universität unter die Gestalt des Friedens mit dem Palmenzweig und dem Füllhorn voller Ähren stellte und als Umschrift die Worte „Pax optima rerum" zeigte. Das ehemalige Franziskaner-Kloster der Stadt Kiel in der Nähe des Marktes diente der Universität für das erste Jahrhundert ihres Bestehens als Heim. Nach lebendigen Anfängen sank die Universität im 18. Jahrhundert immer mehr in ihrer Bedeutung. Erst als 1762 ein Gottorper Fürst als Zar Peter III. den russischen Thron bestieg, wurde die Universität energisch gefördert, ein neues Universitätsgebäude, das spätere Museum vorgeschichtlicher Altertümer am Schloß wurde damals errichtet. 1773 bei der Vereinigung des Gottorper Herzogtum mit dem Anteil des dänischen Königs an Schleswig und Holstein wurde die Christiana Albertina die eigentliche Landesuniversität für die beiden Herzogtümer. Die lange Friedenszeit im Norden war ihrem wissenschaftlichen Leben sehr förderlich. Nach den Unruhen und Rückschlägen der Napoleonischen Zeit beginnt nach dem Kieler Frieden des Jahres 1814 ein neuer Aufschwung. Die Kieler Universität wird in den nächsten Jahrzehnten die geistige Führerin des Landes im Kampf um seine nationale Eigenart und Selbständigkeit. Mit der Einverleibung Schleswig-Holsteins in den Preußischen Staat im Jahre 1867 begann auch für die Universität eine wichtige Epoche. Bereits 1876 wurde das neue Universitätsgebäude am Schloßgarten eingeweiht. 1902 wurde es durch einen Anbau wesentlich erweitert. Die Kliniken und Institute wurden in diesen Jahrzehnten weiter ausgebaut oder neu errichtet. Die Zahl der Studenten war ständig im Steigen; im Sommer-Semester 1914 betrug sie mehr als 2600. Der Ausgang des 1. Weltkrieges hat diesen Aufstieg der Kieler Universität auf die Dauer nicht hemmen können. In den zwanziger Jahren erlebte sie sogar eine neue Blüte, die schon rein äußerlich in dem weiteren Ansteigen der Studentenzahl (1932: 3500) zum Ausdruck kam. Dagegen hat der 2. Weltkrieg die Universität schwer betroffen. Das Hauptgebäude, viele Institute und Kliniken wurden völlig zerstört, fast alle Institute schwer oder leichter beschädigt. Trotzdem konnte bereits wenige Monate nach Kriegsende, am 27. November 1945, die Christian-Albrechts-Universität in der „Neuen Universität" wieder eröffnet werden.

Abb. 50: Bericht über die Universität im Vorlesungsverzeichnis 1949

[Personal- und Vorlesungsverzeichnis Sommersemester 1949, http://www.uni-kiel.de/journals/]

*Abb. 51: Abbildungen aus einem Artikel zur Kieler Universität in der Nachkriegszeit
(Auch auf den darauffolgenden drei Seiten)*

[Eine deutsche Nachkriegsuniversität: Kiel. Bildbericht von Ulrich Mohr, in: Blick in die Welt 4 (1949), S. 21–24]

Abb. 52: Titelbild einer Publikation über die Geschichte der CAU seit 1945

[August Wilhelm Fehling, Wiederaufbau der Landesuniversität, in: Kultusministerium des Landes Schleswig-Holstein (Hg.), Kulturarbeit in Schleswig-Holstein seit 1945, Kiel 1952]

Abb. 53: Professoren in Talaren bei einer Rede 1956

[Stadtarchiv Kiel, 2.3 Magnussen]

Abb. 54: Blick vom Uni-Hochhaus auf das Anger-Bauprojekt 1963

[Stadtarchiv Kiel, 2.3 Magnussen]

Zehn Jahre Studentenwerk Kiel

Ich begrüße die Gelegenheit einer kurzen Rückschau auf die Tätigkeit des Studentenwerks der letzten 10 Jahre, um die Bedeutung der von ihm geleisteten Arbeit für die Entwicklung der Kieler Universität zu würdigen. Durch die unermüdliche Arbeit und Unterstützung seitens des Studentenwerks wurden die Studenten weitgehend materieller Sorgen enthoben. Der Universität wurde dadurch die Aufgabe, ihrem Bildungsauftrag gerecht zu werden, erleichtert. Auch in Zukunft wird und muß unsere alma mater ein Interesse daran haben, die geistigen Kräfte des Volkes zu fördern, ohne Rücksicht darauf, ob der einzelne die materiellen Voraussetzungen zum Studium besitzt oder nicht. Sie benötigt deswegen eine Institution, die jedem Befähigten die Möglichkeit hierzu gibt. Wenn sich das Studentenwerk nicht nur um die wirtschaftliche Hilfe der bedürftigen Studenten bemüht, sondern auch die kulturellen Interessen aller Studenten fördert, so darf die Universität darin eine weitere wertvolle Unterstützung ihrer eigenen Bestrebungen erblicken.

gez. **Hammer**
Rektor der Christian-Albrecht-Universität

1945

Das Universitätsviertel an der Kieler Förde von Bomben zerhackt, die Institute verlagert, in ganz Schleswig-Holstein verstreut. Trotzdem sammeln sich in Kiel viele, die studieren, endlich studieren wollen: die Männer in Soldatenklamotten, die jungen Mädchen und Frauen in Kleidern aus Bettbezügen und Mänteln aus Wolldecken. Sie haben nichts, kein ausreichendes Essen, kein Zeug, keine Bücher, nicht einmal ein Zimmer zum Schlafen.

Das Reichsstudentenwerk ist nicht mehr arbeitsfähig. Ohne Hilfswerk für Studierende die Universität eröffnen? Undenkbar! Ein Professor bittet die britische Militärregierung, die Errichtung eines Kieler Studentenwerks zu genehmigen. Mit Erfolg. Noch vor Beginn des ersten Nachkriegssemesters, im Herbst 1945, liegt die Genehmigung vor.

Wo die neue Universität steht? Sie schwimmt — auf der Förde. Drei Schiffe — zwei große Wohnschiffe aus Kriegsmarinebeständen und ein Raddampfer — machen an den Landungsbrücken vor der zerstörten Universität fest. Unter ihren Deckplanken in idealer Notgemeinschaft provisorische Hörsäle, Studentenheime und Professorenwohnungen. Verwalter der schwimmenden Universität: Studentenwerk Kiel.

Sein Büro: Zwei winzige Schiffskammern. Wesentliche Arbeitsgebiete: Wohnungs- und Arbeitsvermittlung, Studienförderung, Mensa, Krankenkasse, ärztliche Betreuung, Studienberatung, Leihbücherei. Planmäßig im November beginnen — auf schwankendem Boden — die Vorlesungen.

Die Ernährung ist Sorge eins des Studentenwerks. Als Mensa betreibt es eine ehemalige Werksgroßküche. Speiseplan: Brot, wenig Aufstrich, Suppen; Rübensuppe, Graupensuppe, Kohlsuppe, Rübensuppe; Beigaben für den Normalverbraucherstudenten sind Kopfschmerzen, Mattigkeit, Hauterkrankungen, Tuberkulose. Untergewicht von mindestens zehn Kilogramm gilt als Durchschnitt.

Während die Mitarbeiter des Studentenwerks noch Kohlen und Strohsäcke für die erbärmlich kalten Schiffe besorgen, sehen sie sich schon nach Studentenzimmern in der Stadt um. Im Norden Kiels, zwischen Olshausenstraße und Westring, sind Arbeiter dabei, die hochkantigen Backsteinbauten einer modernen Rüstungsfabrik in die neue Universität zu verwandeln. Land in Sicht!

1947

Die Christian-Albrechts-Universität hat ihr Nachkriegsheim bezogen, das Studentenwerk ist gefolgt, in eine langgestreckte Holzbaracke am Westring.

Sie wird Verwaltungs- und Wirtschaftszentrum in miniature. Der Student soll Wege sparen und überhaupt Firmen erreichbar haben, auf die er sich verlassen kann. Kolonialwarengeschäft, Frisiersalon und Schuhreparaturwerkstatt machen den Anfang.

Nur sechs Prozent der männlichen Studierenden haben laut Ergebnis der ärztlichen Pflichtuntersuchung im Sommersemester 1947 normales Gewicht oder mehr. Aber jetzt wird die Auslandshilfe spürbar. Sonderbespeisung für Studierende! Sie ist im Sommersemester schon ein internationales Unternehmen. Das Irische Rote Kreuz schickt den Speck, kanadische Mennoniten die Bohnen, das Deutsche Rote Kreuz kocht daraus eine kräftige Suppe: Ausgabe zweimal die Woche an alle Studierenden. Engländer und Schweizer kümmern sich gemeinsam um besonders geschwächte Kommilitonen; wöchentlich dreimal erhalten sie einen Schlag Suppe aus der „British-Schweizer Zusatzbespeisung". Im Wintersemester setzt das Schwedische Rote Kreuz mit einer umfassenden Bespeisungsaktion ein. Außerdem schenkt das Ausland Kleidung, Kaltverpflegung, Schreibwaren.

Die Arbeit aller Referate des Studentenwerks hat sich eingelaufen. Bei der Rektoratsübergabe im Frühjahr 1947 werden Zahlen genannt: An **Darlehen und Stipendien** sind in den ersten drei Nachkriegssemestern insgesamt RM 140 000,— hingegeben worden, durch die Krankenkasse und für die Unfallversicherung im gleichen Zeitraum fast RM 27 000,—. Für erholungsbedürftige Kommilitonen unterhält das Studentenwerk ein Genesungsheim auf Sylt.

1949

Währungsreform überwunden! Die Landesregierung hat in vorbildlicher Fürsorge einige hunderttausend Mark als Darlehen gegeben, die Studenten haben ausgezeichnete Gelegenheiten zum Nebenerwerb aufgespürt — Schnelldienst, Lebensmittelkarten abholen, Auswertung von Fußballwetten —, außerdem ist die Universität der Hoover-Bespeisung angeschlossen. Ab Sommer 1949 werden amerikanische und schwedische Essenszutaten in einen Topf geschüttet und ermöglichen die besonders nahrhafte „Schweden-Hoover-Zusatzspeisung".

Und die Studenten haben es nötig, immer noch. Zu Anfang des Wintersemesters 1948/49 befragt das Studenten-

Blick von den Universitätsschiffen auf die zerstörte alte Universität im Jahre 1945

*Abb. 55: Ernst G. Jarchow, Zehn Jahre Studentenwerk
(auch nachfolgende Seite)*

[Skizze. Studentenzeitung an der Universität Kiel, 5. Jg, Maiheft 1956, S. 2 f.]

werk 3328 Studierende und Examens-
kandidaten nach ihrer wirtschaftlichen
Lage. Ergebnis: „56,4 Prozent normal
nach heutigem Maßstab, bis zu einem
Drittel auf eigenem Nebenverdienst be-
ruhend; 28,5 Prozent nicht voll ge-
sicherte Finanzierungsverhältnisse, insbesondere Schwierigkeiten bei Gebüh-
renzahlung; 10,2 Prozent dürftig, keine
Hilfe von zu Hause, die wenigen eigenen Mittel beruhen auf Nebenverdienst; 4,9 Prozent völlig mittellos und
ohne Erwerbsmöglichkeiten."
„Raus aus der Uniform!"
Dieser Schlachtruf ist 1949 für das
Studentenwerk noch höchst aktuell. Die
Christian-Albrechts-Universität hält einen bedauerlichen Rekord: Sie hat im
Verhältnis die meisten mittellosen Studenten der westdeutschen Universitäten; einen bedeutenden Anteil der Immatrikulierten stellen Flüchtlinge und
junge Leute aus der sowjetischen Besatzungszone. Die neu aufgestellte So-
zialkartei des Studentenwerks sorgt dafür, daß die Gelder und Sachspenden
unter den vielen Bedürftigen so gerecht
wie möglich verteilt werden.
Das Studentenwerk erhält eine zweite
Baracke und nennt sie Anschützhaus,
nach dem Gründer der Studentenhilfe.
Ein Abschnitt des Baues dient Versehr-
ten als Unterkunft. Weiter ziehen ein:
Studentenarzt, Bücherei, AStA, Redak-
tion der Kieler Studentenzeitschrift
und einige studentische Arbeitsgemeinschaften, die vom Studentenwerk betreut werden, schließlich ein Kinder-
garten, der erste Studentenkindergarten
Deutschlands, eingerichtet vom Studentenwerk Kiel.

1951

Gesetzliche Ausbildungsbeihilfen haben
dem Studentenwerk einen Teil seiner
Bürde abgenommen. Das Lastenaus-
gleichsgesetz erfaßt die Vertriebenen,
Kriegssachgeschädigten und politisch
Verfolgten der Jahre 1933 bis 1945.
Das Heimkehrergesetz fördert Studenten, die lange kriegsgefangen waren.
Auch bei der Gewährung gesetzlicher
Hilfen ist das Studentenwerk zwischen-
geschaltet. So bleibt der Überblick erhalten, und die einzelnen Unterstützun-
gen können zweckmäßig aufeinander
abgestimmt werden.
Die Mittel des Studentenwerks werden
frei für diejenigen Kommilitonen, die
außerhalb der gesetzlichen Fürsorge
stehen. Deren Zahl ist hoch genug.
Durch Stipendien, Darlehen, Gebührenerlaß und Freitische versucht das Studentenwerk, ihre Lebensverhältnisse er-
träglich zu gestalten.
Immerhin deuten manche Symptome
an, daß der Druck der Nachkriegsnot
gewichen ist. Allmählich laufen die
Sonderbespeisungen für Studierende aus.
Die Mensa kann inzwischen ein anstän-
diges Eintopfgericht für fünfzig Pfen-
nig auf den Tisch bringen. Der Studentenkindergarten schließt, da er kaum
noch ausgenutzt wird. Für die Arbeitsgemeinschaften leistet sich das Studentenwerk die Anschaffung eines Magne-
tophongerätes.
Im Juni 1951 übergibt Bundespräsident
Professor Heuss das Christian-Al-
brecht-Haus seiner Bestimmung, ein
Wohnheim, das im Kriege zerstört und
vom Studentenwerk Zug um Zug wieder aufgebaut worden ist. Früher war

es Begabtenheim,
heute beherbergt es
ausländische und
deutsche Kommili-
tonen, die in ihrer
Hausgemeinschaft
nach dem Willen des
Studentenwerks das
Bemühen um gegen-
seitiges Verständnis
lebendig erhalten
sollen.

1953

Auszug aus dem
Jahresbericht des
Studentenwerks Kiel
für das Haushalts-
jahr 1953/54: „Das
soziale Bild unserer
Studentenschaft hat
sich gegenüber den
Vorjahren nur we-
nig verändert. Man
könnte leicht zu der
Auffassung neigen,
daß die Konsolidie-
rung der wirtschaft-
lichen Verhältnisse in der Bundesrepublik die Verringerung der materiellen
Not unserer Studenten zur Folge haben
müsse. Das ist nur bedingt richtig, weil
1. bei 20 v. H. der Studierenden der
väterliche Ernährer verstorben oder gefallen ist, 2. bei kinderreichen Fami-
lien nach wie vor die Vermögensgrund-
lage fehlt, die früher eine gleichzeitige
Ausbildung mehrerer Kinder ermöglicht
hätte, 3. der Zustrom der Studierenden
aus der sowjetischen Besatzungszone
anhält."
„Im übrigen spiegelt sich die wirtschaftliche Situation des Landes in der
Einkommensschichtung der Unterhalts-
pflichtigen unserer Studenten, soweit
sie im Lande ihren ständigen Wohn-
sitz haben, deutlich wider. Die Statistik des Verbandes Deutscher Stu-
dentenwerke zeigt, daß 60 v. H. der
Studierenden nur weniger als DM 100,-
monatlich zur Finanzierung ihres Studiums im vergangenen Studienjahr zur
Verfügung hatten. Demzufolge mußte
sich auch unsere Arbeit im überwiegen-
den Maße auf die wirtschaftliche Förderung erstrecken, um den bedürftigen
Studenten wenigstens die Sorge um ihr
tägliches Brot und die Bestreitung ihrer
Ausbildungskosten abzunehmen, und um
zu vermeiden, daß ihnen durch Neben-
erwerbstätigkeit mehr Zeit und phy-
sische Kraft verloren geht, als es ihrem
Studium zuträglich ist."

Zuwendungen an Kieler Studierende
im Haushaltsjahr 1953/54 u. a.:

nach den Bestimmungen des Lasten-
ausgleichsgesetzes DM 376 000,—

nach den Bestimmungen
des Heimkehrergesetzes DM 90 000,—

als Darlehen DM 163 000,—

als Stipendien DM 72 000,—

als Gebührenerlaß DM 55 000,—

für den Gesundheits-
dienst DM 44 000,—

1955

Das sind die Organe des Studentenwerks
Kiel, einer Stiftung des öffentlichen

Das Leben ist sauer - für einen Werkstudenten

lichen Rechts, zehn Jahre nach dem
Krieg:
Der Verwaltungsrat — der Rektor als
Vorsitzender, je 4 Angehörige des Lehrkörpers und der Studentenschaft, der
Kieler Oberbürgermeister, der Präsident
der Universitäts-Gesellschaft und zehn
Persönlichkeiten aus Schleswig-Holstein
— legt die Richtlinien für die Arbeit
fest und wählt den Vorstand. Der
Vorstand besteht aus zwei Angehörigen
des Lehrkörpers, dem Vorsitzenden und
seinem Stellvertreter, und dem ge-
schäftsführenden Vorstandsmitglied.
Das Studentenwerk ist in mehrere Referate aufgefächert: Studienförderung
mit Darlehnskasse; Arbeitsvermittlung,
angeschlossen Schnelldienst und Studentisches Jugend - Arbeitsprogramm;
Mensabespeisung; Gesundheitsdienst und
Krankenhilfe; kulturelle Betreuung mit
Bücherei, Lesezimmer, Bühne, Ton-
studio usw.; Studien- und Berufsbera-
tung; Wohnungsvermittlung; Rechts-
beratung; Verwaltung des Christian-Al-
brechts-Hauses.
Die Schleswig-Holsteinische Studentenhilfe 1925 rechnete mit Zehntausenden,
das Studentenwerk dreißig Jahre später verwaltet Hunderttausende. Woher
stammen die Mittel für die Arbeit des
Studentenwerks? In erheblichem Umfang vom Staat, zu einem Teil aus
Spenden. Aber auch die Professoren und
Studenten der Christian-Albrechts-Universität tragen durch regelmäßige Abgaben zur Finanzierung bei.
Größter Wunsch des Studentenwerks:
Ein Studentenhaus, das Platz bietet für
Ämter und Läden, für die Mensa, für
Veranstaltungen von studentischen Gruppen, Vereinigungen und Arbeitsgemeinschaften. Das Anschützhaus und die
Studentenwerksbaracke sind längst zu
eng geworden. Senat der Universität
und Studentenschaft begrüßen das Vorhaben. Der Plan für das Haus liegt
schon in der Schublade. Das Geld —
leider — noch nicht.

Ernst G. Jarchow

Abb. 56: Die Rektoren Erdmann und Bargmann beim Landtagspräsidenten Rohloff 1966

[Stadtarchiv Kiel, 2.3 Magnussen]

Abb. 57: Die Studentenbaracken Olshausenstraße Ecke Westring werden abgerissen 1966

[Stadtarchiv Kiel, 2.3 Magnussen]

Abb. 58: Der neue Rektor Herre wird vom scheidenden Rektor Erdmann vereidigt 1967

[Stadtarchiv Kiel, 2.3 Magnussen]

Abb. 59: Rektor Geisler überreicht den Henrik-Steffens-Preis an den finnischen Schriftsteller
Arvi Kivimaa 1971

[Stadtarchiv Kiel, 2.3 Magnussen]

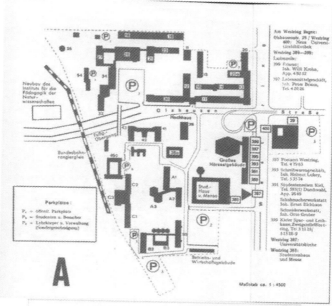

Abb. 60: Lageplan der CAU 1968/69

[Die Studentenschaft der Christian-Albrechts-Universität Kiel (Hg.),
Hochschulführer für die Christian-Albrechts-Universität 1968/69, Kiel 1968, S. 592]

Abb. 61: Der neue Kultursenat, darunter Rektor Buchloh (4. v. l.) wird von Stadtpräsidentin Ida Hinz empfangen 1972

[Stadtarchiv Kiel, 2.3 Magnussen]

Abb. 62: Das Auditorium Maximum, Veranstaltung im Großen Hörsaal 1973

[Astrid Hansen / Nils Meyer (Hg.), Universität als Denkmal. Der Campus der Christian-Albrechts-Universität zu Kiel, Kiel 2011, S. 106]

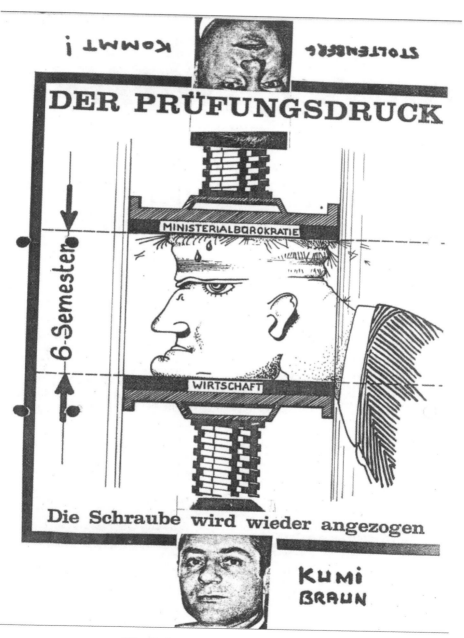

Abb. 63: Protestplakat an der CAU 1968

[Aus eigener Sammlung]

12 7. MAI 1971.

Rote Blätter

Zeitung des Marxistischen Studentenbundes SPARTAKUS Kiel

Kiel Sommersemester 71 Nr. 1

ZUR GRÜNDUNG DES MSB SPARTAKUS

BUNDESKONGRESS IN BONN 20.-22.5.71

Die Ursprünge des SPARTAKUS waren mit dem Ausschluß der sog. 'traditionalistischen' Fraktion aus dem SDS gelgt. Diese Gruppe hatte als erste Studentische Gruppe der Nachkriegszeit eine Politik entwickelt, die der historischen Rolle der Arbeiterklasse und ihrer revolutionären Klassenorganisation, der kommunistischen Partei die ihr gebührende Rolle beimaß. Als sich alle anderen studentischen Organisationen noch auf dem Höhepunkt ihrer antiautoritären Phase befanden, leisteten diese Studenten, die sich zu der Assoziation marxistischer Studenten (AMS)/ Spartakus zusammengeschlossen hatten, eine Kritik an der Frankfurter Schule, die diese als unmarxistisch entlarvte und die Perspektivelosigkeit der Theorien von Habermaß und Matcuse aufzeigte. Ihre Organisationsform der offenen Assoziation entsprach den objektiven Entwicklungsbedingungen der Studentenbewegung in der BRD. Es bedurfte eines längerfristigen Klärungsprozesses, um die Grundfragen von Strategie und Taktik der Arbeiterbewegung auf der Grundlage der marxistisch-leninistischen Theorie aufzuarbeiten, bevor die Zeit herangereift war, sich zu einem Verband zu konstituieren. Welches sind die objektiven Bedingungen, die heute die Konstituierung des MSB - SPARTAKUS erforderlich machen?

1. Die Vereinheitlichung der politischen Orientierung und die schnelle Vermittlung der Tagesaufgaben wird um so notwendiger, als die Rechtskräfte forciert in den Hochschulbereich eindringen wollen. Gegen sie kann nur in einem organisierten Abwehrkampf erfolgreich angegangen werden.

2. Mit der wachsenden Stärke der antiimperialistischen Bewegung auf internationaler und nationaler Ebene bedarf es auch einer organisierten Kraft an der Hochschule, die die Studentenschaft mobilisiert und in die antiimperialistische Bewegung einreiht.

3. Das massive ideologische Auftreten der Monopolkräfte erfordert die Entwicklung eines einheitlichen Bildungsprogramms und eine einheitliche ideologische Auseinandersetzung mit den Haupt fragen des Klassenkampfs. Dies muß verbandsmäßig organisiert werden, weil nur durch Kooperation und Arbeitsteilung auf regionaler und überregionaler Ebene diesen Aufgaben der Studentenbewegung genüge getan werden kann.

4. Um SPARTAKUS zu stärken, bedarf es eines geschlossenen Verbandes der es sich zur Aufgabe setzt, die marxistisch-leninistische

Abb. 64: Rote Blätter. Zeitung des Marxistischen Studentenbundes Spartakus 1971

[Aus eigener Sammlung]

DIE AMNESTIERTEN

Bei den »Amnestierten« handelte es sich um ein 1947 gegründetes »Literarisches Kabinett Kieler Studenten«, das nach einem ersten Auftritt in der Seeburg 1947 rasch weiteren Ruhm unter dem Namen »Die Amnestierten« errang. Zur ersten »Kieler Woche« der Nachkriegszeit 1948 boten sie ein Programm, das in der »Neuen Mensa« in der ELAC Premiere feierte. In der Folge wurden die Amnestierten auch über Kiel hinaus bekannt, es folgten Gastspiele in verschiedenen Orten Westdeutschlands sowie im Ausland u.a. in Stockholm, Kopenhagen, London und Cambridge. Zu ihren Mitgliedern gehörten u.a. Hanne Wieder, Hans-Jürgen Diedrich, Jan S. Kunstreich, Joachim Hackethal, Ursula Noack und Walter Niebuhr.

Literatur zu den Amnestierten:
- Jan S. Kunstreich, Andreas und die Amnestierten, in: Jürgen Jensen / Karl Rickers (Hg.), Andreas Gayk und seine Zeit. Erinnerungen an den Kieler Oberbürgermeister, Neumünster 1974, S. 153–158.
- Kleinkunst: Studentenhirne niesen. Eiserne Vorhang-Mienen, in: Der Spiegel 41/1949 vom 6.10.1949, S. 35.
- Klaus Budzinski / Reinhard Hippen (Hg.), Metzler Kabarett Lexikon, Stuttgart / Weimar 1996.

Abb. 65: Ensemble des Kieler Studentenkabaretts »Die Amnestierten«

[Christa Geckeler (Hg.), Erinnerungen der Kieler Kriegsgeneration 1930/60, Bielefeld 2003, S. 212]

Chor der Gehorsamen

Einzelstimmen:

Gehorsam sei des Christen Schmuck!
So sagt ein altes Sprichwort.
„Gehorsam" als deutscher Charakterzug:
für Kaiser und Kanzler d a s Stichwort!
Wir tanzten nach preußischen Pfeifen,
wir ließen uns — Hinnlegn! — und schleifen.
Sobald nur ein Tambourmajor kam,
da zitterten wir vor Gehorsam.

Chor:

Und dann kommandiert ein Idiot:
im Osten das Morgenrot!
Die Not kennt kein fünftes Gebot,
und süß ist der Heldentod!

Einzelstimmen:

Wir wurden gehorsamst verkauft und verratzt.
Doch dann kam das große Wunder:
die „Freiheits"-Stunde schlug. — Zerplatzt
der ganze heroische Plunder!
Wir nannten uns stolz: Zivilisten —
statt Garde: Avantgardisten,
kokettierten mit Sabotage
und mimten Zivilcourage.

Chor:

Ein jeder sagt jetzt, was er denkt,
ein Spötter wird nicht gleich gehenkt,
die Meinung wird kaum noch gelenkt —
Kameraden! Die Fahnen geschwenkt!

Einzelstimmen:

Die Fahne flattert uns wieder voran.
Man trägt wieder Ordensschnallen.
Es denkt für uns ein starker Mann,
der Älteste von uns allen.
Wir wählten ihn streng demokratisch.
Wir sind keine Spur mehr fanatisch,
sind sehr couragiert als Statisten:
Gehorsam schmücket den Christen!

Chor:

Marschier mit uns und vergiß!
Wir fürchten kein Hindernis!
Nur vorm Spieß beim neuen Kommiß
hat jedermann wieder . . .

Einer:

. . . ganz gewiß!

Abb. 66: Chor der Gehorsamen

[Die Amnestierten. Textbuch für den Hausgebrauch, Kiel 1954, S. 16]

Stimme von drüben

(In sächsischer Mundart vorzutragen)

Ich steh in Leipzig in der Stalinallee,
vis a vis vom Bebelplatz.
Herjeh, wenn ich die Transparente seh',
kommt mir der Kaffee in die Höh',
der Blüimchenkaffeersatz. —

Und die Elbe plätschert so friedlich
in Dresden an der Bastei,
nur mir ist es ungemütlich,
denn ich bin nicht in der Partei.

Die Elbe plätschert so friedlich,
e Frachtkahn flieht aus der Tschechei,
drin hockt ne Familie ganz friedlich,
ihre Lage ist ungemütlich,
vielleicht sind sie morgen schon frei.

Da türmen die nun täglich nach drüben,
auch aus Bonn sind schon welche da,
zwei Vaterländer sollen wir lieben:
ubi Johne, ibi patria!

Europa fängt erst bei Helmstedt an.
Europa liegt nicht mehr in Sachsen.

Wer nur nach Moskau verreisen kann,
der ist, weiß Gott, kein freier Mann,
der kann nur nach innen wachsen.

Wir liefen so gerne im Alpenschnee,
als egal an der Ostsee zu liegen,
denn wir können in Hiddensee
vor Aktivisten nicht kriechen!

Bei Leipzig war einst die Völkerschlacht,
das Denkmal ist heut' eine Glosse!
Da hab'n se die Besatzung fertig gemacht,
der Blücher hat nur heiser gelacht,
und Iwan war Bundesgenosse.

Aber nachts, da hören wir Radio,
den RIAS, die Stimme von drüben,
und Jazzmusik mit Bruce Slow
und tun uns in Freiheit üben.

Leipzig ist schon eine Messe wert,
auch für die rheinischen Christen!
Wer egalweg mit Westwind fährt,
der liegt fast ebenso verkehrt
wie die sächs'schen Kommunisten!

Abb. 67: Stimme von drüben

[Die Amnestierten. Textbuch für den Hausgebrauch, Kiel 1955, S. 21]

Ein Lied für unsere Jugend

(Tja, wie soll man Ihnen das nur erklären? Wenn Sie wenigstens in der Hitler-Jugend gewesen wären, aber so . . . ! Aber vielleicht haben Sie mal etwas davon gehört? Vielleicht kennen Sie sogar die Lieder, die da gesungen wurden? — Ach, Sie meinen, die könnte man doch heute noch in der Ostzone hören, zumindest genau dieselbe „Masche"? Nun, dann brauchten wir eigentlich gar nicht mehr viel zu sagen. Und wenn Sie sich jetzt noch vorstellen könnten, daß das ganze von zwei frischen, „kernigen" Mädchen gesungen wird, — schwarzer Rock, weiße Bluse Ehrensache, — dann . . . . Ach so, Sie meinen, wir sollten doch endlich anfangen, — aber bitte!)

Erst mußten wir singen, dann sind wir marschiert,
wir sangen von Freiheit und Ehre,
von heil'ger Wut, die die Flamme schürt,
denn hinter uns stand einer, der hat uns geführt;
so faßten wir an die Gewehre!
Und unsere Lieder, hei, Lieder, die waren so schön!

In der ersten Strophe das tägliche Brot,
in der zweiten schlägt man die Feinde tot,
am Ende dann der große Abschied naht;
vor uns das Morgenrot,
hinter uns das Abendrot,
mitten drin marschiert der Kamerad!
Ja in unseren Liedern, hei, Liedern, da steckte was drin!

(An dieser Stelle geht die Musik in nicht zu überhörendes Moll über.)

Doch dann war's vorbei, denn die Sache ging schief,
und bald kam das große Wandern;
wir wurden getrennt, — für immer? Die Kluft ist ziem-
[lich tief,
und gesungen haben die andern.
Doch wo man singt, da laß dich ruhig nieder,
böse Menschen haben keine Lieder!

(Inzwischen hat auch die „Trennung" auf der Bühne stattgefunden, und nachdem der „westliche Teil unserer Jugend" einen Scat-Chorus, . . . was, Sie wissen nicht, was ein Scat-Chorus ist? Aber das ist doch ganz einfach, sehen Sie mal, das ist so, das geht . . . also, passen Sie mal auf, stellen Sie sich vor, oder halt, noch besser, bilden Sie sich ein, d. h. am besten ist es natürlich, wenn man soetwas hört, womit nicht gesagt sein soll, daß Sie es unbedingt schön finden werden: sehr wahrscheinlich sogar werden Sie es scheußlich finden. Aha, jetzt haben wir's! Scat ist, was man im Radio abste'lt! Sie meinen, der Funk brächte doch nicht von morgens bis abends Scat? Da haben Sie natürlich recht. Nein, Scat ist etwas Musikalisches, Scat gehört zu dieser Art von Musik, die der „westlichen Jugend" so sehr gefällt.

Im Osten dagegen singt man etwa so:)

Und unsere Lieder, hei, Lieder, die sind ja so schön!
In der ersten Strophe das tägliche Brot,
dann fährt der Traktor die Feinde tot;
so bauen wir den ewigen Frieden!
Vor uns das Morgenrot,
hinter uns das Abendrot,
(der Kamerad ist auch noch rot)

(Mit anderen Worten sieht es also „drüben" so aus:)

Jugend marschiert, für Freiheit und Brot,
mit Blümlein am Wege, Traktoren in der Hand
und Stalin im Herzen für's deutsche Vaterland!

(Und bei uns?)

Jugend läuft rum, hat Freiheit und Brot,
doch sonst keine Ahnung, was schön ist und gut,
Musik fängt hier erst an, wenn man darauf tanzen kann!

(Was bleibt uns da schließlich anderes über, als auszurufen:)

Oh Jugend, Jugend, Musik ist doch so schön,
auch ohne große Trommel, könnt ihr das nicht versteh'n?
Ihr solltet mal was anderes probier'n
doch besser Bebop, als marschier'n!

Nicht wahr, lieber Leser, da hört sich denn doch alles auf!

Abb. 68: Ein Lied für unsere Jugend

[Die Amnestierten. Textbuch für den Hausgebrauch, Kiel 1953, S. 24]

Borgmund Neukrampf

Mitten im Mist
(1947)

Drei lumpige Kippen
in der Gosse gefunden —
Pack dich, Bengel! —
als Glimmstengel
zwischen spröden Lippen.
Die Fäuste zerschunden,
die Fresse blutverschmiert;
blöde angestiert
mitten im Gedränge.
Und im Bauch ein Zorn!
Und dann: da vorn
plärrende Klänge
einer Entmilitarisierungskapelle von drüben!
Und im Winter nichts als Rüben.
Die letzten Klamotten verscheuert:
das braune Hemd für ein Pfund Speck. —
Wir werden von Grund auf „erneuert".
Jawohl! Alles neuer Dreck! —
Hallo, Boy! Du trittst mir aufn Zeh! —
O. k.

Abb. 69: Borgmund Neukrampf: Mitten im Mist (1947)

[Die Amnestierten. Textbuch für den Hausgebrauch, Kiel 1954, S. 13]

Schlußsong

Unbelastet, doch betroffen
von den letzten tausend Jahren,
hat man uns amnestiert,
doch die Deutschen, (nur die Deutschen?),
sind von Nöten und Gefahren
immer noch nicht ganz kuriert.

Wir können heute leicht begreifen,
was damals nicht ganz richtig war.
Doch warum in die Ferne schweifen?
Seht, das Übel liegt so nah!
Man könnte alles auch ganz anders seh'n,
Was nützen Ideale, wenn andre drauf spazieren gehn?
Mit Witz allein ist es noch nicht getan!
Noch ist es Zeit zur Therapie, —
aber höchste Eisenbahn!

Abb. 70: Schlußsong

[Die Amnestierten. Textbuch für den Hausgebrauch, Kiel 1954, S. 25]

Übersicht über die Entwicklung von Studierenden- und Professorenzahlen

Die Zahlen sind - soweit möglich - aus alten Rektoratsberichten zusammengestellt. Es sollte beachtet werden, dass sich die Bezeichnungen und Zuschnitte der Fakultäten über die Zeit geändert haben, hier allerdings zur besseren Vergleichbarkeit die in 2005 verwendeten Kürzel eingesetzt wurden.

Semester	Fakultät	Studierende	Professoren (Lehrstühle*)
WS 1945/46 ***	Theol.	38	3-4
	Rechtswiss.	352	ca. 4
	WiSo		ca. 2
	Medizin	868	2?
	Phil.	704	ca. 9
	Math.-Nat		ca. 3
	AEF	-	k.A.
	Gesamt:	**1.962**	**k.A.**
WS 1955/56	Theol.	105	6
	Rechtswiss.	327	3
	WiSo (Jura)	240	4
	Medizin	513	9
	Phil.	442	22
	Math.-Nat (Phil.)	603	17
	AEF	125	8
	Gesamt:	**2.355**	**69**
WS 1965/66	Theol.	93	9
	Rechtswiss.	671	5
	WiSo	532	8
	Medizin	1.562	14
	Phil.	1.481	35
	Math.-Nat.	1.290	28
	AEF.	162	10
	Gesamt:	**5.791**	**109**
WS 1975/76	Theol.	198	10
	Rechtswiss.	1.588	14
	WiSo	857	18
	Medizin	1.689	14
	Phil.	2.848	46
	Math.-Nat	3.229	43
	AEF	1.137	15
	Gesamt:	**11.750**	**160**
WS 85/86	Theol.	563	11
	Rechtswiss.	2.265	18
	WiSo	1.821	19
	Medizin	2.482	15
	Phil.	3.875	61
	Math.-Nat	4.459	101
	AEF	1.753	27
	Gesamt:	**17.218**	**252**

Semester	Fakultät	Studierende	Professoren (Lehrstühle*)
WS 95/96	Theol.	300	11
	Rechtswiss.	2.740	20
	WiSo	2.435	22
	Medizin	2.362	12
	Phil.	5.012	63
	Math.-Nat	4.308	118
	AEF.	1.402	29
	TF	687	34
	EWF	k.A.	54
	Gesamt:	**19.246**	**367**
WS 2004/05	Theol.	149	10
	Rechtswiss.	2.167	19
	WiSo	2.531	23
	Medizin	2.211	11
	Phil.	7.123	81
	Math.-Nat	4.083	111
	AEF	1.317	22
	TF	1.095	33
	Gesamt:	**20.860**	**328**

*   Zum Teil sind hier Lehrstühle mit einbezogen, die zwar nur mit C2 besetzt, aber dennoch vollwertige Lehrstühle waren.

** "Medizin" = Vorklinik

*** Es ist nicht möglich, die Zahl der Professuren im WS 45/46 genau zu rekonstruieren. Für dieses Semester konnten lediglich die Namen der lehrenden Dozenten mit den Professuren aus dem vorhergehenden Verzeichnis Sommersemester 1945 verglichen werden, da es für das Wintersemester 45/46 kein Personenverzeichnis gibt. Die Angaben sind also sehr unzuverlässig.

Abb. 71: Übersicht über die Entwicklung von Studierenden- und Professorenzahlen

[Stabstelle Presse, Kommunikation und Marketing der CAU]

Auswahlbibliographie zur Geschichte der Christian-Albrechts-Universität nach 1945

Allgemeiner Studentenausschuss der Christian-Albrechts-Universität Kiel (Hg.), Hochschulführer für die Christian-Albrechts-Universität Kiel. 300 Jahre Christian-Albrechts-Universität zu Kiel 1965, Kiel 1965.

Bargmann, Wolfgang, Die Christiana Albertina in Vergangenheit, Gegenwart und Zukunft (=Veröffentlichungen der Schleswig-Holsteinischen Universitätsgesellschaft Neue Folge, Nr. 37), Kiel 1965.

Bichow, Stefan, Die Universität Kiel in den 1960er Jahren. Ordnungen einer akademischen Institution in der Krise (=Kieler Werkstücke. Reihe H: Beiträge zur Neueren und Neusten Geschichte, Bd. 3), Frankfurt a. M. et al. 2013.

Christian-Albrechts-Universität (Hg.), Geschichte der Christian-Albrechts-Universität Kiel 1665–1965, 6 Bde., Neumünster 1965–1969 [Bd. 1, Teil 2: Allgemeine Entwicklung der Universität; Bd. 2, Teil 2: Geschichte der Theologischen Fakultät; Bd. 3, Teil 1: Geschichte der Juristischen Fakultät; Bd. 4, Teil 1: Geschichte der Medizinischen Fakultät; Bd. 5, Teil 1 und 2: Geschichte der Philosophischen Fakultät; Bd. 6: Geschichte der Mathematik, der Naturwissenschaften und der Landwirtschaftswissenschaften].

Cornelißen, Christoph et al., Die 68er in Kiel. Sozialprotest und Kultureller Aufbruch (=Mitteilungen der Gesellschaft für Kieler Stadtgeschichte 85 (2009), H.1), Kiel 2009.

Cornelißen, Christoph, Aus den Trümmern – die Kieler Universität im Jahr 1945, in: Christiana Albertina 62 (2006), S. 33–45.

Cornelißen, Christoph, Der Neuanfang der Universität Kiel nach 1945, in: Klaus G. Beuckers (Hg.), Architektur für Forschung und Lehre. Universität als Bauaufgabe (=Kieler Kunsthistorische Studien N.F., Bd. 11), Kiel 2010, S. 327–348.

Cornelißen, Christoph, Zur Wiedereröffnung der Christian-Albrechts-Universität im Jahr 1945: Einige Momentaufnahmen, in: Gerhard Fouquet et al. (Hg.), Von Menschen, Ländern, Meeren. Festschrift für Thomas Riis zum 65. Geburtstag, Tönning 2006, S. 125–141.

Cornelißen, Christoph / Mish, Carsten (Hg.), Wissenschaft an der Grenze. Die Universität Kiel im Nationalsozialismus, 2. Aufl., Essen 2010.

Der Kultusminister des Landes-Schleswig-Holstein. Amt für Staatsbürgerliche Bildung (Hg.), Rektoratsreden. Zur gegenwärtigen Lage der Kieler Universität (=Gegenwartsfragen, Bd. 32), Kiel 1973.

Fehling, August Wilhelm, Wiederaufbau der Landesuniversität, in: Kultusministerium des Landes Schleswig-Holstein (Hg.), Kulturarbeit in Schleswig-Holstein seit 1945, Kiel 1952, S. 31–36.

Jaeger, Rudolf, Die Angerbauten, in: Christiana Albertina 1 (1966), S. 5–11.

Jordan, Karl, Christian-Albrechts-Universität Kiel 1665–1965, Neumünster 1965.

Jürgensen, Kurt, Die Christian-Albrechts-Universität nach 1945, in: Imke Meier (Red.), Aus der Geschichte lernen? Universität und Land vor und nach 1945. Eine Ringvorlesung der Christian-Albrechts-Universität zu Kiel und des Schleswig-Holsteinischen Landtages im Wintersemester 1994795, Kiel 1995, S. 183–202.

Jürgensen, Kurt, Die ELAC. Von der Rüstungsfabrik zur Universität, in: Werner Paravicini in Zus. mit Uwe Albrecht und Annette Henning (Hg.), Begegnungen mit Kiel. Gabe der Christian-Albrechts-Universität zur 750-Jahr-Feier der Stadt, Neumünster 1992, S. 236–245.

Jürgensen, Kurt, Die Wiedereröffnung der Christian-Albrechts-Universität zu Kiel am 27. November 1945 in der Electroacustic (ELAC), in: Christiana Albertina N.F. 33 (1991), S. 545–567.

Kienle, Renate, »Und nun ans Werk« – die Bauten der »Neuen Universität« 1945–1970 in Kiel, in: DenkMal! Zeitschrift für Denkmalpflege in Schleswig-Holstein 8 (2001), S. 60–67.

Klose, Werner, Helm ab, wir wollen studieren, in: Christa Geckeler (Hg.), Erinnerungen der Kieler Kriegsgeneration 1930/1960 (=Sonderveröffentlichungen der Gesellschaft für Kieler Stadtgeschichte, Bd. 45), 2. Aufl., Husum 2007, S. 204–208.

Meyer, Nils, Das Sportforum der Christian-Albrechts-Universität zu Kiel. Baugeschichte, Denkmalwert und aktueller baulicher Umgang, in: Klaus G. Beuckers (Hg.), Architektur für Forschung und Lehre. Universität als Bauaufgabe (=Kieler Kunsthistorische Studien N.F., Bd. 11), Kiel 2010, S. 387–405.

Minta, Anna / Matthies, Jörg, Die architektonische Entwicklung der Universität Kiel nach 1945. Vom umgenutzten Industriequartier zum modernen Universitätsforum, in: Klaus G. Beuckers (Hg.), Architektur für Forschung und Lehre. Universität als Bauaufgabe (=Kieler Kunsthistorische Studien N.F., Bd. 11), Kiel 2010, S. 355–386.

Netter, Hans, Im Jahre 1945: Ende und Neubeginn, in: Christa Geckeler (Hg.), Erinnerungen der Kieler Kriegsgeneration 1930/1960 (=Sonderveröffentlichungen der Gesellschaft für Kieler Stadtgeschichte, Bd. 45), 2. Aufl., Husum 2007, S. 199–203.

Prahl, Hans-Werner, Last der Vergangenheit, schwieriger Neubeginn und manche Kontinuität, in: Ders. / Sönke Zankel / Hans-Christian Petersen (Hg.), Uni-Formierung des Geistes. Universität Kiel und der Nationalsozialismus, Bd. 2, Kiel 2007, S. 201–221.

Rektorat der Universität Kiel (Hg.), 325 Jahre Christian-Albrechts-Universität zu Kiel. Jubiläumsfestakt am 15. November 1990, Kiel 1991.

Rose, Klaus, Ausbau der Christian-Albrechts-Universität westlich des Mühlenweges, in: Christiana Albertina 11 (1971), S. 5–11.

Uhlig, Ralph (Hg.), Vertriebene Wissenschaftler der Christian-Albrechts-Universität zu Kiel (CAU) nach 1933. Zur Geschichte der CAU im Nationalsozialismus. Eine Dokumentation, bearbeitet von Uta Cornelia Schmatzler und Matthias Wieben (=Kieler Werkstücke. Reihe A, Bd. 2), Frankfurt a. M. et al. 1991.

Wieben, Matthias, Studenten der Christian-Albrechts-Universität im Dritten Reich. Zum Verhaltensmuster der Studenten in den ersten Herrschaftsjahren des Nationalsozialismus (=Kieler Werkstücke. Reihe A, Bd.10), Frankfurt a. M. 1994.

Winkelmann, Thomas, Von der »Alten« zur »Neuen« Universität. Ein Beitrag zur Kieler Universitätsgeschichte, in: Top. Berichte der Gesellschaft für Volkskunde in Schleswig-Holstein 16 (2006), H. 32, S. 4–23.

Woda, Florian, Universitäre Lehre nach der Stunde Null. Das Kieler Eingangssemester ab dem November 1945, in: Hans-Werner Prahl / Sönke Zankel / Hans-Christian Petersen (Hg.), Uni-Formierung des Geistes. Universität Kiel und der Nationalsozialismus, Bd. 2, Kiel 2007, S. 188–200.

Ziegenbein, W. A., Aus der Werkstatt der Vorgeschichte der Angerbauten, in: Christiana Albertina 1 (1966), S. 11–16.

Zu den Autorinnen und Autoren

AUGE, OLIVER, Prof. Dr., Professor für Regionalgeschichte mit Schwerpunkt zur Geschichte Schleswig-Holsteins in Mittelalter und Früher Neuzeit an der Christian-Albrechts-Universität zu Kiel.

BEUCKERS, KLAUS GEREON, Prof. Dr., Professor für Mittlere und Neue Kunstgeschichte am Kunsthistorischen Institut der Christian-Albrechts-Universität zu Kiel.

CORNELISSEN, CHRISTOPH, Prof. Dr., Professor für Neueste Geschichte (Zeitgeschichte Europas seit 1918) an der Goethe-Universität Frankfurt am Main.

GÖLLNITZ, MARTIN, M.Ed., Wissenschaftlicher Mitarbeiter am Lehrstuhl für Regionalgeschichte mit Schwerpunkt Schleswig-Holstein an der Christian-Albrechts-Universität zu Kiel.

HANSEN, ASTRID, Dr., Landesamt für Denkmalpflege des Landes Schleswig-Holstein.

KNELANGEN, WILHELM, Dr., Akademischer Rat im Bereich Politikwissenschaft des Instituts für Sozialwissenschaften der Christian-Albrechts-Universität zu Kiel.

MEINSCHIEN, BIRTE, Doktorandin am Lehrstuhl für Neueste Geschichte an der Goethe-Universität Frankfurt am Main.

STEIN, TINE, Prof. Dr., Professorin für Politikwissenschaft mit dem Schwerpunkt Politische Theorie am Institut für Sozialwissenschaften der Christian-Albrechts-Universität zu Kiel.

VON BASSI, ARVID, M.A., Doktorand am Lehrstuhl für Neueste Geschichte an der Goethe-Universität Frankfurt am Main.